AF569060

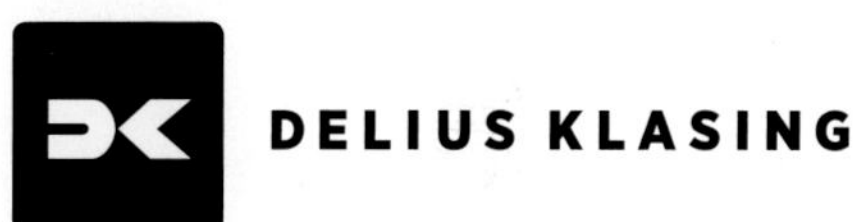
DELIUS KLASING

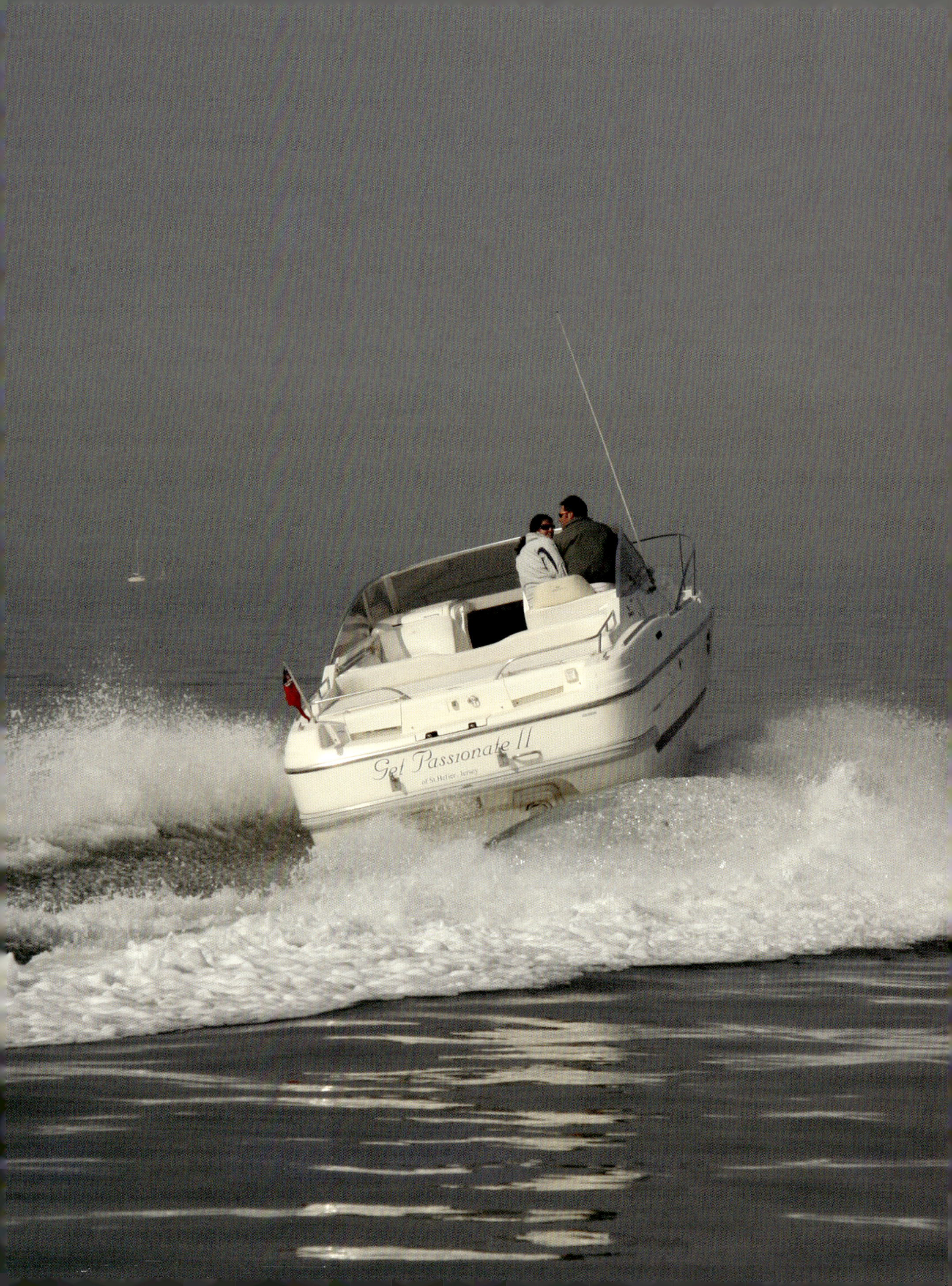
Get Passionate II

DUNCAN WELLS

STRESSFREI MOTORBOOT FAHREN

PERFEKTE MANÖVER FÜR EINHANDSKIPPER UND KLEINE CREWS

AUS DEM ENGLISCHEN
VON EGMONT M. FRIEDL

DELIUS KLASING VERLAG

Für Sally, Katie und Ellie

© Duncan Wells 2017, originally published by Bloomsbury Publishing UK
Die englische Originalausgabe mit dem Titel »Stress-free Motorboating« erschien bei Bloomsbury Publishing Plc, London.

Bibliografische Information der Deutschen Nationalbibliothek
Die Deutsche Nationalbibliothek verzeichnet diese Publikation in der Deutschen Nationalbibliografie; detaillierte bibliografische Daten sind im Internet über http://dnb.dnb.de abrufbar.

3. Auflage
ISBN 978-3-667-11082-4
Die Rechte für die deutsche Ausgabe liegen beim Verlag Delius Klasing & Co. KG, Bielefeld

Aus dem Englischen von Egmont M. Friedl
Lektorat: Felix Wagner
Fotos: Alle Fotos stammen von Duncan Wells, ausgenommen Seite 115 von Jill Kemptthorne-Ley, Seite 127 Wetterkarte © British Crown Copyright 2013 mit freundlicher Genehmigung des Met Office, Seite 136 Screenshots von iNavx-App und Traverse.com.
Umschlaggestaltung: Gabriele Engel
Layout: Susan McIntyre
Printed in China 2022

Alle in diesem Buch enthaltenen Angaben und Daten wurden von dem Autor nach bestem Wissen erstellt und von ihm sowie vom Verlag mit der gebotenen Sorgfalt überprüft. Gleichwohl können wir keinerlei Gewähr oder Haftung für die Richtigkeit, Vollständigkeit und Aktualität der bereitgestellten Informationen übernehmen.

Alle Rechte vorbehalten! Ohne ausdrückliche Erlaubnis des Verlages darf das Werk weder komplett noch teilweise reproduziert, übertragen oder kopiert werden, wie z. B. manuell oder mithilfe elektronischer und mechanischer Systeme inklusive Fotokopieren, Bandaufzeichnung und Datenspeicherung.

Delius Klasing Verlag, Siekerwall 21, D - 33602 Bielefeld
Tel.: 0521 / 559-0, Fax: 0521 / 559-115
E-Mail: info@delius-klasing.de
www.delius-klasing.de

Inhalt

Danksagung

Allen, die mir mit Rat und Tat, mit eigenen Booten und großem Enthusiasmus zur Seite gestanden haben, möchte ich danken, denn ohne all diese Unterstützung wäre das vorliegende Buch nicht zustande gekommen.
So danke ich:

- David und Jo-Ann Ramos mit ihrer Sealine F42, RAMOSSEAS.
- Der wundervollen Becki Gravestock für den Kontakt zur RAMOSSEAS. Becki ist zudem in den Lifesaver-Videos zu sehen.
- Andy und Gale Mold, Holly, ihrem Hund, und HOLLYWOOD, ihrer Pearl 60.
- Les und Carol Squires mit ihrer Fairline 42, SLIP KNOT.
- John Curzon und Åsa mit ihrer Princess 52, IVY SEA, die mir so viele praktische Tricks gezeigt haben, um Anlegemanöver einfacher und sicherer zu machen.
- Derek Withrington von SeaSmart Marine, der mich endgültig über Geruchsbelästigung am WC aufgeklärt hat.
- Tim Griffin von Griffin Marine Services für das Slippen der Boote aus und ins Wasser mithilfe von Trailern.
- Meinen guten Freunden Andrew und Kay Rogers für ihre Geduld und Hilfe mit KATCHA, ihrer Broom 29.
- Roy May und der Bisham Abbey Sailing and Navigation School für den Einhand-Kurs auf Roys 17-Meter-Binnenschiff, LE COQ.
- Simon und Caroline Newell, die stets ihre Doral Boca Grande 44, EVELYN, zur Verfügung gestellt haben, was speziell bei unseren MOB-Manövern zu neuen Erkenntnissen geführt hat.
- Alan Mainstone, der mich einige interessante Einhand-Manöver auf seiner 28-Fuß-Aquador, FREEDOM, probieren ließ.
- Andy Hobbs für die Erlaubnis, seine 23-Meter-Princess, LUCKY ASH, mit Motorschub gegen nur eine einzige Heckleine am Steg zu halten. Die Leine sowie die Klampen an Bord und am Steg hatte ich gewissenhaft überprüft, bevor ich die 1350 PS starke Maschine eingekuppelt habe!
- Martin Whitwell und President Wensleydale für ausgezeichnete Einhand-Manöver auf ihrem Narrowboat und ihr Foto auf dem Umschlag.
- David und Karen Starkey mit ihrer Aquastar 43, KAPANA IV.
- Und schließlich Jonathan und Rebecca Parker mit ihrer Bavaria 32, TANZANITE.

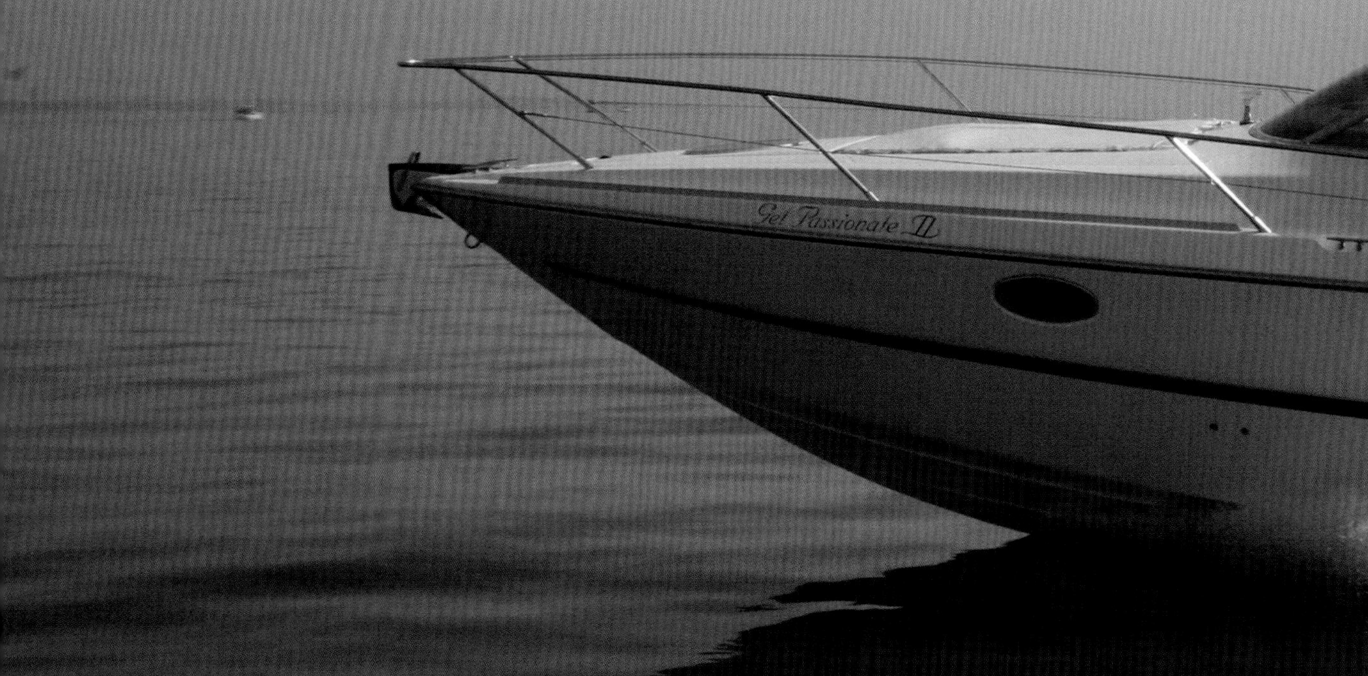

Jonathan ist Einsatzleiter bei Sea Start, einem Pannendienst auf dem Wasser, und sein Fachwissen über Boote und Motoren ist schier endlos. Ich traf ihn an einem Tiefpunkt meiner Skipperlaufbahn, als mir der Diesel ausgegangen war. Natürlich versuchte ich, jeden davon zu überzeugen, dass nicht einfach nur der Tank leer war, sondern, dass es ein Problem mit dem Motor gab. Ich hatte ja noch den Tankbeleg, und es musste noch Diesel im Tank sein. Vielleicht war es eine verstopfte Kraftstoffleitung? Die Experten, einschließlich Jonathan, waren verwirrt. Luft in der Kraftstoffleitung deutete nun einmal darauf hin, dass der Tank leer war.
»Nein«, sagte ich, »da muss noch Diesel im Tank sein, andernfalls wären 80 Liter ausgelaufen, und das hätte ich doch bemerkt, das riecht ja schließlich« Ich überredete sie: »Da muss eine Verstopfung sein«. Ich ließ sogar einen Mechaniker eine neue Kraftstoffpumpe einbauen, und die ganze Sache kostete mich eine Stange Geld.
Dann überprüfte ich den 80-Liter-Reservetank, der natürlich leer sein sollte, nur dass er randvoll mit Diesel war. »Ach, da sind ja meine 80 Liter, genau wo sie sein sollten.« Ich hatte vergessen, die Reserve in den Tank abzulassen, sodass der Haupttank leer war, genau wie Jonathan gesagt hatte. Asche auf mein Haupt. Und die Lehre aus dieser Geschichte? Niemals dem Skipper glauben, immer den Tank überprüfen!

Dank auch an Janet Murphy von Adlard Coles für ihr Vertrauen in mich und Dank an Penny Phillips, die mein Manuskript streng, aber gerecht lektoriert hat, bis es viel besser war als zuvor. Wie streng und gerecht Penny arbeitet, sieht man daran, dass sie diesen Satz nicht gestrichen hat!

Zudem gab es natürlich noch viele weitere Freunde, die Kameras hielten, eine helfende Hand bei diesem oder jenem Knoten anboten oder mich an Bord einluden, um Aufnahmen zu machen. Danke, Pete und Lorna Lovett, für die Fotos bei euch an Bord von NAMASTE.

Danke an Elli für all ihre Hilfe bei den MOB-Manövern.

Schließlich danke ich meiner Familie, die mir die Zeit gönnt, in See zu stechen und all diese Erfahrungen zu machen.

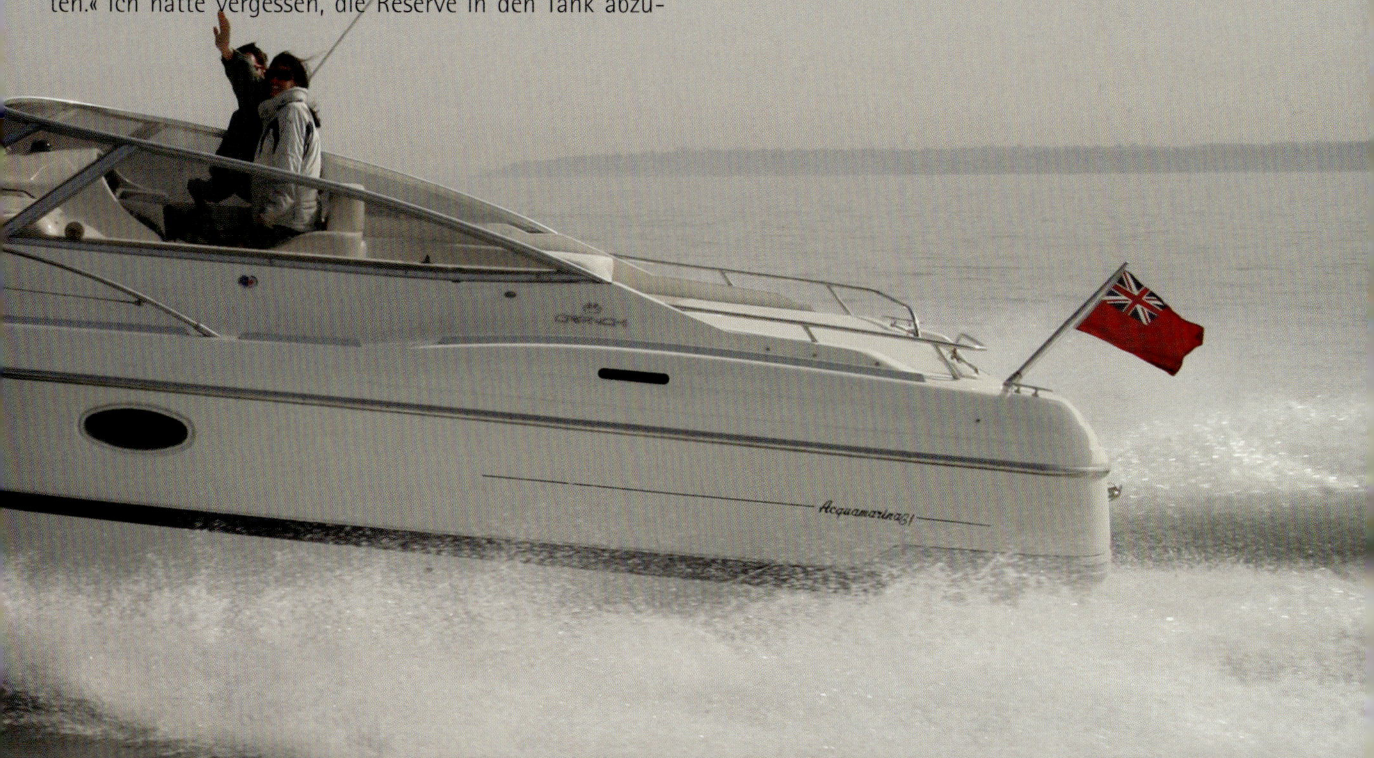

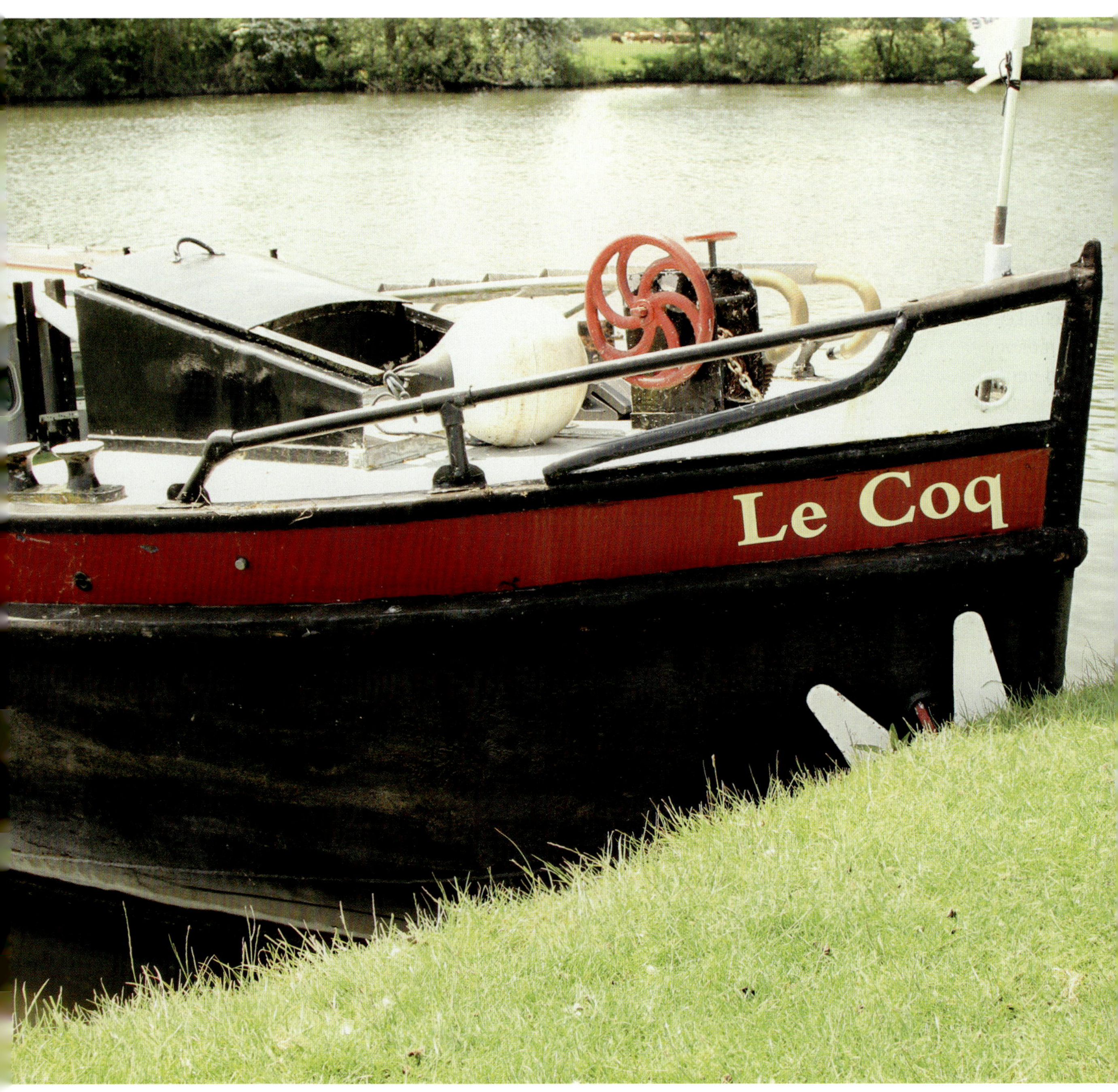
Le Coq

Vorwort

Diese Buch unterscheidet sich von anderen, denn bei *Stressfrei Motorbootfahren* liegt der Fokus auf Manövern für zahlenmäßig kleine Crews von nur einer oder zwei Personen. Wir zeigen, wie sich An- und Ablegemanöver einfacher und leichter gestalten lassen, ebenso das Festmachen an Muringbojen und Ankermanöver. Wir widmen uns im Besonderen dem Mensch-über-Bord-Manöver und wie eine Person aus dem Wasser zurück an Bord geholt werden kann unter Verwendung der MOB-Lifesafers (www.moblifesavers.com). Ebenso inklusive sind Links, die einige dieser Techniken im Video zeigen.

Darauf verweisen an vielen Stellen im Buch das Symbol ▣ und der Satz: Scannen Sie diesen QR-Code, um ein Video zu sehen. Mit einem Smartphone oder Tablet und einer kostenlosen QR-App kann der Code eingescannt und das Video sofort gestartet werden. Alternativ können die Videos auch über www.delius-klasing.de / stressfrei-motorbootfahren aufgerufen werden.

Motorbote sind sowohl bei der Anschaffung als auch im Unterhalt sehr teuer, sodass viele Eigner nicht mehr im allerjüngsten Alter sind. Manche waren ein Leben lang Segler, bevor sie sich mit einem Motorboot »zur Ruhe setzen«. Gerade weil mit dem Alter die Beweglichkeit an Bord abnehmen kann, sind besonders solche Techniken gefragt, mit denen eine kleine Crew das Boot vom Cockpit aus beherrschen kann. Gleichwohl sind diese Techniken auch für den jüngeren Neueinsteiger von besonderem Wert. Ich habe viel Zeit zusammen mit Eignern verschiedenster Motorboote verbracht, mit ihnen wiederkehrende Probleme diskutiert und Lösungen erarbeitet. Dabei habe ich alles Nötige zur Führung eines Bootes bedacht, die Abläufe in einzelne Schritte aufgeteilt und versucht, diese zu vereinfachen.

Neben dem Schreiben von Büchern und Artikeln für Yachtmagazine leite ich die Westview-Segelschule, wo wir uns ausschließlich auf die theoretische Ausbildung konzentrieren und Lehrvideos anbieten. Für Ausbildungs-Teilnehmer erweisen sich diese Videos oft als willkommene Hilfestellung.

Noch ein Hinweis, den ich mir vom englischen Altmeister des Fahrtensegelns abgeschaut habe, speziell an das schönere Geschlecht unter uns: Ich weiß, dass Frauen oft schneller lernen und navigatorische Aufgaben mindestens genauso gut wie wir Männer beherrschen, ohne jedoch gleichviel Aufhebens darüber zu machen. Deshalb möchte ich an dieser Stelle darauf hinweisen, dass mit Begriffen wie »Skipper« oder »Steuermann« immer auch die Skipperin, die Steuerfrau, in gleichem Maße gemeint ist. Statt Mann-über-Bord heißt es bei uns Mensch-über-Bord, was jeden, ob Mann, Frau oder Kind in einer solche Notlage mit einschließt, obwohl wir sie niemandem wünschen möchten. Nun aber hoffe ich, dass Sie diesem Buch viel Nützliches entnehmen können. Ich selbst verwende die gezeigten Techniken jedes Mal, wenn ich aufs Wasser hinaus fahre, freue mich aber auch über Verbesserungsvorschläge und Anregungen.

1 Wie und Warum

Ich habe den Day-Skipper-Theoriekurs gemacht. Und ich habe den Day-Skipper-Praxiskurs belegt. Und jetzt stehe ich auf einer 45-Fuß-Princess-Motoryacht, 53 Fuß sind es sogar, wenn man die Länge so misst wie bei den Kosten für den Liegeplatz: von der Spitze des Ankers am Bug bis zum Beiboot in den Davits achtern.

Der Mann, der sie mir verkauft hat, Bernard, wollte sein Boot eigentlich behalten, aber die Marina hatte ihn zu einer Vergrößerung überredet und versprochen, sich um den Verkauf zu kümmern. Als nach sechs Monaten noch kein einziger Interessent aufgetaucht war, rief Bernard bei der Marina an und fragte nach einem Boot mit genau den gleichen Spezifikationen wie sein eigenes (das die Marina ja verkaufen sollte): ... mit Klimaanlage und einem ordentlichen Beiboot, etwa drei Meter lang und gut motorisiert, sagen wir 30 PS? »Tut uns sehr leid«, war die Antwort des Maklers, »aber ein solches Boot haben wir nicht.«

Bernard war zurecht verärgert. Er nahm die Sache jetzt selbst in die Hand und erteilte dem Makler der Marina eine Lektion, wie ein Gebrauchtboot richtig vermarktet wird. Ich las seine Anzeige in der Zeitschrift Motor Boat & Yachting und rief sofort an. Seit zwei Jahren war ich bereits auf der Suche nach der richtigen Princess 45 und kannte alle Angebote auf dem Markt. Dieses war neu.

Erst nach dem Anruf bemerkte ich, dass Bernards Telefonnummer die gleiche Vorwahl hatte wie meine eigene. Es stellte sich heraus, dass er nur ein paar Straßen weiter wohnte. Ich sagte ihm, sollte sein Boot tatsächlich der Beschreibung entsprechen, würde ich es kaufen. Er schenkte mir jedoch wenig Glauben, hielt mich für einen derer, die sein Boot zwar anschauen wollten und sinnlos gegen den Rumpf klopfen, sich dann aber nie wieder blicken lassen würden. Er kannte das Geschäft zu gut und war umso mehr überrascht, als ich mich ein zweites Mal meldete.

Erst zwei Monate später, als ich Bernard nach einem Motorencheck und einer Probefahrt einen gesicherten Bankscheck unter die Nase hielt, glaubte er mir endgültig. Ich bewunderte ihn, da er den Verkauf selbst abwickelte, aber es war auch nicht schwer. Das Boot entsprach exakt seiner Beschreibung.

Da stand der gute Bernard, sagte einfach »Tschüss«, stieg von Bord und ging den Steg entlang.

Ich blickte mich um. Allein bei der Elektrik dieses Bootes gab es Landstrom sowie ein 12- und 24-Volt-Bordnetz. Ich hatte keine Ahnung, wie all das funktionierte. Und wie soll ich dieses Boot überhaupt fahren?

Bernard war fast am Ende des Stegs angelangt.

»Bernard, Bernard«, rief ich und lief hinter ihm her. »Du hast doch noch gar kein neues Boot oder? Was hältst Du davon, noch auf ABRAXAS zu bleiben und mir alles ein wenig zu zeigen und zu erklären?

»Mit Vergnügen«, war seine Antwort.

So wurde Bernard ein guter Freund, der mir zeigte, wie man sich um ein Boot kümmert und was man als Eigner alles zu tun hat. Bernard half mir sogar, als ich ABRAXAS wieder verkaufte und auch dem nächsten Eigner war er noch behilflich und ein guter Freund. Erst als das Boot an einen entfernt wohnenden vierten Eigner ging, verloren wir ABRAXAS aus den Augen.

Lange Rede, kurzer Sinn: Worauf es ankommt, ist, erst eine gründliche Ausbildung zu absolvieren. So richtig zur Anwendung kommt das neu erworbene Wissen dann aber erst, wenn man ein eigenes Boot hat. Oft wird man die Familie mit aufs Wasser nehmen und als frischgebackener Skipper sowohl sich selbst als auch die Angehörigen etwas verschrecken. Kein Meister ist je vom Himmel gefallen, aber wer ein paar Techniken erlernt, um den Ablauf der Manöver zu erleichtern und wer ein Gefühl dafür entwickelt, wie

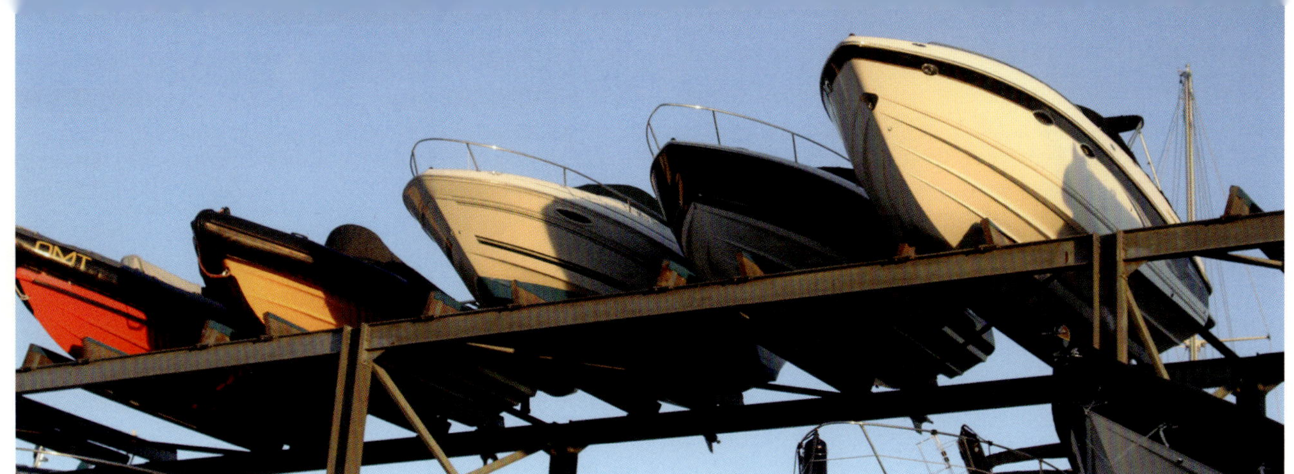

sich das Boot in Wind und Strömung verhält, der kann Vertrauen aufbauen. Dadurch wird es auch für alle anderen an Bord viel entspannter und beim nächsten Törn kommt jeder wieder gern mit.

Neben dem Sammeln von Erfahrung, dem Üben der nötigen Manöver – anlegen, ablegen, an Bojen festmachen, ankern und so weiter – kommt es gerade anfangs darauf an, sich nicht zu viel auf einmal zuzumuten.

Auf See muss man sich nach dem Wetter richten. Man muss wissen, dass man bei Wind gegen Strom mit kurzem, unangenehmem Seegang zu rechnen hat, während Strom und Wind in gleicher Richtung für eine viel angenehmere Fahrt sorgen. Zusätzlich muss man wissen, wie sich das Wetter entwickeln wird, während man auf See ist. Der Wind kann stärker werden, er kann auch seine Richtung ändern. Aus einem allgemein vorhergesagten Südwind kann sich in Küstennähe ein Nordwind entwickeln.

Bei Wind bis zu einer Stärke von 4 Beaufort (bis 16 kn) lässt sich ein bequemer Tag auf dem Wasser verbringen, bei 5 Beaufort (bis 21 kn) wird es bereits etwas ungemütlicher. Starker Wind bereitet speziell bei langsamer Fahrt während Hafenmanövern Probleme, da das Boot durch den Wind vertreibt. Bei stärkerem Wind ist das Meer voller Schaumkronen, und die Wellen sind höher. Es sollte von vornherein abgesprochen sein, bei welchem Wetter man selbst und die Familienmitglieder oder andere Mitfahrer auslaufen wollen und bei welchem nicht. Zudem muss der Wetterbericht auch auf See immer im Auge behalten werden.

Bei Flussfahrten muss man sich vergewissern, dass die Strömung nicht stärker ist, als einem lieb ist.

Um Stress beim Motorbootfahren zu vermeiden, frage ich immer: »Was macht Sie an Bord nervös? Bei welchem Manöver sind Sie aufgeregt?« Stets bekomme ich Antworten, die das An- und Ablegen, das Festmachen an einem Steg oder einer Boje beinhalten. Auch Ankermanöver können für feuchte Hände sorgen.

Bei Stressfrei Motorbootfahren betrachte ich alles aus der Perspektive einer kleinen Crew – in der Praxis ist es meist eine Mann-Frau-Crew. Fast immer übernimmt der Mann das Steuer und die Frau die körperlich anstrengenderen Aufgaben der Crew an Deck. Ich möchte Paare ermutigen, diese Rollen zu tauschen. Leider zögern Frauen häufig, die Verantwortung als Steuerfrau zu übernehmen, dabei ergibt es mehr Sinn, wenn der Mann die teilweise anstrengenden Aufgaben an Deck, wie ich sie hier zeige, übernimmt.

Kleinere Motorboote lassen sich durchaus auch einhand beherrschen, aber bei größeren kann es schon schwerfallen, die steilen Stufen oder Leitersprossen zur Flybridge schnell genug hinauf- und hinunter zu klettern.

Ein langer Teleskop-Bootshaken kann praktisch sein, um eine Leine von Bord aus über eine Klampe zu legen, aber ein solcher Bootshaken samt Leine kann auch ziemlich schwer sein. Ich sehe es nicht gern, wenn jemand von Bord steigt, bevor das Boot aufgestoppt am Steg liegt und vertäut ist, weshalb ich sehr für den Einsatz von Leinen von Bord aus plädiere. Um festzumachen, kann man mit etwas Übung eine Leine per Lassowurf über eine Klampe legen. Sobald eine Leinenverbindung zum Steg besteht, kann man mit leichtem Motorschub gegen diese Leine fahren und so das Boot längsseits am Steg halten. Oder der Steuermann kann mit kurzen Schüben der Hauptmaschine und des Bugstrahlruders das Boot in Position halten, während die Crew die Bugleine am besten ebenfalls von Bord aus ausbringt. Es gibt Patent-Bootshaken wie Hook&Moor oder Moorfast und wer mit solchen Produkten gute Erfahrungen gemacht hat, wird sie weiter verwenden. Ich ziehe jedoch bei Leinen die etwas robusteren Methoden vor, die in jeder Situation funktionieren.

Was immer Sie tun, versuchen Sie es sich so einfach wie möglich zu machen. Das bedarf natürlich der Vorbereitung. Bei nahezu allen Manövern an Bord gilt: planen, vorbereiten, voraussehen.

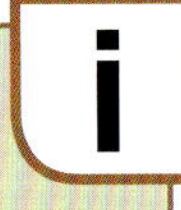

Planung, Vorbereitung, Voraussicht

Planung beinhaltet alles, was man im Vorfeld unternimmt. Man entscheidet, wohin der Törn gehen soll, man informiert sich über das vorherrschende Wetter im jeweiligen Fahrtgebiet sowie über die Gezeiten oder die Strömung bei Flussrevieren.

Vorbereitung ist der Schlüssel zum Erfolg. Dazu zählt eine Leine einsatzklar zu halten, sie je nach Bedarf über oder unter der Reling durch zu legen, um sie per Lassowurf schnell um eine Klampe, einen Poller oder eine Boje ausbringen oder einem Schleusenwart in die Hand geben zu können. Hat man die Leine nicht vorbereitet, muss der Steuermann das Boot umso länger in Position halten, bis man die Leine einsatzklar hat. Dabei kann der Wind das Boot vertreiben, und der Steuermann kann Probleme bekommen, das Boot auf der Stelle zu halten, und schon beginnt der Schlamassel – alles nur, weil eine Leine nicht vorbereitet wurde. Genauso wichtig ist die Kommunikation zwischen Skipper und Crew. Jeder muss genau wissen, was der andere von ihm erwartet. Klare Ansagen, vereinbarte Handzeichen und etwas Übung sind entscheidend, um möglichen Stress an Bord zu vermindern.

Voraussicht entsteht einerseits aus der Kenntnis, wie sich ein Boot unter dem Einfluss von Wind und Strömung verhält, andererseits aus der eigenen Erfahrung, die es einem erlaubt, auch eine neue Situation schon im Vorfeld richtig abzuschätzen.

Was bringt jeden Skipper auf Trab? Richtig, das An- und Ablegen. Noch dazu finden diese Manöver vor den Augen anderer statt, denn selbst wenn die Marina völlig verwaist erscheint, so muss nur irgendetwas schiefgehen und ringsum tauchen Köpfe aus Niedergängen auf, Fender werden eiligst klargemacht, um das eigene Boot vor der um sich greifenden Gefahr zu bewahren, zu der man selbst geworden sind. Andere beobachten das Geschehen hinter getönten Scheiben, man kann sie nicht sehen, aber man steht unter genauer Beobachtung. Als Erstes gilt deshalb: Nicht laut werden, niemanden anschreien, nicht unnötig Vollgas oder wie wild Bugstrahlruder geben.

Folgende Boote und Yachten haben wir eingesetzt:

- **Princess 52** IVY SEA
  Flybridge, zweimotorig, Wellenantrieb, Querstrahlruder an Bug und Heck
- **Aquador 28C** FREEDOM
  Kajütboot, einmotorig, Z-Antrieb
- **Bavaria 32** TANZANITE
  Sportcruiser, zweimotorig, Z-Antrieb, Bugstrahlruder
- **Doral 44 Boca Grande** EVELYNN
  Sportcruiser, zweimotorig, Z-Antrieb, Bugstrahlruder
- **Fairline Squadron 44** SLIP KNOT
  Flybridge, zweimotorig, Wellenantrieb, Bugstrahlruder
- **17-Meter-Binnenschiff** LE COQ
  einmotorig
- **Broom 29** KATCHA
  Kajütboot, einmotorig, Wellenantrieb, Bugstrahlruder
- **Sealine F42** RAMOSSEAS Flybridge, zweimotorig, Pod-Antrieb
- **Pearl 60** HOLLYWOOD
  Flybridge, zweimotorig, Wellenantrieb, Querstrahlruder an Bug und Heck
- **Princess 23M** LUCKY ASH
  Flybridge, zweimotorig, Wellenantrieb, Querstrahlruder an Bug und Heck
- **Aqua Star 46** KAPANA IV
  Halbgleiter, Wellenantrieb, Bugstrahlruder

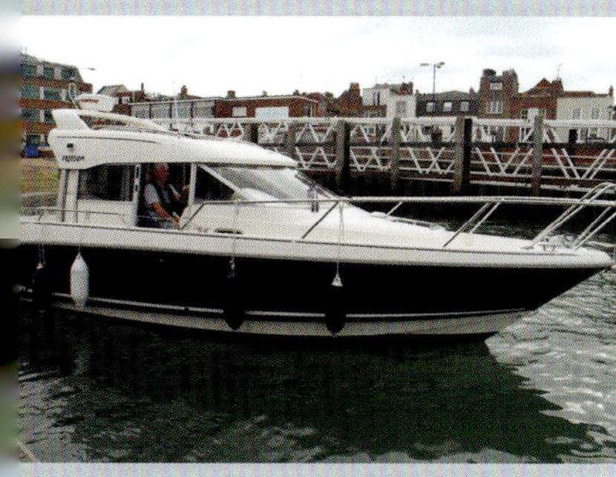

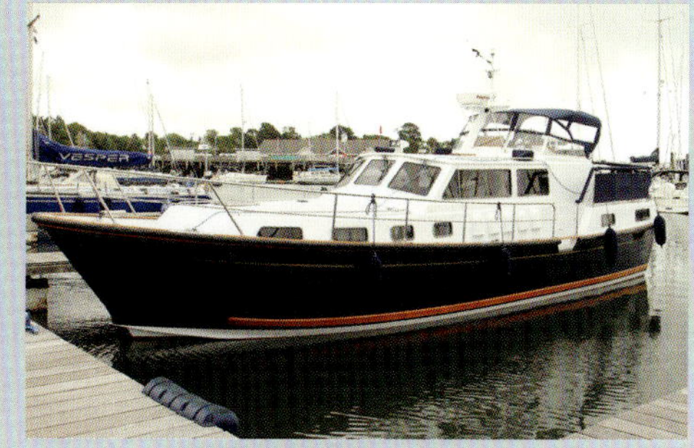

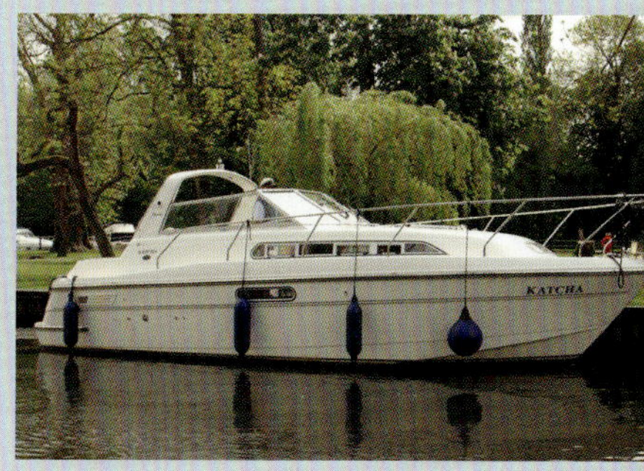

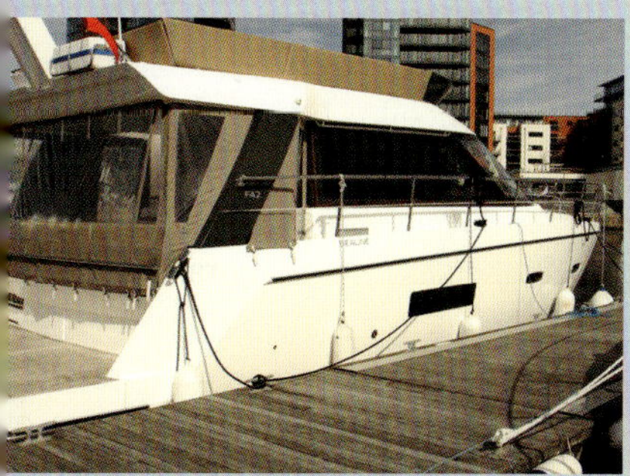

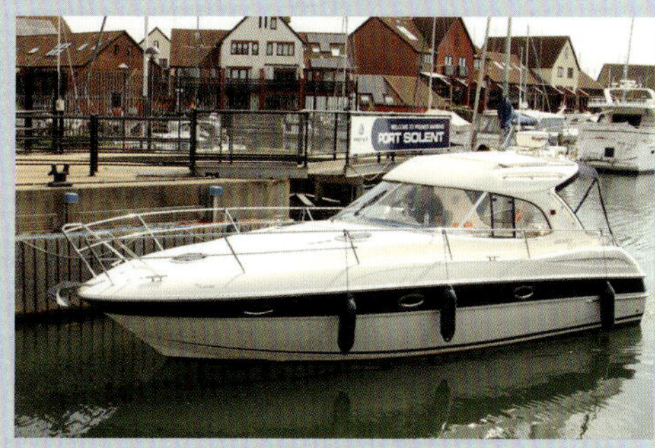

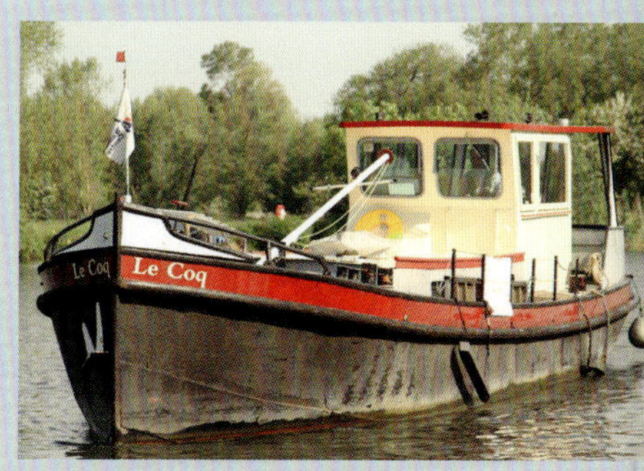

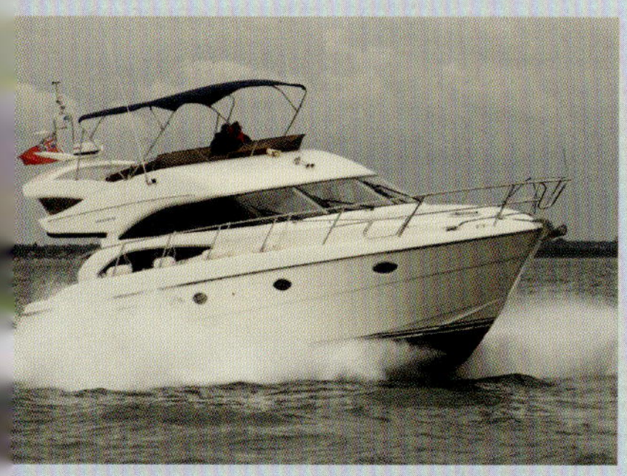

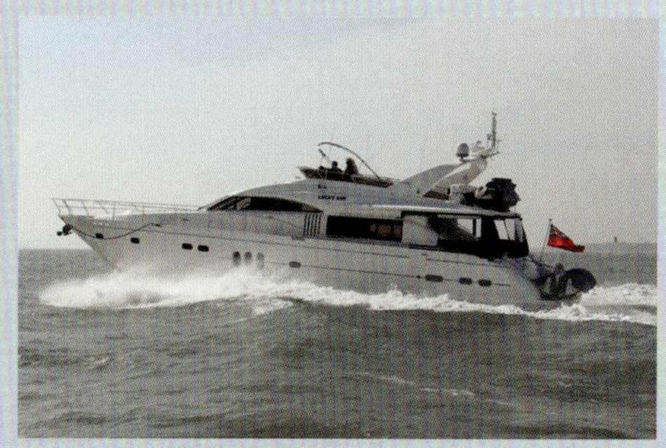

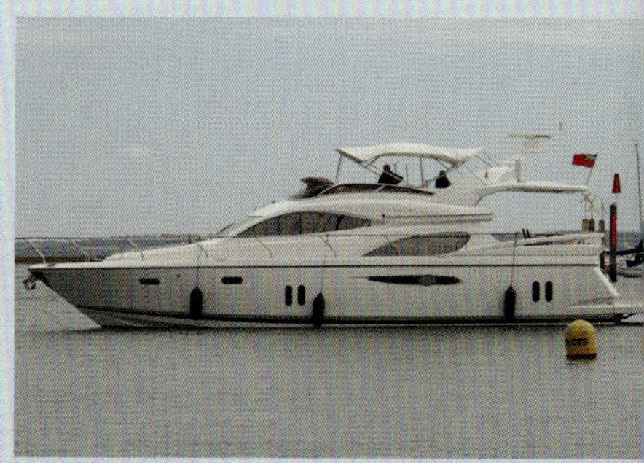

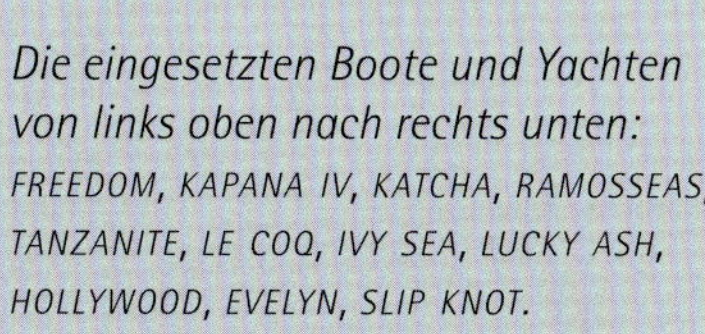

Die eingesetzten Boote und Yachten von links oben nach rechts unten: *FREEDOM, KAPANA IV, KATCHA, RAMOSSEAS, TANZANITE, LE COQ, IVY SEA, LUCKY ASH, HOLLYWOOD, EVELYN, SLIP KNOT.*

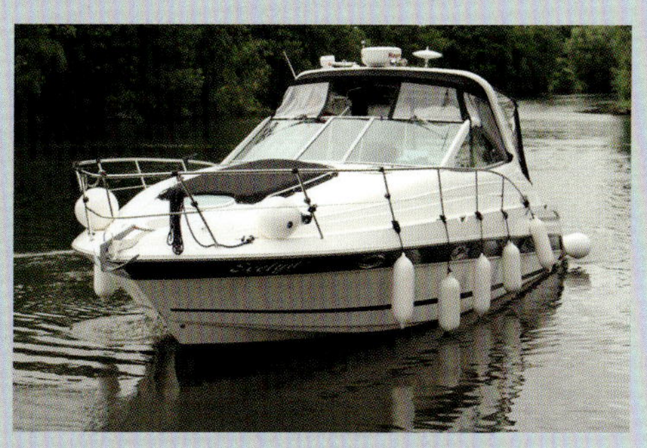

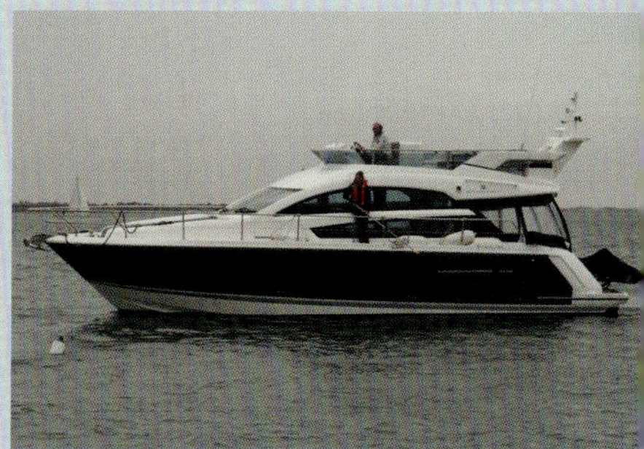

2 Ordnung und Fertigkeiten

Um ein Boot allein oder mit kleiner Crew beherrschen zu können, sind eine Reihe von Fertigkeiten nötig, die Manöver erleichtern und für bessere Ordnung an Bord sorgen. Richtiger Umgang mit Tauwerk kommt hier an erster Stelle.

Tauwerk

Leinen werden als Festmacher, Fenderleine, Belegleine für das Beiboot und manchmal auch als Ankertrosse eingesetzt. Ich werde im Folgenden auch den Einsatz von Hilfsleinen beim An- und Ablegen sowie beim Festmachen an Bojen empfehlen, um diese Manöver zu vereinfachen. Der Bootshaken eignet sich ebenfalls für solche Aufgaben, aber erst mit der Kombination aus Bootshaken und Hilfsleine wird so manch unmöglich erscheinendes Manöver praktikabel (siehe Kapitel 8).

Bei Tauwerk lassen sich schwimmfähige und nicht schwimmfähige Leinen unterscheiden. Ein weiteres Merkmal ist der Reck, der die Dehnfähigkeit einer Leine bezeichnet. Wer mit dehnungsarmem Tauwerk in einer windigen Nacht festgemacht hat, wird wegen starkem Einrucken des Bootes kaum ein Auge zubekommen. Bei Festmachern mit mehr Reck sind die Bootsbewegungen viel komfortabler. Unten stehend ist eine Auflistung üblicher Leinen angefügt inklusive einer Qualität, die für den Einsatz auf Motorbooten weniger bekannt ist.

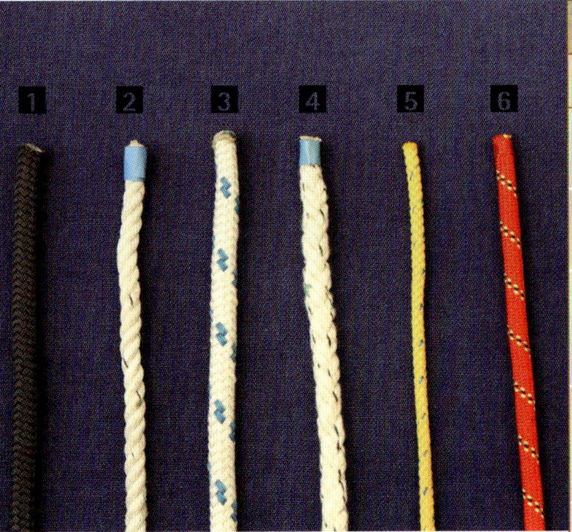

▲
1 *Polyester geflochten, Festmacher*
2 *Polyester geschlagen, Festmacher*
3 *Polyester doppelt geflochten*
4 *Polyamid (Nylon) quadratgeflochten*
5 *Polypropylen*
6 *Dyneema im Kern, Polyester im Mantel*

Tauwerk Übersicht

Bezeichnung	Reck	Einsatz	U/V Beständigkeit	Schwimmfähigkeit
Polyester geflochten	hoch	Festmacher	5	geht unter
Polyester geschlagen	gering	Festmacher	5	geht unter
Polyester doppelt geflochten	gering	Festmacher und Allzweckleinen	4	geht unter
Polyamid quadrat-geflochten	sehr hoch	Ankertrossen und Festmacher	4	geht langsam unter
Polypropylene	gering	Sport- und Sicherheitsausrüstung	2	geht nicht unter
Dyneema	sehr gering	Fallen, Schoten und Sicherheits-ausrüstung	5	geht nicht unter, außer bei Ummantelung mit Polyester

UV-Beständigkeit: 5 = hoch, 1 = gering

Ich habe Dyneema in die Tabelle mit aufgenommen, weil diese Leinen aus Hochmodul-Polyethylen (HMPE) extrem stark und reckarm sind und sich gut für die Bergung eines MOB eignen (siehe Kapitel 13).
Und damit komme ich zu meinem ersten Tipp für stressfreies Festmachen. Auf größeren Yachten sind die Festmacherleinen so lang und schwer, dass ich sie kaum noch handhaben, geschweige denn aufschießen möchte. Dabei bin ich recht kräftig; wie muss es erst jemandem ergehen, der oder die etwas zarter besaitet ist?

Festmachen mit Dyneemaleinen

Im Lehrbuch steht, dass man mit vier einzelnen Leinen festmachen muss, aber die meisten Skipper verwenden nur zwei. Die Leine, die gleichzeitig als Bugleine und Vorspring eingesetzt wird, ist bei einer größeren Yacht ziemlich lang und schwer.
Verwenden Sie beim Festmachen zunächst dünneres Tauwerk aus Dyneema anstelle der schweren Polyesterleinen. Eine 12-mm-Dyneemaleine besitzt die gleiche Bruchlast wie eine 20-mm-Polyesterleine. So verwendet man bei der Ansteuerung an den Liegeplatz einen Satz leichtgewichtiger Festmacher, die daher auch leicht handzuhaben und dennoch äußerst stark sind.

Sobald die Yacht sicher vertäut ist, kann man die Dyneemaleinen gegen die herkömmlichen Festmacher aus Polyester austauschen, aber ich würde abwarten, ob die Yacht mit den Dyneemaleinen nicht ebenso ruhig über Nacht liegt.

Gute Qualität lohnt sich

Auf Tauwerk lässt sich an Bord nicht verzichten, also sollte man dabei auch nicht sparen. Gutes Qualitätstauwerk liegt angenehm in der Hand, lässt sich leicht aufschießen und macht die Arbeit für die Crew so viel leichter. Ihre Crew hat das Beste verdient – geben Sie ihr das Beste.

Für jede Aufgabe die richtige Leine

Soll eine Leine reckarm sein oder nicht? Sicherheitsleinen müssen schwimmfähig und deshalb aus Polypropylen sein. Festmacher müssen nicht schwimmfähig sein, dafür brauchen sie aber Reck und müssen abriebfest sein. Bei einem kurzen Tampen an der Ankerkette zur Entlastung der Ankerwinsch kann auch dreischäftig geschlagenes Polyamid verwendet werden. Bei allen Leinen, die durch Blöcke laufen, wie die Taljen an den Davits, muss doppelt geflochtenes Tauwerk bester Qualität eingesetzt werden, um die Reibung möglichst gering zu halten.

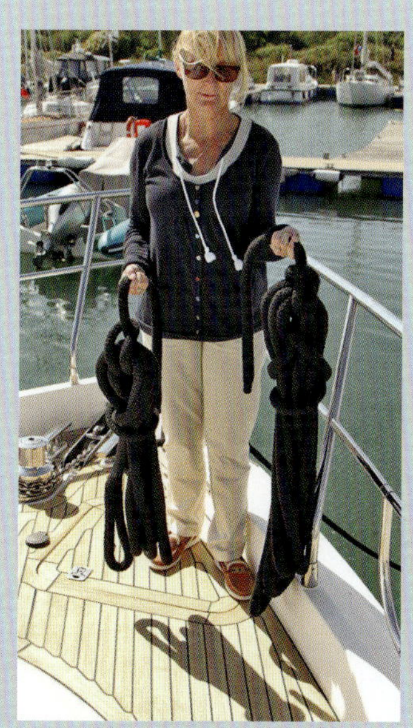

▲ *Schwere Festmacher.*

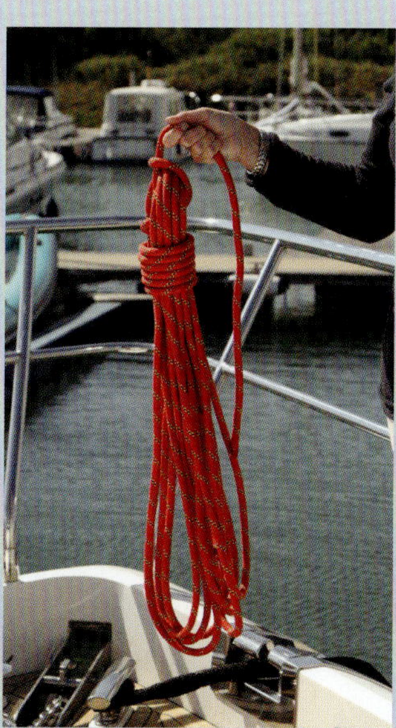

▲ *Eine wesentlich leichtere Dyneemaleine.*

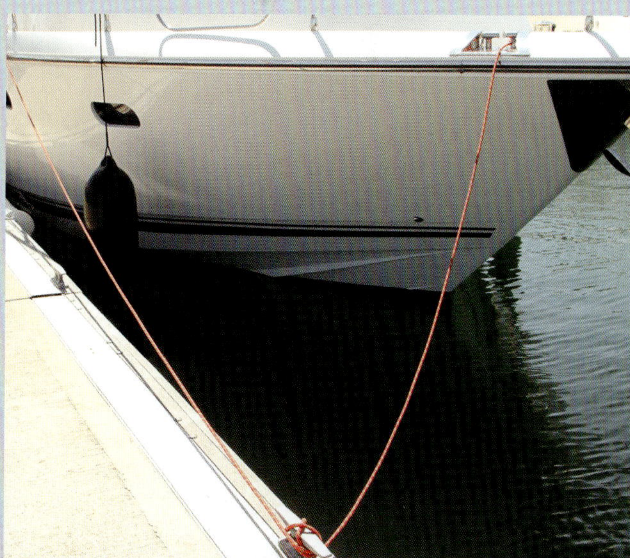

▲ *60-Fuß-Yacht mit Dyneema-Festmacher.*

Pflegen Sie ihr Tauwerk

Hängen Sie Leinen zum Trocknen auf. Nasse Leinen trocknen schlecht, wenn man sie einfach in die Backskiste legt. Stecken Sie ihre Leinen in einen Kopfkissenbezug, verschnüren sie ihn mit einem Bändsel und waschen Sie dieses Bündel mit etwas Weichspüler in der Waschmaschine. Danach sind die Leinen schön lehnig und riechen frisch. Bewahren Sie Tauwerk nicht im Ankerkasten auf, wo es nass werden kann oder in der Nähe von Benzin- oder Ölkanistern.

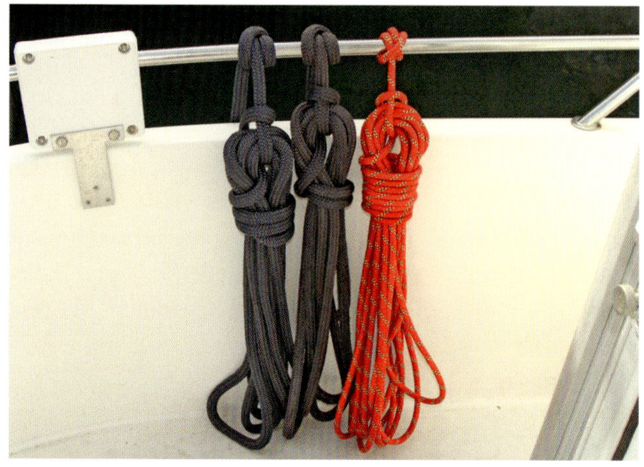

▶ *Zum Trocknen aufgehängte Leinen.*

TIPP

Verwenden Sie Tauwerk in passender Länge

Möchte man beim Anlegemanöver die Klampe am Steg per Lassowurf von der Badeplattform aus einfangen, braucht man dafür keine besonders lange Leine. Machen Sie sich einen Tampen in passender Länge und Stärke zurecht, am besten geschlagen oder doppelt geflochten aus Polyester. Bei Einhandmanövern auf einem Binnenschiff ist eine sehr lange Leine praktisch, die vom Cockpit zum Bug, dann an Land und zurück zum Cockpit verläuft. Achtern benötigt man dagegen nur einen kurzen Festmacher. Diese Leinen sollten in der jeweils passenden Länge vorhanden sein.

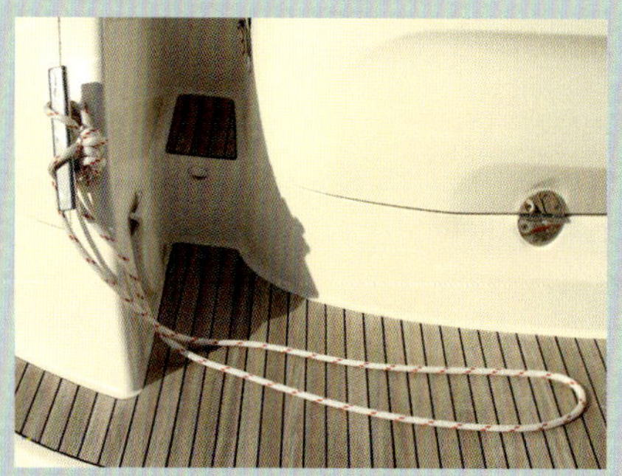

▲ *Eine kurze Schlaufe, die schnell über eine Klampe gelegt werden kann.*

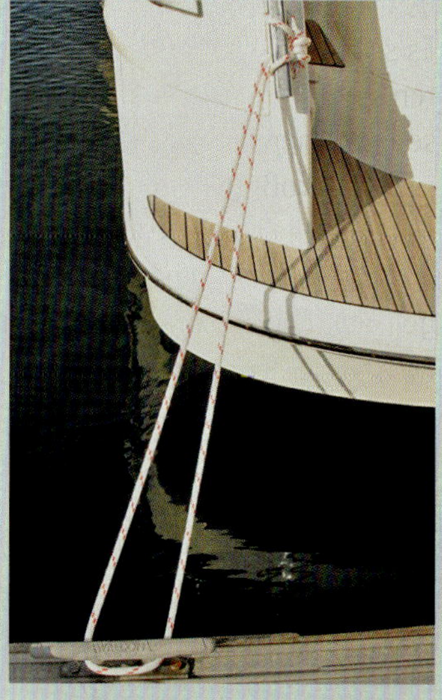

▶ *Motorschub gegen diese Leine hält das Boot längsseits am Steg.*

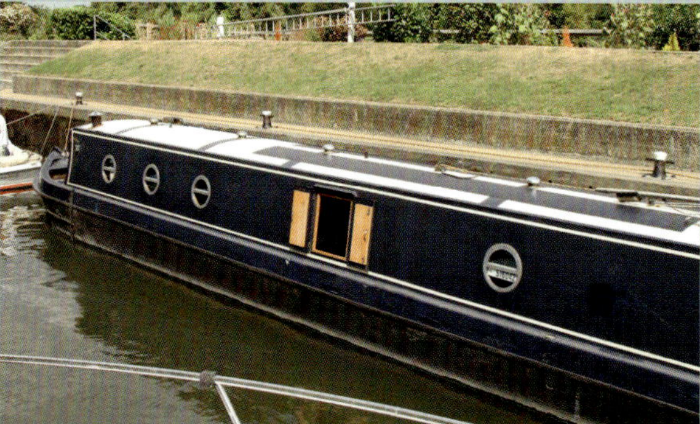

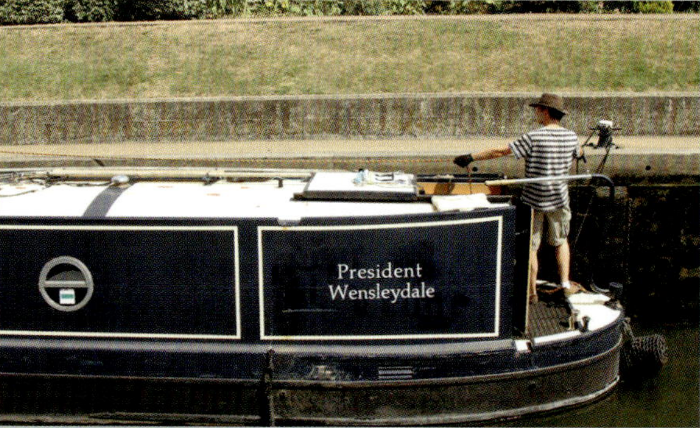

▲ *Mit einer langen Leine am Bug und einer kurzen am Heck kann dieses Narrowboat (Binnenschiff) einhand durch eine Schleuse manövriert werden.*

Aufschießen von Tauwerk

Es gibt zwei Arten einen Seilbund aufzuschießen (die Segler-Methode und die Kletterer-Methode) und mehrere Möglichkeiten, das Aufschießen abzuschließen (die Segler-Methode, die Navy-Methode und die klassische Methode). Worauf es ankommt, ist, dass die Leine nicht unklar kommt und gut ausrauschen kann.

Aufschießen mit der Segler-Methode

Beginnen Sie immer mit dem Ende, das einen Augspleiß oder Schäkel hat. Es sollte innen liegen. Mit dem anderen Ende wird der Bund abgeschlossen. Machen Sie die Buchten mindestens so groß, wie in den Abbildungen gezeigt. Alle Leinen müssen im Uhrzeigersinn aufgeschossen werden, egal ob geschlagenes oder geflochtenes Tauwerk. Schießt man gegen den Schlag auf, besteht die Gefahr, die Kardeele zu öffnen. Korrekt aufgeschossen hat der Bund keine Spannungen und hängt in ordentlichen Buchten.

Damit ein Bund aus geschlagenem Tauwerk ordentlich liegt, verdreht man die Leine beim Aufschießen der einzelnen Buchten mit einer halben Drehung der Hand. Man spürt, dass sich die Leine von selbst so verdrehen möchte, also folgt man der Richtung dieses Twists.

Aufschießen mit der Kletterer-Methode

Die erste Bucht wird in der Hand zum Körper hin gemacht, die zweite Bucht wird zwischen Daumen und Zeigefinger gelegt. Fahren Sie so fort, entstehen Buchten beiderseits ihrer Hand.

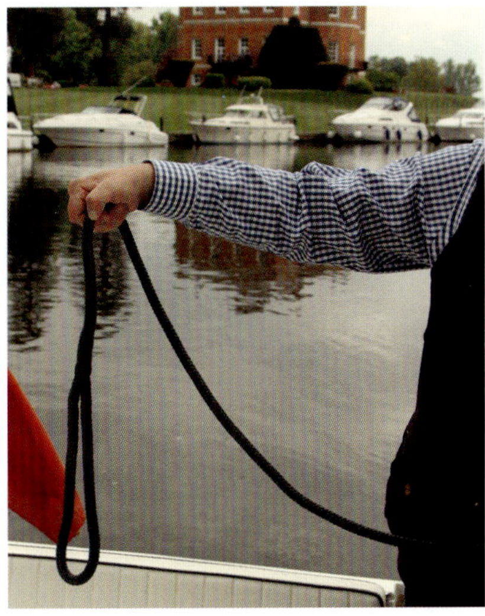

▲ *Beginnen Sie den Bund mit dem Augspleiß an der Innenseite.*

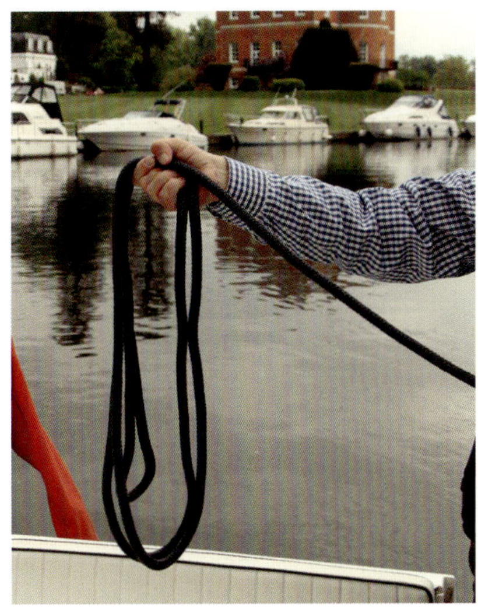

▲ *Schießen Sie die Leine im Uhrzeigersinn und in gleich großen Buchten auf.*

Der Abschluss

Unabhängig davon, wie man aufgeschossen hat, sollte zum Schluss ein ausreichend langes Ende für den Abschluss übrigbleiben, mit dem zunächst Wicklungen um den Bund herum gelegt werden. Dann hat man drei Möglichkeiten für den Abschluss:

1 Die Navy-Methode. Das ist die einfachste Art und gut geeignet, um einen Seilbund aufzuhängen, aber weniger gut, um ihn in der Backskiste abzulegen, wo er aufgehen kann. Führen Sie das lose Ende einfach um die Wicklungen herum und stecken Sie es durch die Mitte des Bundes – fertig.

2 Die Segler-Methode. Führen Sie die Leine mit einer Bucht durch die Mitte des Bundes und stecken Sie das lose Ende durch diese Bucht. So kann der Bund gleichermaßen gut aufgehängt oder abgelegt werden.

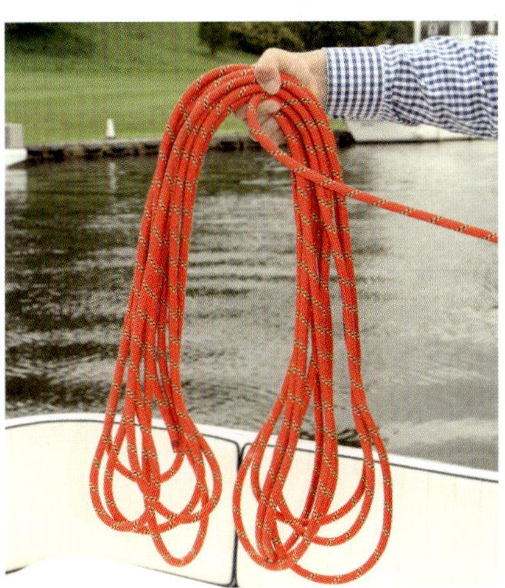

▲ *Aufschießen mit der Kletterer-Methode.*

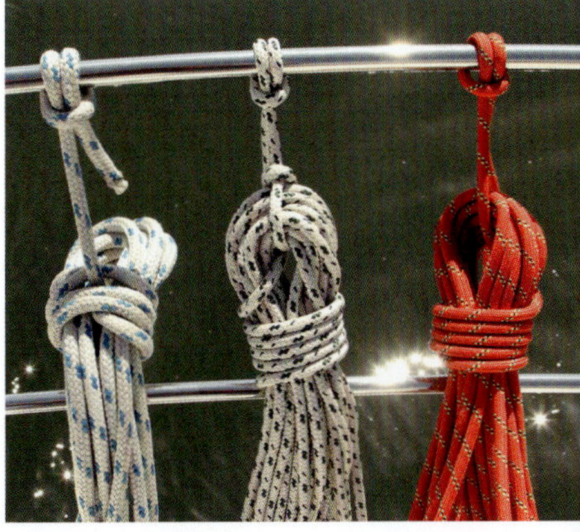

▲ *Drei Möglichkeiten einen Bund abzuschließen: klassische Methode, Segler-Methode und Navy-Methode.*

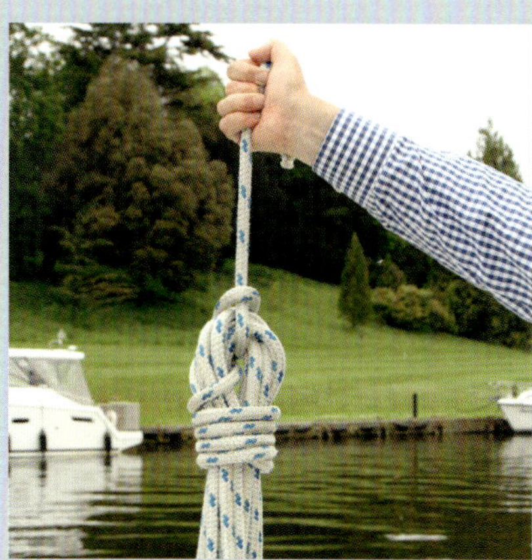

▲ *Mit der Segler-Methode abgeschlossen.*

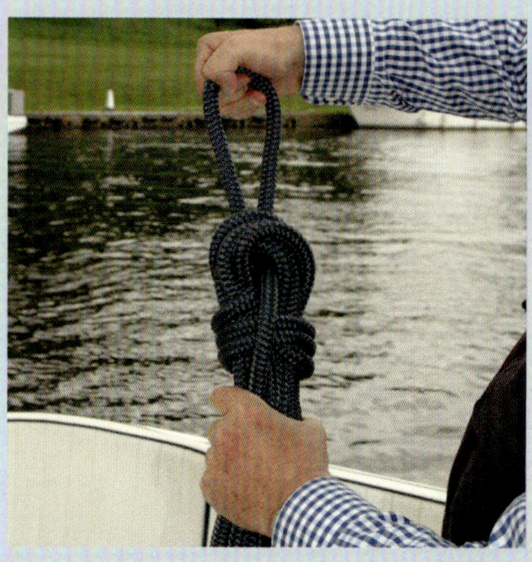

▲ *Führen Sie eine Bucht durch den Bund*

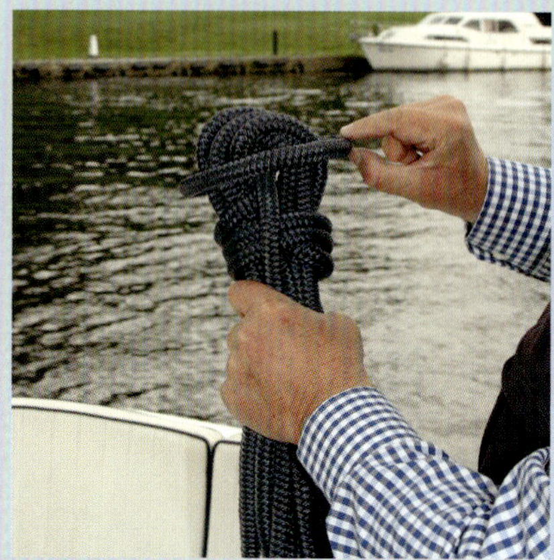

▲ *... und über die Wicklungen.*

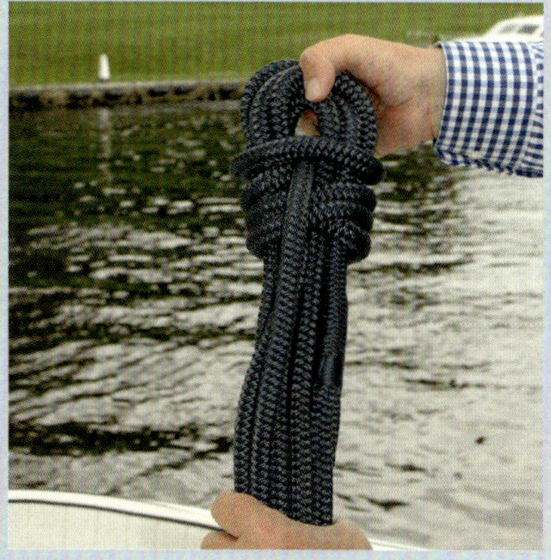

▲ *Ziehen Sie am Ende fest.*

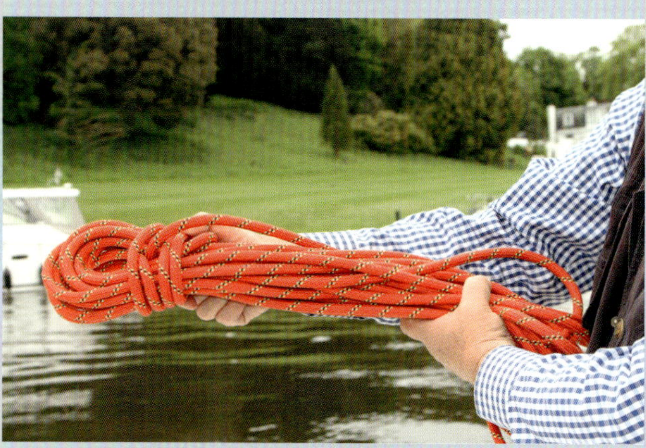

▲ *So hält der Bund auch in der Backskiste.*

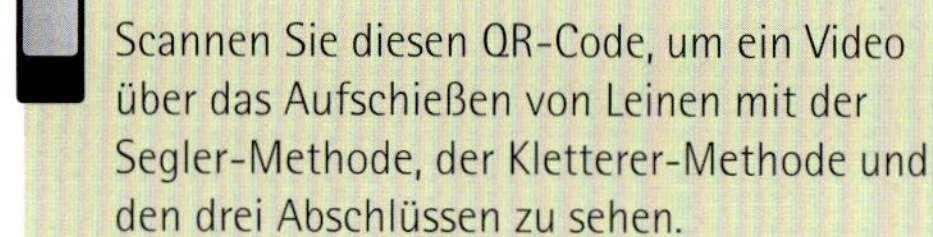

Scannen Sie diesen QR-Code, um ein Video über das Aufschießen von Leinen mit der Segler-Methode, der Kletterer-Methode und den drei Abschlüssen zu sehen.

TIPP

Beim Aufschießen von geflochtenen Leinen merkt man, dass sie sich oft von ganz allein in Achten legen. Kämpfen Sie nicht dagegen an, lassen Sie die Buchten vielmehr die Form annehmen, die sie möchten.

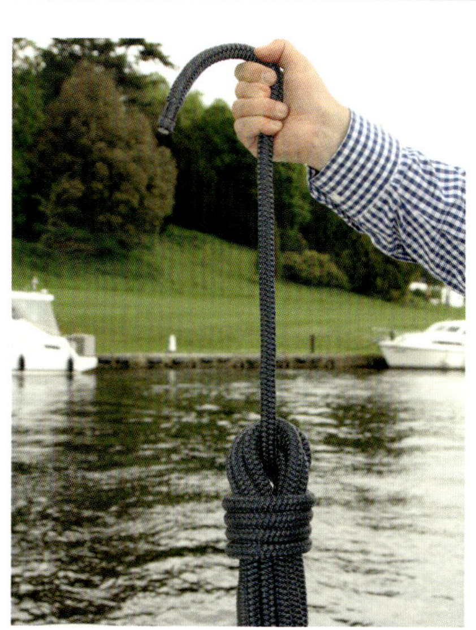

▶ *Der Abschluss mit der Navy-Methode.*

3 Die klassische Methode. Führen Sie das Ende der Leine mit einer Bucht durch die Mitte des Bundes. Stülpen Sie die Bucht über den Bund und ziehen Sie sie fest. Diese Methode hält gut und der Bund löst sich auch dann nicht, wenn er lose in der Backskiste liegt.

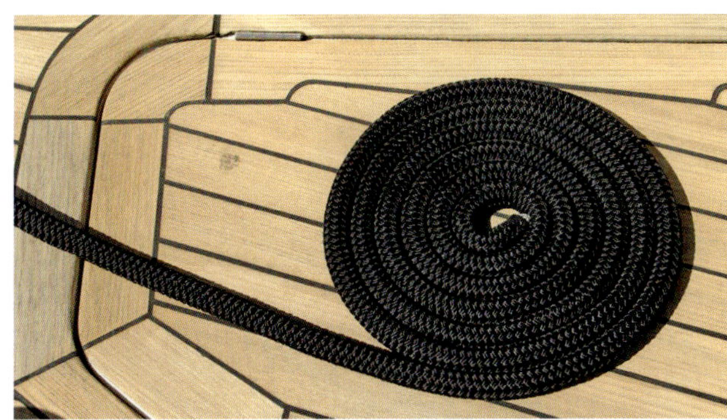

Tauwerkschnecke.

Reserveleinen aufklaren

Leinen und Festmacher, die nicht in Gebrauch sind, können auf verschiedene Arten aufgeklart werden. Man kann Tauwerkschnecken bilden, die Leinen aufhängen oder über die Reling schlaufen.

Tauwerkschnecken sehen sehr hübsch aus, aber jede Leine, die längere Zeit an Deck liegt, wird nass und sammelt Schmutz an. Ich bin der Meinung, dass Tauwerkschnecken nur zu einer Superyacht passen, wo eine Crew durchgehend mit Putzen und Polieren beschäftigt ist. Sowohl aufhängen als auch über die Reling schlaufen funktionieren gut, obwohl sich ein durchgeschlaufter Bund nie ordentlich ablösen lässt. Ein normaler Bund kann gut abgenommen werden und läuft klar, bei einem durchgeschlauften Bund habe ich immer den Eindruck, dass ich nochmal von vorn anfangen muss.

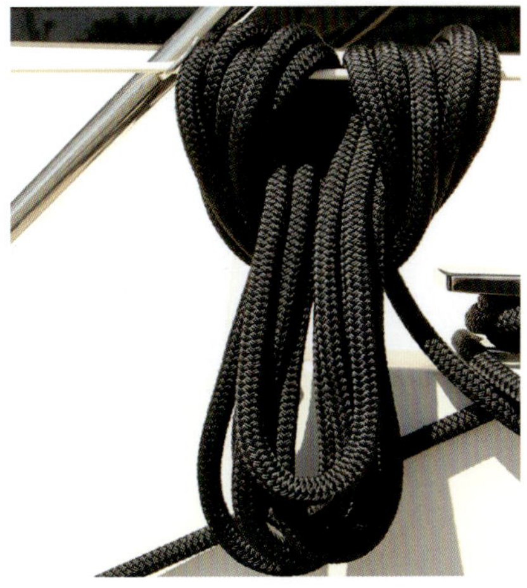

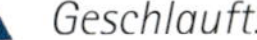

Geschlauft.

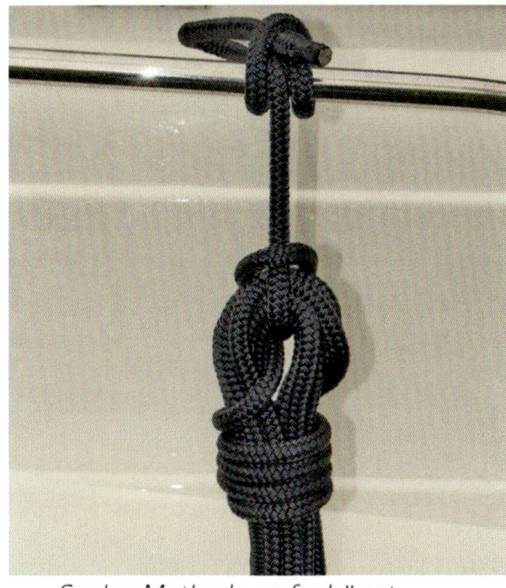

Segler-Methode, aufgehängt.

Belegen

Das gespleißte Auge eines Festmachers bleibt immer an Bord. Nur das freie Ende wird zum Steg oder zur Mole hin ausgebracht. Das ist der Schlüssel zu einer guten Vorbereitung. Alle Enden müssen frei laufen können. Festmacher mit einem Augspleiß oder einer Schlaufe verfangen sich oder kommen irgendwo fest, wenn man sie zurück an Bord einholen will – garantiert. Also Augen immer an Bord belassen. Selbst das einfache, freie Ende kann sich beängstigend schnell um eine Klampe am Steg wickeln, wenn man es zu schnell einholt oder, schlimmer noch, wenn man versucht, es von einer Klampe loszuwerfen. Loswerfen funktioniert

Knoten und Spleiße

Ein Knoten schwächt eine Leine viel mehr als ein Spleiß. Macht man einen Knoten, schwächt man die Leine sogar erheblich. Mit einem Palstek am Ende einer Leine gehen 40 % der Festigkeit verloren. Spleißt man dagegen ein Auge, sind es nur 10 %.

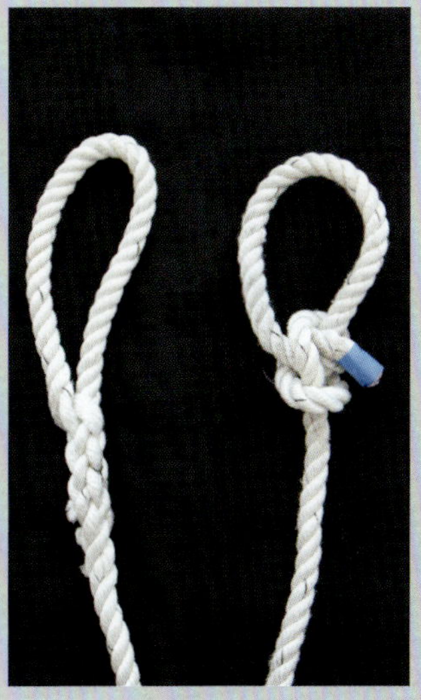

nie, wenn es darauf ankommt. Statt es zu versuchen, sollte man Festmacher besser auf Slip legen und gleichmäßig einholen. Wenn Sie jemals zwei Festmacher verbinden oder so auf Slip setzen, dass eine größere Länge der Leine beim Einholen über Deck laufen wird, sollten Sie darauf achten, dass das Deck möglichst frei von Hindernissen ist, an denen die Leine festkommen könnte.

Belegen Sie also das gespleißte Auge an der Klampe an Bord. Das ist das stehende Ende der Leine. Wer Festmacher ohne Augspleiß verwendet, kann mit einem Palstek eine Schlaufe bilden. Oder man verwendet die OXO-Methode, um an der Klampe an Bord festzumachen.

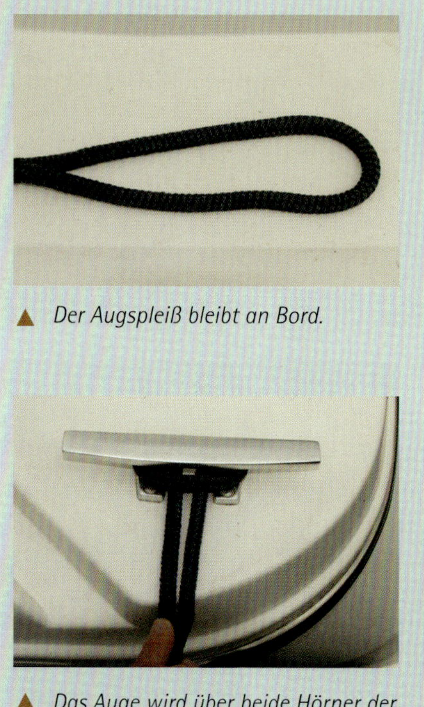

▲ Der Augspleiß bleibt an Bord.

▲ Das Auge wird über beide Hörner der Klampe gelegt.

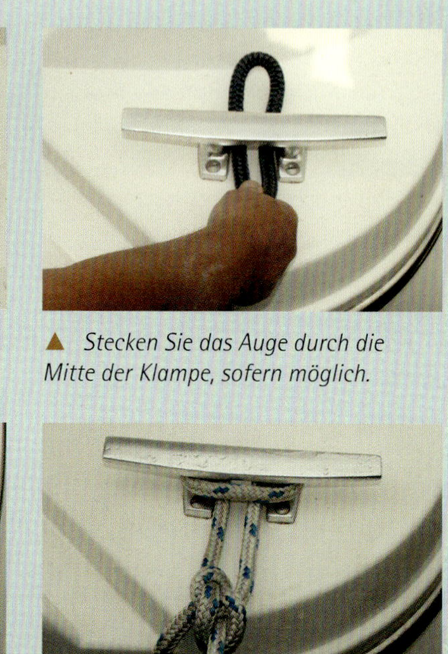

▲ Stecken Sie das Auge durch die Mitte der Klampe, sofern möglich.

▲ Hier ist das Auge mit einem Palstek geknotet anstatt gespleißt.

Die OXO-Methode

Diese Methode funktioniert bestens, ist einfach und sieht gut aus. Regelmäßig angewendet geht sie schnell in Fleisch und Blut über.

Mit der OXO-Methode belegte Leinen halten zuverlässig, bekneifen sich auch über längere Zeit nicht zu stark und können auch unter Last gelöst werden. Natürlich möchte man seinen ganzen Stolz sicher vertäut wissen. Also ist gegen einen zusätzlichen Kopfschlag nichts einzuwenden, auch

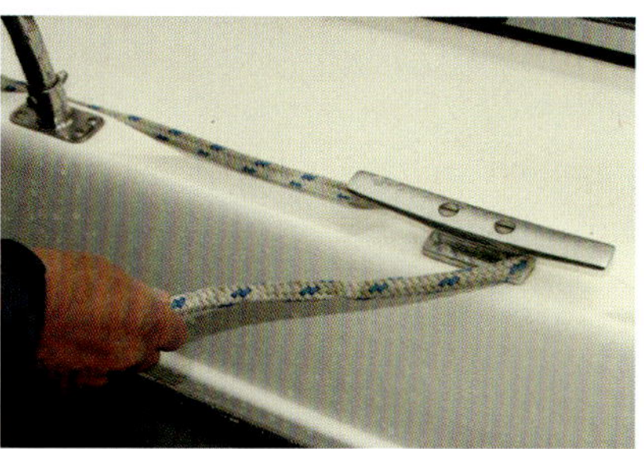

▲ Führen Sie die Leine um die Klampe.

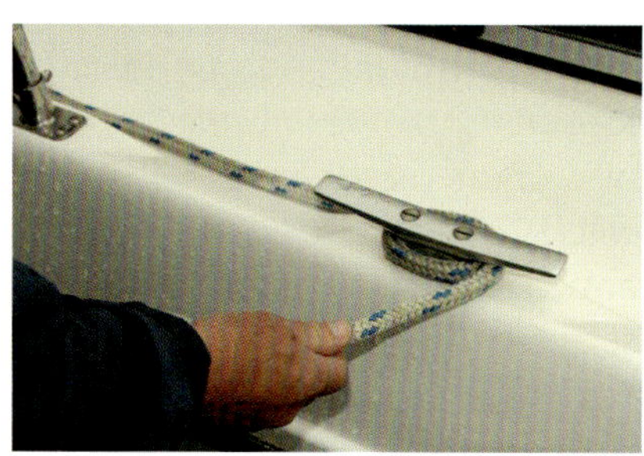

▲ Legen Sie einen kompletten Rundtörn um die Klampe, das ist das »O«.

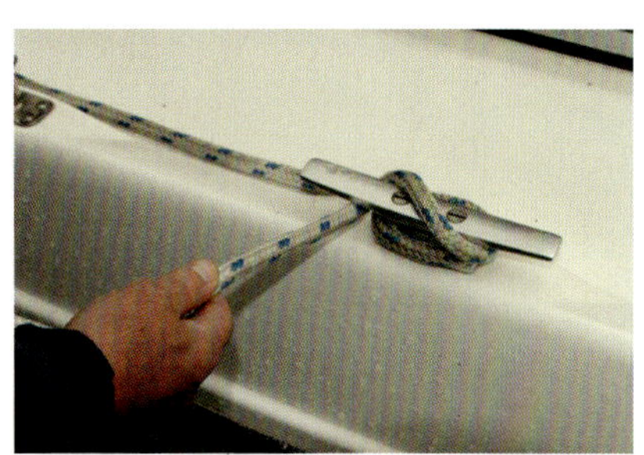

▲ Machen Sie den ersten Kreuzschlag, die erste Hälfte des »X«.

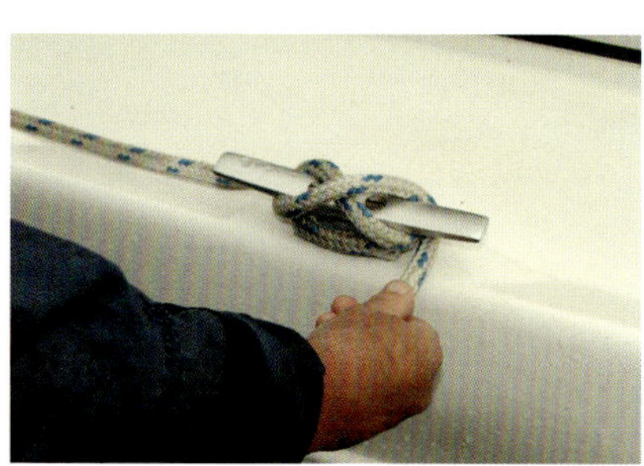

▲ Der zweite Kreuzschlag macht das »X« komplett.

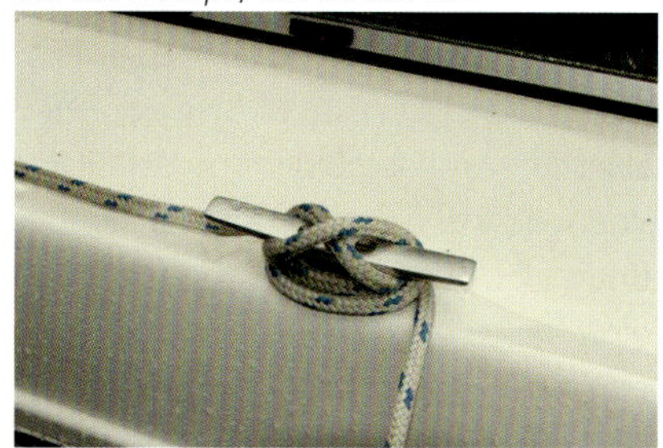

▲ Schließen Sie mit einem Rundtörn für das zweite »O« ab.

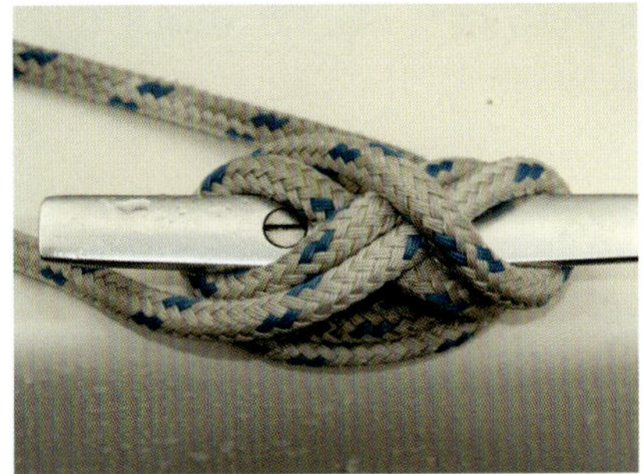

▲ *Ein zusätzlicher Kopfschlag zur OXO-Methode.*

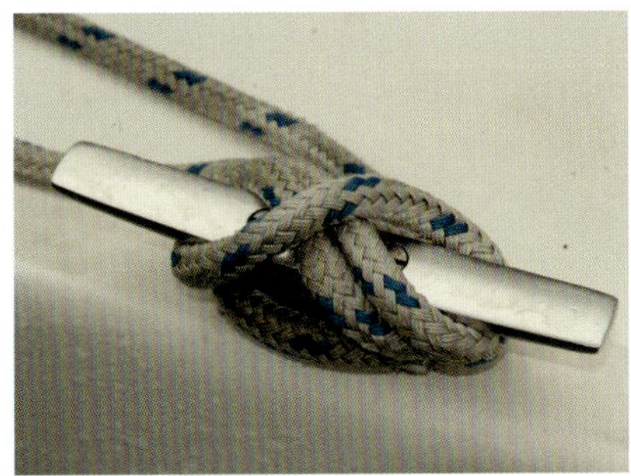

▲ *Hier wurde ein Kopfschlag nach dem zweiten »X« gemacht.*

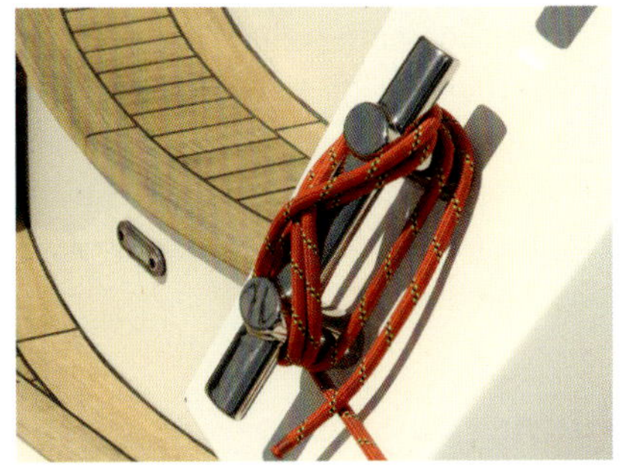

▲ *Dieses Polyester-Mantelgeflecht benötigt zur Sicherheit einen Kopfschlag.*

wenn er nicht nötig ist. Die OXO-Methode ist bei fast allen Leinen absolut sicher, nur einige Mantelgeflechte, wie die bei Dyneema-Leinen, könnten slippen und erfordern daher zwingend einen Kopfschlag als Abschluss. Bei einem Kopfschlag sollte das Ende parallel zum letzten Kreuzschlag liegen – so ist es seemännisch richtig.

Ich habe erfahren, dass sich die Festmacher sehr großer Yachten bei der OXO-Methode von unten her bekneifen können, wenn durch Tidenstrom große Lasten auftreten. Genauso kann sich auch ein Kopfschlag festsetzen. Ich selbst kann das nicht bestätigen, denn eine so große Yacht habe ich nie besessen. Das ist jedoch der Grund, warum auf großen Booten und Schiffen niemals mit einem Kopfschlag an einer Klampe abgeschlossen wird. Dort legt man einfach noch einen Rundtörn. Oft wird nach dem zweiten Kreuzschlag anstelle des Rundtörns ein Kopfschlag gesetzt. Diese Methode sieht sehr ordentlich aus und mir ist nicht bekannt, dass sie jemals versagt hätte.

Vertäuen

Man benötigt eine Bugleine, eine Heckleine und zwei Springleinen – eine Vorspring, die verhindert, dass sich das Boot nach vorn bewegen kann und eine Achterspring, die verhindert, dass es sich nach hinten bewegen kann. Manche Skipper verwenden dazu vier separate Leinen, jede für eine Aufgabe. Das ergibt auf großen Schiffen Sinn, wo die Leinen lang und schwer sind. In der Praxis verwenden die meisten Skipper jedoch eine Leine vom Bug zum Steg und führen sie weiter als Achterspring zu einer Klampe mittschiffs. Achtern wird auf gleiche Weise eine Leine vom Heck zum Steg und weiter als Vorspring zu derselben Klampe mittschiffs geführt. Belegt werden die Leinen immer mit der OXO-Methode.

Scannen Sie diesen QR-Code, um ein Video über die OXO-Methode an einer Klampe zu sehen.

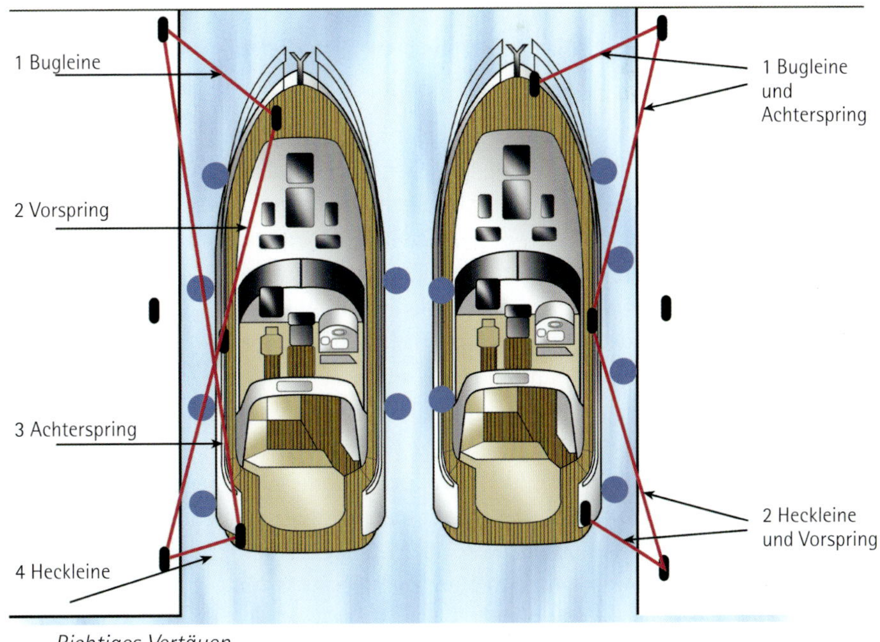

▲ *Richtiges Vertäuen.*

Von Ruckdämpfern aus Gummi halte ich nicht viel. Erstens sehen sie hässlich aus und da heutzutage Festmacher aus Polyesterleinen mit loser Flechtung für mehr Reck hergestellt werden, hat man damit zweitens genug Dehnung, um ein hartes Einrucken des Bootes am Liegeplatz zu verhindern.

Leinen auf Slip

Oft wird man eine Leine auf Slip setzen. Dabei gilt es, drei Punkte zu beachten:

- Stellen Sie sicher, dass das einzuholende Ende, also das, welches gelöst wurde, so kurz wie möglich ist.
- Vergewissern Sie sich, dass sich das Ende beim Einholen nirgends verfangen kann.
- Bringen Sie die Leine sorgsam aus, sodass sich die beiden Parten, das gelöste Ende und die stehende Part, beim Einholen nicht berühren und aneinander reiben.

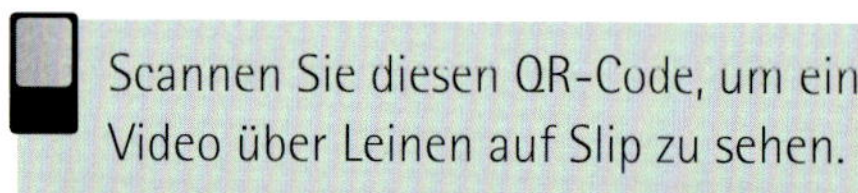

Scannen Sie diesen QR-Code, um ein Video über Leinen auf Slip zu sehen.

Ein Boot mit dem Festmacher an den Steg ziehen

Es ist unbedingt nötig, die Leine unter einer Klampe herum zu führen, um ordentlich dichtholen zu können. Wir haben alle schon Bootsfahrer gesehen, die sich nach hinten stemmen wie beim Wasserskilaufen und versuchen, ein richtig schweres Boot gegen den Wind und Tidenstrom zu sich zu ziehen, auch wenn es dem Steuermann mithilfe von Motorschub und Querstrahlruder eigentlich möglich sein sollte, das Boot längsseits am Steg in Position zu halten. Falls die Crew allerdings mithelfen muss, kommt es darauf an, den Festmacher unter die Klampe zu führen oder bei großer Last erst unter ein Horn der Klampe und dann auch noch über das andere. Anschließend zieht man an der Leine zwischen Boot und Klampe mit Körperschwung und holt die Lose immer wieder dicht. Arbeiten Sie so Schritt für Schritt, bis das Boot längsseits ist.

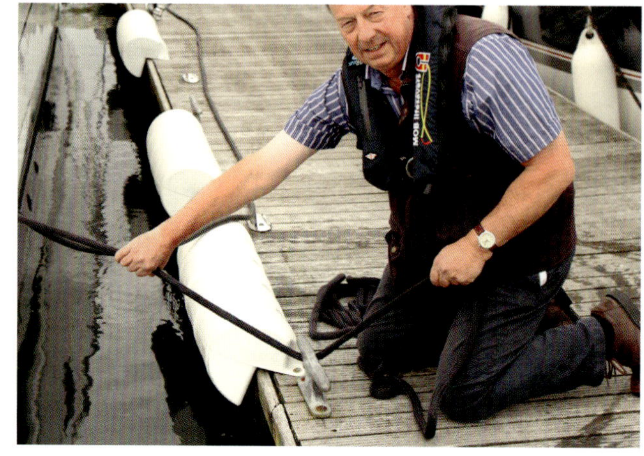

▲ *Führen Sie die Leine unter dem Horn der Klampe herum.*

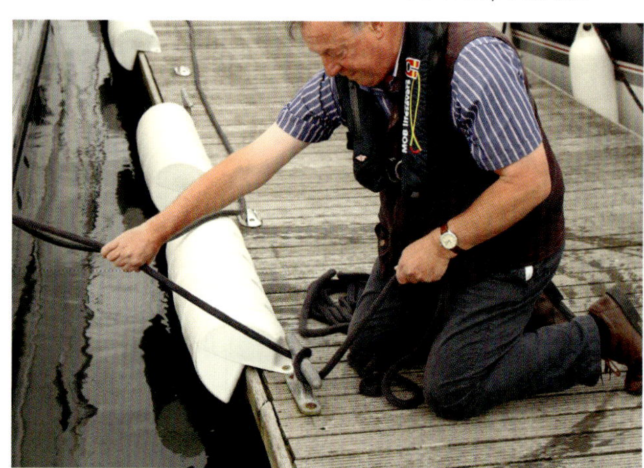

▲ *Bei stärkerem Zug kann die Leine auch noch über das zweite Horn der Klampe geführt werden.*

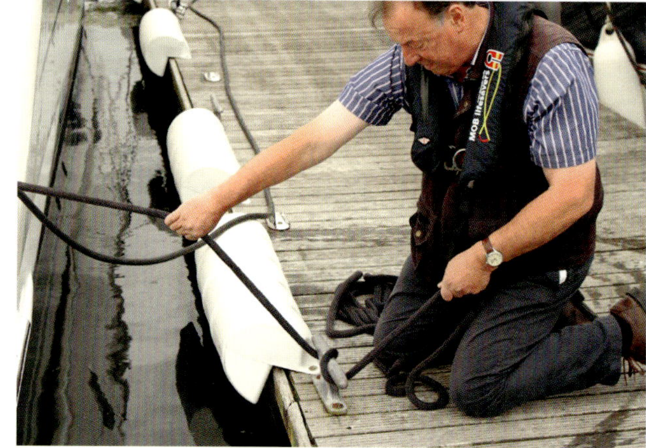

▲ *Setzen Sie besser ihr Körpergewicht ein als reine Muskelkraft. An Gewicht fehlt es bei mir nicht, und so bekomme ich auch diesen dicken Brocken längsseits.*

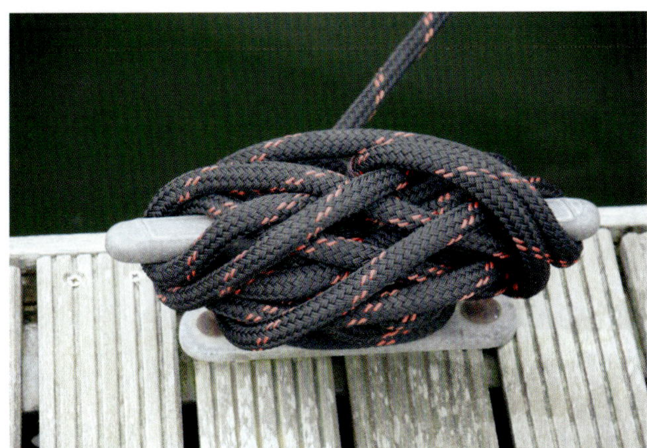

▲ *Wie lang die Crew wohl braucht, um das wieder zu lösen?*

Vertäuen an einer Mole in Tidengewässern

Verwenden Sie Festmacher, die das Vierfache des Tidenhubs lang sind, um mit der Tide steigen und fallen zu können. Ich führe die Festmacher immer zum Boot zurück, setze sie also auf Slip, um alles vom Boot aus kontrollieren zu können. Habe ich nicht genug Länge gesteckt, kann ich die Festmacher immer noch fieren, wenn die Tide weiter fällt. Macht man sie dagegen an der Mole fest und das Boot fällt so tief, dass man nicht mehr auf die Mole klettern kann, lassen sie sich für den Fall, dass man ablegen möchte, nicht mehr lösen.

Lasso

Eine Leine per Lassowurf um eine Klampe werfen zu können, kann äußerst nützlich sein. Das ist sicherlich eine Übungssache, aber entscheidend ist die Art der Leine.
Wie bereits festgestellt, sind oft die einzigen Leinen an Bord die Festmacher. Diese können verschiedenster Art sein: von einer gammeligen, geschlagenen Leine bis hin zum modernsten, dehnungsstarken Polyestergeflecht – doch keine davon eignet sich gut als Lasso. Das Polyestergeflecht ist zu weich und die alte, geschlagene Leine zu steif.
Es lohnt sich, eine spezielle Leine als Lasso anzuschaffen. Doppelt geflochtene Polyesterleinen sind gut geeignet, mit dreischäftig geschlagenem Tauwerk aus Polyester funktioniert es ebenfalls gut. Die Leine muss etwas Gewicht haben, darf nicht zu weich und nicht zu steif sein und, ganz wichtig, sie muss lang genug für ein Lasso sein.

i

Festmacher doppeln oder auf Slip legen?

Wird ein Festmacher um eine Klampe am Steg oder durch einen Ring und dann wieder zurück an Bord geführt, ist er auf Slip gelegt. Oft wird er fälschlicherweise als gedoppelt bezeichnet. Unter dem Doppeln der Festmacher versteht man auf großen Schiffen, dass eine zweite Bugleine, eine zweite Vorspring, eine zweite Heckleine und eine zweite Achterspring ausgebracht werden.

Vor dem Ablegen befiehlt der Kapitän dann, erst auf einfache Festmacher zu gehen, dann eventuell Bug- und Heckleinen zu lösen und nur noch an den Springleinen zu liegen. Bittet man also seine Crew die Festmacher zum Steg und zurück zum Boot zu führen, um sie von dort schnell lösen zu können, so heißt das Kommando: »Festmacher auf Slip, bitte.« »Bitte« macht sich übrigens immer gut bei der Crew!

In der Binnenschifffahrt sind manchmal auch andere Ausdrücke gebräuchlich, zudem variieren solche Bezeichnungen je nach Herkunft und Fahrtgebiet.

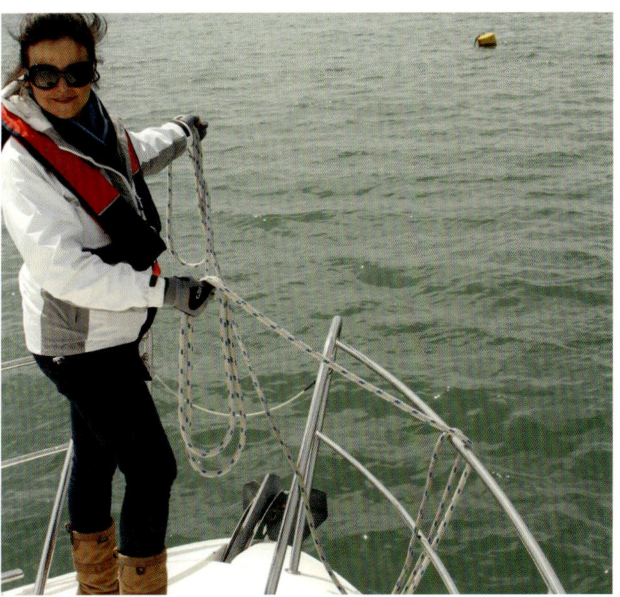

▲ *Eine doppelt geflochtene Polyesterleine eignet sich gut für ein Lasso.*

Nun muss das eine Ende an Bord belegt werden. Ich nenne es das stehende Ende.

Legen Sie als Nächstes die Leine so an Deck aus, dass sie keinen Twist hat. Dazu legt man sie mit demjenigen Ende zuerst aus, das man als letztes braucht.

Schießen Sie dann am losen Ende vier gleichförmige, nicht allzu große Buchten auf. Vergewissern Sie sich, dass der Abstand von der Stelle, wo das stehende Ende belegt ist, bis zu den Buchten groß genug für den beabsichtigten Lassowurf ist. Teilen Sie die vier Buchten in zwei Hälften und halten Sie die eine Hälfte in der einen, die andere Hälfte in der anderen Hand. Vergewissern Sie sich, dass zwischen den beiden Hälften nur eine einzelne Part verläuft. Halten Sie das Ende der Leine zwischen Ringfinger und kleinem Finger, halten Sie die Buchten in die Höhe und werfen Sie sie hoch und weit über die Klampe oder den Poller, den Sie »einfangen« möchten.

Meist hat man nicht ausreichend Platz, um schwungvoll werfen zu können, was dazu führt, dass man aus dem Handgelenk wirft. Falls es schwerfällt, das lose Ende beim Werfen zwischen den Fingern zu halten, kann es auch an Bord belegt werden, sofern die Leine lang genug ist. Das Lasso ist jetzt wie eine große Schlaufe, und beide Enden sind fest an Bord. Liegt die Leine auf dem Steg, muss man der Versuchung widerstehen, sie schnell einzuholen. Allzu leicht verfehlt sie die Klampe, die man per Lasso-Technik einfangen möchte, oder springt über sie. Holen Sie die Leine behutsam ein und achten Sie darauf, dass sie sich unter beide Hörner der Klampe legt. Wirft man von einer erhöhten Position aus, muss man vorsichtig sein, um die Leine nicht nach oben von der Klampe abzuziehen.

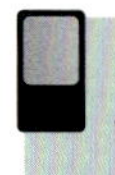
Scannen Sie diesen QR-Code, um ein Video über die Lasso-Technik zu sehen.

Eine Leine werfen

Meiner Erfahrung nach klappt es selten beim ersten Mal, jemandem eine Leine zuzuwerfen. Sie landet meist im Wasser, und beim zweiten Wurf klappt es dann immer. Warum ist das so? Weil die Leine beim zweiten Wurf nass ist. Durch das größere Gewicht kann man sie weiter werfen. Eine Lösung schon beim ersten Wurf erfolgreich zu sein, ist, weit über die Klampe oder die Person, die man erreichen möchte, hinaus zu werfen, dann schafft man die Distanz auch sicher.

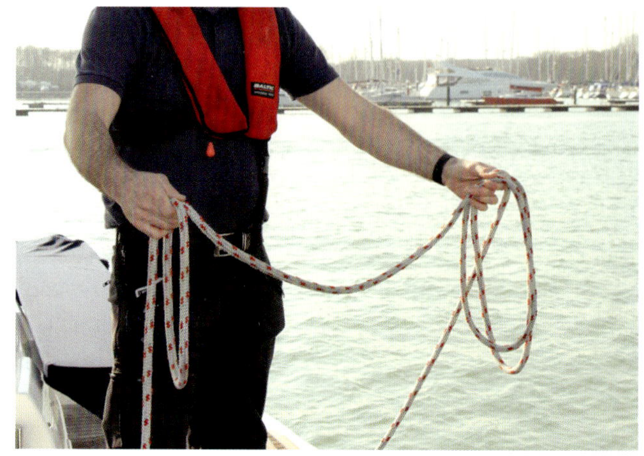

▲ *Zwischen den Buchten verläuft nur eine Part.*

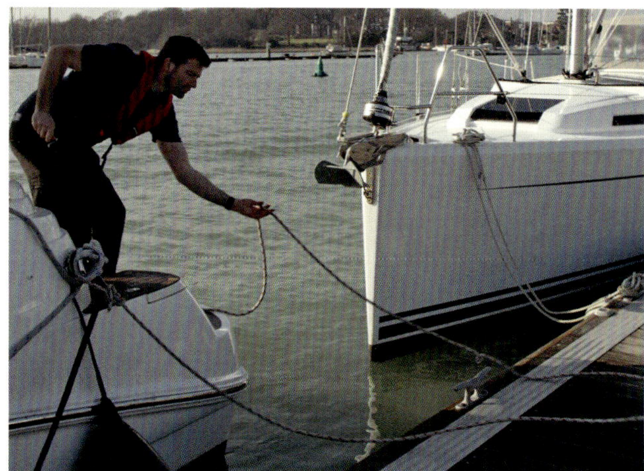

▲ *Jonathan hat die Buchten hoch und weit geworfen, sodass das Lasso weit hinter der Klampe zu liegen kommt.*

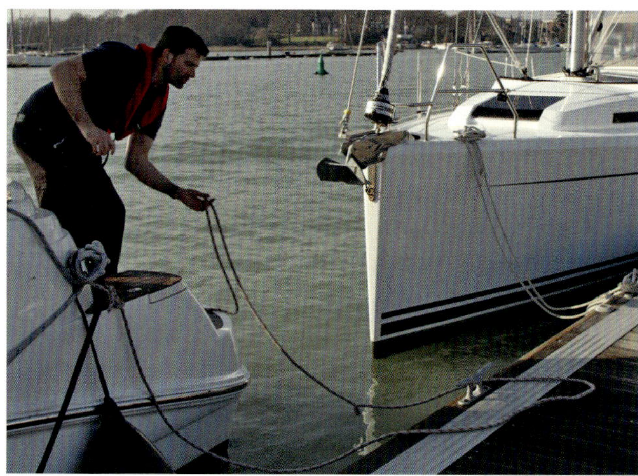

▲ *Ein erfolgreicher Lassowurf.*

Knoten

Um sich das Leben zu vereinfachen, muss man nur ein paar wenige Knoten beherrschen. Im Internet findet man hervorragende Videos und Animationen über alle möglichen Knoten. Ich beschreibe hier nur die, die ich bevorzuge, oder für die ich einen praktischen Trick kenne, um sie sich zu merken.

Palstek

Der Palstek ist der wohl am häufigsten verwendete Knoten an Bord. Er bildet ein festes Auge am Ende einer Leine, das sich unter Last nicht lösen kann, aber sich auch nicht zu sehr bekneift. Nach großer Belastung ist der Palstek gut zu lösen, indem man die Rückseite des Knotens umbiegt. Ohne Last kann er durch Hin- und Herschlagen von allein aufgehen. Der Palstek kann für unzählige Aufgaben dienen, vom Festmachen am Steg bis zum Befestigen eines Tampens an der Pütz.

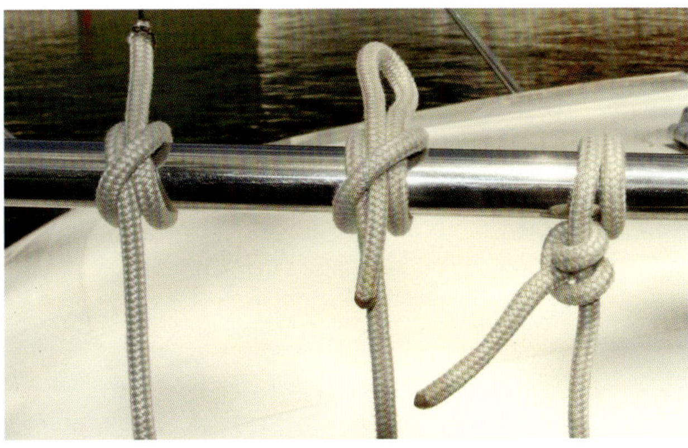

▲ *Drei Fenderknoten: Webleinstek, Webleinstek auf Slip und Rundtörn mit zwei halben Schlägen.*

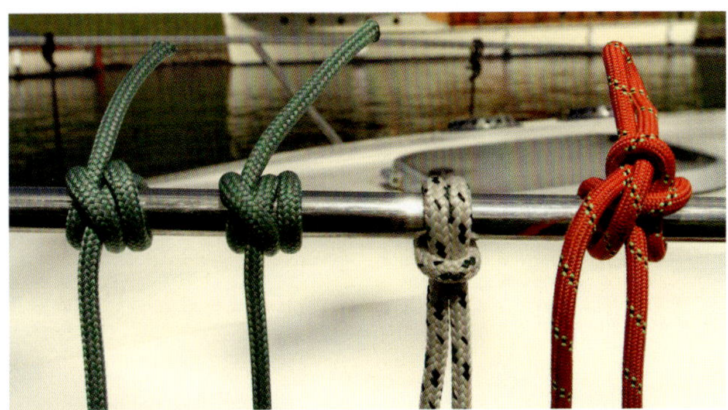

▲ *Stopperstek für glatte Oberflächen, Rollstek für raue Oberflächen, Kuhstek und Straßenräuberstek.*

Palstek

Wer sich die Geschichte von der Schlange, dem See und dem Baum merken kann, ist im Geschäft. Allerdings kommt es darauf an, wie man den See macht.

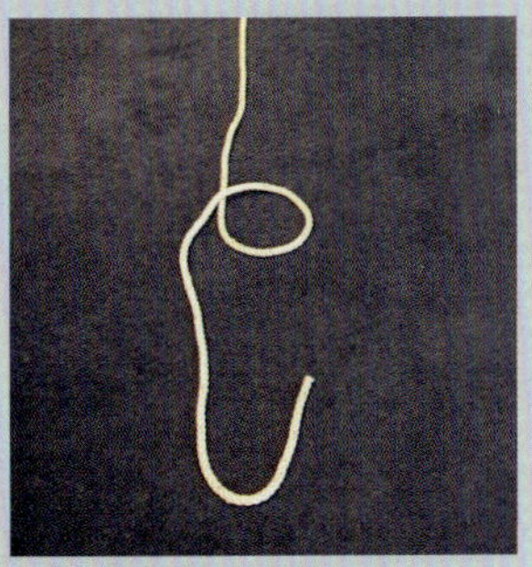

▲ *Bilden Sie mit dem Ende der Leine die Form einer »6« und somit den See.*

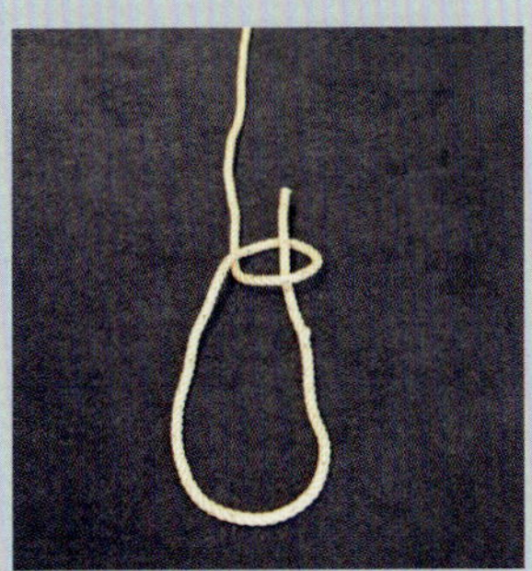

▲ *Führen Sie dann das lose Ende, die Schlange, von unten durch den See nach oben.*

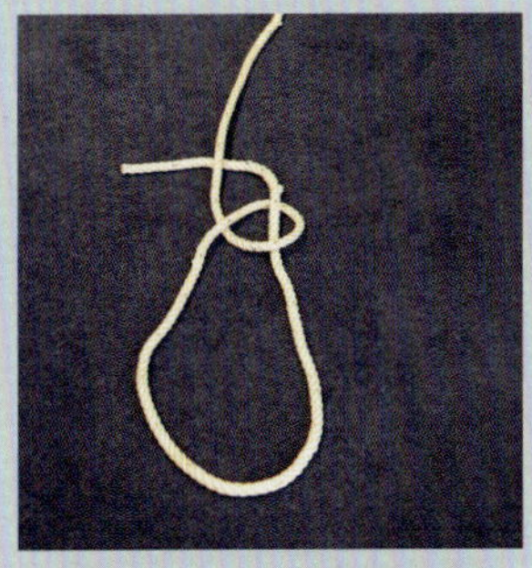

▲ *Führen Sie das lose Ende um die stehende Part, den Baum, herum …*

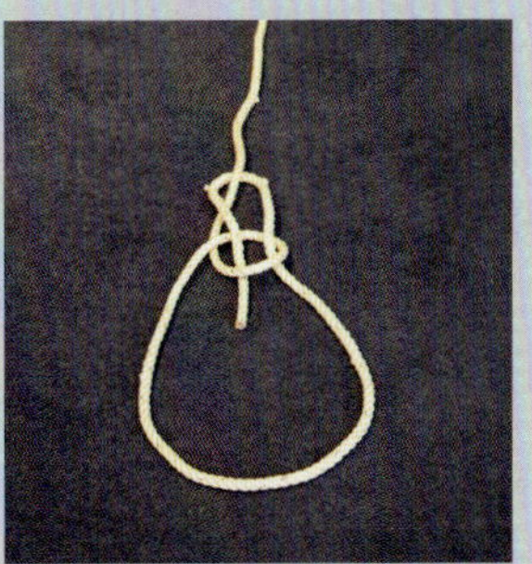

▲ *… und wieder in den See hinein. Ziehen Sie an allen drei Parten fest. Fertig.*

Webleinstek

Mit dem Webleinstek hängt man die Fender an die Reling, ich lege ihn dazu auf Slip. So kann man ihn mit einem Ruck lösen oder die Fender schnell in der Höhe verstellen. Ich habe noch nie einen Fender verloren, der mit einem Webleinstek auf Slip festgemacht war.

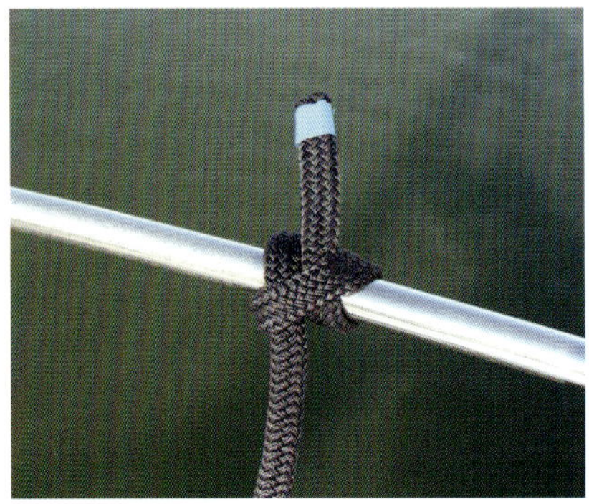

▲ *Webleinstek.*

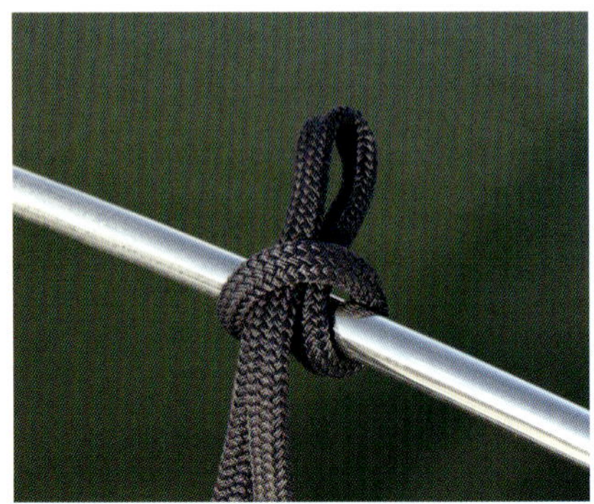

▲ *Webleinstek auf Slip.*

Webleinstek über ein Objekt gelegt

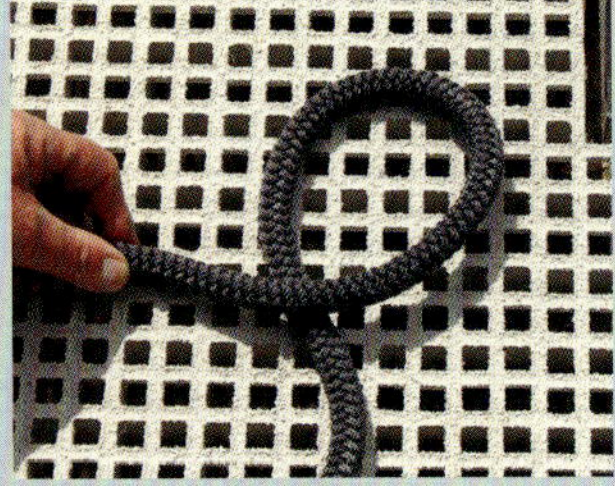

▲ *Legen Sie zwei Augen. Für das erste wird die Leine gegen den Uhrzeigersinn verdreht.*

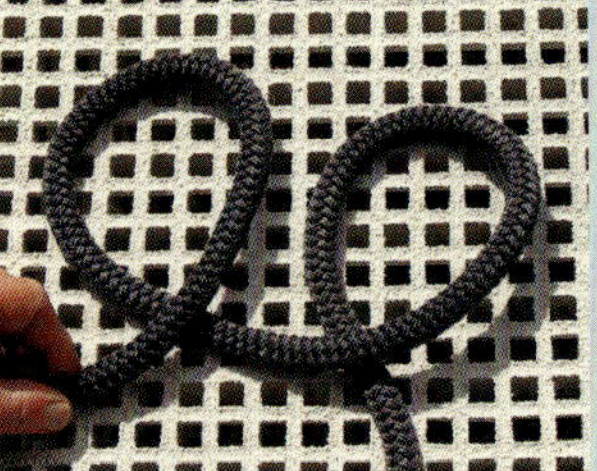

▲ *Verdrehen Sie die Leine für das zweite Auge noch einmal gegen den Uhrzeigersinn.*

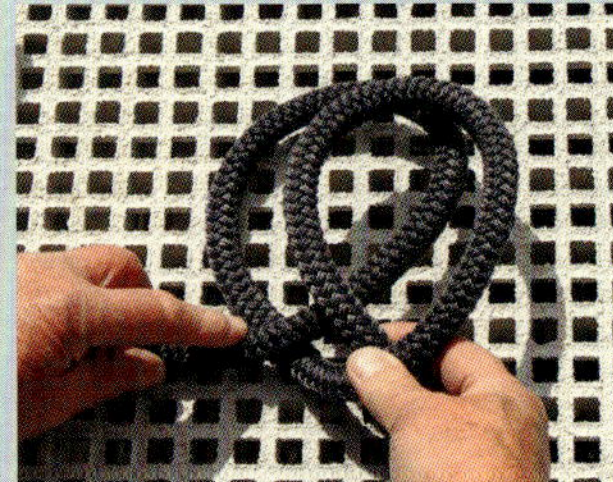

▲ *Schieben Sie das zweite Auge über das erste.*

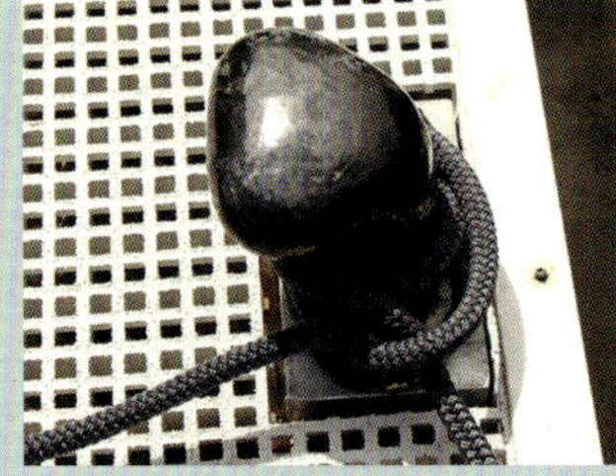

▲ *Beide Augen werden nun über das Objekt gelegt und festgezogen.*

Rundtörn mit zwei halben Schlägen

Dieser Knoten ist gut für Festmacher geeignet, da er unter Spannung hält. Auch Fender lassen sich damit festmachen. Macht man sie am Relingsfuß fest, hält das Gewicht des Fenders das Ende des Knotens unter Spannung. Das ist besonders an Liegeplätzen mit viel Schwell von Vorteil.

Kuhstek

Dieser Knoten ist zwar sehr nett, aber das war es auch schon. Er kann sich leicht lösen. Ich benutze ihn nur, um nasses Tauwerk aufzuhängen, damit es etwas hübscher aussieht.

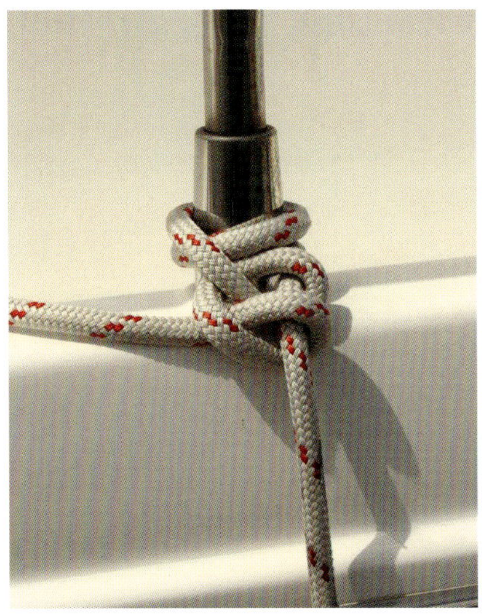

▲ *Rundtörn mit zwei halben Schlägen, um einen Fender zu befestigen.*

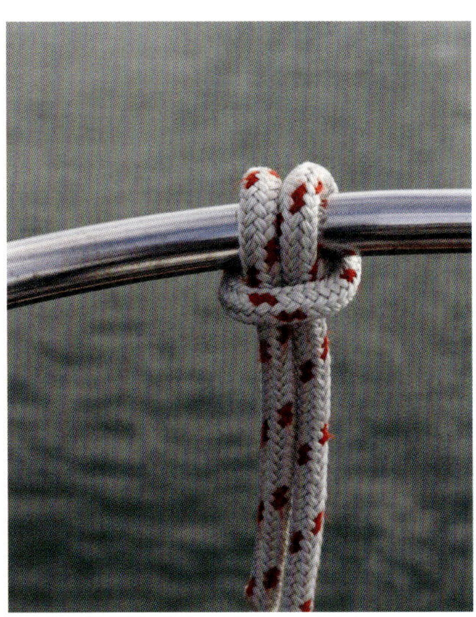

▲ *Kuhstek.*

Stopperstek und Rollstek

Das sind Knoten, die sich eng zusammenziehen. An Bord einer Motoryacht haben sie eigentlich kaum Verwendung, aber man kann nie wissen. Ein Freund stand kürzlich vor dem Problem, ein besonders glattes Kabel mit einer Sorgleine durch einen langen Schacht zu ziehen, und ich empfahl ihm, einen Stopperstek zur Befestigung zu verwenden. Es funktionierte. Vor Anker liegend schlage ich damit eine Leine an der Kette an, um die Ankerwinsch zu entlasten. Machen Sie die Leine mit einem Stopperstek oder einem Rollstek an der Kette fest und belegen Sie das andere Ende an einer Klampe. Fieren Sie dann die Ankerkette, bis die Kette entlastet ist. Jetzt wirkt die Last auf die Klampe anstelle der teuren Ankerwinsch.

An glatten Oberflächen ist der Stopperstek besser geeignet, bei dem man das lose Ende gleich nach der ersten Umwicklung über Kreuz führt. Beim Rollstek werden erst zwei Wicklungen nebeneinander gelegt und dann das lose Ende über Kreuz geführt.

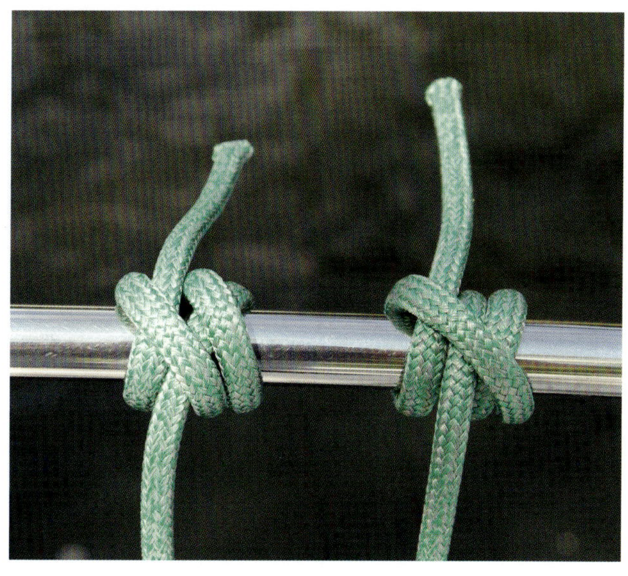

▲ *Links Stopperstek, rechts Rollstek. Beide funktionieren gut, aber der Stopperstek hat etwas mehr Klemmkraft.*

Slipknoten

Wozu kann man einen Slipknoten gebrauchen? Angenommen, der Bootshaken ist ins Wasser gefallen. Der Steuermann hat das Boot zurück neben den treibenden Bootshaken manövriert, aber Sie können ihn nicht erreichen. Die

Scannen Sie diesen QR-Code, um ein Video über folgende Knoten zu sehen: Palstek, Webleinstek, Rundtörn mit zwei halben Schlägen, Kuhstek, Stopperstek und Rollstek.

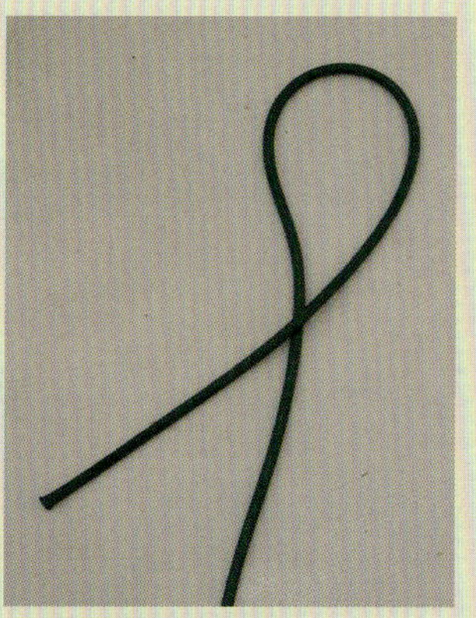

▲ *Legen Sie das lose Ende über die stehende Part, um ein Auge zu formen.*

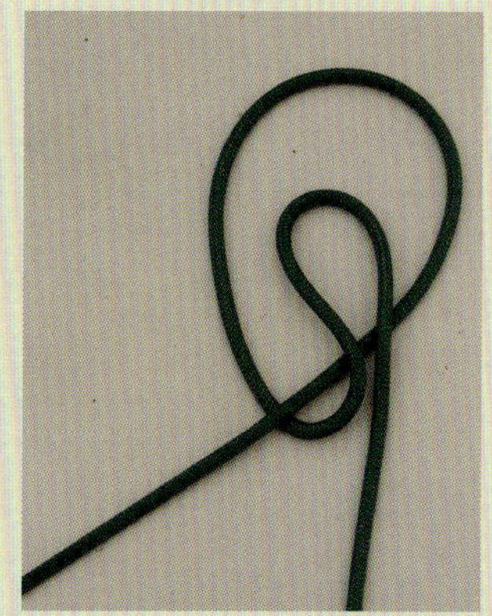

▲ *Führen Sie eine Bucht aus der stehenden Part durch das Auge.*

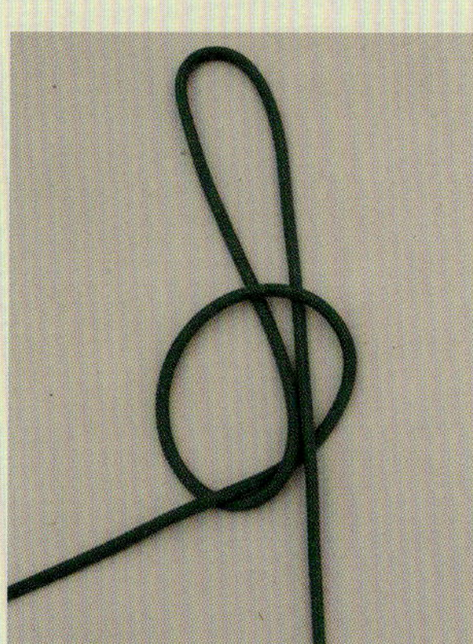

▲ *Ziehen Sie am losen Ende an …*

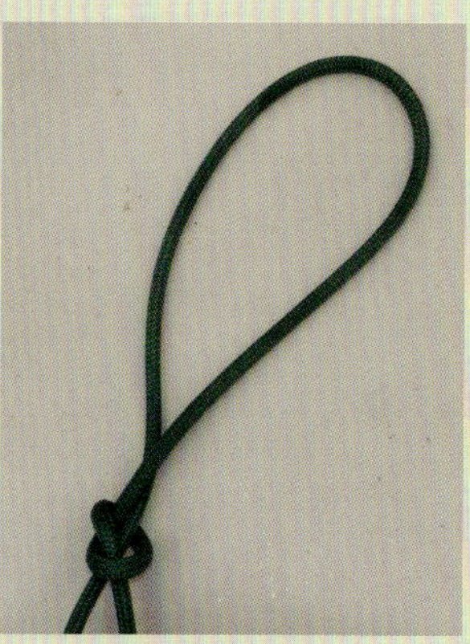

▲ *… und Sie haben einen Slipknoten.*

Lösung: Machen Sie einen Slipknoten in das Ende einer Leine, legen Sie diese Schlinge über den Bootshaken, ziehen Sie sie zu und den Bootshaken aus dem Wasser.
Ich habe auch zwei Kletterknoten mit aufgenommen. Haben Sie jemals versucht, einen Gegenstand, zum Beispiel eine Lampe, an einer glatten, senkrechten Stange zu befestigen? Es ist gar nicht so einfach, einen Knoten zu finden, der sich ausreichend bekneift. Hier sind zwei Knoten, die das schaffen.

Fenderclips

Der Handel bietet Produkte an, mit denen sich Fender sehr schnell an der Reling festmachen lassen. Ich persönlich binde sie jedoch lieber fest, was auch kaum länger dauert.

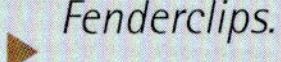

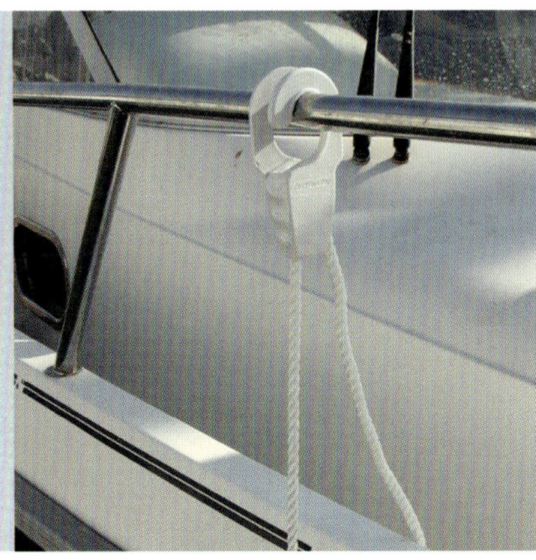

▶ *Fenderclips.*

Prusik-Knoten

Verbinden Sie die Enden einer kurzen Leine zu einer Schlaufe. Führen Sie die Schlaufe um die Stange herum und stecken Sie das eine Ende durch das andere, sodass eine Schlinge entsteht.

Führen Sie das durchgesteckte Ende noch drei weitere Male um die Stange herum. Achten Sie darauf, dass die Wicklungen parallel nebeneinander liegen. Ziehen Sie die Schlinge zu.

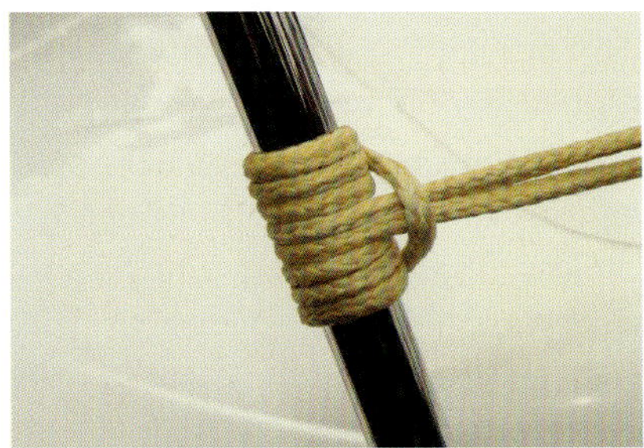

▶ *Prusik-Knoten.*

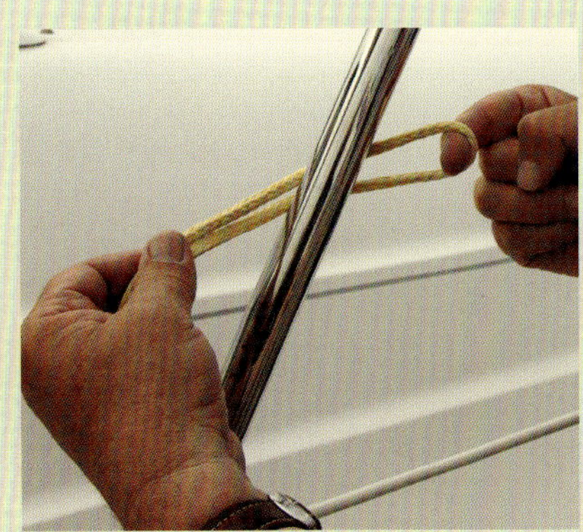

▲ *Führen Sie die Schlaufe hinter der Stange herum.*

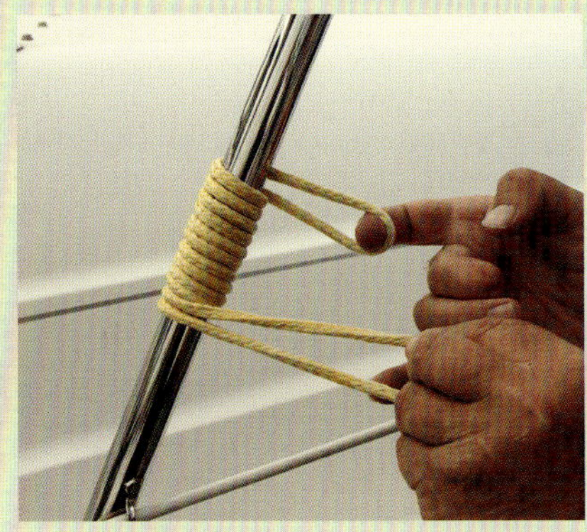

▲ *Wickeln Sie die Schlaufe mehrmals um die Stange.*

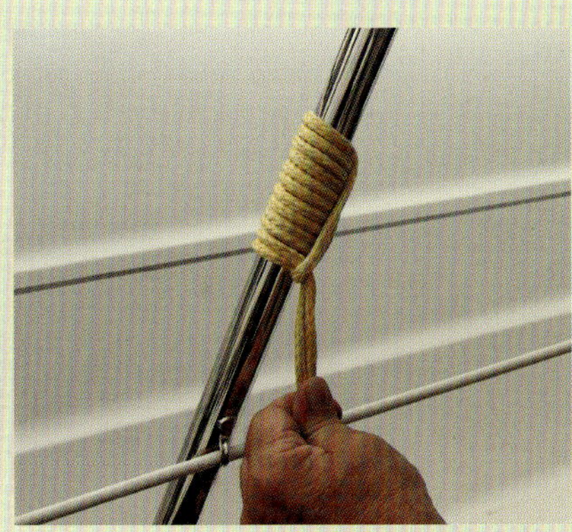

▲ *Stecken Sie das untere Ende durch das obere für den Klemheist-Knoten.*

Klemheist-Knoten

Dieser Knoten ist einfacher zu binden als der Prusik-Knoten. Verbinden Sie die Enden einer kurzen Leine zu einer Schlaufe. Wickeln Sie diese Schlaufe drei- bis fünfmal um die Stange. Stecken Sie dann das untere Ende der Schlaufe durch das obere. Achten Sie darauf, dass sich die Wicklungen nicht überkreuzen. Belasten Sie den Knoten, und er zieht sich fest und hält.

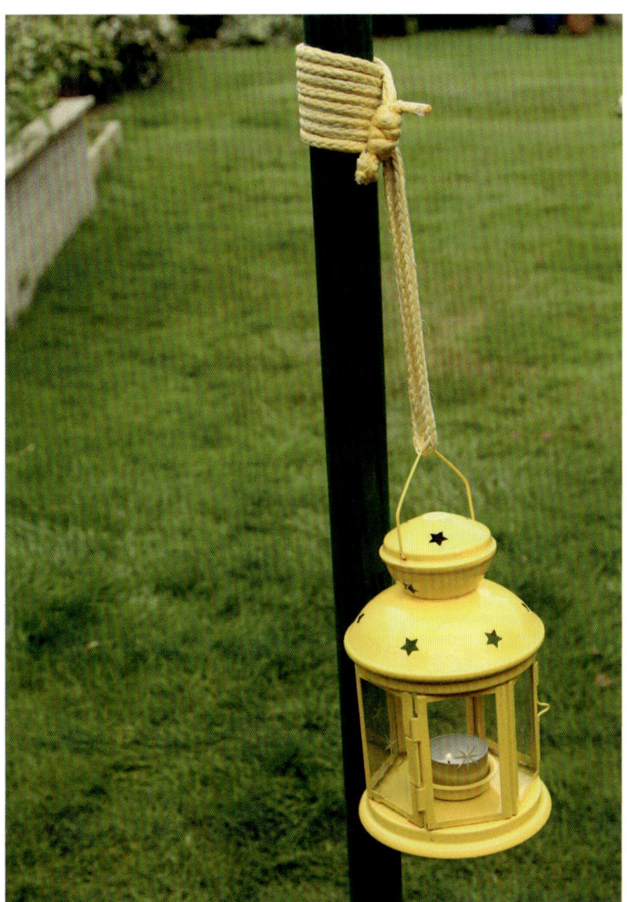

▲ *Ein Klemheist-Knoten hält diese Lampe an der Stange.*

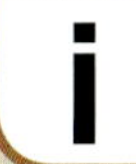

Wichtige Seemannsknoten

- Palstek
- Webleinstek und Webleinstek auf Slip
- Rundtörn mit zwei halben Schlägen
- Kuhstek
- Stopperstek und Rollstek
- Slipknoten

Zwei praktische Knoten der Kletterer

- Prusik-Knoten
- Klemheist-Knoten

Der beste Knoten der Welt und mein Lieblingsknoten

- Straßenräuberstek

Ein Trickknoten, um ein bisschen anzugeben

- Eilige Anglerschlaufe

Scannen Sie diesen QR-Code, um ein Video über den Prusik- und Klemheist-Knoten zu sehen.

Und jetzt präsentiere ich den besten Knoten der Welt:

Der Straßenräuberstek

Dieser Knoten ist ideal, um eine Leine oder einen Gegenstand wie einen Fender sicher festzumachen und dennoch blitzschnell lösen zu können. Das Raffinierte am Straßenräuberstek ist, dass die Leine nicht in ihrer ganzen Länge um den Gegenstand herum abgezogen werden muss. Der Knoten wirkt unscheinbar, ist aber so praktisch, dass ich ihn ständig verwende.

Der Name des Knotens stammt aus Zeiten, als man noch zu Pferd unterwegs war. Ich sage immer: Wenn man eine Bank ausrauben wollte, müsste man sein Pferd draußen vor der Bank sicher festmachen, kommt man aber mit der Beute herausgerannt, hat man keine Zeit einen Webleinstek oder einen Rundtörn mit zwei halben Schlägen zu lösen. Da braucht man den Straßenräuberstek, der mit einem kurzen Ruck zu lösen ist. Wie sicher hält dieser Knoten? Nun, ich habe meine Fender damit am Heckkorb festgemacht und noch nie einen verloren, auch wenn das Boot oft in hohen Wellen wild gestampft hat.

Straßenräuberstek

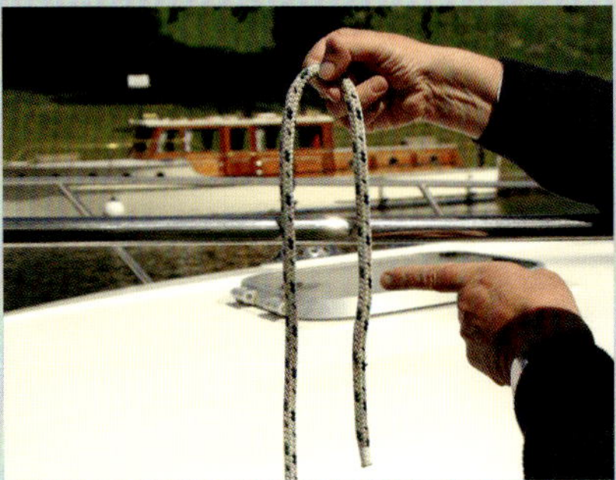

▲ *Das lose Ende.*

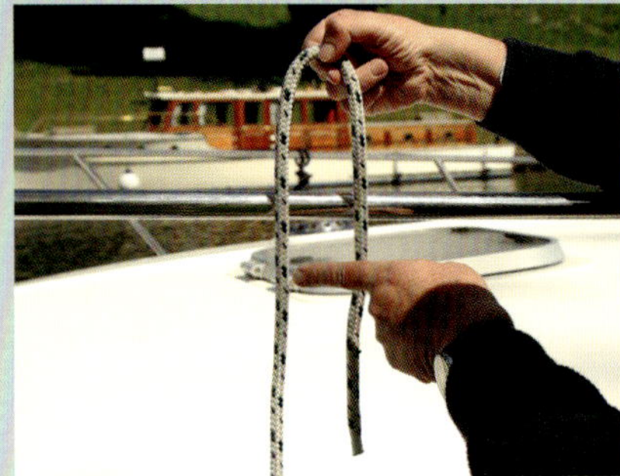

▲ *Die stehende Part.*

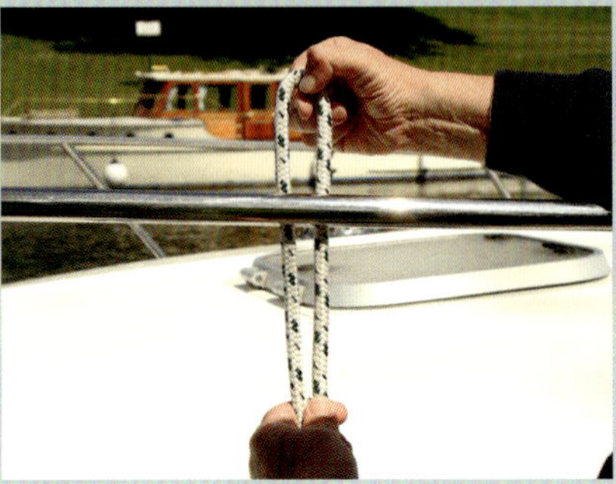

▲ *Führen Sie eine Bucht hinten herum.*

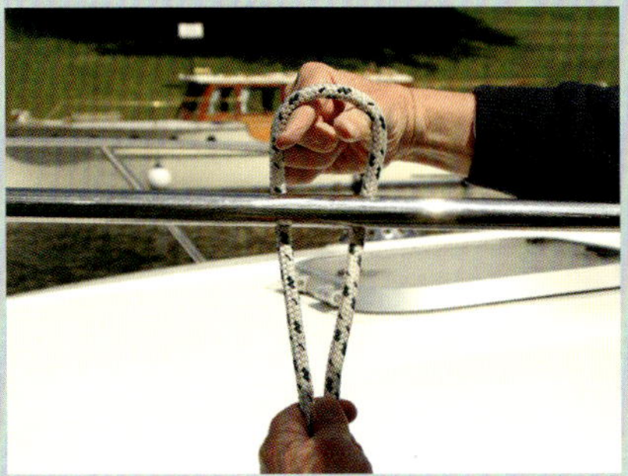

▲ *Greifen Sie durch die Bucht.*

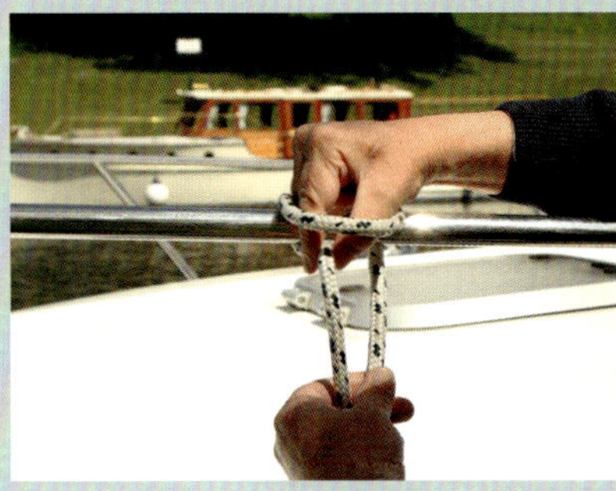

▲ *Nehmen Sie die stehende Part.*

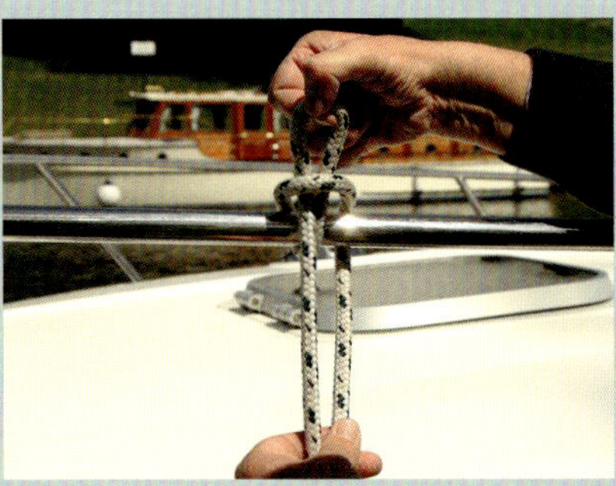

▲ *Ziehen Sie diese durch die Bucht, und ziehen Sie die Bucht mit dem losen Ende zu.*

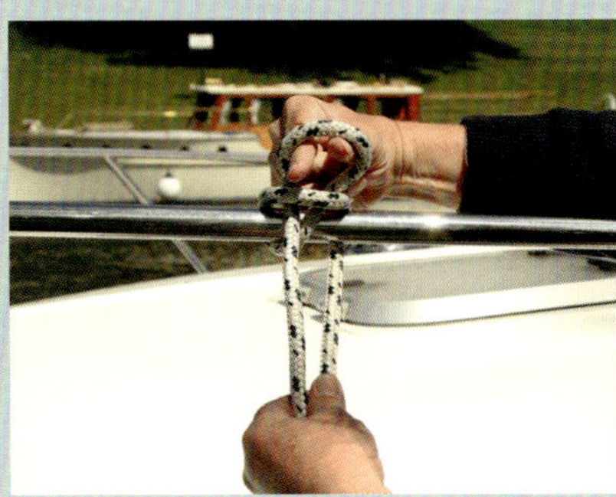

▲ *Greifen Sie durch die neue Bucht aus der stehenden Part.*

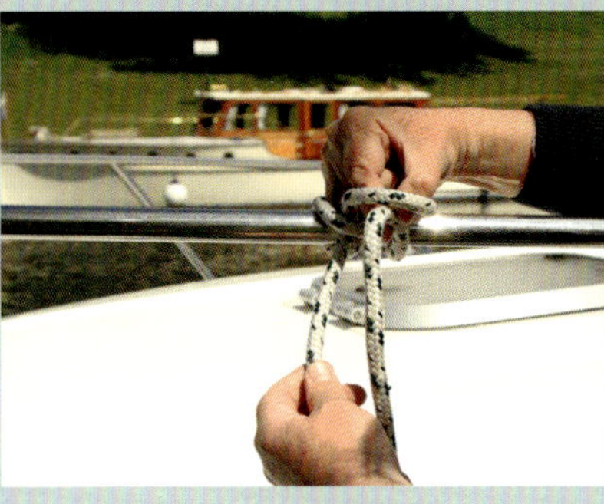

▲ *Greifen Sie das lose Ende.*

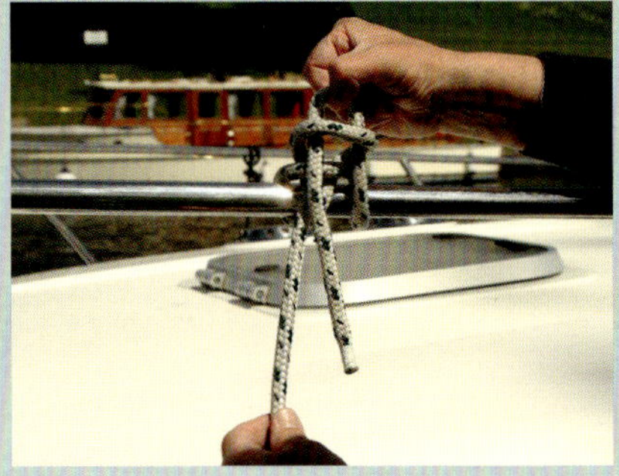

▲ *Ziehen Sie das lose Ende durch die Bucht, und ziehen Sie die Bucht mit der stehenden Part zu.*

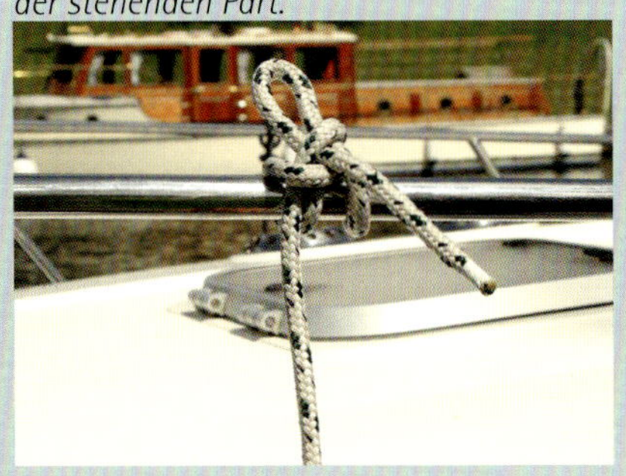

◀ *Der Fender oder das Pferd ist nun fest, aber mit nur einem Ruck am losen Ende ist der Knoten blitzschnell gelöst.*

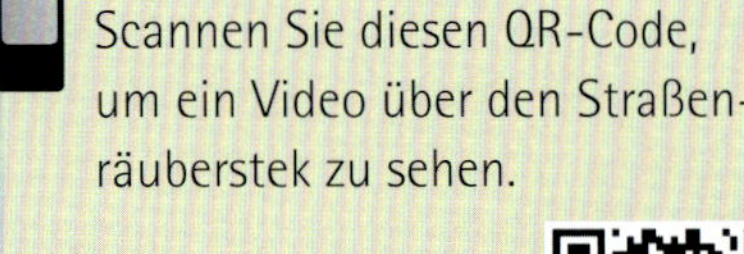

Scannen Sie diesen QR-Code, um ein Video über den Straßenräuberstek zu sehen.

Eilige Anglerschlaufe

Dieser Knoten kommt einem Trick gleich. Für einen Palstek brauche ich ungefähr sieben Sekunden, aber mit der Eiligen Anglerschlaufe kann ich in etwas über zwei Sekunden ein festes Auge in das Ende einer Leine zaubern. Ein Einhand-Palstek reißt noch keinen vom Hocker, aber dieser Knoten kann wirklich beeindrucken.

Die Eilige Anglerschlaufe binden

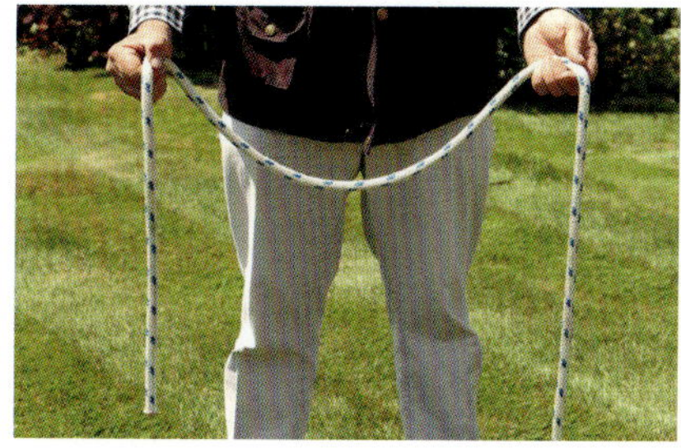

▲ *Die Startposition.*

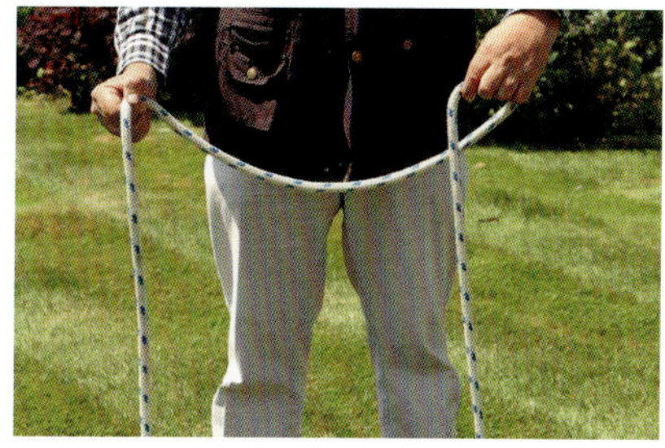

▲ *Werfen Sie das lose Ende in ihrer rechten Hand über die beiden stehenden Parten in ihrer linken Hand.*

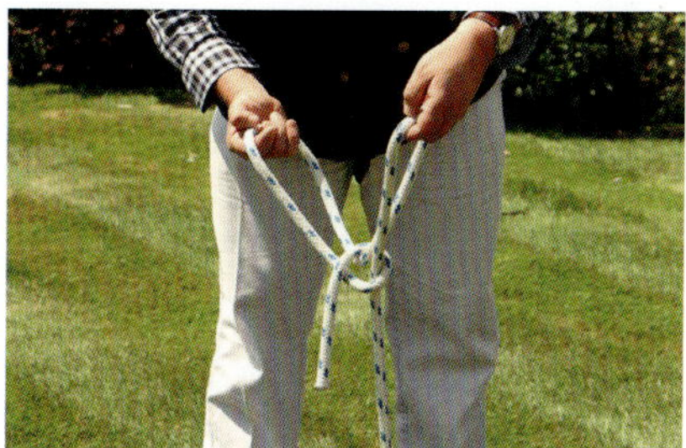

▲ *Nehmen Sie die Bucht in ihrer rechten Hand...*

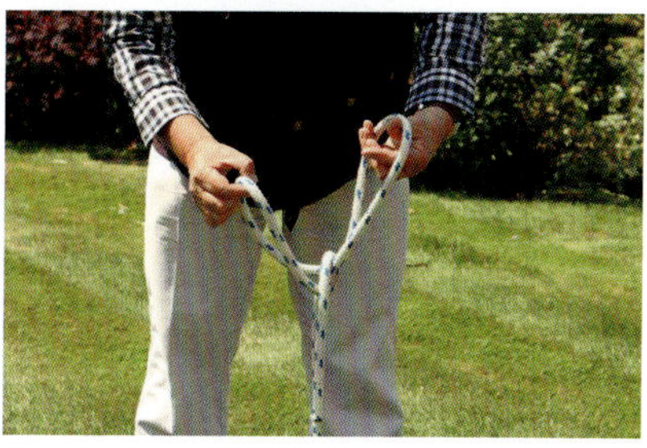

▲ *...und ziehen Sie sie durch die Bucht in ihrer linken Hand.*

▲ *Ziehen Sie an der stehenden Part...*

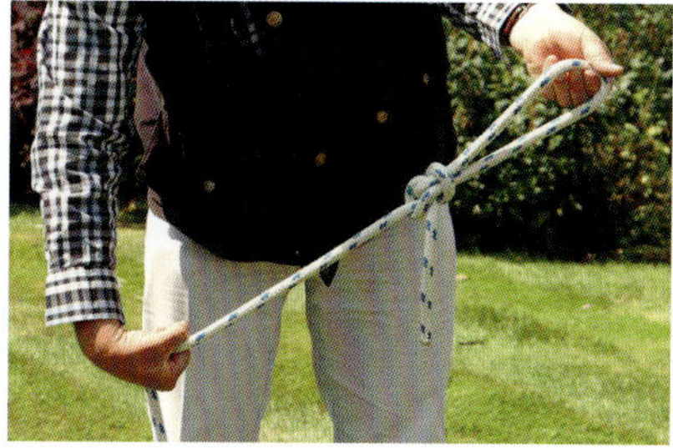

▲ *...und fertig ist die Eilige Anglerschlaufe.*

Scannen Sie diesen QR-Code, um ein Video über die Eilige Anglerschlaufe zu sehen.

Kreuzknoten / Diebesknoten

Der Kreuzknoten wird an Bord kaum gebraucht. Wussten Sie aber, dass es einen Knoten gibt, der dem Kreuzknoten zum Verwechseln ähnlich sieht? Das ist der Diebesknoten, mit dem man sein Hab und Gut verschnüren kann. Sollte ihn jemand öffnen, um heimlich etwas zu entwenden, wird er anschließend einen Kreuzknoten machen und denken, alles sehe so aus wie zuvor. Man kann aber erkennen, dass sich jemand an den eigenen Sachen zu schaffen machte. Ich habe das bei meinem letzten Flug nach Korfu ausprobiert und die Griffe meiner Reisetasche verschnürt. Ich bekam sie samt intaktem Diebesknoten wieder – wer muss auch heute noch eine Tasche öffnen, wenn sie durchleuchtet werden kann?

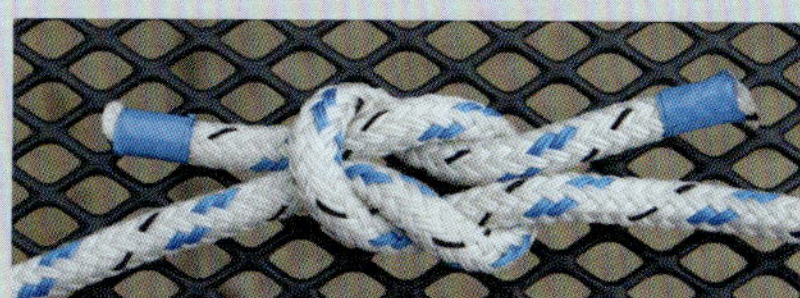

▲ *Kreuzknoten: Enden auf gleicher Seite.*

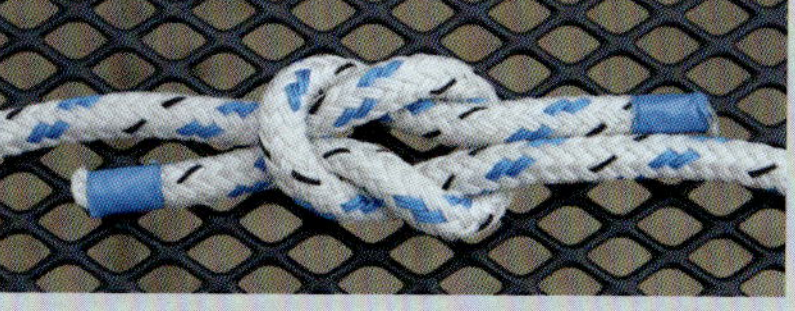

▲ *Diebesknoten: Enden gegenüberliegend.*

Der Bootshaken

Wie man einen Bootshaken verwendet, erscheint selbsterklärend, aber einige Punkte möchte ich dennoch ansprechen. Erstens dient der Bootshaken nur dazu, Gegenstände aus dem Wasser zu fischen und nicht etwa als Mittel zur Kollisionsvermeidung. Ein stabiler Bootshaken mit Metallspitze und starkem Holzstiel bohrt sich durch das dünne GFK moderner Boote, wenn er als Lanze eingesetzt wird. Zum Glück haben moderne Bootshaken eine Spitze aus Plastik und einen Stiel aus dünnem Aluminium. Sie brechen, bevor sie GFK durchdringen können. Halten Sie bei einem unausweichlichen Aufprall besser einen Fender über Bord, als zu versuchen, sich mit einem Bootshaken abzuhalten.

Der zweite Punkt ist, dass man beim Aufholen einer Leine oder einer Boje mit dem Bootshaken über das Objekt hinaus langt und es dann mit dem zu sich gerichteten Haken heran und nach oben zieht, damit es sicher klappt.

Hält man den Bootshaken dagegen so, dass der Haken nach außen zeigt und man unter den Gegenstand greift, bekommt man ihn nicht immer zu fassen. Wenn doch, kann man leicht den Bootshaken beim Aufholen schwerer Gegenstände verbiegen.

Erfolgreich einhaken

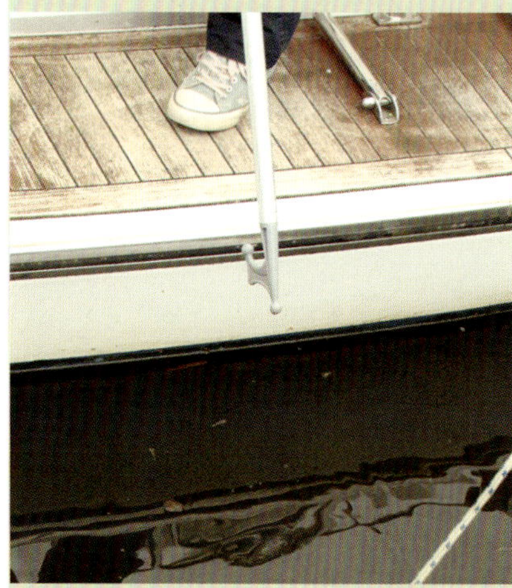

▲ Halten Sie den Bootshaken mit der Spitze zu sich.

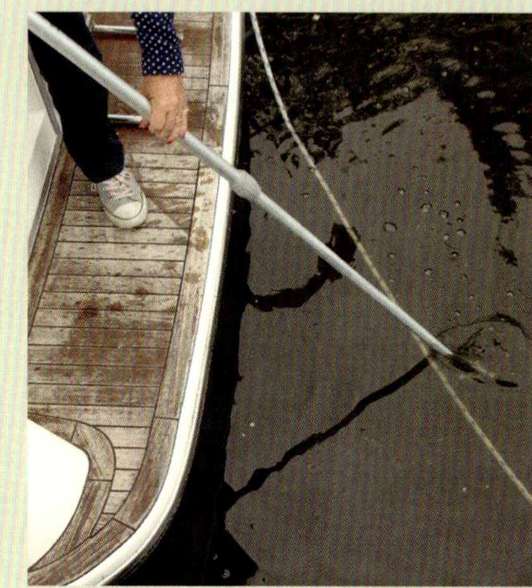

▲ Greifen Sie mit dem Bootshaken über die Leine.

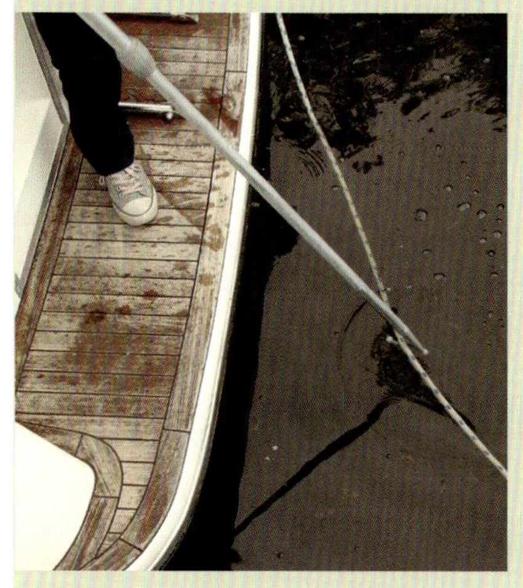

▲ Ziehen Sie sie zu sich …

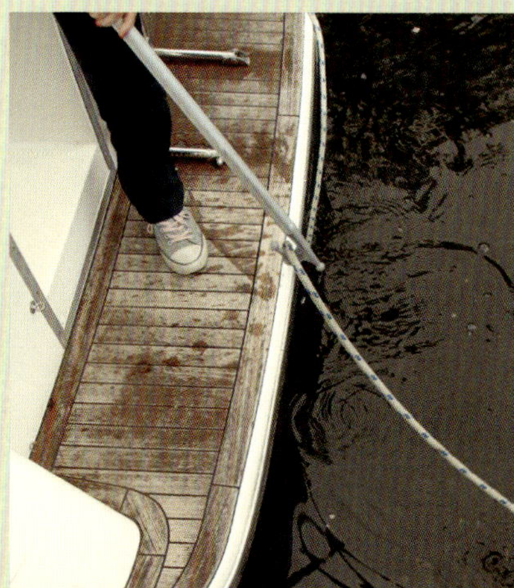

▲ … und nach oben.

Mit einem Bootshaken kann man auch einen Festmacher zu einer Klampe ausbringen, quasi wie mit einem verlängerten Arm. Man sollte das aber nicht übertreiben, da man kaum noch Kontrolle über den Bootshaken hat, wenn man ihn mit ausgestrecktem Arm hält. Verwenden Sie den Bootshaken, wenn die Klampe circa eineinhalb Meter entfernt ist.

Damit die Leine nicht von der Spitze des Bootshakens abfällt, kann sie mit etwas Isolierband fixiert werden. Sobald der Festmacher über der Klampe liegt, zieht man den Bootshaken ruckartig zurück, und das Klebeband reißt. Eine Umwicklung Klebeband genügt: Befestigen Sie die Leine nicht zu fest, sonst lässt sich der Bootshaken nicht lösen. Das macht in diesem Fall allerdings nicht viel, denn man ist ja am Steg fest und kann den Bootshaken auch später abnehmen. Statt mit Klebeband kann man die Leine auch mit ein paar Wicklungen Baumwollschnur fixieren. Gerade bei Yachten mit hohem Freibord ist der Bootshaken zum Ausbringen der Festmacher zum Steg oder zu einem Poller in einer Schleuse sehr praktisch.

Der Bootshaken dient sogar der besseren Verständigung an

Eine Leine an der Klampe einhaken

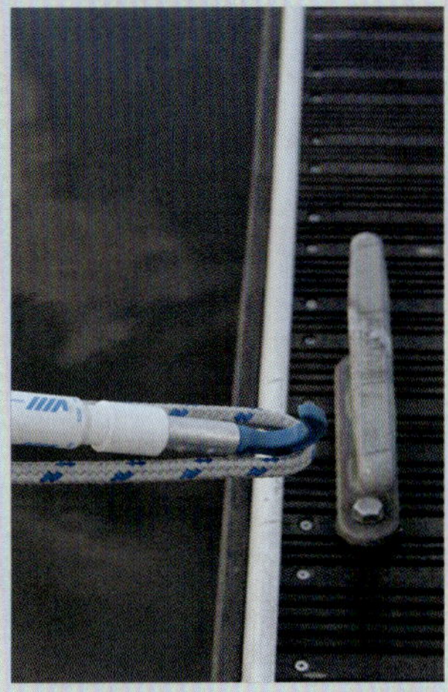

▲ *Legen Sie die Leine in die Ausnehmung am Bootshaken und halten Sie sie gespannt.*

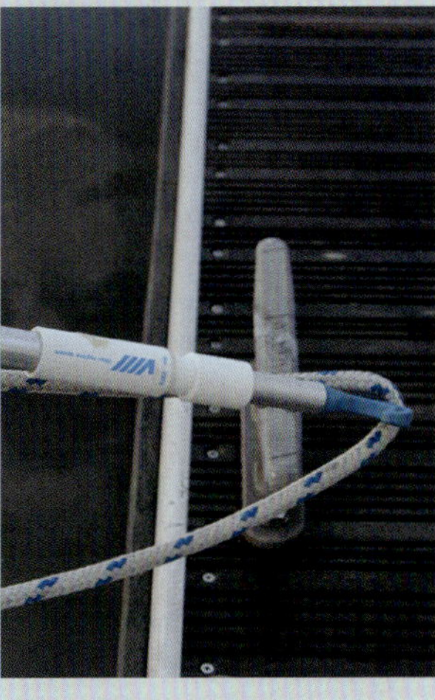

▲ *An der Klampe gibt man der Leine etwas Lose.*

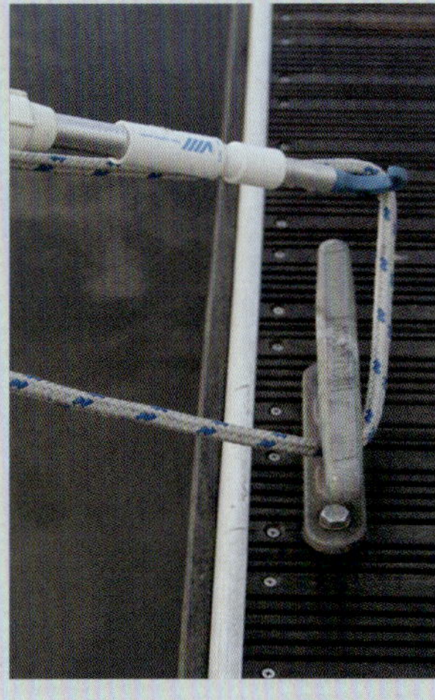

▲ *Führen Sie die Leine um die Klampe herum.*

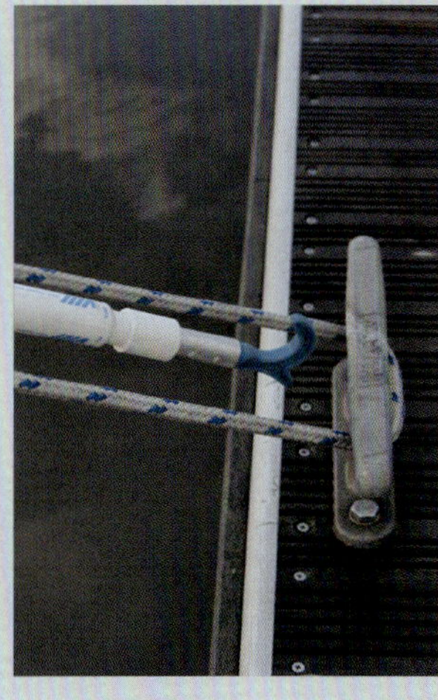

▲ *Ziehen Sie den Bootshaken zurück.*

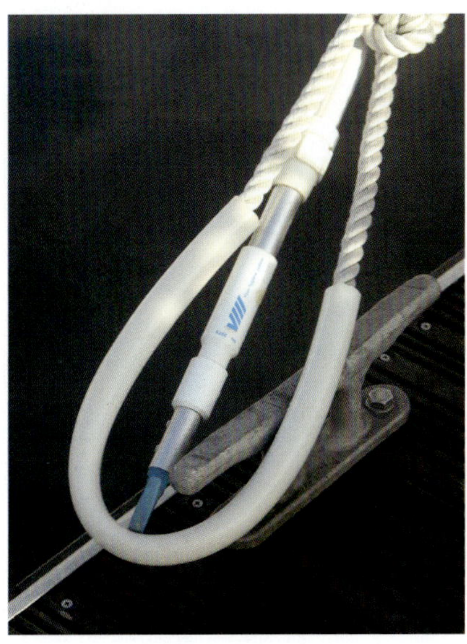

▲ *Auch eine Bucht oder ein Auge mit Schamfilschutz kann per Bootshaken ausgebracht werden.*

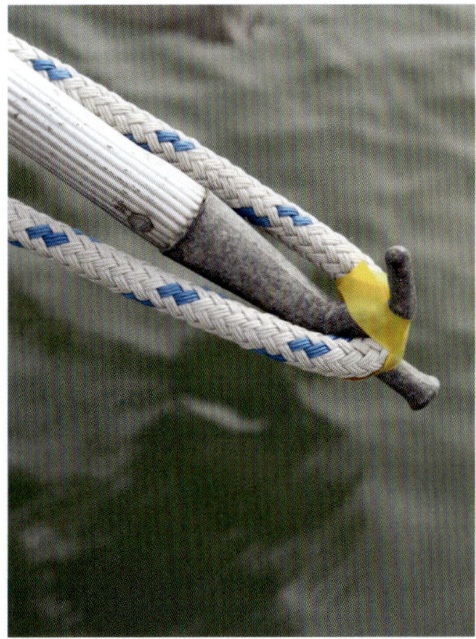

▲ *Damit die Leine nicht vom Bootshaken abrutschen kann, kann sie mit Isolierband fixiert werden.*

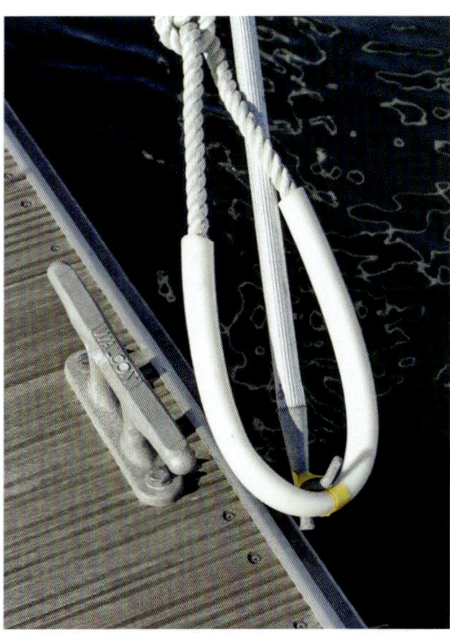

▲ *Der Trick mit dem Klebeband funktioniert selbst dann, wenn die Leine einen Schlauch als Schamfilschutz hat.*

Ausbringen eines Palstekauges an eine Klampe oder über einen Poller

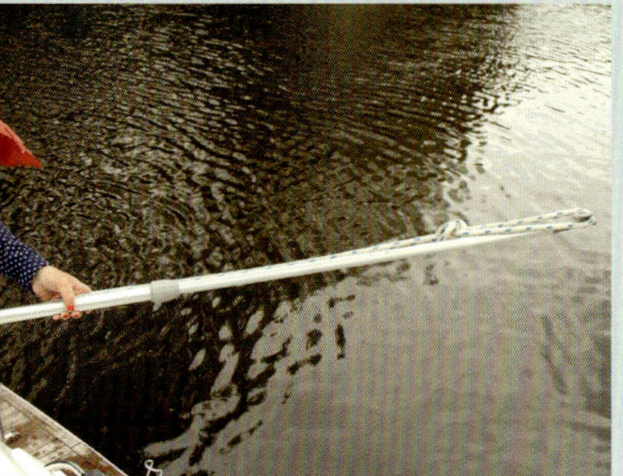

▲ *Ein Palstekauge wird mit dem Bootshaken ausgebracht.*

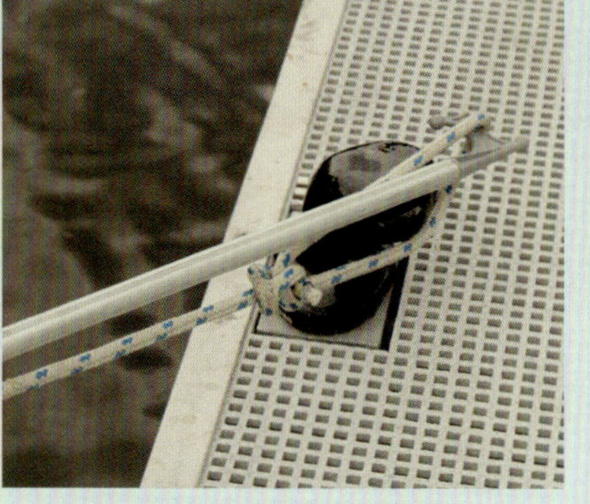

▲ *Legen Sie das Auge …*

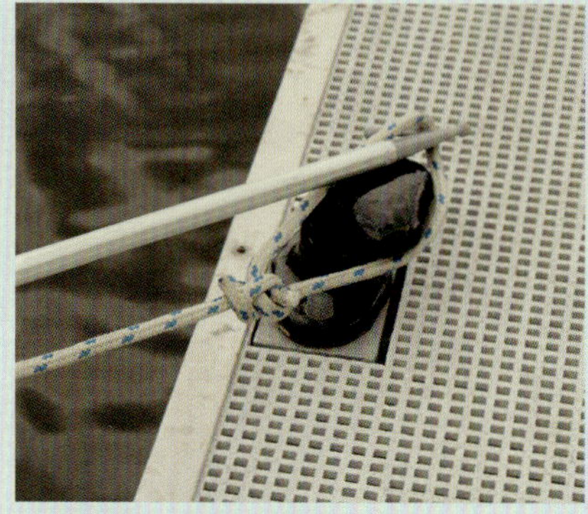

▲ *… über den Poller.*

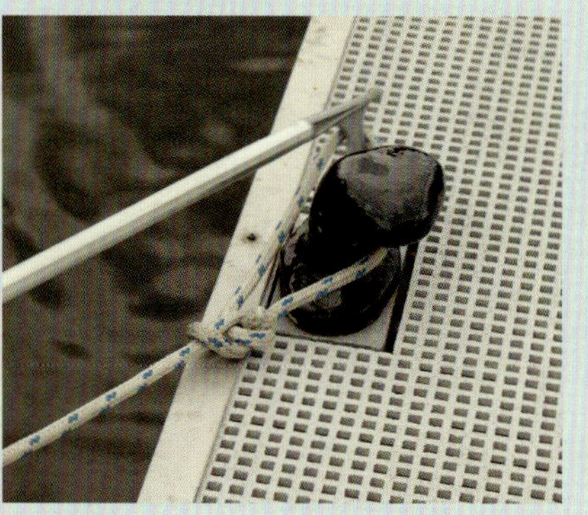

▲ *Ziehen Sie den Bootshaken ab …*

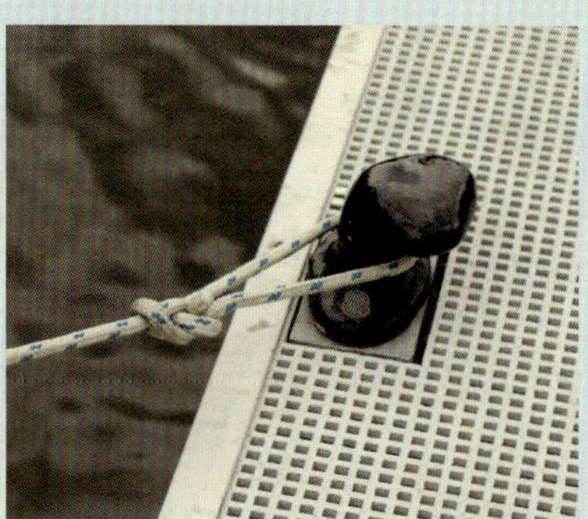

▲ *… und fertig!*

Bord, denn mit ihm kann eine Person am Bug dem Steuermann sehr deutlich die Richtung zu einer Boje anzeigen. So weiß der Steuermann auch, an welcher von mehreren Bojen die Crew festmachen möchte.

Bei Teleskop-Bootshaken sollte man darauf achten, dass sie sich schnell verlängern lassen und nicht blockieren. Sich einer Boje zu nähern, den Bootshaken zu schnappen, aber nicht ausfahren zu können, ist mehr als ärgerlich. Ein wenig Silikonfett hält den Bootshaken stets einsatzbereit.

Natürlich sollte man vorbereitet sein, falls der Bootshaken ins Wasser fällt. Mit einem Slipknoten kann man ihn eventuell wieder einfangen. Besser, man sichert ihn von Anfang an mit einer Leine, die man sowohl an Bord als auch am Bootshaken mit je einem Straßenräuberstek befestigen könnte. So wäre die Leine bei einem Notfall schnell lösbar. Zu guter Letzt gilt natürlich auch, dass der Bootshaken jederzeit griffbereit sein muss.

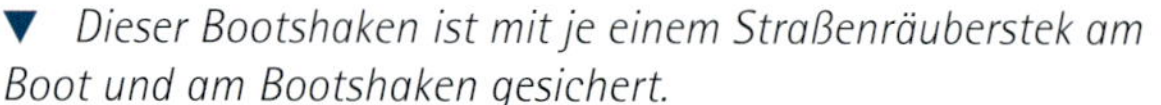

▼ *Dieser Bootshaken ist mit je einem Straßenräuberstek am Boot und am Bootshaken gesichert.*

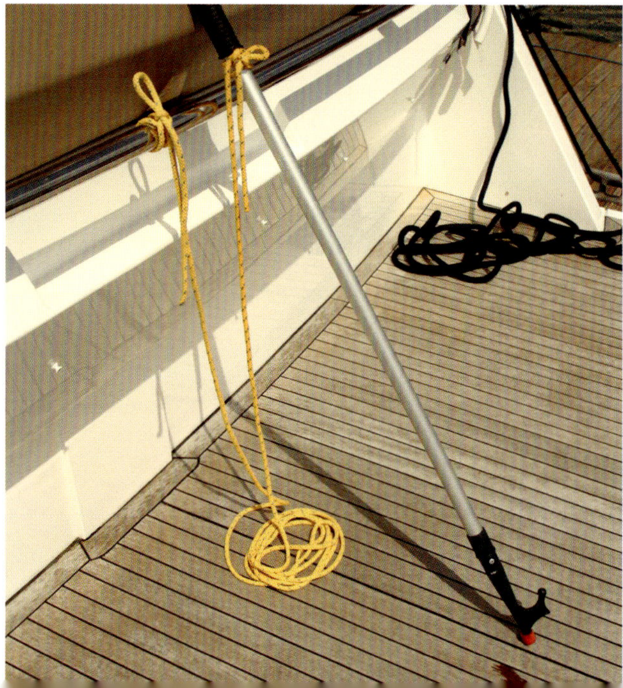

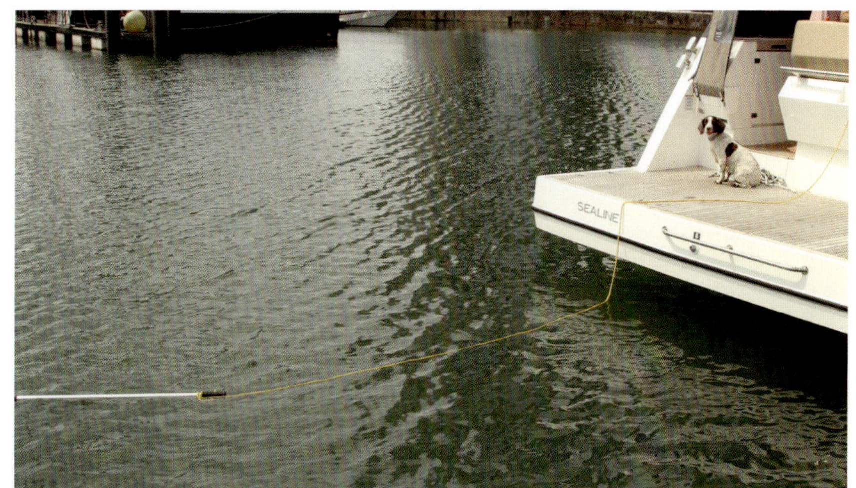

Der Bootshaken ist über Bord gefallen, aber deshalb nicht verloren.

Eine Klampe teilen

Die typische Klampenform bietet drei Befestigungspunkte für eine Leine: den waagrechten Steg und die zwei senkrechten Stützen. Bringt man einen Festmacher vom Bug nach vorn am Steg aus, belegt man ihn so an der Klampe, dass sie auch noch von anderen genutzt werden kann.

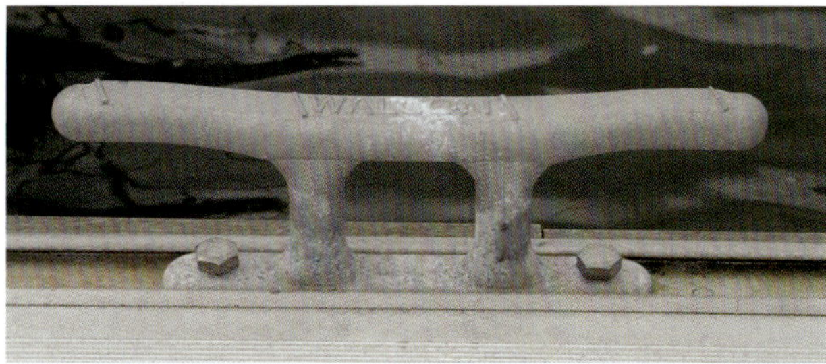

Standardklampe.

Lange Landleinen

Liegt man außen im Päckchen und möchte eine lange Landleine zu einer Klampe ausbringen, an der bereits viele andere Festmacher belegt sind, macht man einen Palstek ans Ende der Leine, steckt sie unter allen anderen Leinen durch und legt sie dann über die Klampe. So können die anderen Festmacher leichter abgenommen werden, und jede einzelne Leine bleibt besser bedienbar. Legt jemand weiter innen im Päckchen ab, wird man allerdings so oder so mithelfen müssen.

Das ist auch ein guter Hinweis, dass man immer Leinen zum Land ausbringt, wenn man im Päckchen liegt, damit der Zug der Festmacher nicht nur auf das Nachbarboot wirkt, sondern auf die Klampen an Land.

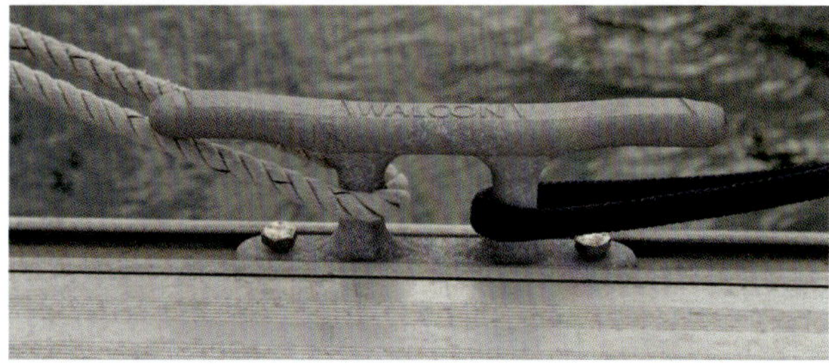

So teilt man sich eine Klampe.

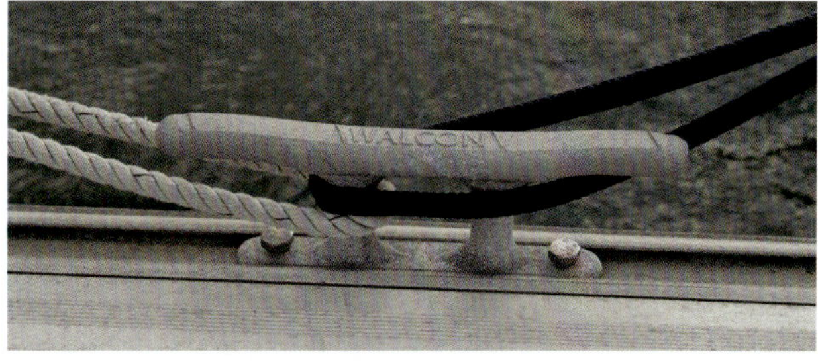

So teilt man sich eine Klampe nicht.

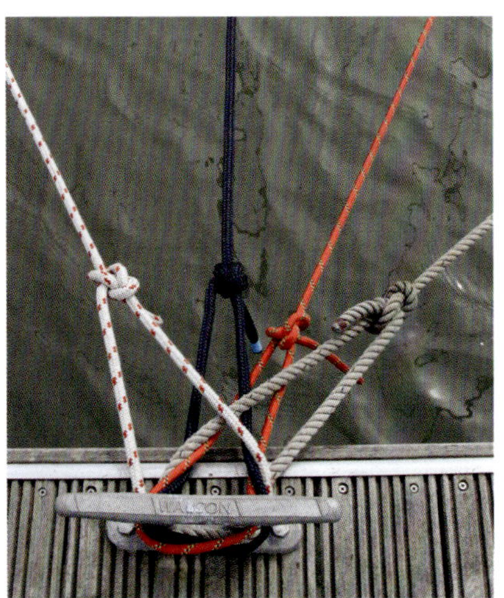

▲ *Manchmal muss an einer vielbelegten Klampe auch noch Platz für den eigenen Festmacher gefunden werden.*

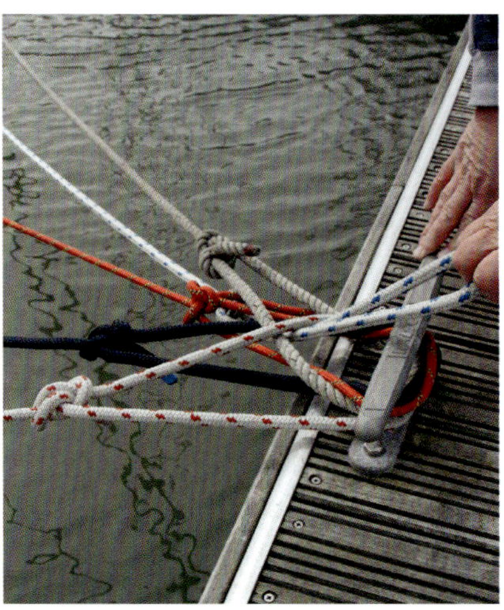

▲ *Machen Sie einen Palstek ans Ende ihrer Leine, stecken Sie sie unter den anderen durch, und legen Sie sie über die Klampe.*

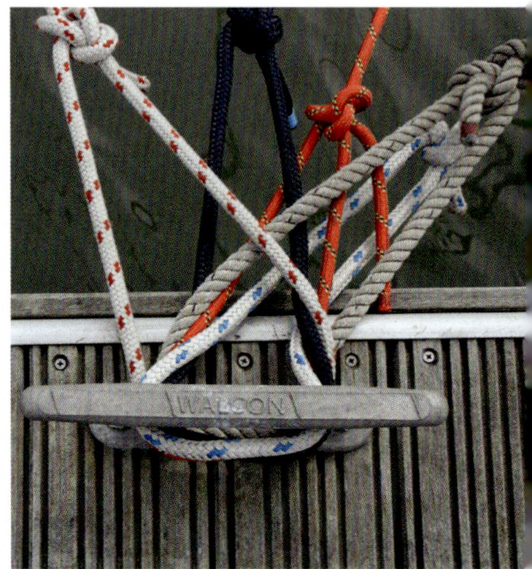

▲ *Wer so belegt, gestattet anderen, ihre Festmacher leichter zu lösen.*

Sauberkeit an allen Orten

Den Unterschied zwischen einem Boot, auf dem ich segeln möchte und einem, das ich möglichst schnell verlassen möchte, macht oft die Toilette.

Wie entsteht Geruchsbelästigung?

Im Meer- und Flusswasser leben kleinste Organismen. Nach der Spülung der Toilette, egal ob manuell oder elektrisch, bleibt Wasser im Einlassschlauch zurück. Dort sterben die Organismen aufgrund von Licht- und Sauerstoffmangel ab. Zurück bleiben anaerobe Bakterien, die unangenehme, schwefelhaltige Gase produzieren. Bei der nächsten Spülung der Toilette kommt dann der unangenehme Geruch zutage. Diese Bakterien im Wasser des Einlass- und des Auslassschlauchs können mit der Zeit sogar in den Kunststoff des Schlauchs selbst eindringen und dort weiter leben. In diesem Stadium kommt der Geruch nicht mehr aus dem Wasser, sondern direkt aus den Schläuchen.

Wie kann man Abhilfe schaffen?

Gibt man ein Desinfektionsmittel in die Toilettenschüssel, kann es zwar dort und im Auslassschlauch wirken, aber es erreicht nicht den Einlassschlauch, und sobald die Toilette gespült wird, ist nichts mehr davon übrig.

Das Desinfektionsmittel muss ganz am Anfang des Systems, beim Seeventil für den Einlassschlauch, eingebracht werden. Doch wie kann man diese Stelle erreichen? Eine Lösung bietet Seasmart Marine (seasmartmarine.co.uk), wobei ein dünner Schlauch wie ein Katheter im Einlassschlauch zurückgeführt wird. Eine automatische Steuerung dosiert das Desinfektionsmittel, je nachdem wie oft die Toilette benutzt wird. So wird das gesamte System von Beginn an desinfiziert. Das ist die einzige Methode, die ich kenne, um den Geruch zu vermeiden. Sind bereits die Schläuche selbst kontaminiert, sollten sie vor der Installation eines Seasmart-Systems erneuert werden.

Große Yachten haben unter Umständen eine Toilettenspülung mit Süßwasser aus einem Tank. In diesem Fall kommt es nicht zu dem Problem mit anaeroben Bakterien im Einlassschlauch, denn man spült mit Wasser, das bereits Chlor, Fluorid-Verbindungen, Nitrat und Pestizide enthält und dadurch sämtliche Organismen abtötet.

Somit ist das Wasser auch auf der Einlassseite sauber. Desinfektionsmittel können in die Toilettenschüssel eingebracht werden, um den Geruch in Schach zu halten. Zahnersatzreiniger in Tablettenform funktioniert gut.

Um festzustellen, ob die Schläuche kontaminiert sind, kann man ein Handtuch in heißes Wasser tauchen und damit die Schläuche umwickeln. Geht der unangenehme Geruch auf

TIPP

Camping an Bord

Bei akutem Platzmangel an Bord kann man sich mit Lösungen aus dem Wohnmobil- und Campingbereich behelfen.

- Faltbare Waschbecken
- Faltbare Teekessel
- Faltbare Töpfe

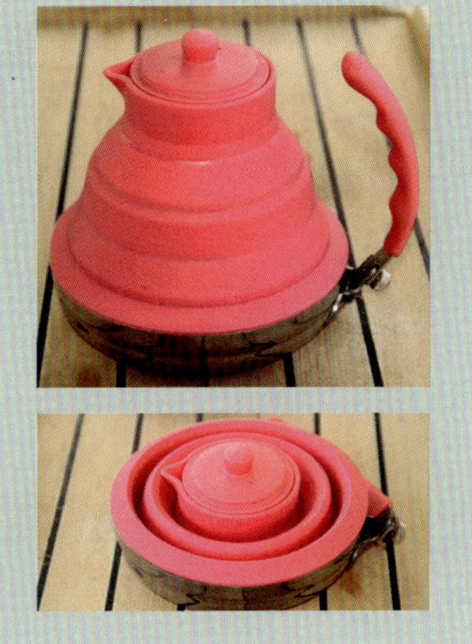

Es muss ja nicht unbedingt rosa sein ...

TIPP

Reißverschlüsse

Mit etwas Vaseline bleiben Reißverschlüsse leichtgängig.

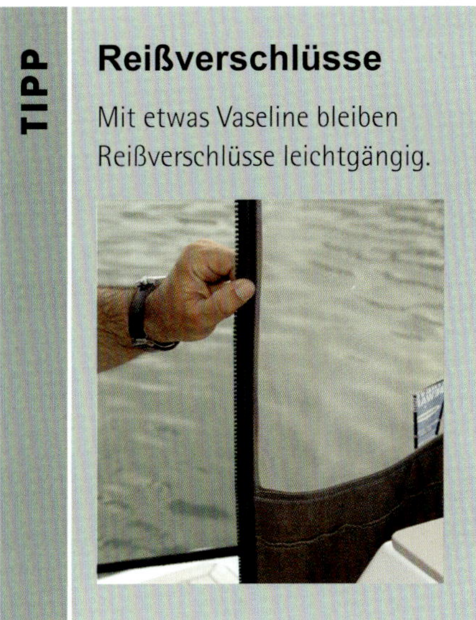

das Handtuch über und kann dort auch noch festgestellt werden, nachdem dieses abgekühlt ist, sollten die Schläuche ausgewechselt werden.
Bei mir an Bord vermeide ich grundsätzlich stehendes Wasser in den Toilettenschläuchen und habe kein Problem mit unangenehmen Gerüchen. Vielleicht liegt es auch daran, dass ich mein Boot so häufig benutze, dass sich keine anaeroben Bakterien im Einlassschlauch festsetzen können. Ein weiterer Punkt ist, dass ich keinerlei Mittel beimische. Sobald man damit anfängt, wird man jedes Mal Hilfsmittel einsetzen müssen, wenn die Toilette Probleme bereitet. Bei einer schwergängigen Pumpe ist es viel besser, sie zu zerlegen und mit etwas Silikonfett zu schmieren.
Wer es gewohnt ist, immer etwas beizumischen und von einem Tag auf den anderen beschließt, darauf zu verzichten, wird feststellen, dass die Pumpe anfangs etwas quietscht, doch das gibt sich mit der Zeit, auch ohne Olivenöl, Silikonfett, WD40 oder andere Wundermittel einzusetzen.

FACHBEGRIFFE

Achterspring Eine Leine, die verhindert, dass sich das Boot am Liegeplatz nach hinten bewegen kann.

Auge Eine feste Schlaufe in einer Leine oder ein durch die Leine gebildeter Ring beim Binden eines Knotens, der durch das Überkreuzen der Parten entstanden ist.

Belegen Mit einer Leine festmachen, z. B. an einer Klampe.

Bucht U-förmiger Abschnitt in einer Leine, in der sich diese nicht überkreuzt.

Festmacher Leine, mit der ein Boot am Steg, an einer Mole oder an einer Boje vertäut wird.

Loses Ende Das Ende einer Leine, das beim Binden eines Knotens verwendet wird.

Stehende Part Die gesamte Leine beim Binden eines Knotens außer dem losen Ende.

Vorspring Eine Leine, die verhindert, dass sich das Boot am Liegeplatz nach vorn bewegen kann.

Warpen Ein Boot von Bord oder von Land aus mit Leinen (Warpleinen) bewegen.

3 Motorenkunde

Es gibt zwei Situationen an Bord einer Motoryacht, die Stress auslösen können: Hafenmanöver und Motorpannen.

Ausfall des Motors

Die Wahrscheinlichkeit einer Motorpanne kann durch Vorsorge, gute Motorkenntnis und lückenlose Wartung auf ein Minimum reduziert werden. Damit meine ich aber nicht, dass sich ein Mechaniker regelmäßig um den Motor kümmert, sondern dass man selbst weiß, was zu tun ist und auch selbst Hand anlegt. Dazu zählt, Luft- und Ölfilter sowie Dieselfilter samt Wasserabscheider zu wechseln sowie den gesamten Kühlkreislauf zu überprüfen.
Bei einer Motorpanne ertönt stets ein Alarm.

Alarme und Alarmsignale

Wodurch wird ein Alarm ausgelöst? Man sollte sich mit allen Motoralarmen, die auftreten können, vertraut machen. Die verschiedenen Alarme klingen unterschiedlich. Doch der Alarm zeigt nicht unbedingt an, welches Problem vorliegt, sondern nur, dass etwas nicht in Ordnung ist. Ignoriert man einen Alarm, kann das sehr schnell zum Motorschaden und zum Stillstand der Maschine führen. Geht man dagegen der Sache auf den Grund, kann man höchstwahrscheinlich auch etwas dagegen tun. Worauf ist stets zu achten?

TIPP

Gehen Sie auf Kurs

Einen Motorenkurs zu belegen, kann sehr lehrreich sein, wenn man – wie in meinem Fall – kein geborener Mechaniker ist.

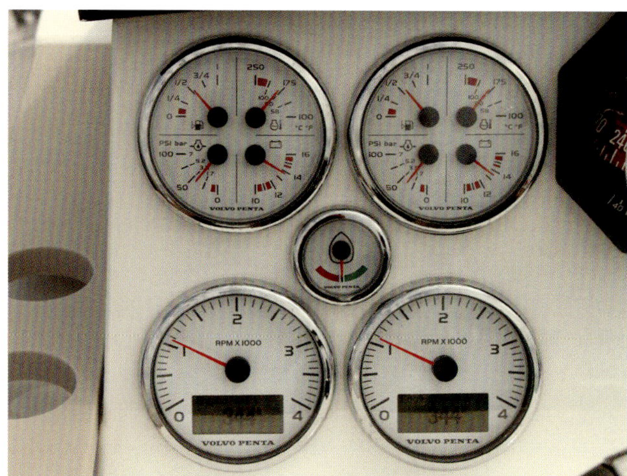

▲ *Alles in Ordnung – die Anzeigen stimmen überein.*

Öldruck

Dieser Alarm bedeutet Ölmangel oder zu geringen Öldruck. Läuft kein Öl über die Kurbelwelle, wird sich der Motor nach kurzer Zeit festfressen, weshalb man ihn unverzüglich abstellen sollte. Befindet man sich gerade in einem Fahrwasser, sollte man dieses erst verlassen und dann den Motor stoppen und ankern. Man kann etwa zwei bis drei Minuten ohne Öl im Motor fahren. Gerade genug, um einen Gefahrenbereich zu verlassen, mehr aber auch nicht.
Natürlich beschädigt man einen Motor, sobald man ihn mit zu geringem Öldruck betreibt. Es kommt zu Lagerschäden und wahrscheinlich weiteren Langzeitschäden.

Fünf Gründe, warum der Motor stehen bleibt oder nicht startet

1. Versuch den Motor zu starten, während der Propeller eingekuppelt ist. Man dreht den Schlüssel, und es passiert nichts, denn normalerweise kann der Motor nur im Leerlauf gestartet werden. Es kann sein, dass ein Alarm ertönt, aber der Anlasser dreht sich nicht, und man vermutet als Erstes einen Fehler in der Elektrik oder eine leere Batterie. Kuppeln Sie den Propeller aus, und der Motor startet normal. Ein Klassiker ist auch, wenn man versucht, den Motor von der Flybridge aus zu starten, während der Motorschalthebel am unteren Steuerstand auf eingekuppelt steht. Auch in diesem Fall kann der Motor nicht starten. Es gibt allerdings Motorsteuerungen, bei denen man den jeweils gewünschten Steuerstand per Knopfdruck aktiviert. Die Stellung des nicht-aktivierten Schalthebels ist dann egal.

2. Die Abziehklammer an der Reißleine hat sich gelöst. Außenbordmotoren auf Beibooten, RIBs, vielen Sportbooten und Speedbooten haben eine Reißleine, die man für die Notausfunktion am Hand- oder Fußgelenk trägt. Allzu leicht kann sich die Reißleine am Motor lösen, ohne dass man es bemerkt. Der Motor geht aus. Versucht man ihn erneut zu starten, dreht zwar der Anlasser, aber der Motor springt nicht an. Jetzt vermutet man, dass etwas mit der Benzinleitung nicht stimmt. Ist vielleicht kein Benzin mehr im Tank? Hoffentlich bemerkt man rechtzeitig, dass sich nur die Reißleine gelöst hat und steckt sie wieder an. Gut möglich, dass der Propeller eingekuppelt war, als sich die Reißleine gelöst hat. Versucht man jetzt den Motor wieder zu starten, ertönt lediglich der Alarmton oder es passiert gar nichts. Der Motor startet nicht, weil er nicht im Leerlauf ist. Zurück zu Punkt 1: Schalten Sie auf Leerlauf, und der Motor startet normal.

3. Überhitzung. Eine Verstopfung in der Kühlwasserleitung? Ein Problem mit dem Wärmetauscher? Ist Süßwasser aus dem System ausgelaufen? Der Motor ist von allein ausgegangen. Finden Sie die Ursache des Problems, lösen Sie es, überbrücken Sie die automatische Abschaltung, und starten Sie den Motor.

4. Ein Batteriepol der Starterbatterie hat sich abgelöst. Machen Sie ihn wieder gut fest.

5. Den Tank leer fahren.
»Aber laut Tankanzeige ist der Tank noch halbvoll!«
»Die Tankanzeige ist kaputt, Meister.«
»Was sagt man dazu?«

Überhitzung

Verstopfung im Kühlkreislauf. Bei vielen Wellenanlagen treten die Auspuffgase zusammen mit dem Kühlwasser an oder knapp über der Wasserlinie aus. Man kann also sehen, ob Kühlwasser am Auspuff austritt und folglich im System durchgepumpt wird. Bei manchen Motorenanlagen liegt der Auspuff zur besseren Schalldämmung jedoch unter der Wasserlinie. In diesem Fall kann man nicht erkennen, ob Kühlwasser austritt oder nicht. Z-Antriebe haben den Auspuff immer unter Wasser.

Im Motorraum befindet sich der Wasserfilter. Man kann aber kaum sehen, was im Inneren passiert, da er bei Betrieb voller Wasser ist. Sind allerdings Blasen im Wasserfilter zu erkennen, stimmt etwas nicht, und die Kühlwasserleitung ist entweder verstopft oder der Impeller pumpt das Kühlwasser nicht richtig. Das muss überprüft werden.

Simon hat auf seiner EVELYN die Stelle, wo sich der Einlass für das Kühlwasser befindet, außen am Rumpf markiert. Sein Liegeplatz ist in einem Fluss und falls Treibgut oder eine Plastiktüte das Seeventil verstopft, kann Simon es mit einer langen Bürste von Bord oder von Land aus erreichen.

TIPP

Bruch des Schaltkabels vermeiden

Ein Schaden, der ohne Vorwarnung eintreten kann, ist der Bruch eines Schaltkabels. Bricht die Verbindung zur Einspritzpumpe oder Drosselklappe, kann der Motor nur im Standgas laufen, bricht die Verbindung zum Wendegetriebe, kann nicht mehr zwischen Leerlauf sowie Vor- und Rückwärtsfahrt geschaltet werden. Schaltkabel sollten alle fünf Jahre ausgetauscht werden, um das Risiko eines Bruchs zu verringern. Bemerkt man, dass die Schaltung schwergängig arbeitet, sollte man die Kabel sofort überprüfen und gegebenenfalls erneuern.

Wir waren auf der Themse unterwegs, als ein Alarm ertönte. Im ersten Moment weiß man nicht, was es für ein Alarm ist, also blickt man auf die Motorinstrumente. Bei einem Boot mit zwei Motoren liegt das Problem meist dort, wo die doppelten Anzeigen voneinander abweichen. Wir erkannten sofort, dass die Maschine an Backbord viel heißer war, als die an Steuerbord. Wir stoppten den heißen Motor, um ihn zu überprüfen, machten aber weiter Fahrt unter nur einer Maschine. Der Wasserfilter war nur zur Hälfte voll – also eine Verstopfung. Da vom Impeller starke Saugwirkung festzustellen war, musste die Verstopfung am Seeventil liegen.

Nachdem wir angelegt hatten, stocherte Simon mit der langen Bürste von außen am Einlassventil herum. Sobald wir den Motor wieder gestartet hatten, füllte sich der Wasserfilter vollständig, und alles war wieder in Ordnung. Beim nächsten Krantermin hatte Simon dann die Idee, die Stelle der Einlassventile auf Höhe der Wasserlinie am Rumpf zu markieren. Das ist ein gutes Beispiel dafür, wie man immer gut vorbereitet ist.

Wenn ein solcher Alarm während einer gemütlichen Flussfahrt ertönt, schreckt man nicht nur selbst hoch, sondern jeder im Umkreis einer Meile kann hören, dass an Bord ein Problem aufgetreten ist. Einen Alarm kann man eben unmöglich überhören, aber das ist ja auch der Sinn der Sache.

So ist es nur allzu verständlich, wenn man bei diesem lauten Alarmton mit Panik reagiert. Aber auch hier gilt: Ruhe bewahren! Stoppen Sie nicht sofort die Motoren, schauen Sie erst auf die Instrumente. Denn ist der Motor aus, zeigen auch die Instrumente nichts mehr an. Ist irgendeine Anzeige zu hoch oder zu niedrig? Gehen Sie der Sache auf den Grund. Drosseln Sie die Geschwindigkeit, wenn der Alarm in voller Fahrt angeht, aber schalten Sie die Motoren nicht aus.

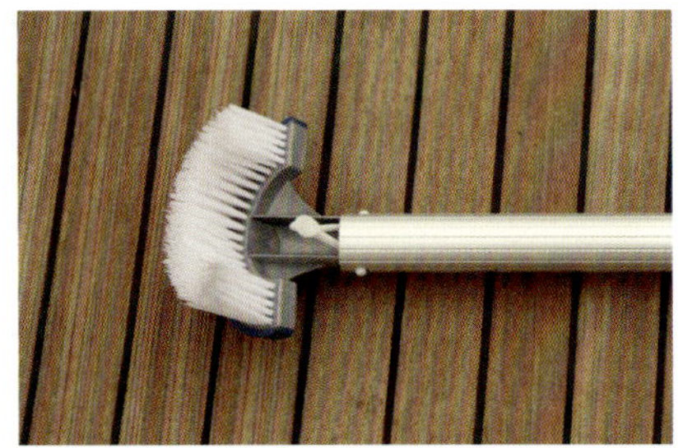

▲ *Simons praktische Bürste*

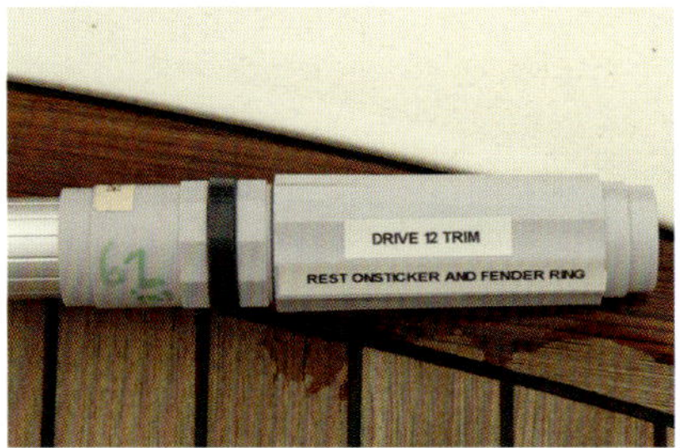

▲ *Man beachte die Angaben zu Eintauchwinkel und -länge, um das Seeventil zu erreichen. Das nenne ich sorgfältige Vorbereitung.*

▶ *Das ist mal eine lange Bürste.*

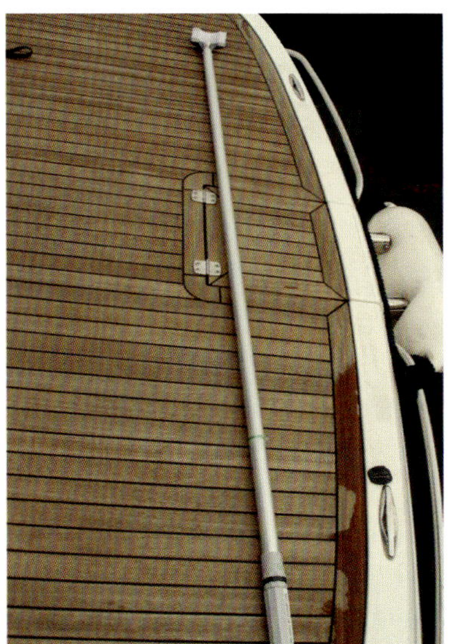

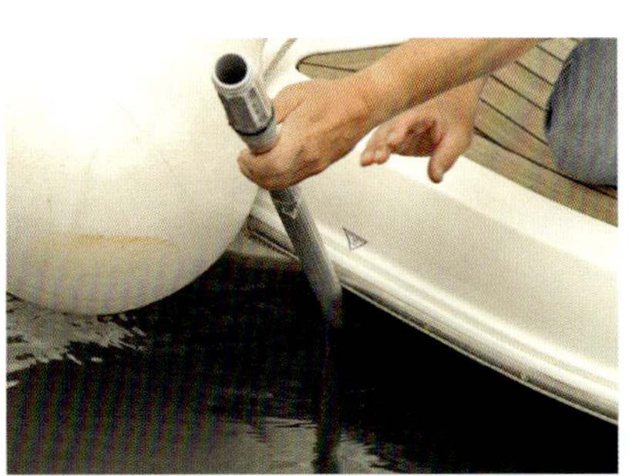

▲ *Die Markierung am Rumpf..*

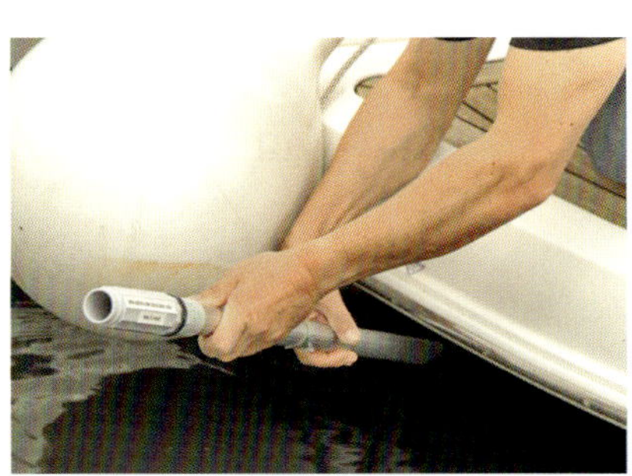

▲ *Simons Bürste im Einsatz.*

TIPP

Der Trick mit dem Tischtennisball

Gibt man einen Tischtennisball in den Wasserfilter, kann man mit einem Blick erkennen, ob das Kühlwasser ordnungsgemäß fließt. Der Tischtennisball wirbelt unter dem Sichtglas umher.

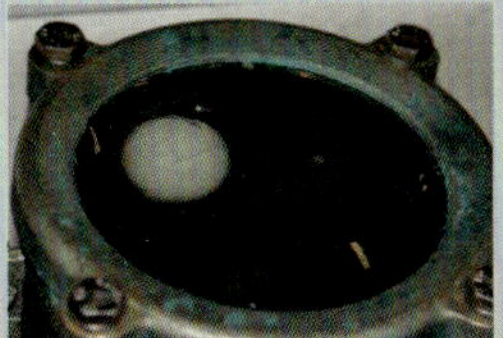

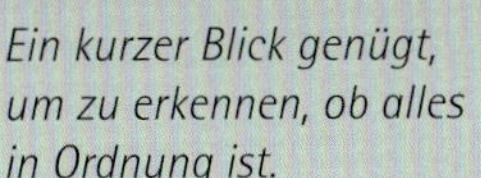

Ein kurzer Blick genügt, um zu erkennen, ob alles in Ordnung ist.

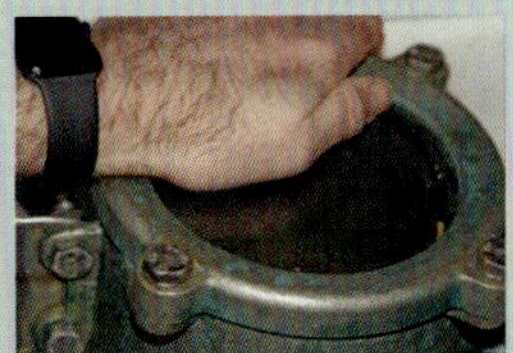

Ohne den Tischtennisball sieht man kaum, ob der Filter voll oder leer ist.

TIPP

Hand auflegen

Um zu überprüfen, ob das Kühlwasser ordnungsgemäß durch den Impeller gepumpt wird, kann man bei laufendem Motor die Hand auf die Frontplatte auflegen. Sie sollte sich kühl anfühlen. Ist sie heiß, hat man ein Problem. Diese Methode empfiehlt sich besonders bei Z-Antrieben, bei denen der Auspuff unter der Wasserlinie liegt.

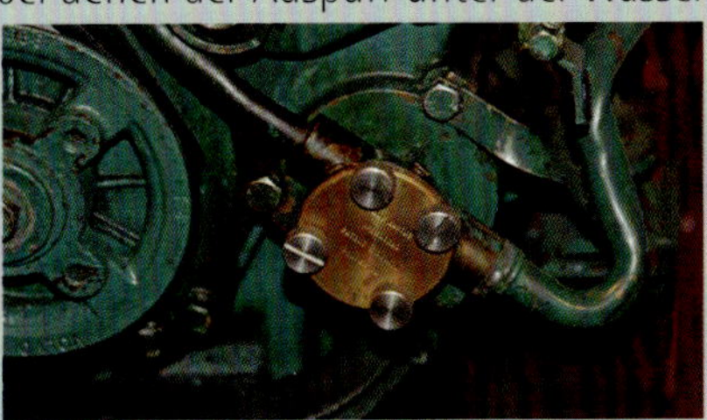

Keine Batterieladung

Ein Grund, warum die Lichtmaschine die Batterien nicht lädt, könnte ein zu lockerer oder gerissener Keilriemen sein. Bei einer Zweikreiskühlung treibt der Keilriemen auch die Kühlwasserpumpe an, sodass es bei defektem Keilriemen auch zu einer Überhitzung des Motors kommt.

Bei einer Seewasserkühlung ist die Pumpe in der Regel direkt an den Motor geflanscht, kann in manchen Fällen aber auch über den Keilriemen angetrieben werden, was ebenfalls zur Überhitzung führt, wenn der Keilriemen nicht in Ordnung ist. An einem solchen Motor ist der Impeller meist so ausgerichtet, dass die Frontplatte nach hinten zeigt, wodurch der Impeller schwerer zu überprüfen und zu wechseln ist.

Seewasserkühlung

Wird kein Seewasser zur Kühlung durch das System gepumpt, kommt es zur Überhitzung des Motors.

Ladekontrollleuchte

Geht die Lampe an, wird die Batterie nicht länger von der Lichtmaschine geladen. Die Ursache könnte ein zu lockerer oder gerissener Keilriemen sein, der die Lichtmaschine nicht ordnungsgemäß antreibt. In diesem Fall wird auch der Impeller der Seewasserkühlung nicht angetrieben, was zur Überhitzung des Motors führen kann. Ist der Keilriemen jedoch in Ordnung, und die Seewasserkühlung arbeitet einwandfrei, liegt ein anderes Problem an der Lichtmaschine vor, das von einem Fachmann überprüft werden muss.

Auspuff

Ein Temperaturalarm für den Auspuff gehört in der Regel nicht zur Standardaustattung. Falls ein solcher Alarmgeber eingebaut ist, wurde er wahrscheinlich nachgerüstet. Der Auspuff kann überhitzen, wenn kein Kühlwasser durch den Auspuff fließt. Das Problem kann am Seeventil, am Wasserfilter oder am Impeller liegen. Der Auspuffalarm reagiert meist vor dem Temperaturalarm des Motors. Er zeigt an, dass ein Problem unmittelbar bevorsteht.

Feuerlöschsysteme

Ein Alarm bei automatischen Löschsystemen kann zweierlei bedeuten:

1. Im Motorraum ist ein Feuer ausgebrochen oder ein Motor ist so heiß, dass das Löschsystem ausgelöst hat. Neben dem Auslösen der Feuerlöscher kann bei solchen Systemen auch ein automatischer Motorstopp erfolgen.

> **TIPP**
> ### Lagerung von Außenbordmotoren
> Wie transportiert man einen Außenborder? Der Propeller darf niemals höher gelagert werden als der Motor, da ansonsten das stehende Wasser in den Steigleitungen im Schaft bis an den Motor gelangt und das untere Lager der Kurbelwelle korrodiert. Ein Viertaktmotor darf nur auf einer Seite abgelegt werden, andernfalls läuft Öl aus. Welche Seite die richtige ist, steht in der Gebrauchsanweisung.

Eine automatische Abschaltung der Motoren kann manuell überbrückt werden.
Um zu überprüfen, ob Feuer ausgebrochen ist, kann man die Hand auf die Luke oder Abdeckung des Motorraums legen. Ist sie heiß, kann das auf ein Feuer hindeuten. Öffnen Sie aber auf keinen Fall den Motorraum, da ansonsten Sauerstoff zugeführt und das Feuer beschleunigt wird. Verständigen Sie die Küstenwache.

2. Zu geringer Druck in den automatischen Feuerlöschern löst den Alarm aus. Das passiert meist, wenn die Wartung der Feuerlöscher überfällig ist. Bei der empfohlenen jährlichen Wartung wird das Gewicht und damit die korrekte Füllmenge sowie Anzeichen von Korrosion und der Innendruck der Feuerlöscher überprüft. Gewicht und Korrosion kann man selbst überprüfen, aber der korrekte Druck kann nur von einem Fachbetrieb festgestellt werden. Bei jährlicher Wartung haben Feuerlöscher eine nahezu unbegrenzte Lebensdauer. Vernachlässigt man jedoch die Wartung, ist die einwandfreie Funktion der Feuerlöscher nur bis zum aufgedruckten Datum garantiert. Danach kann es zu einem Druckabfall kommen. Dieser kann zur Auslösung des Alarms führen.
Ist die Abdeckung zum Motorraum nicht ungewöhnlich heiß, kann die Abschaltung des Motors überbrückt werden. Starten Sie den Motor erneut, steuern Sie flaches Wasser an, um zu ankern oder legen Sie an und überprüfen Sie, was den Alarm ausgelöst hat.

Wasser im Treibstoff

Der Sensor hat festgestellt, dass Wasser im Treibstoff ist. Am Wasserabscheider kann man das Wasser ablassen. Besteht das Problem jedoch weiter und der Alarm löst weiterhin aus, ist eine größere Menge Wasser in den Tank gelangt. Das ist ein ernsthafteres Problem. Der oder die Tanks müssen entleert werden, damit man die Ursache finden und reparieren kann.

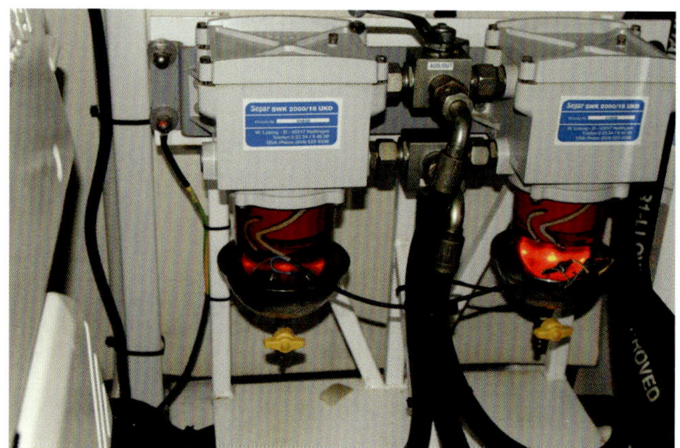

▲ *Kraftstofffilter mit Wasserabscheider.*

Bilgepumpen

Steigt das Wasser in der Bilge über einen akzeptablen Stand, löst der Alarm aus. Überprüfen Sie die Bilge. Bei größeren Booten zeigt eine Kontrolllampe an, an welcher Stelle im Boot zu viel Wasser in der Bilge ist.

> **TIPP**
> ### Ersatzteile einbauen
> Bauen Sie Ersatzteile bereits vorsorglich ein. So wissen Sie, wie man sie einbaut, und dass das Ersatzteil funktioniert. Ebenso wissen Sie, dass das ausgebaute Originalteil noch funktionstüchtig ist, das Sie fortan als Ersatzteil mitführen.

Rauch

Kommt Rauch aus dem Auspuff, kann man aufgrund seiner Färbung auf mögliche Ursachen schließen. Doch nicht immer bahnt sich dadurch eine Katastrophe an.

Weißer Rauch

Weißer Rauch ist Wasserdampf, das heißt, dass irgendwo Wasser so stark erhitzt wird, dass es verdampft. Das kann an verschiedenen Stellen vorkommen. Unter Umständen wird zu wenig Kühlwasser durch den heißen Auspuff gepumpt. Bei normalem Kühlwasserfluss bildet sich kein oder ganz wenig Wasserdampf. Ist zu wenig Wasser im Kühlkreislauf, deutet das auf eine Verstopfung hin, entweder am Seeventil, am Wasserfilter oder am Impeller, der nicht richtig pumpt, weil er beschädigt ist oder weil der Keilriemen durchrutscht.

Hat man diese Möglichkeiten überprüft und als Ursache ausgeschlossen, kann es daran liegen, dass Wasser im Inneren des Motors verdampft. Grund dafür kann eine undichte Zylinderkopfdichtung, ein Riss im Auspuffkrümmer, in der Zylinderlaufbuchse oder im Zylinderkopf sein.

Bei einer Zweikreiskühlung kann man das am Füllstand des Kühlmittels erkennen. Da im Ausgleichsbehälter der Druck erhöht ist und sich heißer Dampf gebildet hat, muss man ihn vorsichtig öffnen. Legen Sie einen Lappen über den Verschluss, drücken Sie ihn nach unten und drehen Sie ihn vorsichtig auf, sodass der Druck langsam entweichen kann. Stecken Sie einen geeigneten Gegenstand, nicht aber ihren Finger, in den Ausgleichsbehälter, um die Füllmenge zu überprüfen. Vorsicht: Das Kühlmittel ist heiß! Bei Überhitzung des Motors springt selbstverständlich ein Alarm an. Bei einem Motor mit Seewasserkühlung gibt es aber kein Anzeichen, ob die Kopfdichtung oder der Zylinder selbst gerissen ist, außer dass es wahrscheinlich zu Fehlzündungen kommt.

Schwarzer Rauch

Bei schwarzem Rauch gelangt unvollständig verbrannter Diesel in den Auspuff. Das kann bei Überlastung des Motors passieren. Grund hierfür kann starker Bewuchs am Unterwasserschiff oder am Propeller sein. Hat sich der Rauch verzogen, sieht man schwarzen Ruß auf dem Wasser, der häufig mit einem Ölfilm auf dem Wasser verwechselt wird. Ruß ist schwarz, Öl jedoch schimmert in Regenbogenfarben. Um Abhilfe zu schaffen, darf der Motor nicht überlastet werden. Achten Sie auf ein sauberes Unterwasserschiff und bewuchsfreie Propeller.

Blauer Rauch

Blauer Rauch deutet auf Öl in den Auspuffgasen hin. Bei vielen Dieselmotoren entsteht etwas blauer Rauch beim Anlassen des Motors. Sobald der Motor warm ist und unter Last steht, verschwindet der Rauch. Bleibt er aber während des Betriebs bestehen, leidet der Motor unter starkem Verschleiß. Vielleicht ist der Motor schon sehr alt. Jedenfalls dürfte sich das Problem mit der Zeit verschlimmern. Unter Umständen steht auch ein Kolbenring kurz vor seinem Ableben, was ebenfalls zu einem Motorschaden führen kann.

Die Motorkühlung

Die meisten marinisierten Bootsmotoren werden über einen geschlossenen Kühlkreislauf mit Süßwasser gekühlt, welcher über einen Wärmetauscher mit Seewasser gekühlt wird. Das Seewasser wird durch das Seeventil von der Wasserpumpe angesaugt. Die Wasserpumpe wird, genau wie die Lichtmaschine, vom Keilriemen des Motors angetrieben. Der geschlossene Süßwasser-Kreislauf benötigt einen Ausgleichsbehälter. Überprüfen Sie regelmäßig den Füllstand und füllen Sie falls nötig Wasser nach. Solange Seewasser durch das System gepumpt wird und am Auspuff austritt, sollte der Süßwasser-Kühlkreis den Motor auf normaler Betriebstemperatur halten.

Manche Motoren haben eine Einkreis- oder Seewasserkühlung. Dabei handelt es sich meist um Benzinmotoren, die für Binnengewässer vorgesehen sind. Bei Gebrauch in Salzwasser kommt es zu vermehrter Korrosion im Motor, was die Lebensdauer im Vergleich zu einer Zweikreiskühlung erheblich herabsetzt.

Achten Sie beim Kauf eines Bootes auf die Art der Motorkühlung, vor allem falls es sich um eine Einkreiskühlung handelt, das Boot jedoch in einem anderen Revier als ursprünglich vorgesehen genutzt werden soll.

Verbrauch und Wirtschaftlichkeit

Es ist unbestritten, dass mit Zunahme der Geschwindigkeit auch der Verbrauch und die Kosten für Treibstoff steigen. Doch das Verhältnis von Geschwindigkeit und Verbrauch ist nicht linear. Es gibt sogar Bereiche, wo eine leichte Erhöhung der Geschwindigkeit die Wirtschaftlichkeit steigert. Unter Wirtschaftlichkeit sind die Kosten für eine bestimmte zurückgelegte Strecke zu verstehen.

Alle Boote sind in Verdrängerfahrt am wirtschaftlichsten. Boote, die als Gleiter konzipiert sind, haben jedoch in Verdrängerfahrt eine geringere Wirtschaftlichkeit als reine Verdrängerboote.

Verdränger

Ein Verdrängerboot bewegt sich immer durch das Wasser. Die maximale Geschwindigkeit steht in direktem Verhältnis zur Länge der Wasserlinie.
Die maximale Geschwindigkeit wird Rumpfgeschwindigkeit genannt und berechnet sich wie folgt: 1,34 x √ LWL, wobei LWL die Länge der Wasserlinie in Fuß ist. Diese Formel bezieht sich auf den Abstand von Bug- zu Heckwelle, wie sie das Boot in Fahrt erzeugt. Würde sich ein Boot schneller als Rumpfgeschwindigkeit bewegen, müsste der Bug auf die Bugwelle klettern und das Heck würde in das Wellental zwischen Bug- und Heckwelle fallen.

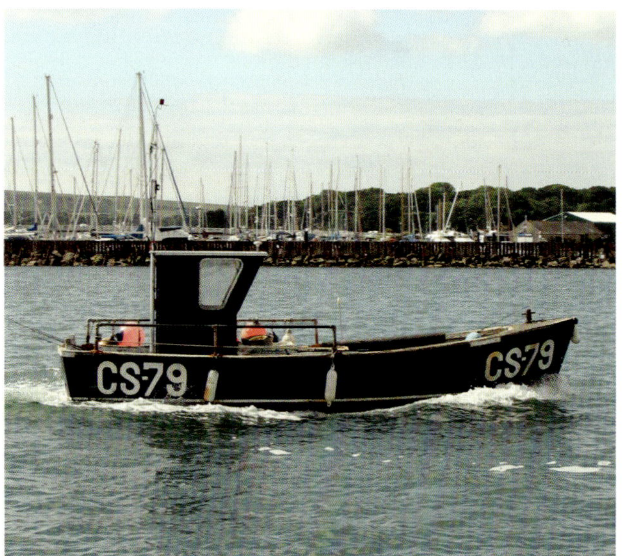

▲ *Verdränger.*

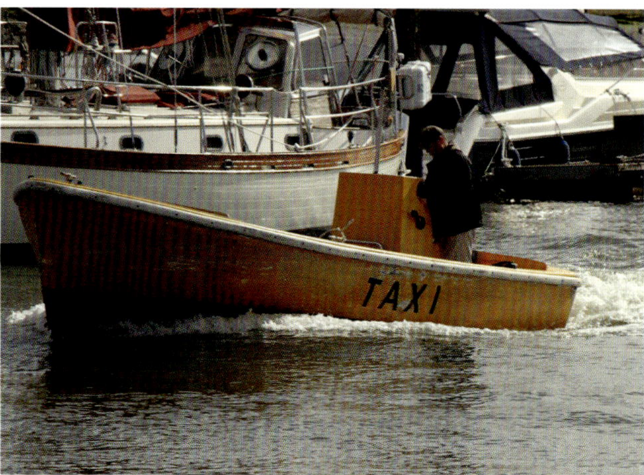

▲ *Der Bug klettert auf die Bugwelle, und das Heck vertrimmt im Wellental. Diese Boot fährt über seiner Rumpfgeschwindigkeit.*

Rumpfgeschwindigkeit

Metrisch: √ LWL in Meter x 2,45 = Geschwindigkeit in Knoten

Imperial: √ LWL in Fuß x 1,34 = Geschwindigkeit in Knoten

Halbgleiter

Bei einem Halbgleiter kann der Bug etwas auf der Bugwelle fahren, während am Heck vermehrter Auftrieb das Boot vor dem Vertrimmen in der Heckwelle bewahrt. Halbgleiter sind schneller als Verdränger.

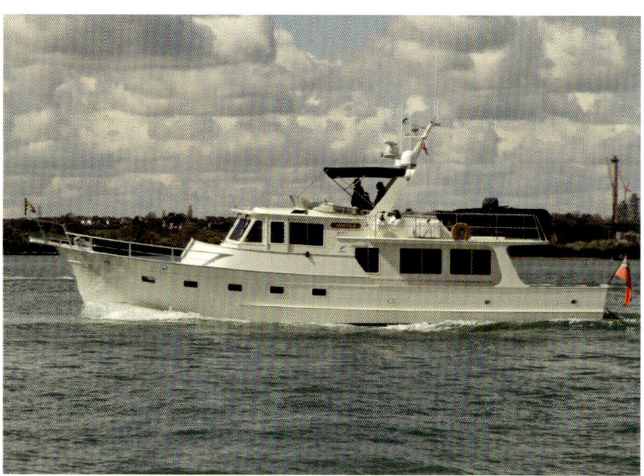

▲ *Dieser Halbgleiter klettert auf seine Bugwelle und sitzt auf zwei Wellenbergen.*

Gleiter

Ein Gleiter hebt sich aus dem Wasser und gleitet auf der Wasseroberfläche. Es bedarf wesentlich größerer Energie, ein Boot zum Gleiten zu bringen, als es in Gleitfahrt zu halten. In Gleitfahrt ist die benetzte Oberfläche kleiner und der Wasserwiderstand geringer.

Verdränger und Halbgleiter haben kleinere Motoren als Gleiter, denn um einen Bootsrumpf auf seine eigene Bugwelle klettern zu lassen, ist enorm viel Antriebsenergie nötig.

Ein guter Gleiter geht schnell von Verdränger- in Gleitfahrt über. Das erfolgt typischerweise bei Geschwindigkeiten um 18 Knoten bei einer Motordrehzahl von 2500 U/min. Wirtschaftlicher ist es, noch etwas schneller als diese Übergangsgeschwindigkeit zu fahren, bei der man die Trimmklappen stärker anstellen muss, um das Heck anzuheben, was zu mehr Widerstand und höherem Verbrauch führt. Meist ist die Gleitfahrt bei 3000 bis 3500 U/min am wirtschaftlichsten.

Bei Vollgas steigt der Verbrauch enorm an. Allgemein sagt man, dass ein Boot bei Vollgas doppelt so viel verbraucht

▲ *Gleiter.*

b Beispiel für Rumpfgeschwindigkeit

Bei einem 40-Fuß-Boot beträgt die Länge der Schwimmwasserlinie 35 Fuß und die Rumpfgeschwindigkeit √35 x 1,34 = 5,92 x 1,34 = 8 Knoten.

Bei einem Halbgleiter kann ein Faktor von 3 bis 3,5 anstelle von 1,34 angesetzt werden. Somit erhöht sich das Geschwindigkeitspotenzial eines 40-Fuß-Bootes auf 18–21 Knoten.

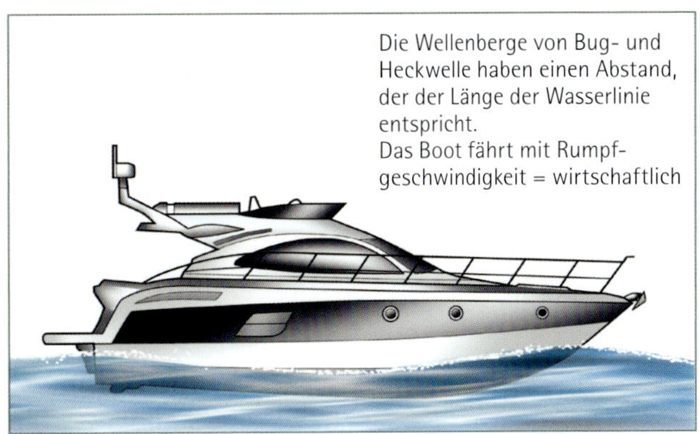

▲ *Verdrängerfahrt.*

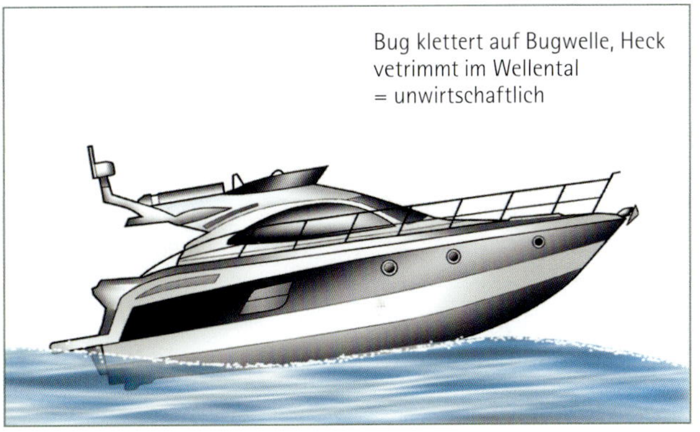

▲ *Übergang zur Gleitfahrt.*

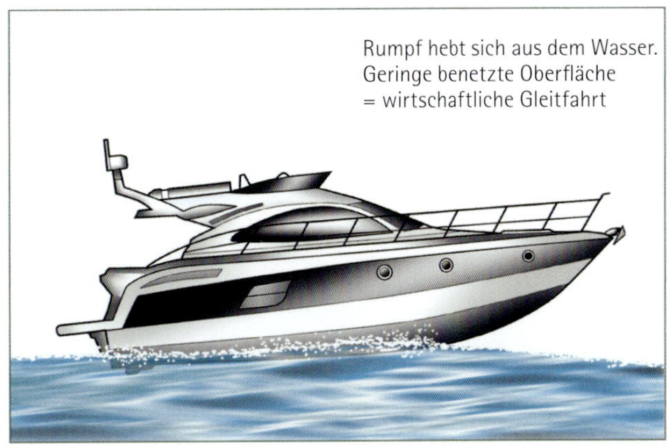

▲ *Gleitfahrt.*

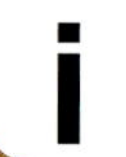

Verbrauchsübersicht

Ansteigend

1. Verdrängerfahrt, Rumpfgeschwindigkeit
2. Gleitfahrt, Marschfahrt
3. Gleitfahrt, unterer Bereich
4. Übergang von Verdränger- zu Gleitfahrt
5. Vollgas-Gleitfahrt

wie im unteren Bereich der Gleitfahrt bei 2500 U/min, obwohl, wie zuvor ausgeführt, diese Geschwindigkeit als wenig wirtschaftlich gilt. Jeder Skipper sollte den Verbrauch und die Wirtschaftlichkeit seines Bootes kennen. Dazu kann man den durchschnittlichen Verbrauch heranziehen und zudem den Füllstand der Tanks unabhängig von den Tankanzeigen überprüfen. Bei einem Gleiter ist es interessant zu wissen, wie hoch der Verbrauch in den drei Fahrzuständen (Verdrängerfahrt, langsame Gleitfahrt und Vollgas) ist.

Wer Gezeitenströme geschickt nutzt, kann den Verbrauch senken und die Wirtschaftlichkeit erhöhen. Angenommen, ein Boot verbraucht bei 30 Knoten Geschwindigkeit 200 Liter Diesel pro Stunde. Fährt man gegen einen Gezeitenstrom von 5 Knoten, hätte man nach einer Stunde nur 25 Meilen über Grund zurückgelegt. Man hätte noch 5 Meilen vor sich. Um also 30 Meilen zu fahren, hätte man zum Schluss Diesel für 35 Meilen verbraucht, also 233 Liter. Die 33 zusätzlichen Liter würden die Fahrt um rund 40 Euro verteuern. Würde man dagegen mit dem Gezeitenstrom fahren, würde man mit Diesel für 25 Meilen eine Strecke von 30 Meilen zurücklegen, da der Strom mit 5 Knoten mitschiebt. Der Verbrauch wäre 167 Liter und die Ersparnis ebenfalls rund 40 Euro. Der Unterschied, ob man mit oder gegen den Gezeitenstrom fährt, beträgt sogar 80 Euro. Da lohnt es sich nachzudenken.

Kraftstoffverbrauch			
Fahrt	**Rumpfform**		
	Verdränger	Halbgleiter	Gleiter
Rumpfgeschwindigkeit	1	1	1
Gleitfahrt, Marschfahrt		2	
Übergang zu Gleitfahrt, Halbgleiter	2	2	3
Vollgas, Gleitfahrt			4

Und hier die Verbrauchswerte eines Gleiters vom Typ Bavaria 32, die die obigen Angaben bestätigen:

Beispiel Bavaria 32			
Verdrängerfahrt	7 Knoten	9,3 Liter/Stunde	0,75 Seemeilen/Liter
Übergang zu Gleitfahrt	9,4 Knoten	24,3 l/h	0,39 sm/l
Gleitfahrt, Marschfahrt	22,2 Knoten	38,1 l/h	0,58 sm/l
Vollgas	32,8 Knoten	87,5 l/h	0,37 sm/l

Kostensteigerung bei Fahrt gegen Strom unterschiedlicher Stärke (Dieselpreis 1,20 Euro / Liter)						
Liter / Stunde	**1,20 € / Liter**	**1 Knoten**	**2 Knoten**	**3 Knoten**	**4 Knoten**	**5 Knoten**
45	54	56	57	60	63	65
90	108	112	116	120	124	129
135	162	168	173	177	187	195
180	216	224	233	240	249	259
275	330	341	353	367	381	396
360	432	447	462	480	499	519

Kostenersparnis bei Fahrt mit Strom unterschiedlicher Stärke (Dieselpreis 1,20 Euro/Liter)						
Liter / Stunde	**1,20 € / Liter**	**1 Knoten**	**2 Knoten**	**3 Knoten**	**4 Knoten**	**5 Knoten**
45	54	52	51	49	48	47
90	108	104	101	99	95	92
135	162	157	152	147	143	139
180	216	209	203	196	191	185
275	330	320	309	300	291	283
360	432	417	405	393	381	371

Bei einem Boot, das bei 30 Knoten Fahrt 500 Liter Diesel in der Stunde verbraucht, erhöhen sich die Kosten bei Fahrt gegen einen 5-Knoten-Gezeitenstrom um rund 100 Euro und vermindern sich bei Fahrt mit dem Strom um ebenfalls 100 Euro, sodass der Unterschied beachtliche 200 Euro ausmacht.
Die Tabellen gegenüber zeigen die Kostensteigerung und die Kostenersparnis bei Fahrt gegen und mit einem Gezeitenstrom unterschiedlicher Stärke. Selbstverständlich trägt auch ein sauberes Unterwasserschiff in ganz erheblichem Maß zur Wirtschaftlichkeit bei.

TIPP

Verbrauch im Standgas

Wissen Sie, wie wenig ihr Boot im Standgas verbraucht? Selbst die mächtige 23-Meter-Princess LUCKY ASH verbraucht dabei nur 3 Liter pro Stunde pro Maschine. Kuppelt man im Standgas ein, steigt der Verbrauch auf 9 Liter pro Stunde. Das macht bei einem Dieselpreis von 1,20 Euro lediglich 21,60 Euro in der Stunde für beide Maschinen. Im Standgas macht die Princess aber bereits 6,7 Knoten Fahrt. Unter Ausnutzung eines leichten Gezeitenstroms ergibt sich bereits eine ganz brauchbare Geschwindigkeit über Grund. In voller Gleitfahrt mit 33 Knoten steigt der Verbrauch dann aber auf 500 Liter pro Stunde. Das sind bittere 600 Euro in der Stunde. Überprüfen Sie deshalb den Verbrauch ihres Bootes im Standgas.

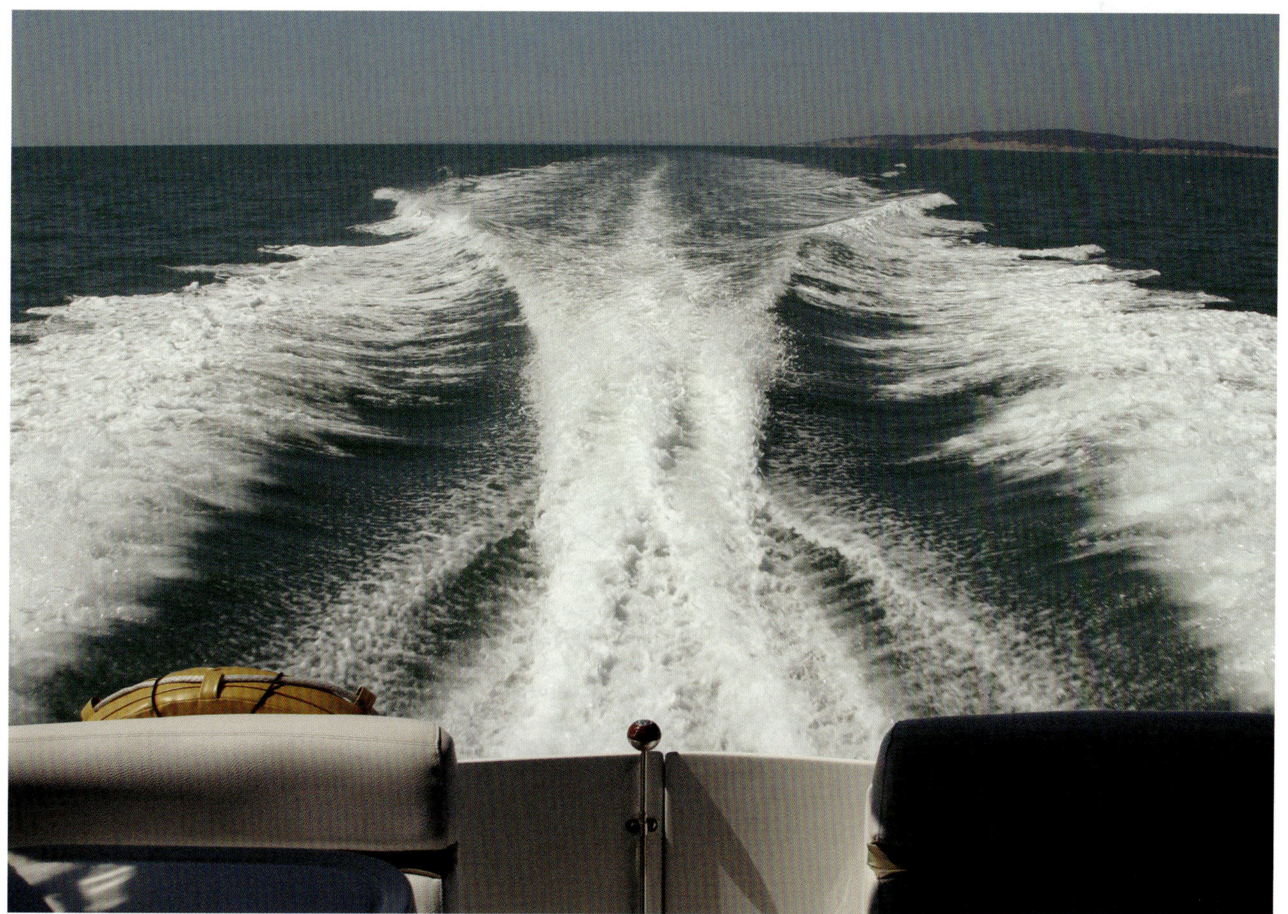

4 Bootsbeherrschung

Unter dem Heck eines Bootes können sich unterschiedliche Antriebsarten verbergen, die man auf den ersten Blick am Steg nicht erkennen kann. Diese Antriebsarten reichen von konventionellen Wellenanlagen mit Propeller und Ruder bis hin zu 360°-schwenkbaren Pods mit gegenläufigen Zugpropellern. Jede Antriebsart hat ihre Eigenarten.

Unterschiedliche Antriebsarten

Wellenanlage

Von einer Einbaumaschine mit Wendegetriebe führt eine starre Welle durch den Rumpf nach außen bis vor das Ruder.

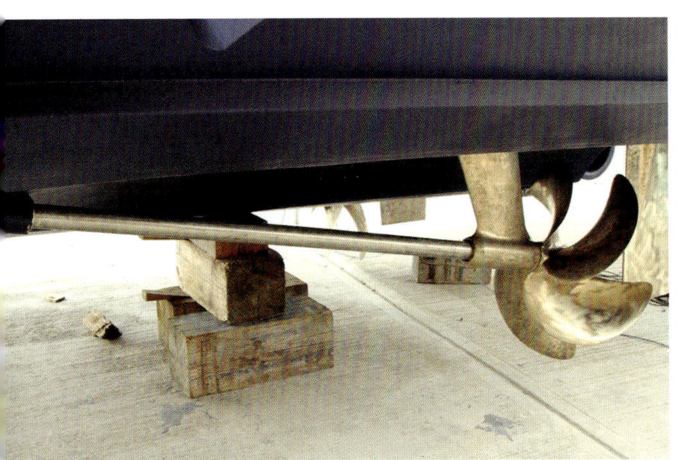

▲ *Wellenanlage.*

Z-Antrieb

An eine Einbaumaschine ist ein schwenkbares Getriebe geflanscht, das durch den Rumpf nach außen führt und zusammen mit dem Propeller auch die Funktion des Ruders übernimmt.

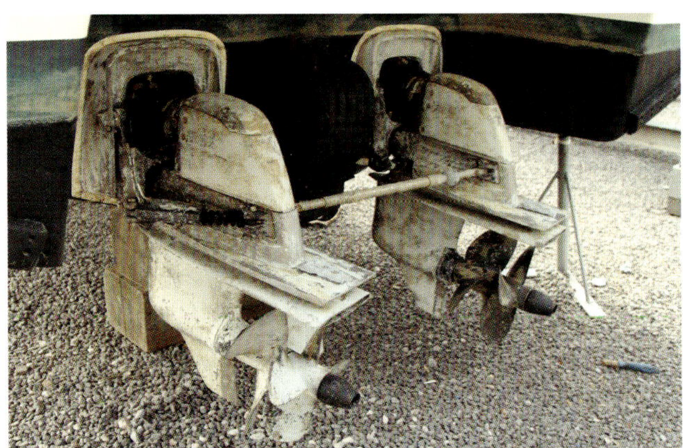

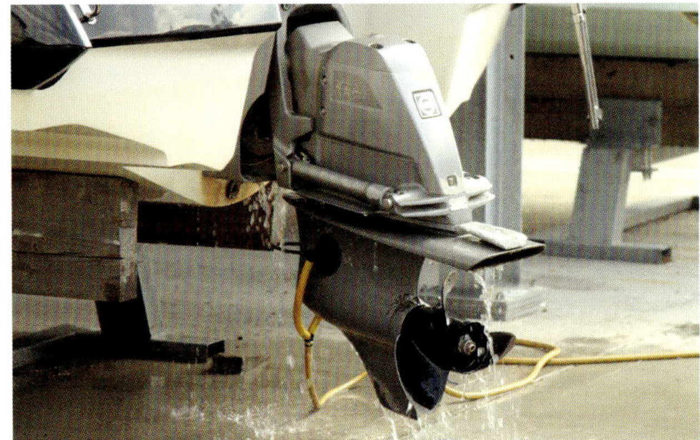

▲ *Zweimotoriger (oben) und einmotoriger Z-Antrieb.*

Außenbordmotor

Motor, Getriebe und Propeller sind als eine Einheit außen am Rumpf angebracht. Die Ruderwirkung wird durch Schwenken des Außenborders erzielt.

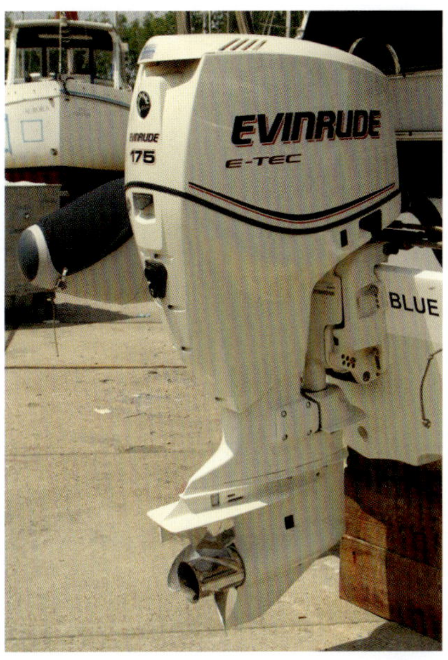

▶ *Außenborder.*

Pod-Antrieb

Ein Einbaumotor treibt eine sogenannte Gondel (auch Pod genannt) an, die drehbar unter dem Rumpf angebracht und um bis zu 360° schwenkbar ist, sodass das Boot in jede gewünschte Richtung gesteuert werden kann.

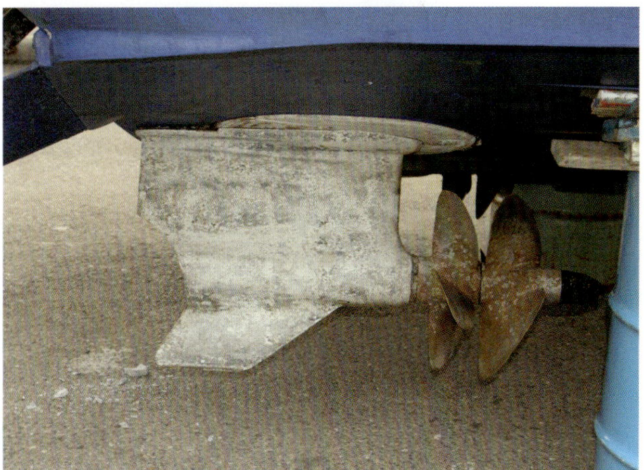
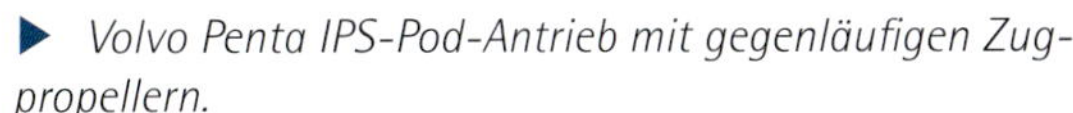
▶ *Volvo Penta IPS-Pod-Antrieb mit gegenläufigen Zugpropellern.*

Jetantrieb

Ein Einbaumotor erzeugt mittels einer Pumpe einen starken Wasserstrahl, der am Heck durch eine Düse ausgestoßen wird. Gesteuert wird bei einem solchen Jet- oder Wasserstrahlantrieb durch das Schwenken der Düse.
Jetboote sind sehr schnell und wendig. Nur bei geringen Geschwindigkeiten können sie etwas träge reagieren und benötigen daher oft Bugstrahlruder für An- und Ablegemanöver.

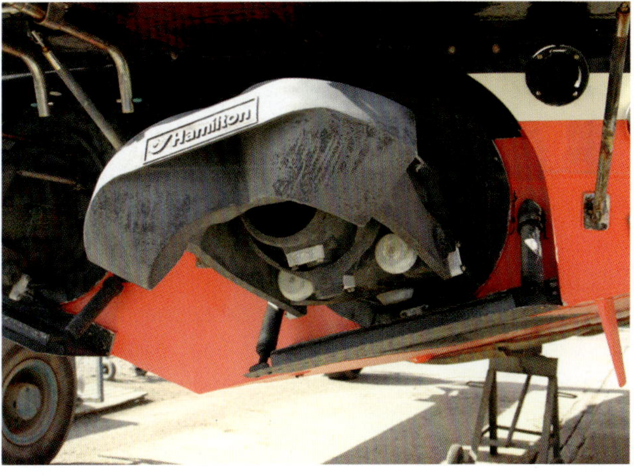

▶ *Hamilton Jetantrieb.*

Querstrahlruder

Elektrisch angetriebene Bug- oder Heckstrahlruder sind meist in einem quer verlaufenden Rumpftunnel eingebaute Propellerantriebe. Es gibt aber auch Systeme mit Jetantrieb, die den Vorteil haben, sehr geräuscharm zu arbeiten. Man kann sie zudem ganz an den Enden eines Bootes anbringen, was sie effektiver macht. Diese Modelle sind einfach zu installieren und können im Gegensatz zu einem Propellertunnel nicht verstopfen.

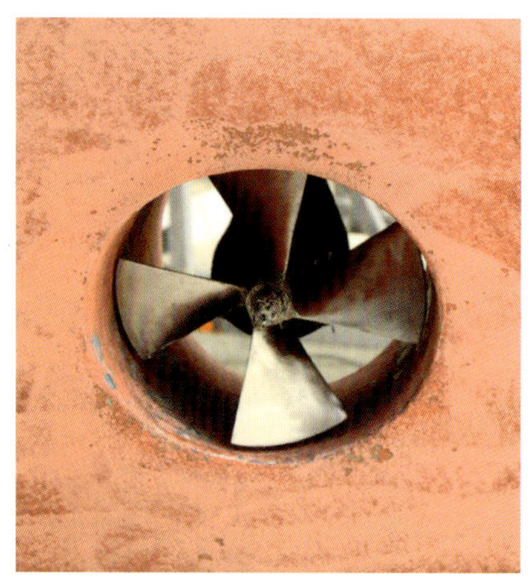

▲ *Bugstrahlruder.*

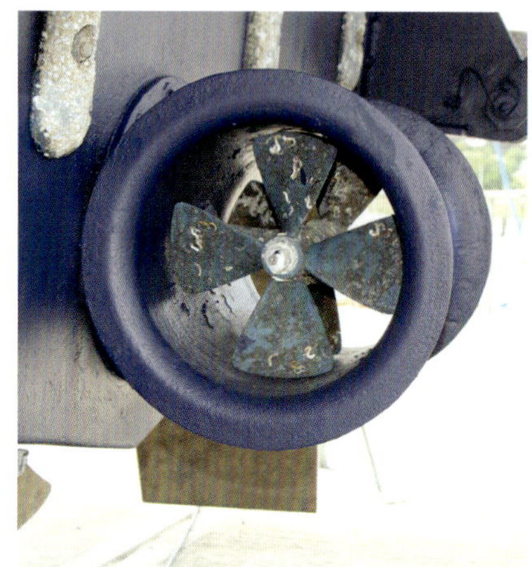

▲ *Heckstrahlruder.*

Radeffekt

Einmotoriger Antrieb

Bei Vorwärtsfahrt ist ein leichter seitlicher Versatz feststellbar, abhängig von der Drehrichtung des Propellers. Ein rechtsdrehender Propeller versetzt das Heck nach Steuerbord, ein linksdrehender nach Backbord.
Bei Rückwärtsfahrt ist der seitliche Versatz merklich stärker, wobei er entgegengesetzt wirkt. Das heißt, ein rechtsdrehender Propeller versetzt das Heck nach Backbord und ein linksdrehender nach Steuerbord.
Um festzustellen, zu welcher Seite ein einmotoriges Boot bei Rückwärtsfahrt versetzt wird, vergewissert man sich, dass das Boot sicher am Steg vertäut ist und schaltet auf Rückwärtsfahrt. Auf einer Seite bleibt das Wasser ruhig, auf der anderen Seite ist es turbulent. Das Boot wird zu der Seite mit ruhigem Wasser hin versetzt. Sollte wenig Unterschied im Wasser bemerkbar sein, erhöht man die Motordrehzahl etwas oder gibt einen kurzen Schub zurück, wobei sich auf einer Seite turbulentes Wasser bildet. Das Boot wird zur anderen Seite hin versetzt. Bildet sich bei einem Boot nur wenig turbulentes Wasser, ist auch der Radeffekt nur schwach ausgeprägt.
Den Radeffekt gilt es, zum Vorteil zu nutzen. Mit Backbord längsseits anlegen mit einem rechtsdrehenden Propeller? Ein kurzer Schub zurück bringt das Boot parallel an den Steg. Das Gleiche gilt für einen linksdrehenden Propeller, wenn man mit Steuerbord längsseits geht. Wenn möglich, sollte man seinen Liegeplatz so wählen, dass man, je nachdem, ob man vorwärts oder rückwärts gegen den Gezeitenstrom oder eine Strömung einfährt, mit einem kurzen Motorschub zurück (vorwärts eingefahren) oder einem Schub voraus (rückwärts eingefahren) das Boot längsseits an den Steg bringt.
Man kann das Boot auch in engem Radius wenden. Dabei ist eine Seite bevorteilt. Versetzt der Radeffekt bei Rückwärtsfahrt das Heck nach Backbord, so lässt sich das Boot nach Steuerbord in einem kleineren Radius drehen und umgekehrt.

Zweimotoriger Antrieb

Alle zweimotorigen Antriebe sind so ausgelegt, dass beim Anlegen der außen liegende Antrieb das Boot mit einem Schub zurück zum Steg hin versetzt.

Wie man ein Boot seitlich versetzen kann

Pod-Antrieb

Hier ist es ganz leicht. Man muss nur den Joystick in die gewünschte Richtung bewegen. Zur Seite? Bewegen Sie den Joystick zur Seite. Achten Sie aber darauf, dass der Pod-Antrieb beim seitlichen Versetzen auch etwas Fahrt voraus oder zurück erzeugen kann. Probieren Sie das aus, dann können Sie es einplanen. Ein Nachteil des IPS-Systems

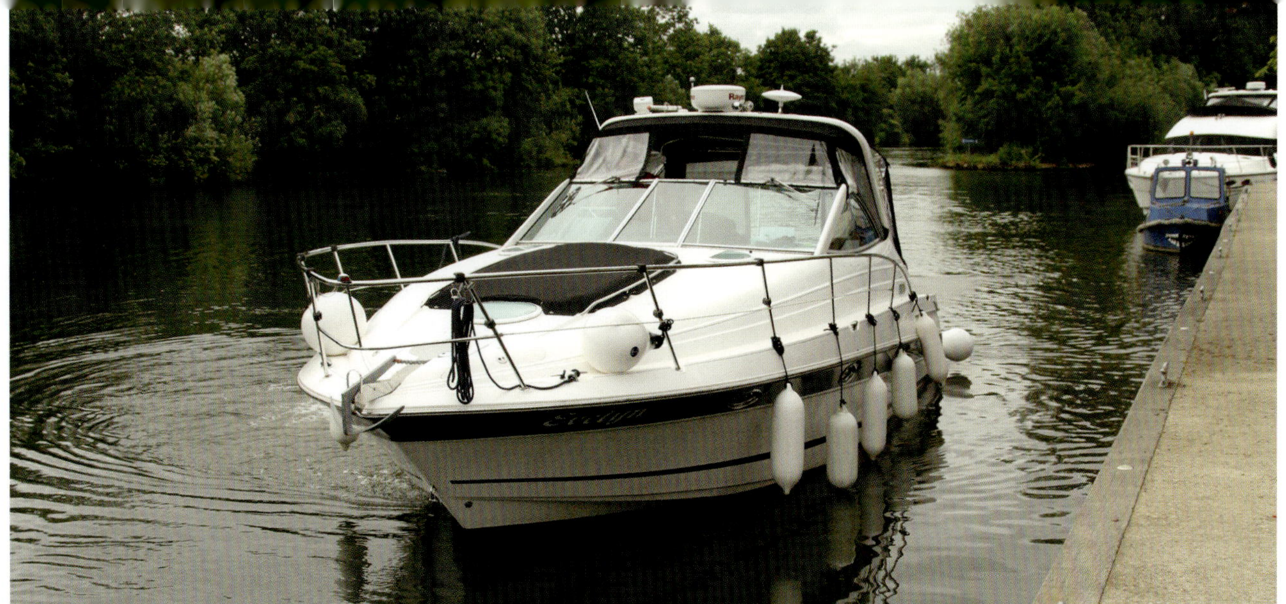

▲ *EVELYN mit Backbordmaschine voraus, Steuerbordmaschine zurück, Bugstrahlruder nach Backbord bewegt sich seitlich an den Steg. Achten Sie auf das Schraubenwasser des Bugstrahlruders an Steuerbord.*

ist, dass die Propellergondeln achtern angebracht sind. Die Boote, die ich ausprobieren konnte, hatten aber kein Bugstrahlruder. Ich hätte mir ein Bugstrahlruder gewünscht, denn manchmal wird der Bug von starkem Wind nach Lee getrieben und das IPS-System hat nicht die Kraft, um vom Heck aus den Bug gegen seitlichen Wind zu halten.

2 x Wellenanlage und 1 x Bugstrahlruder

Bringen Sie die Ruder mittschiffs. Lassen Sie die Motoren gegenläufig arbeiten, und schalten Sie das Bugstrahlruder so, dass es den Bug zu der Seite hin dreht, auf der die Maschine auf Vorwärtsfahrt gestellt ist. Das heißt, Backbordmaschine voraus, Steuerbordmaschine zurück, Bugstrahlruder nach Backbord, und das Boot bewegt sich seitlich nach Backbord. Dabei kann wiederum etwas Fahrt voraus oder zurück entstehen, doch mit Erhöhung der Drehzahl der einen oder anderen Maschine kann das gekontert werden. Üben Sie dieses Manöver mit ausreichend Platz rundum.

2 x Z-Antrieb und 1 x Bugstrahlruder

Genau wie bei Wellenanlagen, nur dass man zusätzlich die Z-Antriebe schwenken kann, um die seitliche Bewegung zu unterstützen. Üben Sie dieses Manöver, bis Sie das Boot ohne Fahrt voraus oder zurück zur Seite bewegen können.

1 x Wellenanlage und 1 x Bugstrahlruder

Auch wenn man nicht zwei Motoren gegenläufig schalten kann, kann man dennoch seitlichen Versatz erzeugen. Sie möchten nach Backbord versetzen? Ruder hart Steuerbord, Bugstrahlruder nach Backbord. Schalten Sie die Maschine auf voraus. Der vom Ruder abgelenkte Propellerstrom versetzt das Heck nach Backbord, während das Bugstrahlruder den Bug nach Backbord drückt. Das Boot bewegt sich seitwärts. Halten Sie die beiden Antriebe im Gleichgewicht. Wird der Bug vom achtern am Ruder abgelenkten Propellerstrom so stark nach Steuerbord gedreht, dass er die Kraft des Bugstrahlruders übersteigt, kuppeln Sie die Maschine einen Moment lang aus, bis das Bugstrahlruder wieder zum Zug kommt. Unter Umständen entsteht etwas Fahrt voraus, doch bei unserem Versuch funktionierte es gut.

1 x Z-Antrieb und 1 x Bugstrahlruder

Ruder hart Steuerbord, Bugstrahlruder nach Backbord und Schub voraus. Das Boot sollte zur Seite versetzen. Auch in diesem Fall kann etwas Fahrt voraus entstehen. Üben Sie wie immer mit ausreichend Platz rund um das Boot.

Scannen Sie diesen QR-Code, um ein Video zu sehen, wie ein Boot seitlich versetzt werden kann.

Boote steuern sich wie Gabelstapler – sie »lenken« mit dem Heck

Es ist wichtig zu verstehen, dass die Steuerung eines Bootes anders ist als bei einem Auto. Lenkt man bei einem Auto nach rechts, folgt das Auto den Vorderrädern und fährt nach rechts. Dreht man aber das Steuer bei einem Boot nach rechts, nach Steuerbord, wird nicht der Bug nach rechts gedreht, sondern das Heck nach links, wodurch die gewünschte Richtungsänderung entsteht.

Droht man mit der Backbordseite zu nah an ein Hindernis zu gelangen, wäre es völlig falsch, das Ruder nach Steuerbord zu legen, denn dadurch würde das Heck nur noch weiter nach Backbord ausgelenkt werden, und man würde mit dem Hindernis kollidieren. Es mag ungewohnt sein, aber um einem Hindernis an Backbord auszuweichen, muss man nach Backbord lenken, um das Heck vom Hindernis zu entfernen, dann aufstoppen und rückwärts aus der Gefahrensituation steuern.

Der Punkt, um den ein Boot in Vorwärtsfahrt dreht, liegt etwa ein Drittel seiner Länge hinter dem Bug. Bei Rückwärtsfahrt liegt der Drehpunkt etwa ein Drittel der Bootslänge vor dem Heck.

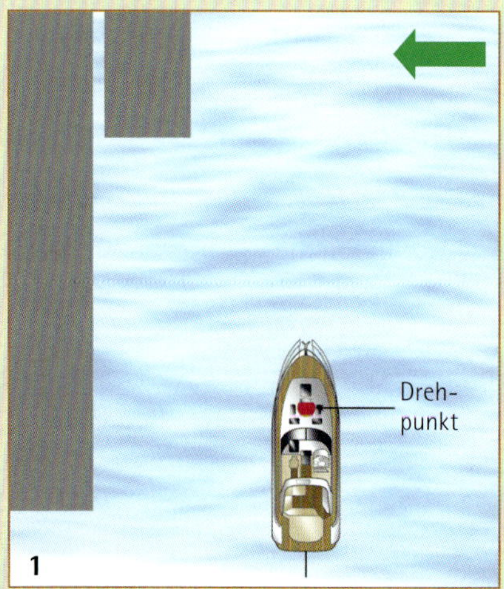

▲ *Der Wind drückt …*

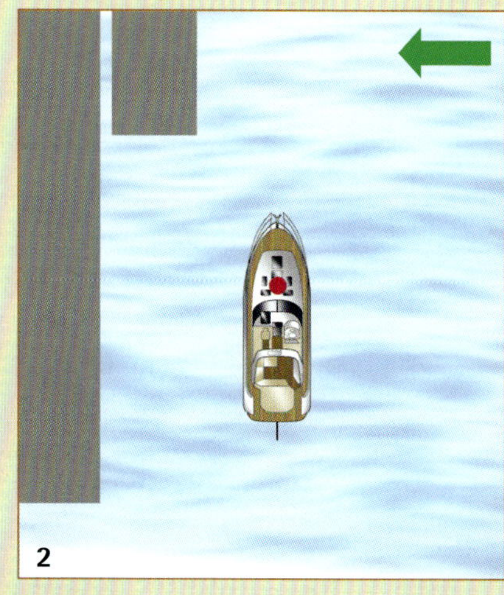

▲ *… das Boot …*

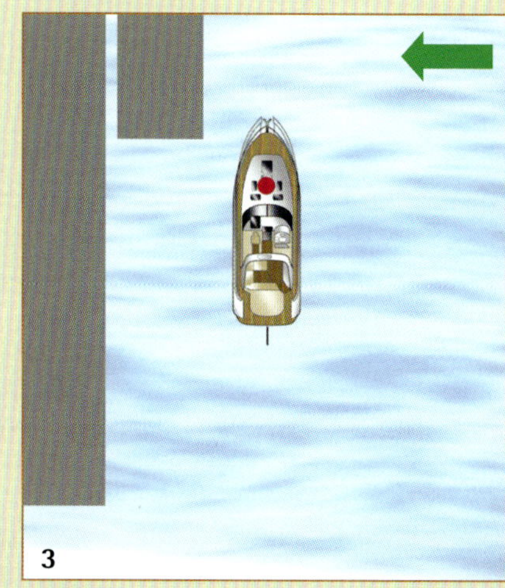

▲ *… zum Hindernis. .*

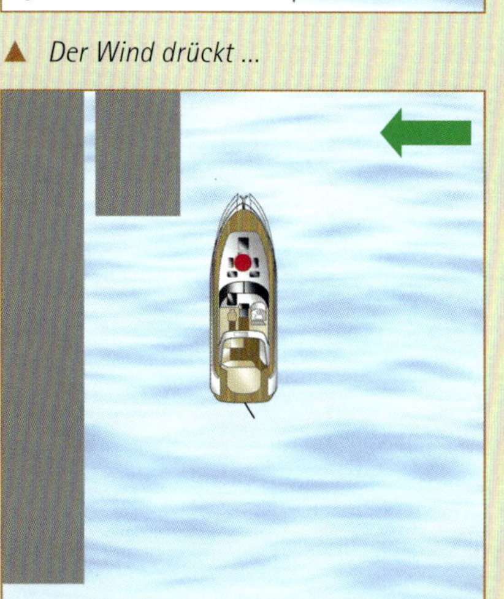

▲ *Zum Ausweichen nach Steuerbord?*

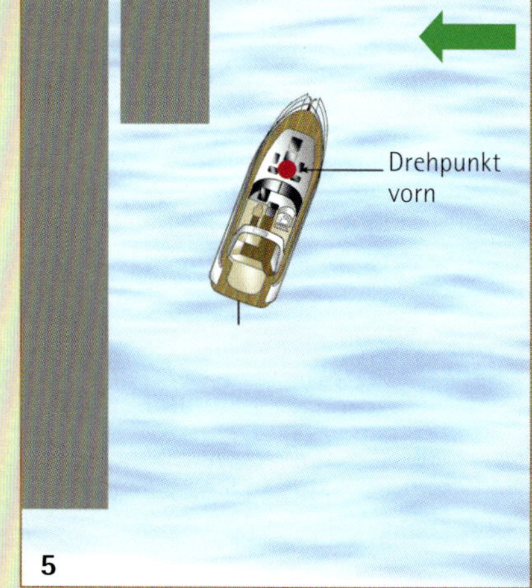

▲ *Hmm …*

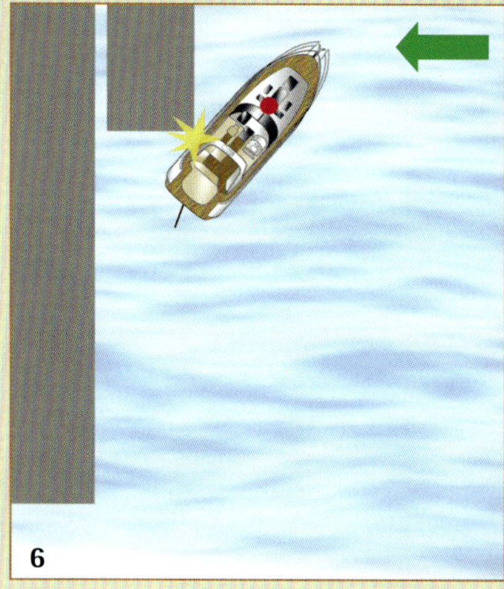

▲ *Besser nicht!*

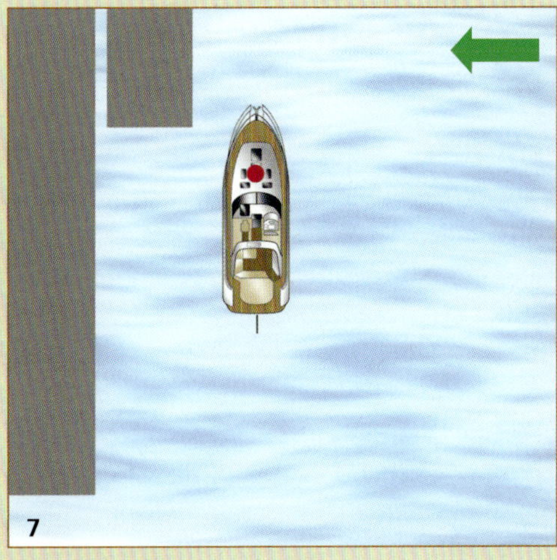

▲ *Nach Backbord steuern ... um auszuweichen?*

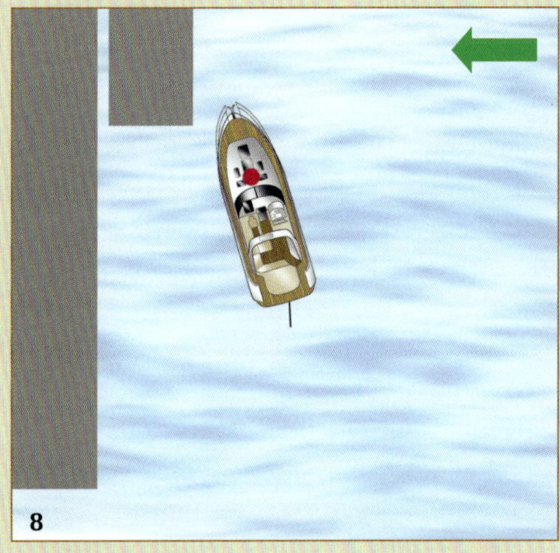

▲ *Besser. Jetzt Schub zurück, um aufzustoppen.*

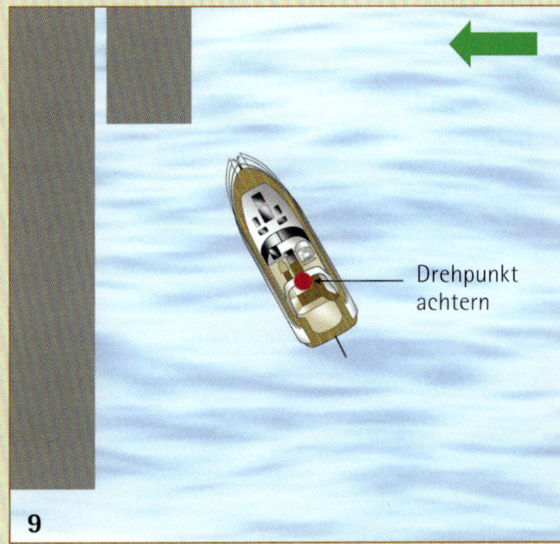

▲ *Rückwärts Fahrt aufnehmen.*

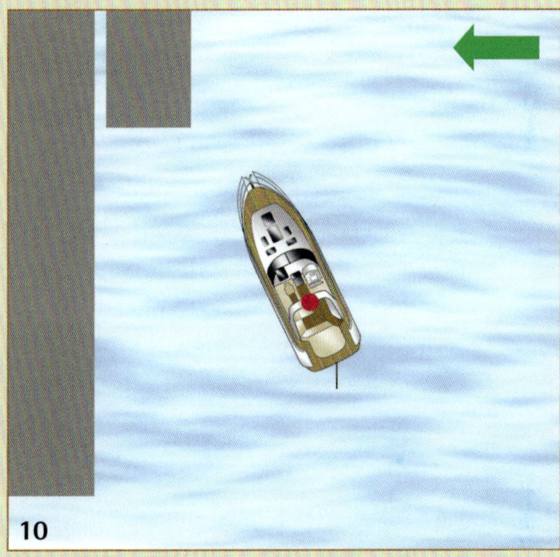

▲ *Bei ausreichend Platz Ruder Backbord, ...*

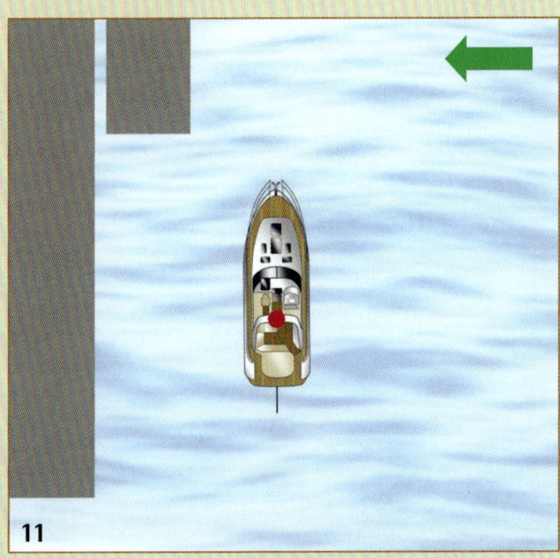

▲ *... um das Boot auszurichten.*

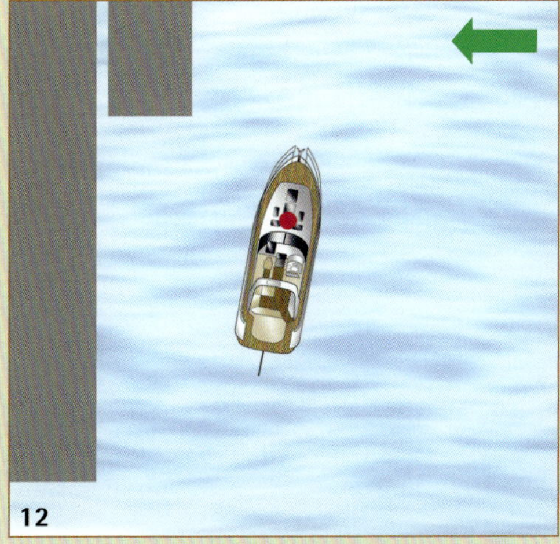

▲ *Fahrt voraus und gegen den Wind vorhalten.*

Bugstrahlruder

Ein paar Punkte zum Einsatz eines Bugstrahlruders. Die meisten Leute betätigen das Bugstrahlruder für einen kurzen Schub von gerade einmal einer Sekunde. Um ein Boot aber seitwärts zu versetzen, muss man rund 10 Sekunden lang Schub geben. Das erscheint wie eine Ewigkeit, ist es aber nicht. Unterbricht man den Schub des Bugstrahlruders oder des Hauptantriebs, verliert man die Balance und das Boot bewegt sich nicht richtig zur Seite. Stellen Sie sicher, dass genug Platz rund um das Boot ist, und trauen Sie sich. Jedes Mal, wenn das Manöver bei unseren Versuchen schiefging, lag es daran, dass der Schub des Bugstrahlruders unterbrochen wurde. Er muss 10 Sekunden lang andauern – zählen Sie die Sekunden an den Fingern ab –, und stellen Sie sich vor, das Bugstrahlruder so lange zu bedienen.

Ich habe diesbezüglich bei Vetus angefragt. Man sagte mir, dass 10 Sekunden Dauerbetrieb kein Problem seien, erst bei ununterbrochenem Betrieb von zweieinhalb Minuten sollte man das Bugstrahlruder eine Stunde lang abkühlen lassen, bevor man es erneut einsetzt. Zweieinhalb Minuten sind eine unvorstellbar lange Zeit für ein Bugstrahlruder, aber 10, 15 oder gar 20 Sekunden sind kein Problem und führen nicht zu Schäden. Lässt man das Bugstrahlruder allerdings immer wieder hintereinander 10 Sekunden lang laufen, bis sich zweieinhalb Minuten Laufzeit addiert haben, muss man es wiederum eine Stunde abkühlen lassen. In Wirklichkeit hat mir Vetus sogar eine noch deutlich längere Zeit für möglichen Dauerbetrieb genannt, aber ich will nicht, dass irgendjemand einen Herzinfarkt erleidet, und ich glaube, dass das durchaus passieren könnte.

Wie allgemein bei der Beherrschung eines Bootes gilt es, die richtige Balance zu finden, um ein Boot elegant zur Seite hin zu versetzen, ohne dass es sich vor oder zurück bewegt. Hat man diese Technik gemeistert, kann man sehr leicht aus den engsten Liegeplätzen steuern oder an solchen anlegen.

Bug- und Heckstrahlruder

Wer sowohl am Bug als auch am Heck über ein Querstrahlruder verfügt, hat sich bisher vielleicht gewundert, was die ganze Aufregung soll, denn mit dieser Anordnung kann man nach Belieben zur Seite versetzen.

180°-Wende innerhalb einer Bootslänge

Es ist sehr nützlich, wenn man ein Boot innerhalb seiner eigenen Länge vollständig herumdrehen kann. Das geht ganz einfach mit:

- Bug- und Heckstrahlruder, die gegenläufig arbeiten und so das Boot auf der Stelle drehen.
- Zwei Wellenanlagen, bei denen man die Motoren gegenläufig arbeiten lässt. Um die Drehung zu beschleunigen, kann man die Drehzahl einer der beiden Motoren erhöhen.
- Zwei Z-Antriebe, bei denen man die Motoren ebenfalls gegenläufig arbeiten lässt. Auch hier gilt: Um die Drehung zu beschleunigen, kann man die Drehzahl einer der beiden Motoren erhöhen.
- Einem Hauptantrieb und Bugstrahlruder, indem man nur das Bugstrahlruder einsetzt.
- Nur einem Hauptantrieb ohne Bugstrahlruder, indem man zu der anderen Seite dreht, zu der das Heck bei Rückwärtsfahrt versetzt wird. Das Heck setzt bei Rückwärtsschub nach Steuerbord? Dann dreht man besser über Backbord. Ruder hart Backbord, kurzer Schub voraus. Der Wasserstrahl vom Propeller trifft auf das Ruderblatt. Dadurch wird das Heck nach Steuerbord gedrückt und der Bug dreht sich nach Backbord. Jetzt ein Schub zurück. Der Radeffekt dreht das Heck weiter nach Steuerbord. Dann wieder ein Schub voraus und wieder einer zurück. Machen Sie so weiter, bis sich das Boot ganz herumgedreht hat. Vielleicht gelingt es nicht ganz, die Drehung innerhalb einer Bootslänge auszuführen, aber zumindest annähernd.

Ich habe die Einstellung der Trimmklappen hier nicht weiter angesprochen. Mit den Trimmklappen wird die horizontale Ausrichtung des Bootes beeinflusst, ob der Bug hoch aufragt oder nicht, wie das Boot im Wasser liegt und wie wirtschaftlich die Fahrt durchs Wasser ist.

Es ist wichtig, mit dem Boot in offenem Wasser zu experimentieren und alle Aspekte der Steuerung auszuprobieren. Das zählt zur guten Vorbereitung. Weiß man, wie sich das Boot verhält, kann man es auch beherrschen.

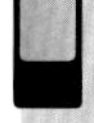

Scannen Sie diesen QR-Code, um ein Video über das Drehen innerhalb einer Bootslänge zu sehen.

TIPP

Zweimotoriges Boot in Fahrt mit nur einer Maschine

Üben Sie bei einem zweimotorigem Boot unter nur einer Maschine zu fahren, und beobachten Sie, was passiert. Das Boot dreht leicht zu der Seite, an der die Maschine gestoppt wurde. Fährt man nur mit der Backbordmaschine, dreht das Boot nach Steuerbord und umgekehrt. Gleichen Sie diese Drehung durch etwas Ruderlage aus, um geradeaus zu fahren.

Probieren Sie das abwechselnd mit beiden Maschinen aus. Warum? Weil die Hydraulik für die Steuerung von nur einer Maschine angetrieben wird. Stoppen Sie die Steuerbordmaschine. Normalerweise wird die Hydraulik von der Maschine an Steuerbord angetrieben. Überprüfen Sie, wie sich die Steuerung ohne Hydraulik bedienen lässt, wenn Sie nur mit der Backbordmaschine fahren. Die Steuerung wird sehr schwergängig sein, vielleicht lässt sie sich auch gar nicht mehr bedienen. Es lohnt sich, das zu überprüfen.

TIPP

Motorcheck: Einmal WÖK und einmal BLA

Für die tägliche Motorkontrolle kann man sich merken: WÖK (Wasser, Öl, Keilriemen) und BLA (Batterie, Leckagen, Auspuff).

Wasser: Überprüfen Sie den Kühlwasserfilter und den Ausgleichsbehälter.

Öl: Kontrollieren Sie das Motoröl und von Zeit zu Zeit das Getriebeöl.

Keilriemen: Zustand und Spannung in Ordnung? Er sollte sich mittig nicht mehr als 1,5 cm eindrücken lassen.

Batterie: Ladezustand in Ordnung? Batteriepole frei von Ablagerungen?

Leckagen: Ist alles am Motor dicht? Ölverlust? Wasserverlust?

Auspuff: Kommt bei laufendem Motor Kühlwasser aus dem Auspuff?

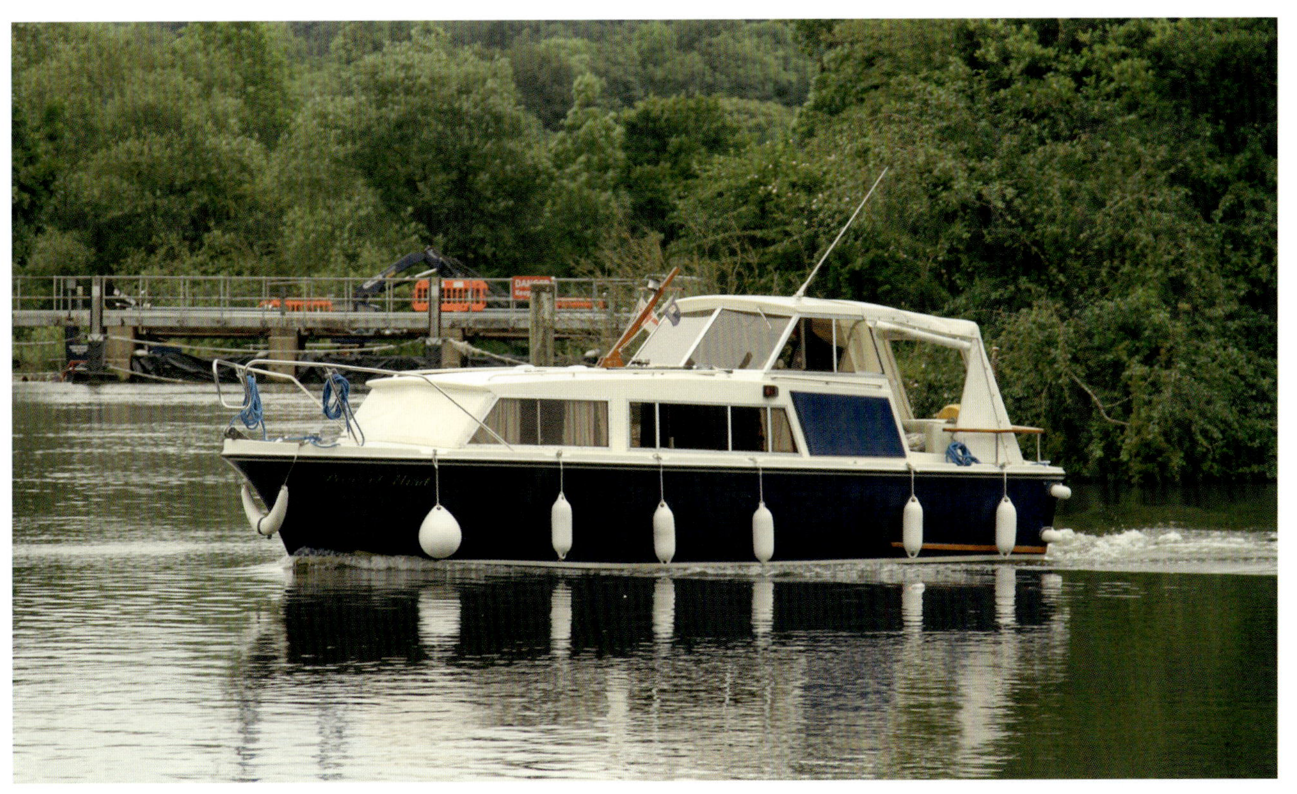

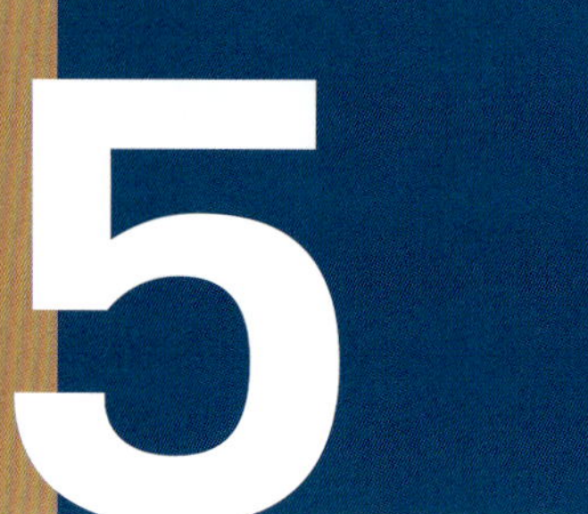

Am Liegeplatz

Am eigenen Liegeplatz in der Marina wird man am häufigsten an- und ablegen. Richten Sie sich alles so praktisch wie möglich ein.

Befestigungen am Liegeplatz

Zum Festmachen stehen zur Verfügung: Poller, Klampen, Bügel, Ringe, Dalben oder Pfosten, die man selbst in ein Flussufer treibt. Manche Marinas verwenden auch noch Ringe.

Die vorgestellten Techniken eignen sich für alle Elemente, um die man eine Leine herumlegen kann. Bei Beschlägen, bei denen man eine Leine durchführen muss, wie bei einem Ring, muss man sich selbst weiterhelfen. Nehmen Sie eine Leine mit einem Augspleiß an einem Ende und befestigen Sie sie am Ring. Befestigen Sie eine Haltestange am Steg, von der Sie die Leine beim Anlegemanöver schnell greifen können, um sie über eine Klampe an Bord zu legen. Der Steuermann kann dann in diese Leine eindampfen und das Boot so am Steg halten. Man könnte die am Ring angeschlagene Leine auch vom Boden mit einem Bootshaken aufnehmen, um eine Klampe am Heck legen und dann in die Leine eindampfen. Es kommt nur darauf an, alles gut vorzubereiten.

Manchmal findet man an den Marinastegen geschlossene Bügelklampen für Dauerlieger, aber meist haben die Stege auch normale Klampen. Oft ist am Ende eines Fingerstegs eine Bügelklampe oder ein großer Bügel angebracht, aber vorn am Steg gibt es normale Klampen. In diesem Fall kann man rückwärts einfahren, per Lassowurf eine Leine über die Klampe werfen und mit Motorschub voraus gegen diese Leine das Boot in Position halten.

Wichtiger Hinweis: Vergewissern Sie sich, dass sämtliche Beschläge, an denen Sie mit einer Leine festmachen, um gegen diese Leine mit Motorschub einzudampfen, stabil genug sind. Das gilt sowohl für die Beschläge an Land als auch für die an Bord.

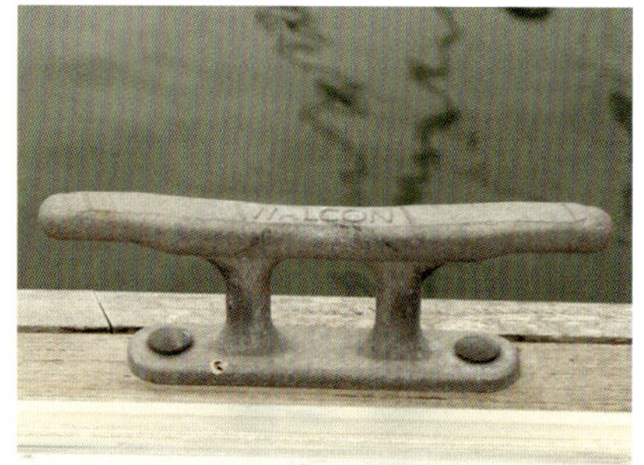

▲ *Klampe.*

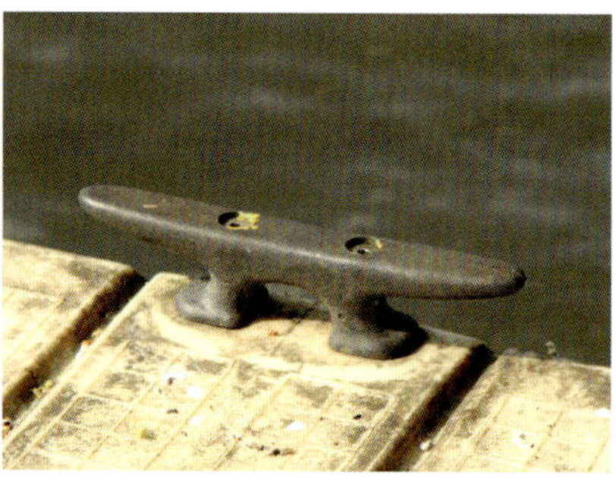

▲ *Kleine Klampe.*

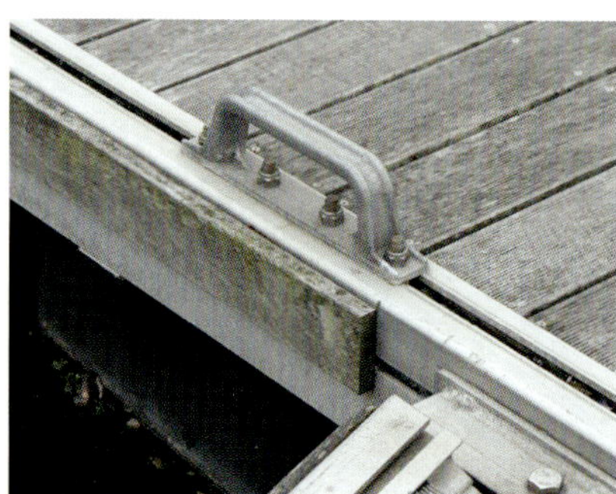

▲ *Bügelklampe.*

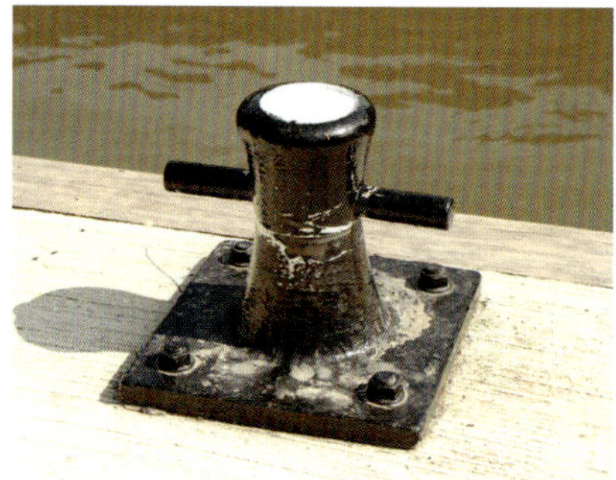

▲ *Kreuzpoller.*

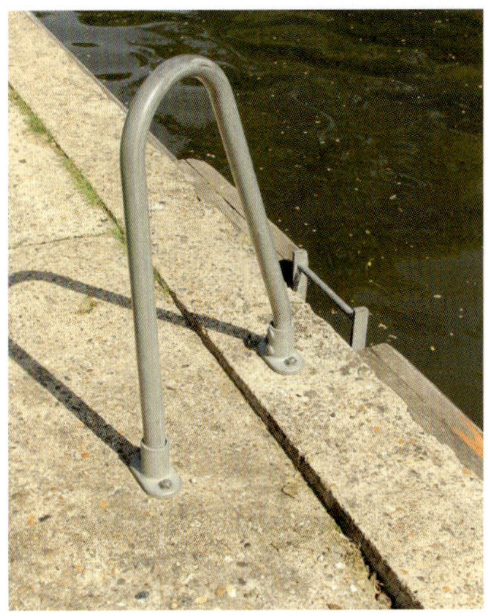

▲ *Handlauf zum Festhalten, um auf die Leiter zu steigen.*

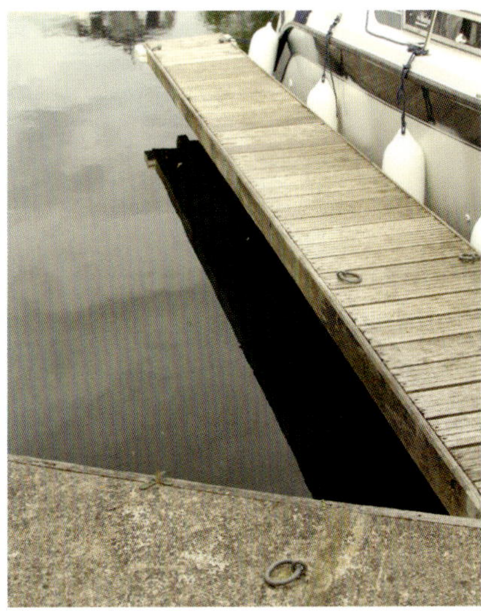

▲ *Ringe.*

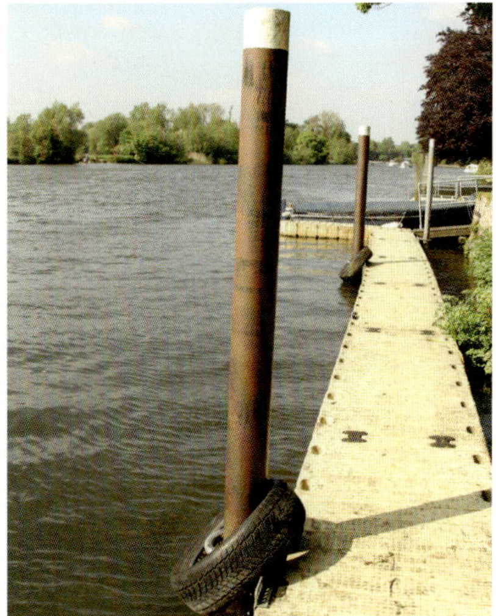

▲ *Dalben.*

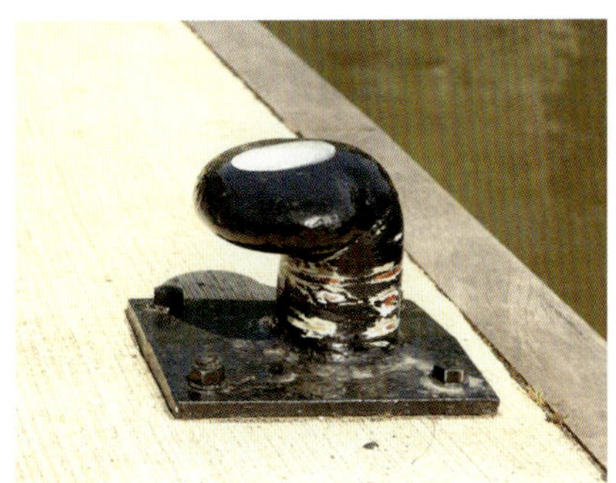

▲ *Poller.*

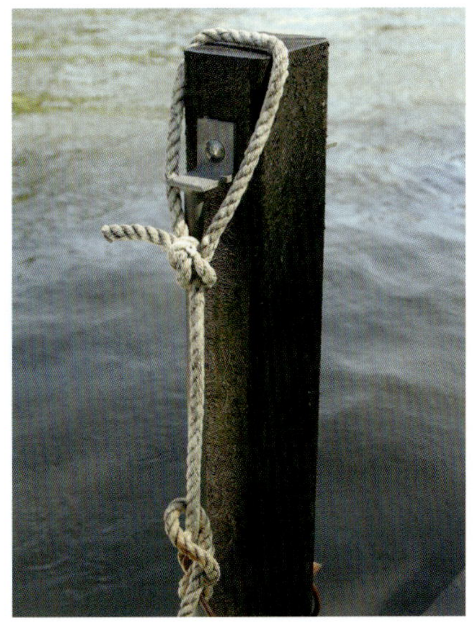

▲ *Schnell zu greifende Leine an einem Dalben.*

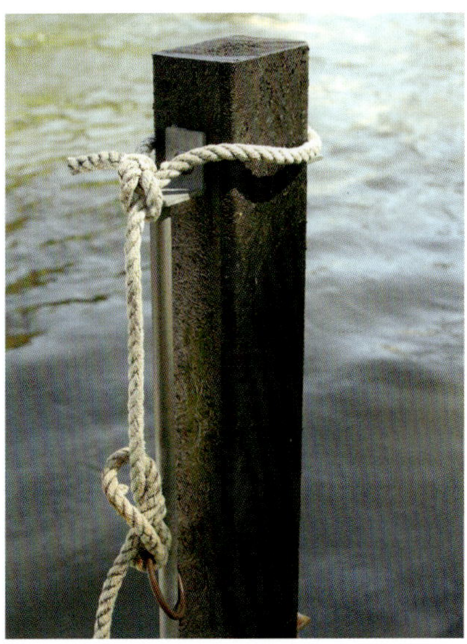

▲ *Über den Dalben gelegt ist es noch sicherer.*

Mit welcher Seite anlegen?

Die Entscheidung, mit welcher Seite man anlegt, ist wichtig. Befindet sich der Durchgang vom Cockpit zur Badeplattform an Backbord, ist es praktischer, mit Backbord am Steg zu liegen. Liegt der Durchgang auf der anderen Seite, ist die Steuerbordseite vorzuziehen. Befindet sich aber der Steuerstand auf der Flybridge an Steuerbord, hat man schlechtere Sicht beim Anlegen mit Backbord. Liegt der Steuerstand der Flybridge und der Durchgang auf der gleichen Seite, haben Sie Glück. Der Innensteuerstand liegt natürlich an Steuerbord, aber das ist beim Anlegen mit Backbord kein Problem, da man die Steuerbordseite des Hecks ganz gut sehen kann. Wer mit seinem Liegeplatz unzufrieden ist, sollte sich bei der Marina für einen neuen Platz eintragen lassen. Liegeplätze werden ständig neu vergeben, wenn Boote gekauft oder verkauft werden.

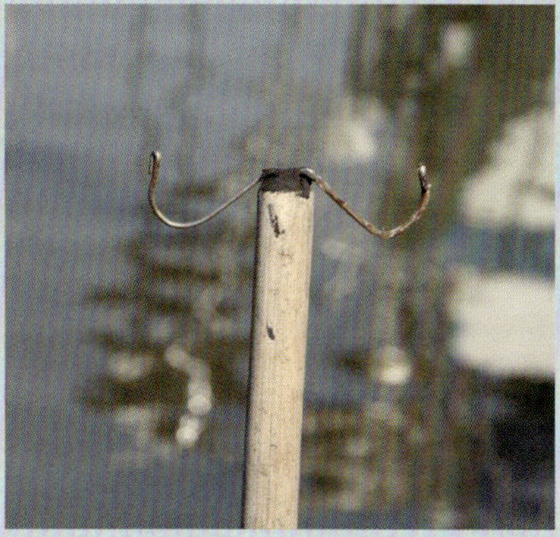

▲ *Das sind Haltestangen zum Ablegen und schnellem Greifen der Festmacher.*

▶ *Haltestange für die Bugleine eines großen Bootes. Ein Crewmitglied greift diese Leine, ein anderes Crewmitglied wirft eine Leine achtern über eine Klampe am Steg, und das Boot ist gesichert.*

▶▶ *So ist das Boot fertig vertäut.*

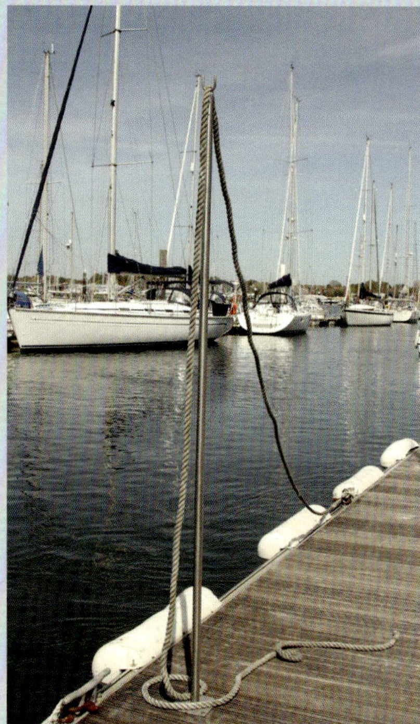

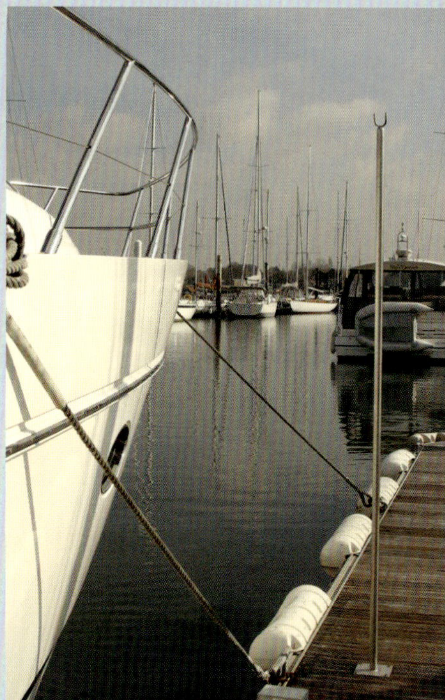

Stegnachbarn

Liegt man in der Marina so an Fingerstegen, dass sich zwei Boote eine Box teilen, ist es nicht ganz unerheblich, wen man zum Nachbarn hat. Besser ist es, wenn Motorboote neben Motorbooten und Segelboote neben Segelbooten liegen, denn diese unterscheiden sich in zwei wichtigen Punkten. Segelboote sind dort am stabilsten, wo Motorboote ihre schwächste Stelle haben, nämlich mittschiffs. Der zweite Punkt ist der Höhenunterschied. Das Deck einer 50-Fuß-Segelyacht liegt viel tiefer als das Deck einer 50-Fuß-Motoryacht, sodass der Skipper der Motoryacht auch seine Fender viel tiefer als auf eigener Deckshöhe ausbringen muss. Es ist viel einfacher, mit einer Motoryacht längsseits an einer anderen Motoryacht anzulegen als an einer Segelyacht.

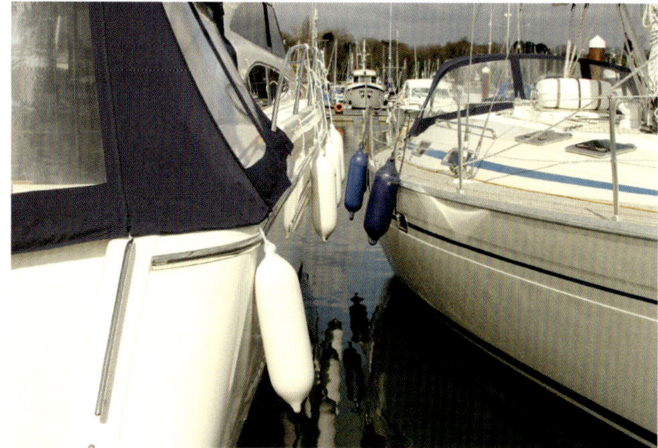

▲ *Aufgrund ihrer unterschiedlichen Rumpfform sind Motorboote und Segelboote nicht die besten Stegnachbarn.*

Fender

Auf der Stegseite am Liegeplatz könnte man auf Fender ganz verzichten, wenn man Stegfender anbringt. Auf der anderen Seite, wo das Nachbarboot liegt, muss man Fender entweder auf Deckshöhe ausbringen oder tiefer, wenn es sich um eine Segelyacht handelt.

▼ *Bei Stegfendern müssen keine weiteren Fender an der Stegseite ausgebracht werden.*

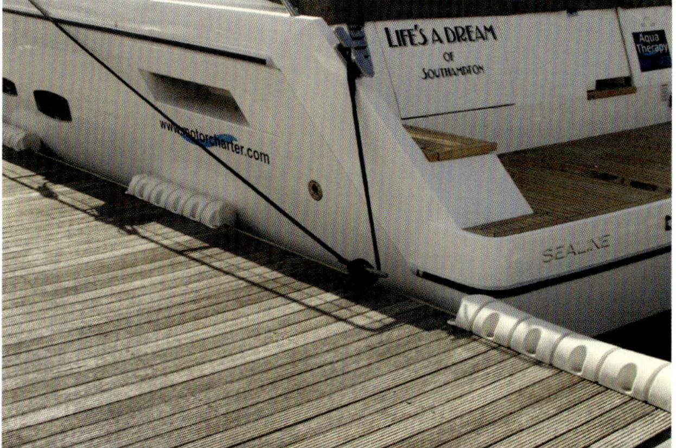

TIPP

An Bord steigen

Ist die Badeplattform zu weit vom Steg entfernt, um bequem an Bord steigen zu können? Besser, als das Boot von Hand zum Steg zu ziehen, ist es, sich an einer Klampe am Boot festzuhalten und mit dem Fuß auf den Festmacher zu steigen. Etwas Gewicht auf dem Festmacher bringt das Boot näher an den Steg. Jetzt kann man bequem übersteigen.

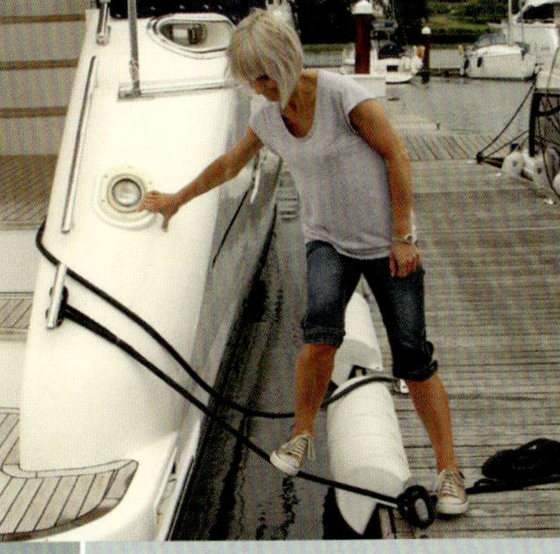

Zu weit entfernt.

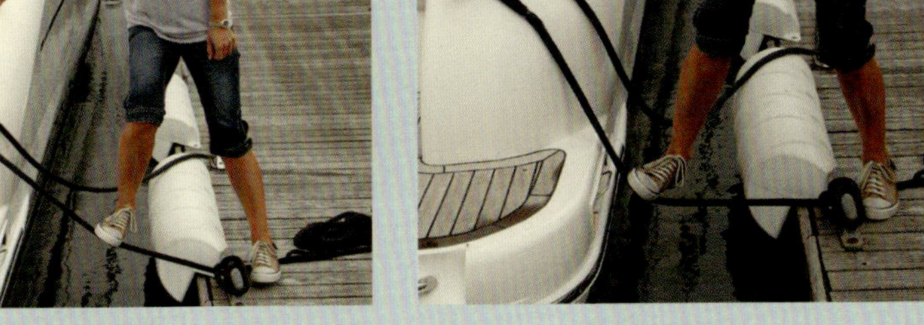

Besser.

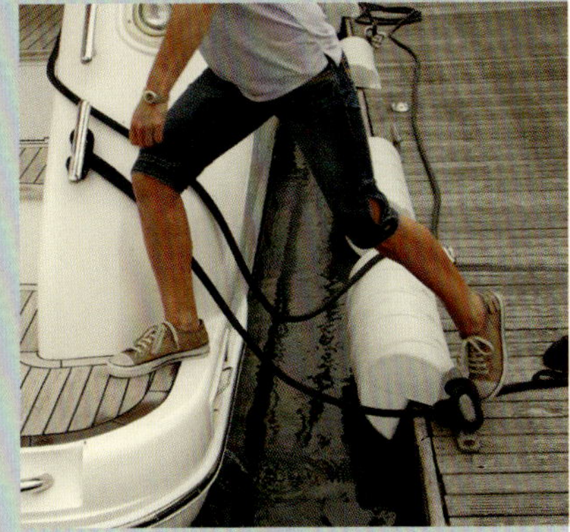

Jetzt kann man übersteigen.

Festmacher

Warum keine fest am Steg angeschlagenen Leinen als Festmacher verwenden? Am eigenen Liegeplatz wird man immer gleich einfahren und festmachen, wahrscheinlich Heck voraus, und wenn man mal mit dem Bug voraus anlegt, kann man statt der festen, passend abgelängten Leinen die herkömmlichen Festmacher verwenden.
Solche Leinen könnten mit einem Schäkel an der Klampe angeschlagen sein und am anderen Ende einen Augspleiß haben, den man über die Klampe an Bord legt. Die Leine wäre auf die exakt passende Länge gespleißt. Das würde gleichermaßen funktionieren für die Bugleine, die Vorspring (die das Boot gegen Vorwärtsbewegung hält) sowie für die Achterspring (die das Boot gegen Rückwärtsbewegung hält). Die Heckleine dagegen könnte kurz sein und ein offenes Ende haben, sodass sie gut von Bord aus bedient werden kann. Bug- und Springleinen bleiben also fest am Steg, während man die Heckleine an Bord mitführt. Die Heckleine kann beim An- und Ablegen zum Eindampfen verwendet werden (siehe Kapitel 6 und 7).

Festmacher mit Schäkeln an der Klampe angeschlagen.
▼

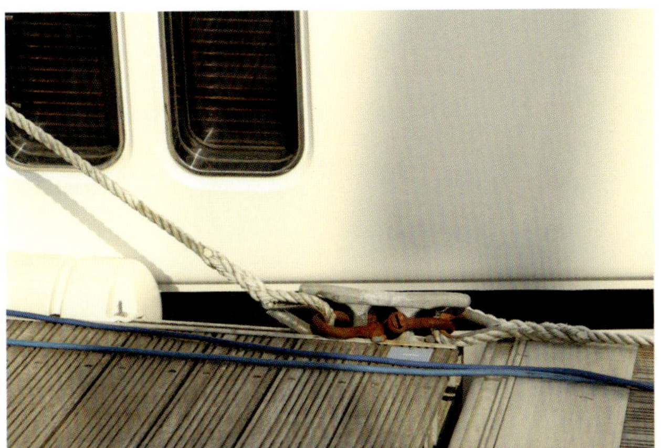

Positionieren am Liegeplatz

Man muss genau wissen, wie weit man am Liegeplatz einfahren muss, ohne die gewünschte Position abzuschätzen und ohne dass die Crew gegen den Lärm der Motoren laute Anweisungen vom Cockpit aus geben muss. Bedenken Sie, dass zwischen Ihnen auf der Flybridge oder am Steuerstand und der Crew im Cockpit zwei sehr große und laute Maschinen liegen. Für die Crew kommt sogar noch der Lärm der Propeller und des Schraubenwassers dazu.
Wichtig ist auch, Zeichen und Kommandos vorher abzusprechen, damit es keine Missverständnisse zwischen Steuermann und Crew gibt.

Wie lang soll die Bugleine sein? ?

Sie sollte nicht so lang sein, dass sie in den Propeller geraten kann, wenn ein Ende am Bug belegt ist. Kürzer ist gut, länger kann zu einem ernsten Problem werden, wenn die Leine ins Wasser fällt und das Ende nach achtern zu den Propellern treibt.

Heckleinen dürfen vergleichsweise kurz ausfallen, es sei denn, man legt in Tidengewässern an einer Mole oder einer Hafenmauer an. In diesem Fall müssen die Festmacher viermal so lang sein wie der Tidenhub. Vorsicht ist in jedem Fall geboten.

Kürzlich rief ich vom Steuerstand aus einem Crewmitglied am Bug fragend zu, wie viel Platz noch nach vorn sei. Als Antwort kam zurück. »Ungefähr 1200.«
»Was? Wie 1200?«
»Na, 1200 Millimeter, was sonst?«

Zur Verteidigung meiner Crew muss ich sagen, dass der gute Mann als Microsystemtechniker arbeitet und sich normalerweise nur in Nanometern ausdrückt.
Noch ein Gedanke: Merken Sie sich ein Objekt, das genau auf Höhe einer Relingsstütze oder eines anderen Punktes an Bord liegt, wenn Sie an der gewünschten Position am Liegeplatz angekommen sind. So können Sie immer mit einem Blick erkennen, ob Sie sich am Steg zu weit vorn oder hinten befinden. Setzen Sie sich an den Steuerstand und suchen Sie sich ein passendes Objekt an Land aus. Der Dalben, der den Fingersteg hält, ist ein guter Ausgangspunkt. Diese Technik hilft zwar in fremden Häfen nicht weiter, aber am eigenen Liegeplatz ist sie äußerst praktisch.

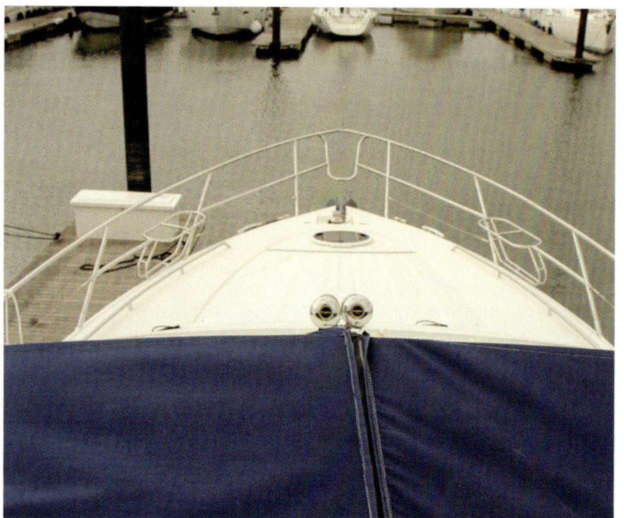

▲ *Der Fenderkorb liegt genau vor dem Dalben – Parkposition.*

TIPP

Wo ist meine Brille?

Sind Sie auch immer auf der Suche nach den kleinen Dingen wie Geldbeutel, Lesebrille, Schlüssel oder Handy? Meine Lösung: Für jeden an Bord einen Korb! Dort kommt alles hinein, ein kleiner Korb für Ihn, einen für Sie und einen für den Hund. So hat wenigstens an Bord alles seinen Platz.

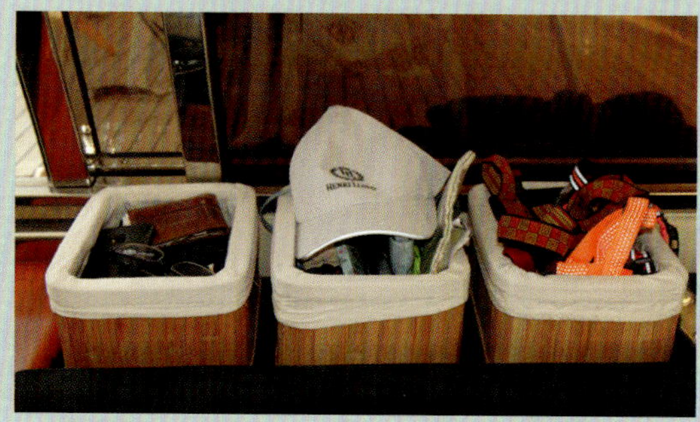

Raten Sie mal, welcher Korb für den Hund ist!

Vorherrschende Windrichtung

Es gibt in der Regel immer eine Hauptwindrichtung, aus der der Wind am häufigsten weht. Bei der Wahl des Liegeplatzes ist es besser, vom Wind an den Steg gedrückt zu werden, als vom Steg weggeweht zu werden, vor allem, wenn man mit kleiner Besatzung manövrieren muss. An den nordeuropäischen Küsten ist die vorherrschende Windrichtung meist West oder Südwest.

TIPP

Von einem Trailer slippen

1. Verwenden Sie ein Zugfahrzeug mit Allradantrieb.

2. Immer mit mindestens einer weiteren Person slippen, die mithelfen kann.

3. Überprüfen Sie, ob die Slipbahn für ihr Boot geeignet ist. Gibt es Einschränkungen aufgrund der Gezeiten?

4. Parken Sie zunächst etwas abseits, um alles vorzubereiten. So blockieren Sie die Slipbahn nicht unnötig lang für andere.

5. Überprüfen Sie die Abdeckkappen der Radlager am Trailer. Sind sie während der Fahrt heiß geworden, haben Sie ein Problem mit den Radlagern (Salzwasser ist Gift für die Lager). Warten Sie, bis die Lager abgekühlt sind, bevor Sie mit dem Trailer ins Wasser fahren.

6. Erklären Sie allen Helfern den genauen Ablauf. Jeder sollte eine Schwimmweste tragen.

7. Schließen Sie alle Lenzstopfen an Bord.

8. Lösen Sie die Zurrgurte, aber nicht das Drahtseil oder Gurtband der Trailerwinsch.

9. Laden Sie die Ausrüstung in das Boot. Entfernen Sie die Lichtleiste am Trailer.

10. Fahren Sie mit dem Boot die Slipbahn hinunter, bis das Heck aufschwimmt. Ziehen Sie die Handbremse an und legen Sie den ersten Gang ein oder schalten Sie auf »P« bei einem Automatikgetriebe. Schalten Sie den Motor aus.

11. Steigen Sie an Bord und senken Sie den Außenborder ab.

12. Lösen Sie das Boot von der Trailerwinsch.

13. Fahren Sie das Boot rückwärts vom Trailer.

14. An einer flachen Slipbahn kann man das Drahtseil oder den Gurt der Trailerwinsch etwas fieren und die Winsch dann wieder feststellen, bevor man ins Wasser fährt. Sobald das Heck beginnt aufzuschwimmen, tritt man auf die Bremse, sodass das Boot bereits auf dem Trailer etwas nach hinten rutscht. Danach ist es umso leichter mithilfe des Außenborders auszufahren.

15. Beim Slippen an einem Sandstrand sollte man den Reifendruck des Zugfahrzeugs auf 20 psi / 1,4 bar ablassen, um bessere Traktion zu haben. Halten Sie dennoch Spaten und Holzstücke parat, um eingesunkenen Rädern mehr Grip geben zu können.

16. An einer nassen, rutschigen Slipbahn sollte man das Zugfahrzeug auf trockenem Boden abstellen und den Trailer an einer Leine vom Auto aus ablassen.

17. Führen Sie immer ein Abschleppseil mit, damit ihr Fahrzeug abgeborgen werden kann, aber auch, um einem anderen Fahrzeug helfen zu können.

18. Waschen Sie unverzüglich nach dem Slippen die Räder, Radlager und Bremstrommeln gründlich mit Süßwasser ab. Fetten Sie die Radlager regelmäßig.

19. Hat man Schwierigkeiten, das Boot vom Trailer zu bekommen, kann man eine Leine vom Heck zu einem Steg hin ausbringen. Dann fährt man die Slipbahn etwas nach oben. Dadurch rutscht das Boot etwas weiter nach hinten auf dem Trailer. Jetzt kann man erneut die Slipbahn nach unten fahren, bis das Boot aufschwimmt. Oder man zieht das Boot von Hand vom Trailer.

20. Um das Boot bei einem Gezeitenstrom quer zur Slipbahn auf den Trailer zu ziehen, sollte man den Trailer beim Hinabfahren zum Schluss so weit wie möglich gegen den Strom ausrichten. Falls das nicht möglich ist, muss man das Boot auf Höhe des Trailers im Strom halten, während der Helfer an Land das Drahtseil der Winsch am Bug einhängt. Dann sollte es durch gleichzeitiges Winschen und Einfahren in den Trailer möglich sein, den Bug herumzudrehen und das Boot auf den Trailer zu bekommen. Andernfalls muss man bei Stauwasser zwischen Ebbe und Flut slippen.

Greifen Sie die Winschkurbel immer mit dem »Affengriff«, also mit dem Daumen neben dem Zeigefinger. So kann man die Hand schneller wegziehen. Und versuchen Sie niemals, eine schnell drehende Winschkurbel mit der Hand zu stoppen!

6 Von einem Liegeplatz ablegen

Anlegen und Ablegen zählen zu den Momenten, die oft zu Stress an Bord führen. Noch bevor ich von zu Hause aufbreche, habe ich bereits Wetter- und Windvorhersagen eingeholt sowie die Höhe der Gezeit und den zu erwartenden Strom berechnet. Nähere ich mich dann dem Boot, schaue ich auf Bäume und Flaggen, um den tatsächlichen Wind abzuschätzen. Wird mir dieser Wind gnädig sein oder wird er mich auf meinen Stegnachbarn drücken? Ich weiß immer ganz genau, wie die Tide in meiner Marina steht. Nicht alle Liegeplätze sind parallel zum Gezeitenstrom ausgerichtet. An manchen drückt der Strom von der Seite gegen die Boote – solch einen Liegeplatz sollte man nach Möglichkeit wechseln! Aber der Strom kann auch vom Land abgelenkt werden und unangenehme Wirbel bilden. Auf jeden Fall wird man die Verhältnisse am eigenen Liegeplatz genau kennen. Das Gleiche gilt auch für Liegeplätze, die einer Flussströmung ausgesetzt sind.

Ist die Windrichtung schwer erkennbar, muss man nur auf die Möwen und andere Seevögel achten. Sie sitzen mit dem Kopf zum Wind, da sie immer gegen den Wind losfliegen.

Wie man ablegt, hängt davon ab, wie groß das Boot und wie zahlreich die Crew ist. Eine 52-Fuß-Princess mit Flybridge bei stark ablandigen Wind einhand vom Steg weg zu manövrieren ist nicht ganz einfach. Irgendwann muss man den letzten Festmacher lösen, der das Boot noch am Steg hält, sei es eine umgelenkte Leine oder eine Spring, und schnell zum Innensteuerstand oder auf die Flybridge gelangen, während das Boot bereits durch den Wind vom Steg weggetrieben wird. Bei einem 28-Fuß-Kajütboot hat man dagegen einen viel kürzeren Weg von der Stelle an Deck, wo man die letzte Leine loswirft, bis zum Steuerstand, sodass das Manöver auch einhand möglich ist.

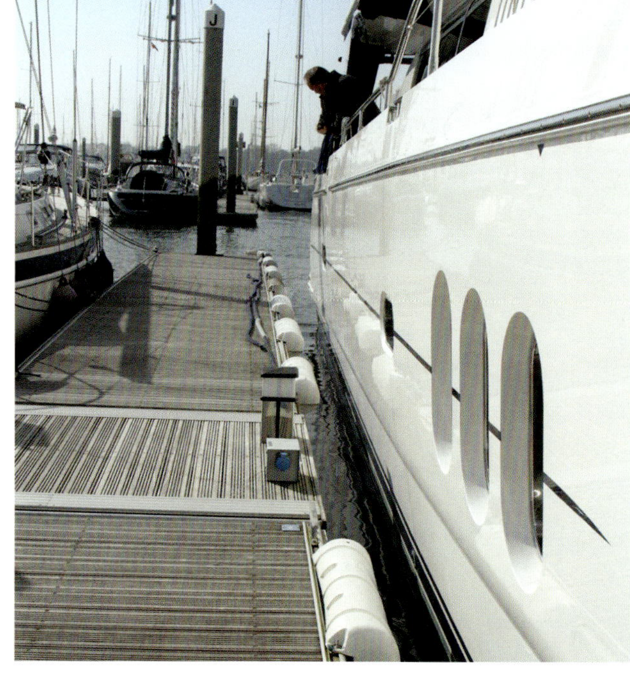

▲ *Andy Hobbs legt einhand mit seiner 23-Meter-Princess ab. Bei Stauwasser kann er erst die Bug- und Heckleinen, dann die Springleinen lösen und mit der Fernsteuerung für das vordere und hintere Querstrahlruder das Boot am Steg halten.*

Bei allen hier gezeigten Manövern gehe ich davon aus, dass eine kleine Crew an Bord ist, eine Zweier-Crew. Manche Manöver können auch einhand ausgeführt werden. Ich möchte hinzufügen, dass man mit jedem Boot allein ablegen kann, wenn es windstill ist oder ein schwacher

Wind das Boot an den Steg drückt und wenn keine Strömung herrscht.
Bei Strömung und ablandigem Wind, der das Boot vom Steg weg treibt, wird es für einen Einhand-Skipper schwieriger. Auch mit zunehmender Bootsgröße wird das Manöver anspruchsvoller. Sicherlich gibt es drahtlose Steuerungen für Querstrahlruder, mit denen man eine zwei Millionen Euro teure Yacht wie ein Spielzeug fernsteuern kann, doch das ist eher die Ausnahme als die Regel.

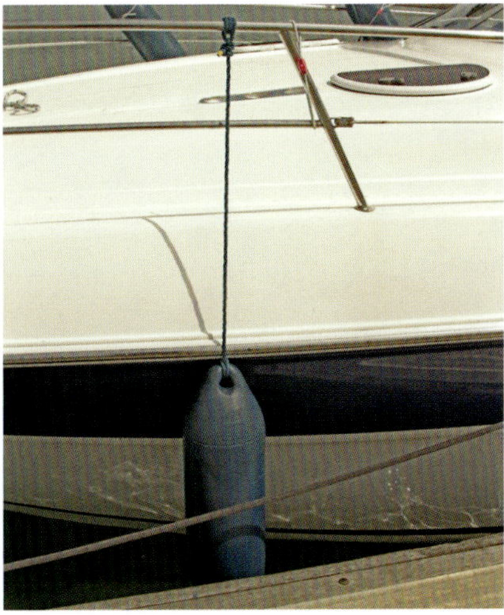

▲ *An einem Steg sollen die Fender bis knapp über die Wasseroberfläche hinab reichen.*

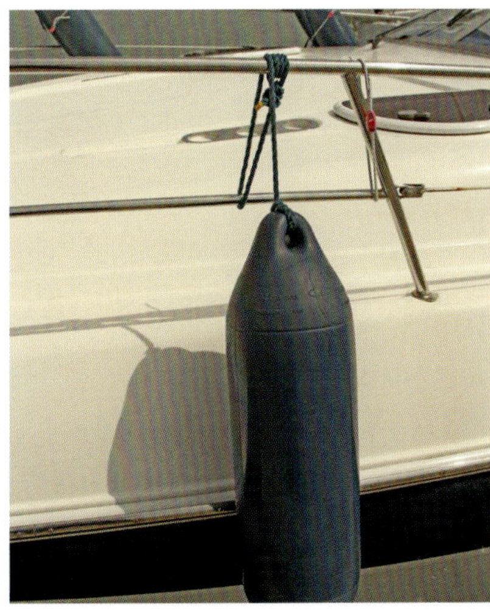

▲ *Unter dem unteren Relingsrohr herum und über das obere Relingsrohr. So hängt der Fender auf Deckshöhe, ohne die Fenderleine lösen zu müssen.*

Einsatz der Fender

Zunächst müssen die Fender richtig ausgebracht werden. An den meisten Steganlagen sollten die Fender bis etwas über die Wasseroberfläche hinab reichen. Führt man einen so ausgebrachten Fender unter dem unteren Relingsrohr oder dem unteren Relingsdraht herum und dann über den oberen Relingsdraht, hängt er bei den meisten Booten bis 40 Fuß genau passend auf Deckshöhe, um vor direktem Kontakt mit anderen Booten zu schützen, wenn man zum Beispiel im Päckchen liegt. Das ist eine praktische Methode, um schnell die Fenderhöhe anzupassen. Zum Beispiel steuert man einen freien Platz am Steg an, doch im letzten Moment sagt der Hafenmeister, dass dieser Platz reserviert sei und man längsseits an einem anderen Boot anlegen müsse.

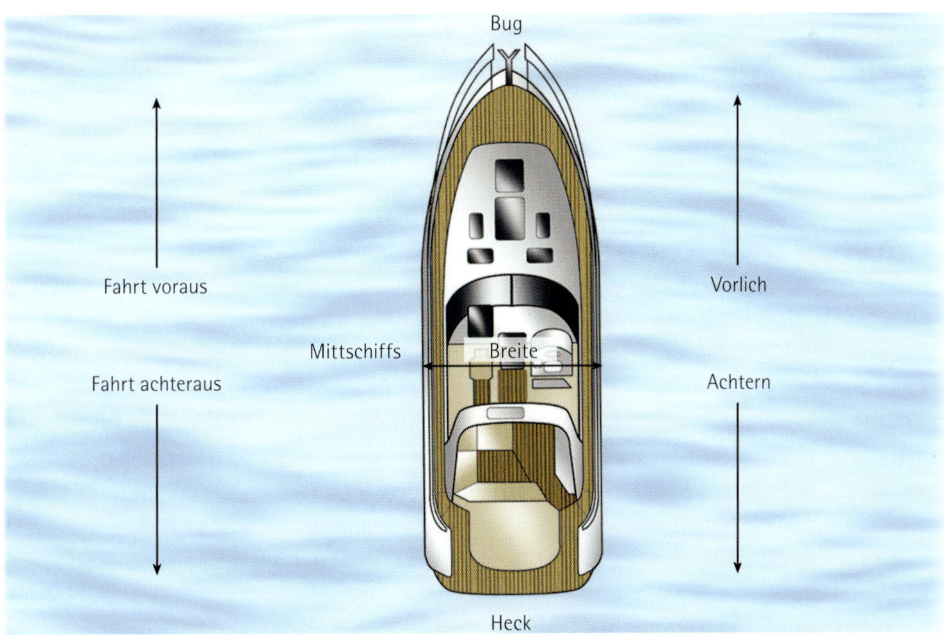

▲ *Fachbegriffe rund ums Boot.*

Wie viele Fender?

Ich denke, dass vier Fender pro Seite genug sind. Ein Fender kann am Heck ausgebracht werden, wenn man mit dem Heck voraus anlegt. Legt man direkt mit dem Bug an einem Flussufer an, schützt ein Bugfender das Boot vor Schäden.

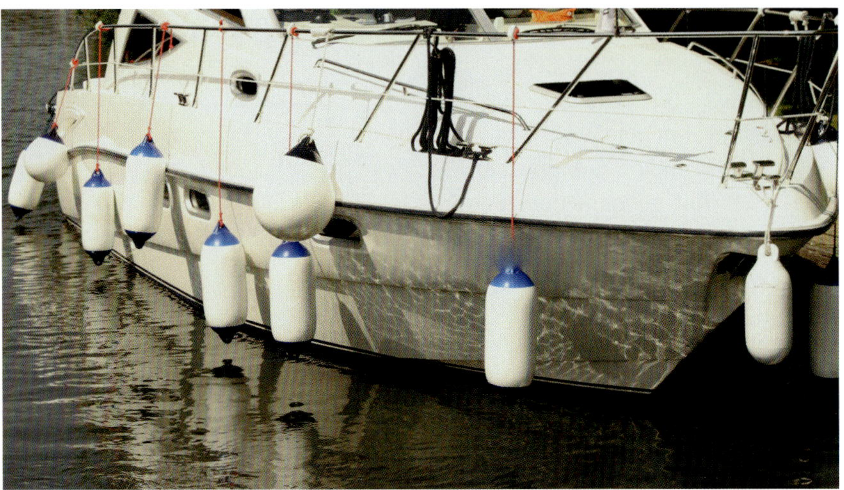

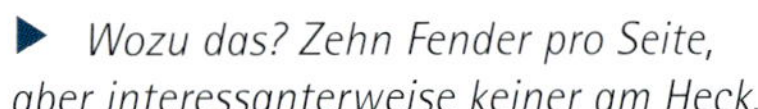

Wozu das? Zehn Fender pro Seite, aber interessanterweise keiner am Heck.

TIPP

Fender an Bord stauen

Gummileinen sind besser als Fenderkörbe. Hier ist eine gute Idee von Jonathan Parker von Sea Start: Er verwendet ein Schlaufe aus Gummileine an der Reling. Sie befindet sich sauber gespannt zwischen oberem Relingsrohr und unteren Relingsdraht, wenn der Fender ausgebracht ist. Wird der Fender an Bord gestaut, hält ihn die Gummileine sicher an der Reling ohne unansehnliche und sperrige Fenderkörbe auf dem Seiten- oder Vordeck.

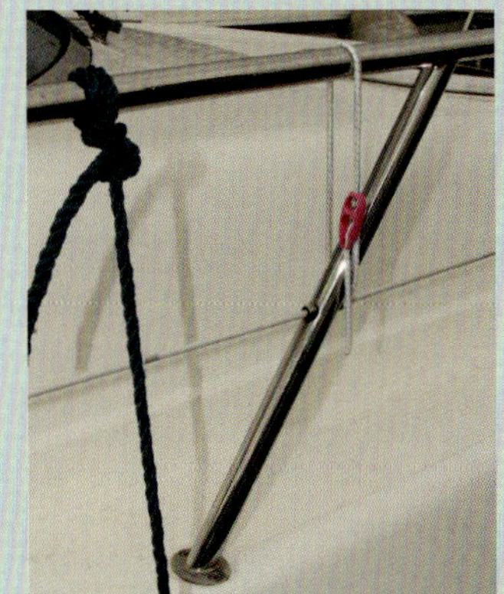

Bei ausgebrachtem Fender stört kein Fenderkorb, um sich auf dem Seitendeck zu bewegen.

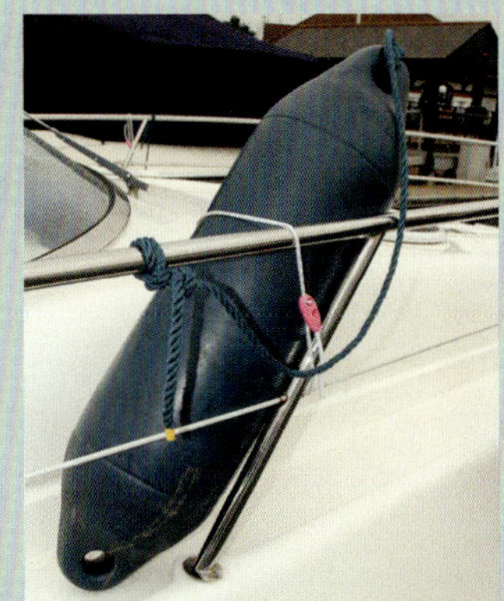

An Deck wird der Fender von der Schlaufe aus Gummileine gehalten.

Strömung an Rumpf und Ruder

Ein Teil der Vorbereitungen ist es, sich im Klaren darüber zu sein, wie viel Strömung an Rumpf und Ruder anliegt und wie viel oder wie wenig Kontrolle man dadurch hat. Setzt der Strom oder die Flussströmung zum Beispiel mit einem Knoten gegen die Fahrtrichtung bei einer Bootsgeschwindigkeit von zwei Knoten durchs Wasser, so bewegt man sich mit nur einem Knoten über Grund und hat Kontrolle.

Fährt man dagegen mit gleicher Geschwindigkeit durchs Wasser aber mit dem Strom, liegt nach wie vor eine Strömung von nur zwei Knoten an Rumpf und Ruder an. Man bewegt sich aber mit drei Knoten über Grund – viel zu schnell, um Kontrolle zu haben. Deshalb steuert man einen Liegeplatz (sofern möglich) immer, wirklich immer, gegen den Strom an.

Die Richtung des Stroms oder der Strömung ist beim Ablegen nicht ganz so entscheidend wie beim Anlegen, dennoch muss man wissen, welchen Einfluss sie auf das Boot ausübt, damit man ihn einplanen kann. Möglicherweise hat der Wind größeren Einfluss als der Strom, wenn man aus einer Marina oder aus einem Hafen oder einem Fluss manövriert. Unter allen Umständen muss man das Boot immer in Luv oder in Stromluv halten, um Platz in Reserve zu haben.

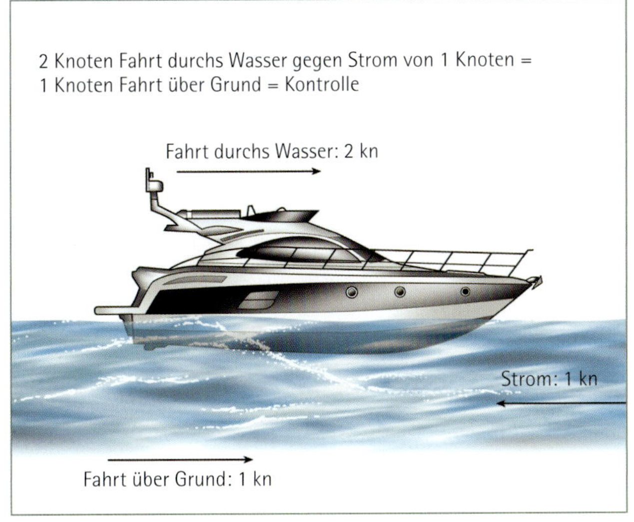

▲ *Unter Kontrolle.*

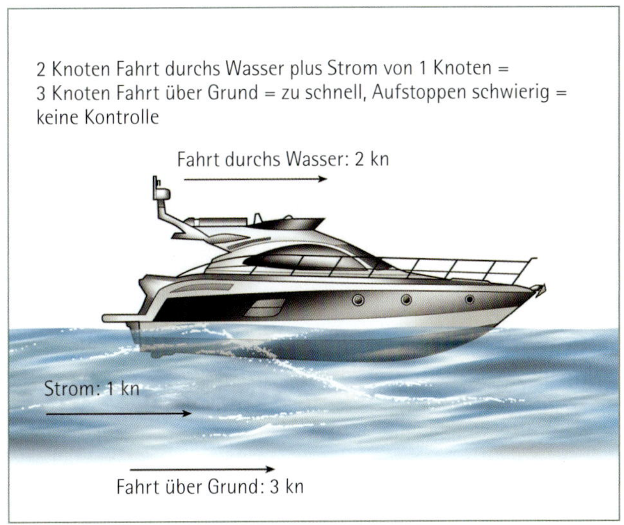

▲ *Außer Kontrolle.*

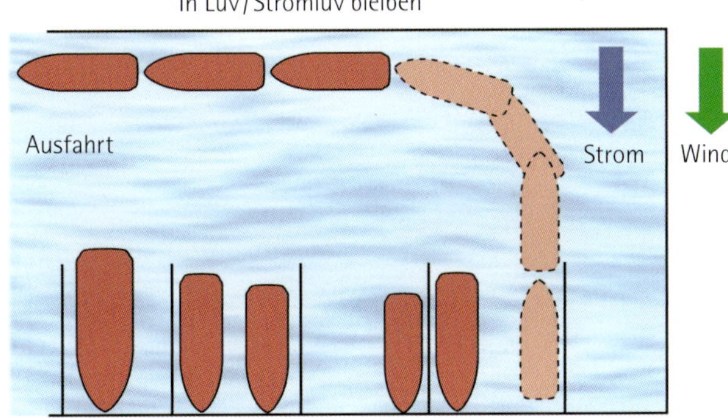

▲ *Strom- und Windversatz einrechnen.*

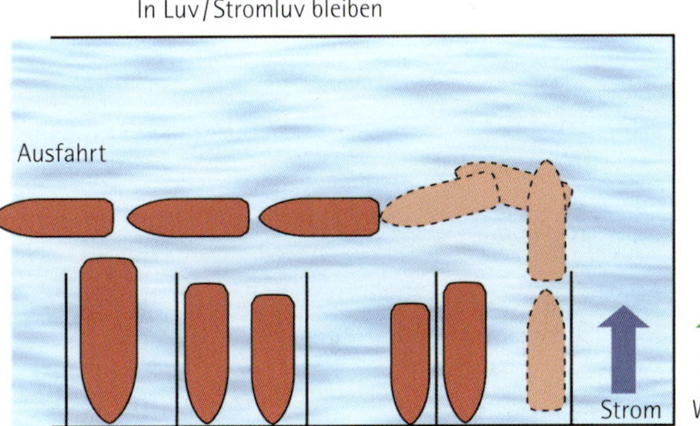

▲ *Strom- und Windversatz einrechnen.*

Alle Manöver von Bord aus

Ich möchte beim An- und Ablegen alles von Bord, am liebsten vom Cockpit aus, handhaben. Viele Boote haben jedoch eine so große Badeplattform, dass die Heckklampen von dort leichter als vom Cockpit aus zu erreichen sind.

Ich empfehle allerdings eine Rettungsweste und eine Lifeline zu tragen, wenn man sich auf der Badeplattform aufhält. Viele Rettungswesten für Motorbootfahrer haben einen Verschluss aus Plastik ohne D-Ring, an dem man eine Lifeline festmachen könnte. In diesem Fall macht man die Lifeline direkt an den Gurten fest und das andere Ende an der Heckreling. Schaltet der Steuermann auf Fahrt voraus, sodass jeder an Bord nach achtern stolpert, fällt man von der Badeplattform wenigstens nicht gleich ins Wasser.

Auf vielen Motorbooten sind die Stützen für das Verdeck genau dort platziert, wo man stehen muss, um an den Heckklampen zu arbeiten. Auch der Flaggenstock ist oft im Weg.

Der Flaggenstock kann während des An- und Ablegens leicht herausgezogen und sofort wieder eingesetzt werden, sobald man vom Steg weg ist.

Es gibt immer einen Weg, solche Hindernisse zu umgehen, man muss nur eine Lösung finden, die einem zusagt.

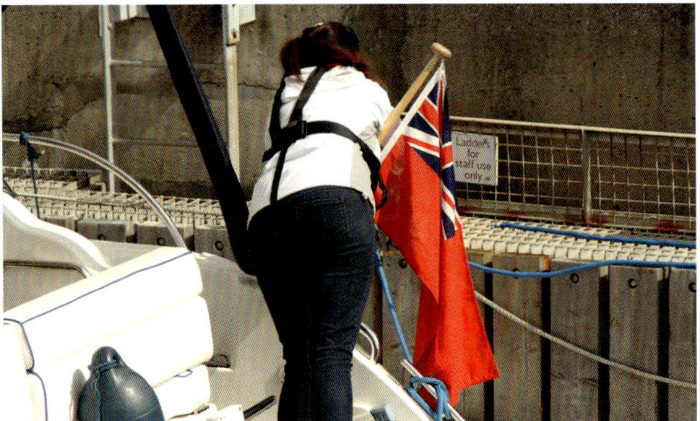

▲ *Häufig ist der Flaggenstock im Weg.*

Flaggenetikette

Die Nationalflagge wird zwischen 08:00 Uhr (09:00 Uhr vom 01. November bis 14. Februar) und Sonnenuntergang oder 21:00 Uhr gesetzt, wenn sich die Crew an Bord befindet. In ausländischen Häfen bleibt die Nationalflagge meist rund um die Uhr gesetzt. Während einer Regatta führen Segelyachten keine Nationalflagge. Sie wird eingeholt, wenn man das Boot für längere Zeit verlässt, beispielsweise wenn man nach einem Besuch beim Boot nach Hause fährt.

Am besten probiert man all diese Techniken an einem verregneten Mittwochabend aus, wenn hoffentlich niemand sonst zugegen ist. Während Sie die Techniken probieren, bleibt das Boot mit Bug-, Heck- und Springleinen vertäut. Erst wenn Sie sicher sind, dass das Boot mit der angewandten Technik am Steg gehalten wird, kann man die Festmacher lösen.

Fachbegriffe beim Vertäuen

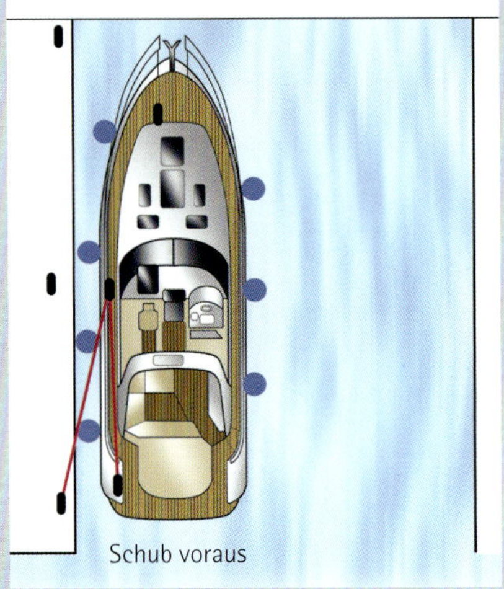

▲ *Spring.*

Eine Spring führt zu einem einzigen Punkt an Bord.

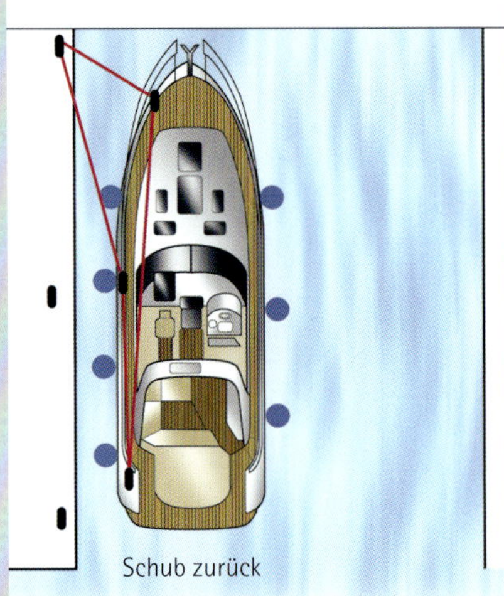

▲ *Umgelenkte Leine.*

Eine umgelenkte Leine führt zu zwei Punkten an Bord.

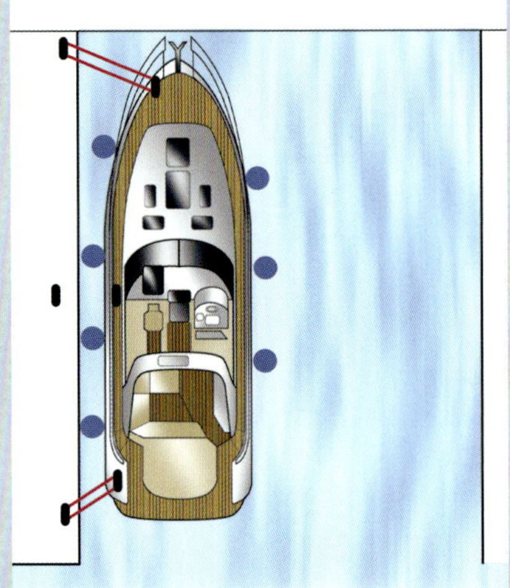

▲ *Leinen auf Slip.*

Eine Leine auf Slip führt von einem Punkt an Bord zu einem Punkt an Land und zurück zu demselben Punkt an Bord. Sie kann von Bord aus gelöst und abgezogen werden.

Anschlagen einer langen Leine zum Slippen

Im Idealfall verwendet man am eigenen Liegeplatz alle Leinen in genau passender Länge (siehe konfektionierte Leinen, Seite 72). Das ist Teil der »guten Vorbereitung«. Mit qualitativ hochwertigen Leinen in der passenden Länge fällt es viel leichter zu hantieren, als lange Festmacher für alle Aufgaben einsetzen zu müssen. Aber angenommen, man benötigt nur eine kurze Länge von einem langen Festmacher, wird man ihn irgendwo mittig an einer Klampe festmachen, sodass nur die gewünschte Länge übrig ist.

Dazu kann man den Festmacher an der Klampe mit der OXO-Methode belegen (siehe Kapitel 2), aber meistens gibt es nur eine einzige Heckklampe pro Seite. Wenn die Leine wieder an Bord zurückgeführt wird, ist auf der Klampe kaum genügend Platz, um die Leine dort erneut festzumachen.

Die einfachste Lösung ist, einen Knoten in die Leine zu machen – einen simplen Überhandknoten. Manch einer mag Bedenken äußern, aber der Überhandknoten erfüllt seine Aufgabe. Bestimmen Sie die benötigte Länge der Leine, sodass sie von Bord an Land und zurück reicht. Vorausgesetzt, dass Sie über die benötigte Länge hinaus noch etliche Meter übrig haben, nehmen Sie die Leine dort, wo sie belegt werden soll doppelt, und machen Sie einen Überhandknoten. Diese Schlaufe kann über die Klampe gelegt werden. Die übrige Länge kann zum Cockpit geführt oder ordentlich abgelegt werden, sodass sie nicht im Weg ist. Um etwas mehr Eindruck zu schinden, gibt es anstelle des Überhandknotens drei bessere Möglichkeiten:

1. Binden Sie einen Palstek in die gedoppelte Leine. Nachdem Sie die benötigte Länge der Leine bestimmt haben, soll die Leine mittig an einer Klampe festgemacht werden. Nehmen Sie dazu die Leine doppelt, formen Sie eine »6« und machen Sie einen Palstek (siehe Kapitel 2).

2. Binden Sie einen Schmetterlingsknoten an der Stelle, wo die Leine über die Klampe gelegt werden soll (siehe Kapitel 9).

3. Binden Sie einen doppelten Palstek. Dieser Knoten erscheint komplizierter, als er ist. Wieder wird die Leine an der Stelle, wo sie belegt werden soll, gedoppelt. Formen Sie eine »6«" wie bei einem einfachen Palstek (siehe Kapitel 2). Stecken Sie das lose Ende aus der Bucht der gedoppelten Leine durch das Auge der »6«, und stülpen Sie dann die Bucht außen über den Knoten. Ziehen Sie das Auge des doppelten Palsteks zu, und der Knoten schließt sich.

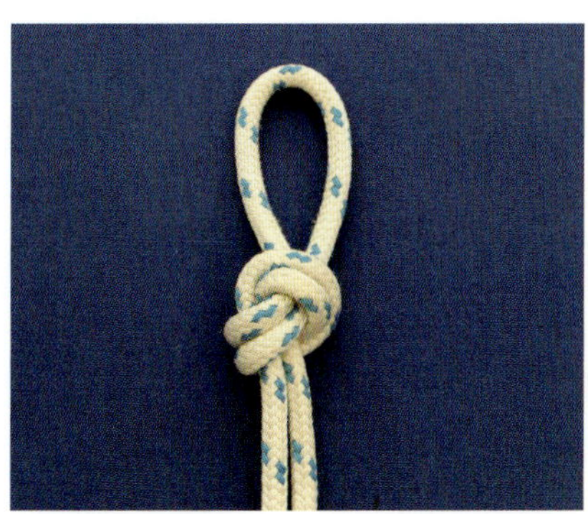

▲ *Überhandknoten.*

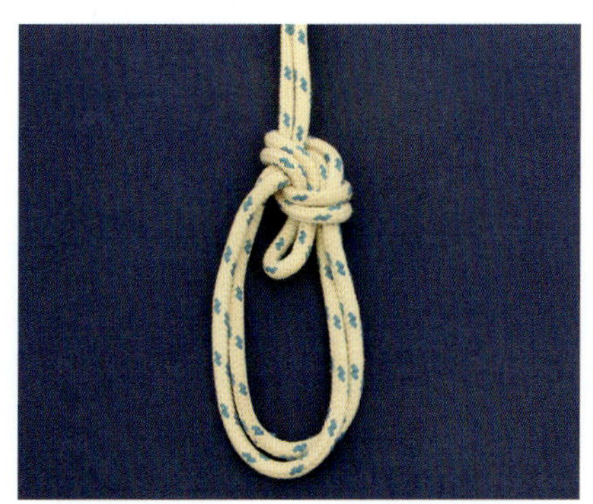

▲ *Palstek in einer gedoppelten Leine.*

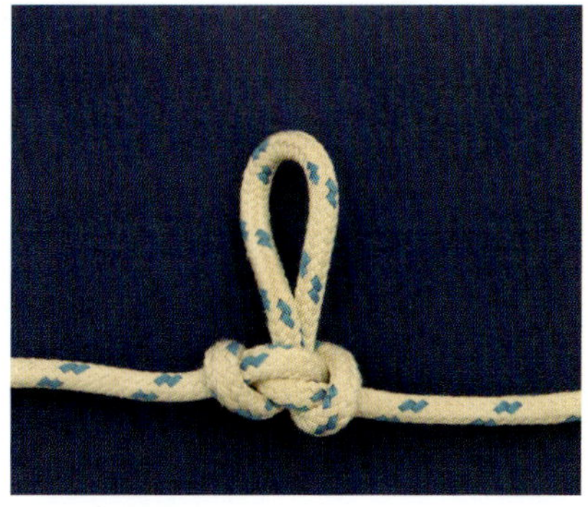

▲ *Schmetterlingsknoten.*

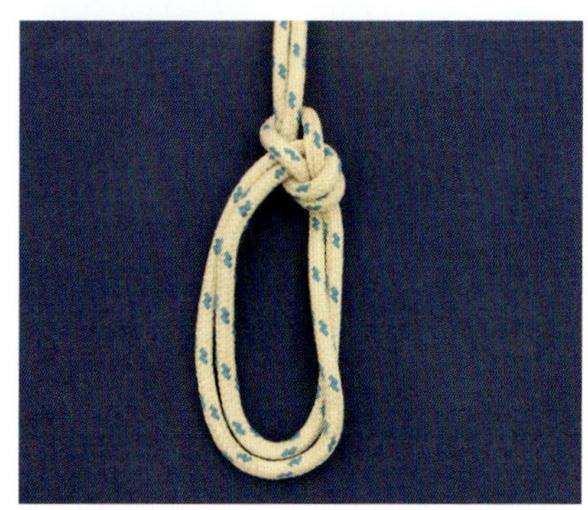

▲ *Doppelter Palstek.*

Scannen Sie diesen QR-Code, um ein Video zu sehen über: Überhandknoten in gedoppelter Leine, Palstek in gedoppelter Leine, Schmetterlingsknoten und doppelter Palstek.

TIPP

Einen langen Festmacher slippen

Um eine lange Leine zu slippen, ohne sie am bordseitigen Ende zu verkürzen, kann man sie als Bucht (Schlaufe) um die Klampe herum führen. Man muss die Leine an beiden Enden festhalten, bis sie geslippt ist, aber das kann ein Mitglied der Crew übernehmen. Falls man allein ist, kann man die Leine, sofern sie lang genug ist, mit der OXO-Methode an Bord belegen, bis man bereit ist, sie zu slippen.

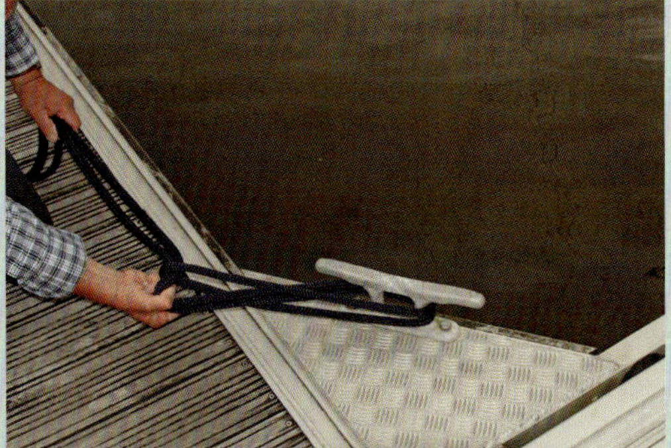

Um die Klampe herum.

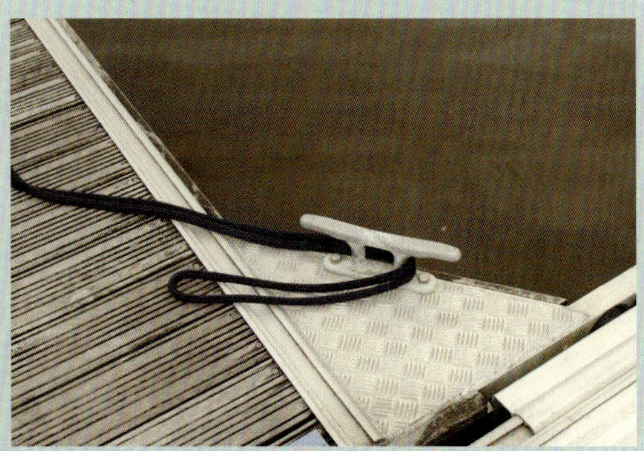

Man kann die stehende Part durch die Bucht führen. Beim Slippen muss vorsichtig eingeholt werden, damit sich die Bucht (das doppelte Ende) nicht über die Klampe legt.

Box mit Fingersteg

Vorwärts ausfahren

1. Heckleine auf Slip

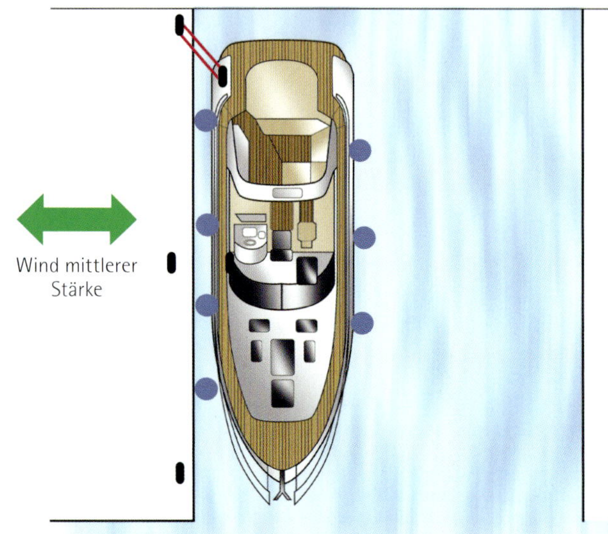

▲ *Vorwärts aus der Box mit Schub gegen eine Heckleine auf Slip.*

Hier dampft man vorwärts in eine Heckleine ein, die auf Slip gelegt ist. Zunächst liegt das Boot mit Bug- und Heckleinen sowie Springleinen vertäut am Steg. Hat man eine Leine in passender Länge für die geslippte Heckleine, umso besser. Wenn nicht, stellen Sie sicher, dass das geslippte Ende so kurz wie möglich ist. Dazu macht man die Leine vorläufig mit der OXO-Methode so an der Klampe fest, dass das

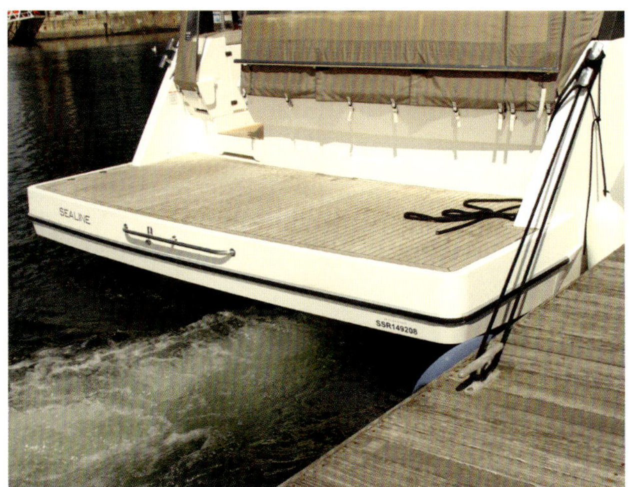

▲ *Die* RAMOSSEAS *mit Schub gegen eine Heckleine auf Slip.*

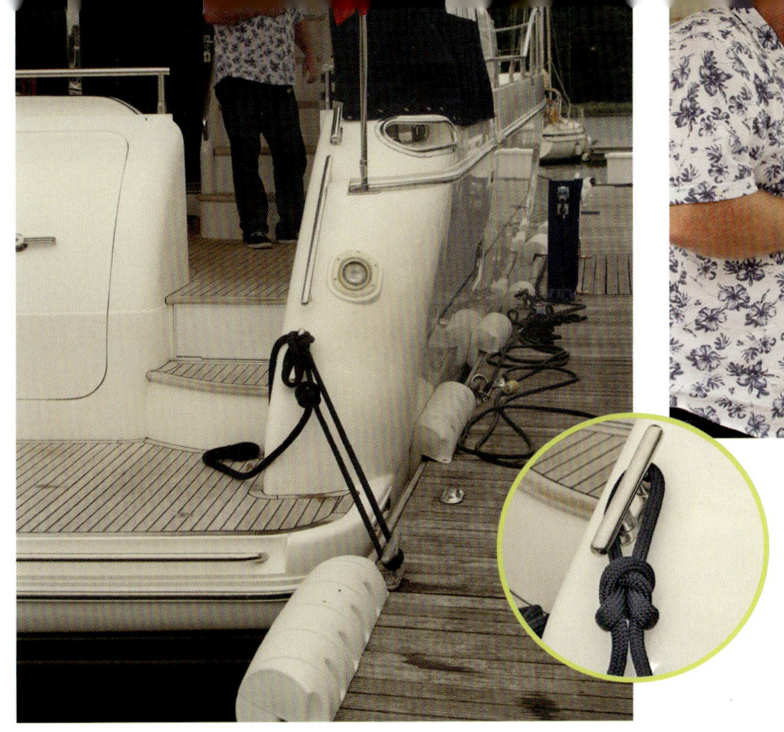

◄ *Hier dampft die 76 Fuß lange* LUCKY ASH *in eine Heckleine auf Slip ein. Die Leine wurde mit einem Schmetterlingsknoten verkürzt.*

▲ *Andy manövriert hier vom Steuerstand im Cockpit aus. Er wird die Maschine in den Leerlauf schalten, die Leine slippen, auf die Flybridge steigen und losfahren. Die Fernsteuerung für die Querstrahlruder hat er sich um den Hals gehängt.*

übrige Ende gerade zur Klampe an Land und zurück reicht. Jetzt nimmt man die vorläufig belegte Leine von der Klampe ab und macht einen Schlaufenknoten (Überhandknoten, Schmetterlingsknoten, doppelter Palstek) in das Ende, das an Bord festgemacht bleibt. Legen Sie den Schlaufenknoten über die Klampe. Das ist das bordseitige Ende, an dem man die Leine einholen wird. Dann macht man das Ende, das geslippt werden soll, an der Klampe über dem Schlaufenknoten mit der OXO-Methode fest. Alles bereit. Jetzt kann der Steuermann Schub voraus geben.

Auf einem zweimotorigen Boot mit Wellenanlagen ist es vorteilhaft, den Antrieb einzusetzen, der näher am Steg ist. Der vom Steg entferntere Antrieb lässt dagegen je nach Motorstärke das Boot gegen den Steg drehen. Bei einem Z-Antrieb kann man durch Ruderlage das Boot sehr gut parallel zum Steg ausrichten. Bei starkem ablandigen Wind kann man die Motordrehzahl erhöhen, um das Boot längsseits am Steg zu halten.

Während das Boot mit Schub voraus von der Leine auf Slip gehalten wird, kann man die Bug- und Heckleine sowie die Springleinen lösen. Nehmen Sie die Festmacher nacheinander ab, um sicherzugehen, dass das Boot längsseits am Steg bleibt.

Denken Sie jetzt, oder besser schon zuvor, daran, das Landstromkabel abzunehmen. Stecken Sie es zuerst an Land aus, damit es, falls es ins Wasser fällt, keinen Strom führt.

Bei starkem ablandigen Wind kann man zusätzlich eine Bugleine auf Slip legen. Diese könnte vom Cockpit aus auf dem Seitendeck zum Bug führen, dort um die Bugklampe herum zur Klampe am Steg und mittschiffs zurück an Bord und auf dem Seitendeck bis ins Cockpit verlaufen, um dort von der Crew bedient zu werden. Oder man führt die Leine vom Bug zur Klampe am Steg und zurück, sodass sie die Crew vom Bug aus slippen kann.

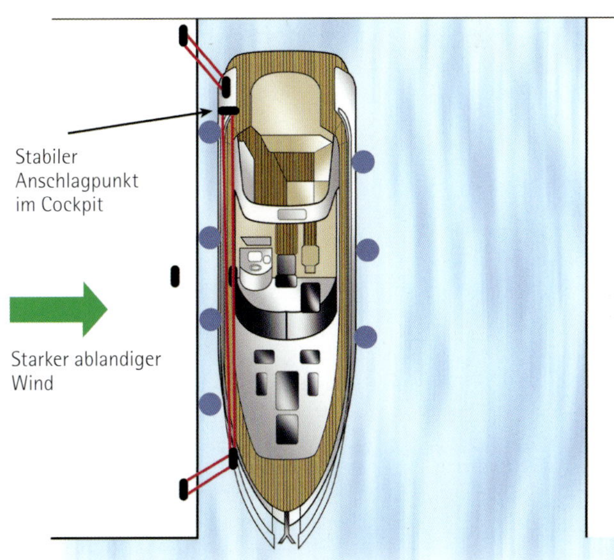

▲ *Bug- und Heckleine auf Slip.*

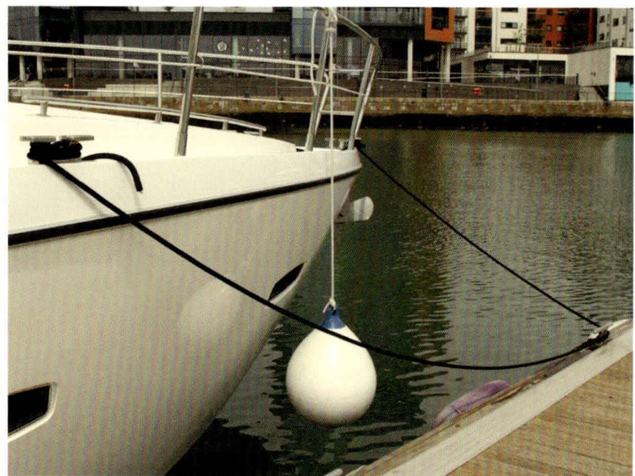

▲ *Dieses Boot fährt mit Schub voraus gegen eine Heckleine auf Slip. Zusätzlich ist eine Bugleine auf Slip ausgebracht, damit das Boot nicht durch Seitenwind vom Steg abtreiben kann. Beachten Sie, dass das zu slippende Ende nur so lang wie nötig ist. Zuerst slippt die Crew die Bugleine, geht dann zum Heck und slippt die Heckleine, während der Steuermann die Propeller kurz auskuppelt. Dann kann das Boot vom Steg ablegen.*

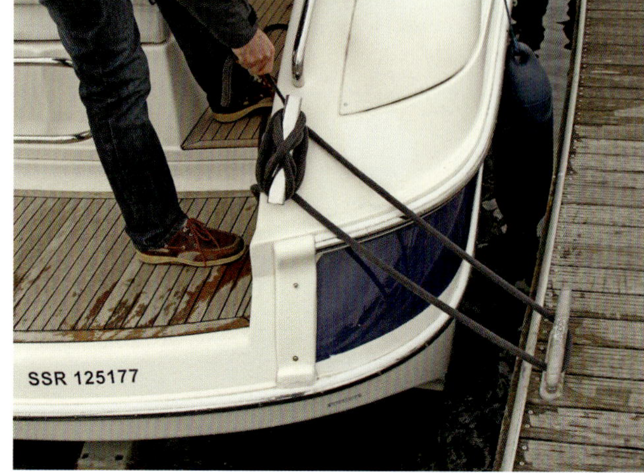

▲ *Mit zwei Z-Antrieben kann auf der* TANZANITE *die Spannung der Heckleine auf Slip während des Lösens der Leine vermindert werden, indem der rückwärts gerichtete Schub der einen Maschine verstärkt wird. Hier gibt die Backbord-Maschine Schub voraus und die Steuerbord-Maschine Schub zurück, sodass das Boot nach Steuerbord drehen möchte, was jedoch durch Ruder Backbord gekontert wird. Das Ergebnis ist: kein Zug auf der Leine.*

Meist reicht jedoch die Motorkraft aus, um das Boot auch ohne zusätzliche Bugleine am Steg zu halten.

Auf kleineren Booten unter 35 Fuß kann die Leine bei gleichzeitigem Propellerschub von der Klampe gelöst werden. Aber bei größeren Booten über 35 Fuß ist der Schub so stark, dass ich es für besser halte, den Propeller auszukuppeln, während die Crew die Leine von der Klampe löst. Prüfen Sie, wie stark die Leine auf Slip gespannt ist, wenn die Maschine im Standgas läuft. Bei Z-Antrieben kann man die Spannung der Leine kontrollieren, indem man eine Maschine mit Schub voraus und eine mit Schub zurück laufen lässt und etwas Ruder vom Steg weg gibt.

Überprüfen Sie die Beschläge

Bevor Sie einen Beschlag an Bord oder an Land großer Last aussetzen, sollten Sie überprüfen, ob er stabil genug ist. Das Gleiche gilt für sämtliche Leinen, die sie verwenden. Vermeiden Sie es, allzu große Kräfte auszuüben. Auf jeden Fall werden Leinen auf Slip oder umgelenkte Leinen zusammen mit den regulären Festmachern ausgebracht. Sollte irgendetwas schiefgehen, wird das Boot von den Festmachern gehalten. Erst wenn Sie sicher sind, dass Leinen und Klampen den Motorschub halten, können Sie die regulären Festmacher lösen.

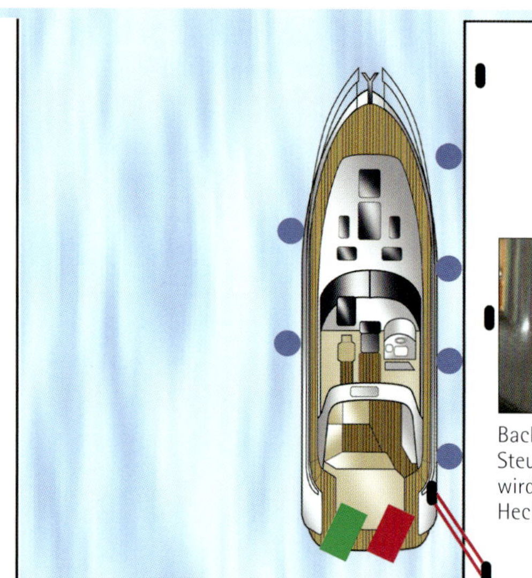

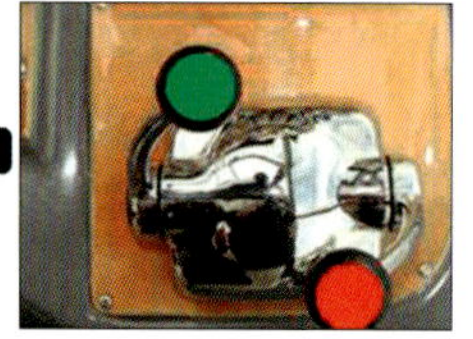

Backbord voraus, Steuerbord zurück – so wird die Spannung der Heckleine kontrolliert.

▲ *Schub voraus gegen eine Heckleine auf Slip.*

2. Umgelenkte Heckleine auf Slip beim vorwärts ausfahren

Das ist eine praktische Methode, wenn der Wind das Boot vom Steg wegtreibt, da es von einer Leine längsseits gehalten wird, die mittschiffs festgemacht ist. Man gibt Schub gegen den achternen Part der Leine und wird von dem mittschiffs an Bord geführten Part der Leine längsseits am Steg gehalten. Achten Sie wiederum darauf, dass das zu slippende Ende möglichst kurz ist.

Beginnen Sie dazu mit dem zu slippenden Ende an der Heckklampe, führen Sie die Leine über das Seitendeck nach vorn und um eine Klampe mittschiffs herum. Führen Sie die Leine dann außen herum weiter zu einer Klampe am Steg neben dem Heck des Bootes und dann zurück an Bord. Machen Sie dieses Ende an der Heckklampe fest, und belegen Sie das zu slippende Ende darüber mit der OXO-Methode.

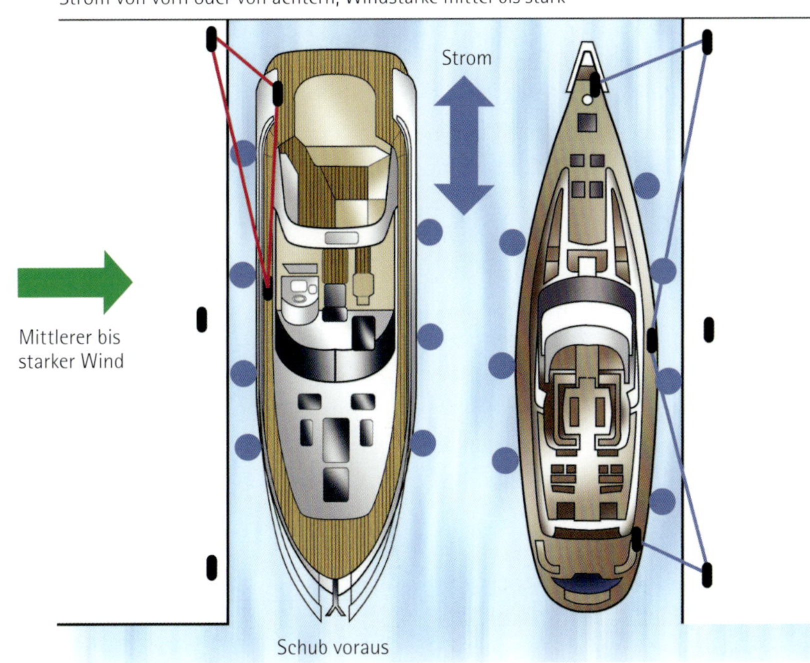

▲ *Ablegen mit Schub voraus gegen eine umgelenkte Heckleine.*

Geben Sie nun Schub voraus. Vorausgesetzt, dass das Boot von der umgelenkten Leine längsseits am Steg gehalten wird, können nun die übrigen Festmacher gelöst werden. Selbst bei stärkerem ablandigem Wind sollte das Boot längsseits bleiben, da es von der umgelenkten Leine an zwei Stellen gehalten wird – mittschiffs und achtern.

Um abzulegen, kuppelt der Steuermann kurz aus, die Crew löst das zu slippende Ende und holt es gleichmäßig von der anderen Seite her ein. Sobald das Boot frei ist, kann der Steuermann ausfahren. Bei kleineren Motorbooten kann der Propeller eingekuppelt bleiben, während die Leine geslippt wird. Eine mit der OXO-Methode belegte Leine kann unter Spannung gelöst werden. Vorsicht aber mit den Fingern!

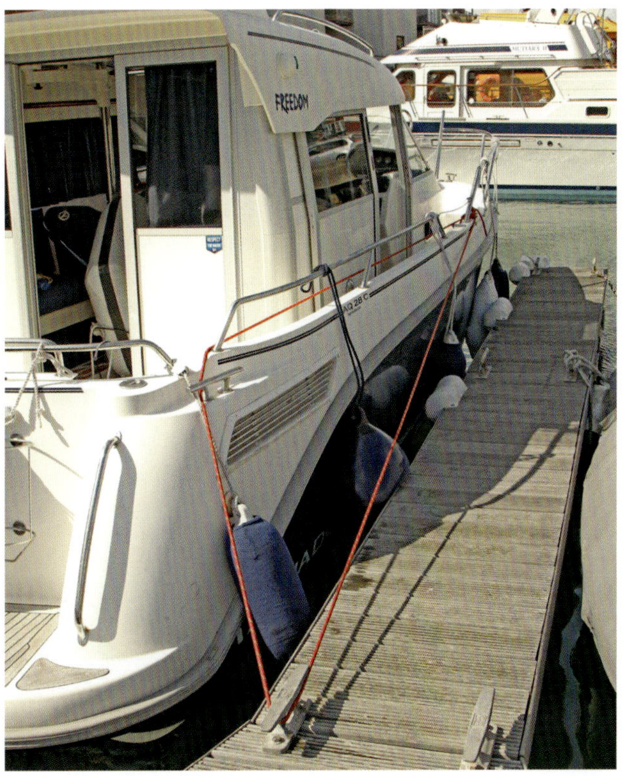

▶ *Umgelenkte Heckleine auf Slip.*

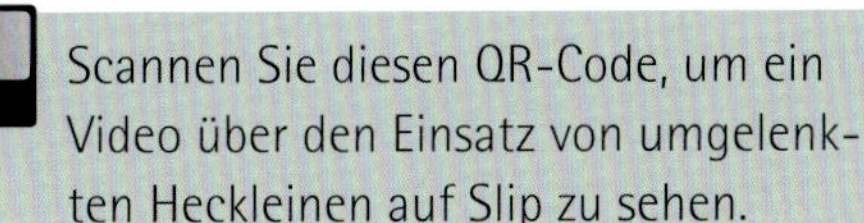
Scannen Sie diesen QR-Code, um ein Video über den Einsatz von umgelenkten Heckleinen auf Slip zu sehen.

3. Umgelenkte Bugleine

Diese Leine wird von einer Heckklampe über das Seitendeck nach vorn zum Bug geführt, dort um eine Klampe herum und weiter zu einer Klampe am Steg auf Höhe des Bugs und mittschiffs zurück an Bord gebracht. Machen Sie auch hier das feste Ende an der Klampe fest und klaren Sie die überschüssige Länge der Leine auf. Das zu slippende Ende wird mit der OXO-Methode zuletzt an der Klampe belegt. Geben Sie Schub zurück, sodass das Boot in die umgelenkte Leine eindampft. Lösen Sie die übrigen Festmacher.

Um abzulegen, kann man entweder die Maschine eingekuppelt lassen, das zu slippende Ende lösen und gleichmäßig einholen oder den Steuermann bitten, kurz auszukuppeln, während man die Leine löst. Bei zweimotorigen Booten mit Wellenanlagen ist es wahrscheinlich am besten, nur die stegseitige Maschine zu verwenden. Überprüfen Sie aber am eigenen Boot, welche Maschine sich bei Rückwärtsschub besser eignet. Bei Z-Antrieben kann man natürlich den Schub des Propellers durch Ruderlegen steuern und so das Boot sehr gut parallel zum Steg halten. Auch hier hängt es von der Motorkraft und der Spannung der Leine ab, ob man die Leine bei gleichzeitigem Schub der Maschine slippt oder dazu den Propeller kurz auskuppelt. Im Zweifel sollte man auskuppeln, während die Crew die Leine von der Klampe löst.

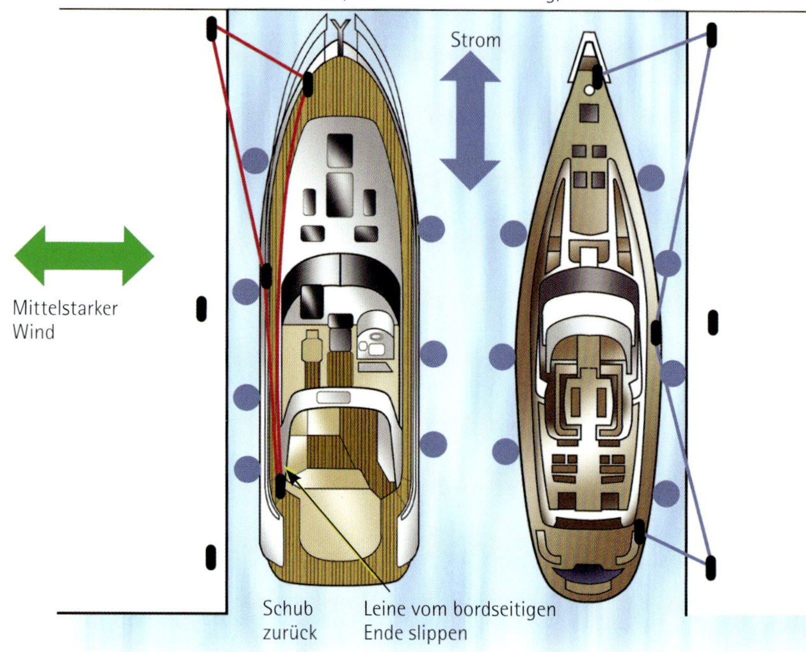

▲ *Ablegen mit Schub zurück gegen eine umgelenkte Bugleine.*

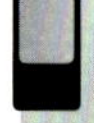

Scannen Sie diesen QR-Code, um ein Video über den Einsatz umgelenkter Bugleinen zu sehen.

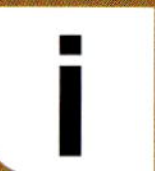

Konfektionierte Leinen

Da man in der Regel immer wieder die gleichen Techniken zum Ablegen anwendet, ergibt es Sinn, die Leinen speziell dafür zu konfektionieren. Leinen, die auf Slip gelegt werden, sollten die passende Länge haben, damit man nicht unnötig langes Tauwerk einholen muss. Am festen Ende empfiehlt sich ein Augspleiß. Das zu slippende Ende sollte frei bleiben, damit es gut abgezogen werden kann. Man könnte auch vorgefertigte feste Schlaufen zum Ablegen verwenden, aber ich empfehle diese eher bei An- als bei Ablegemanövern. Wichtig ist, dass das zu slippende Ende nirgends festkommt, was bei einer Schlaufe im ungünstigen Fall passieren kann.

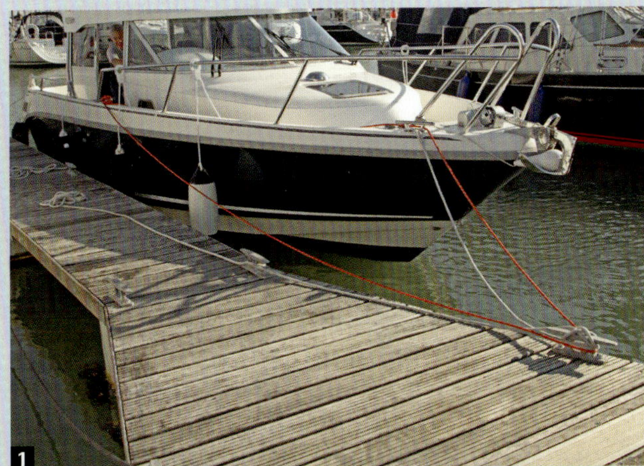

▲ Vergewissern Sie sich, dass das Boot sicher gehalten wird, bevor Sie die Festmacher lösen.

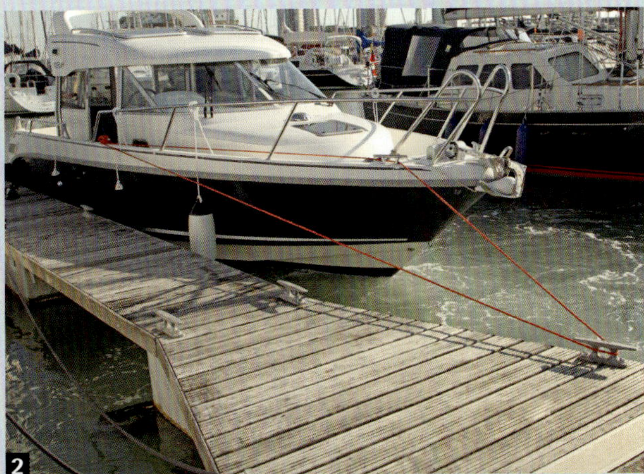

▲ Hier sind die Festmacher entfernt, das Boot wird nur durch Schub gegen die umgelenkte Bugleine gehalten.

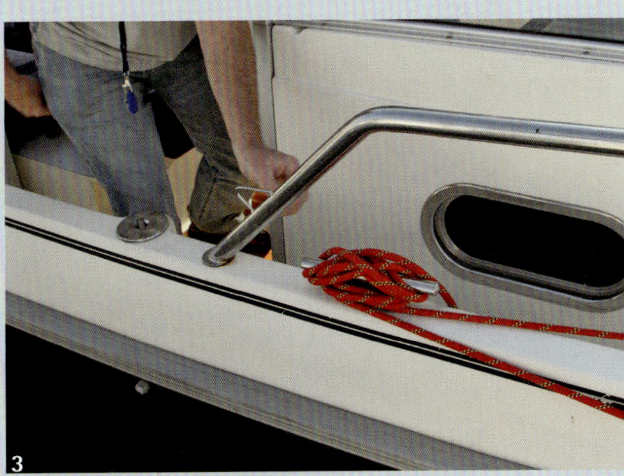

▲ Das feste Ende und das zu slippende Ende sind beide mittschiffs an der Klampe mit der OXO-Methode belegt.

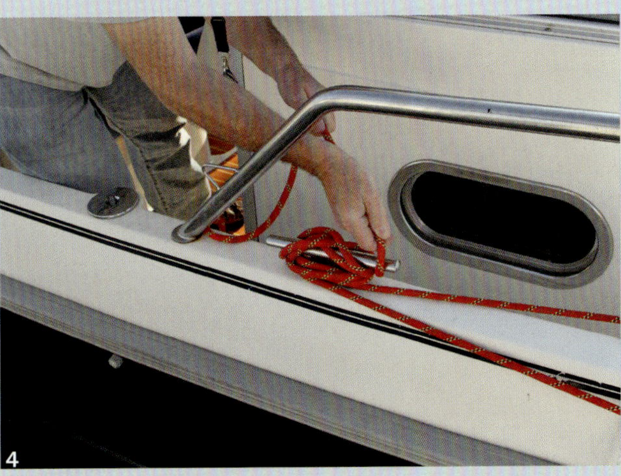

▲ Bei gleichzeitigem Schub zurück nimmt Alan die Leine von der Klampe ab.

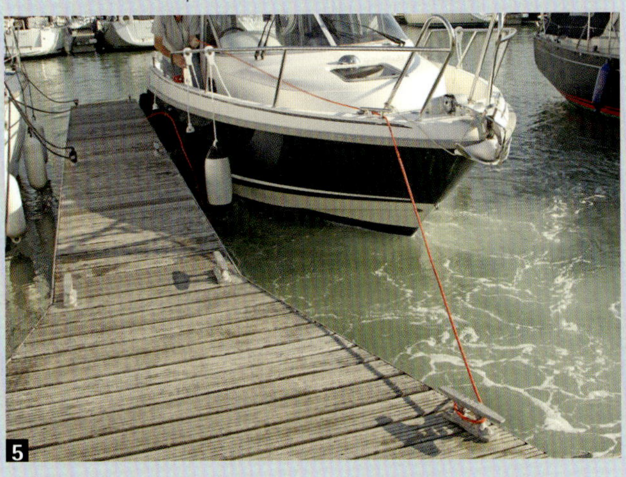

▲ Alan holt die Leine vom festen Ende her ein.

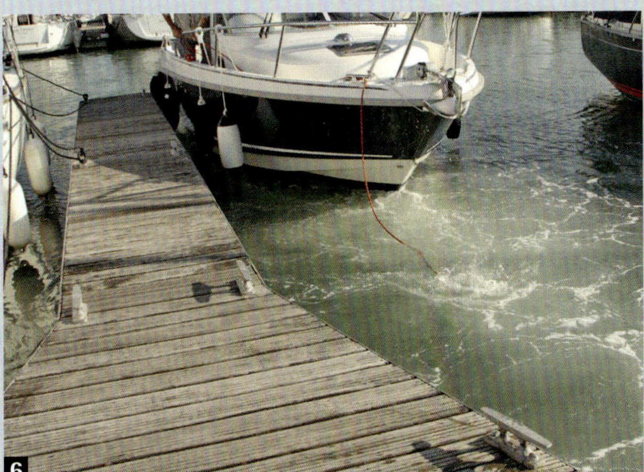

▲ Das Boot ist frei. Alan hat einhand abgelegt.

4. Umgelenkte Heckleine auf Slip beim rückwärts ausfahren

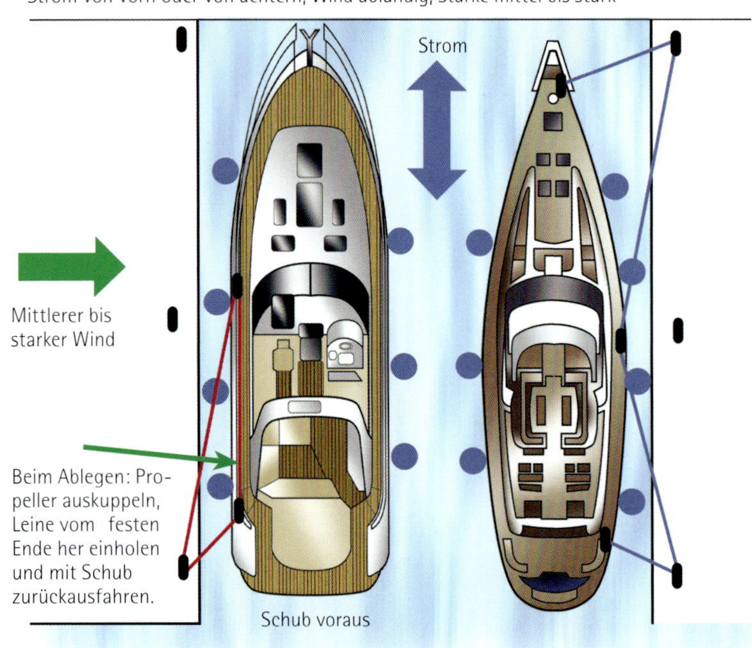

▲ *Schub voraus gegen eine umgelenkte Heckleine auf Slip.*

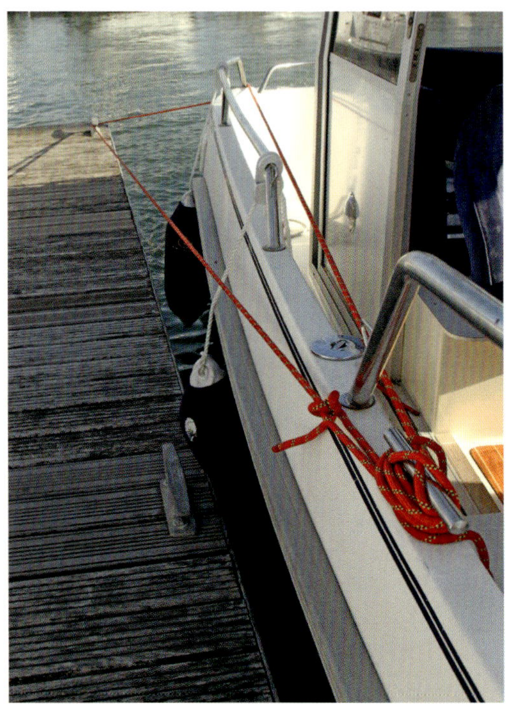

▲ *Schub voraus gegen eine umgelenkte Heckleine. Das feste Ende der Leine ist mit einem Palstekauge um die Klampe gelegt, damit mehr Platz bleibt, um das zu slippende Ende darüber mit der OXO-Methode zu belegen.*

Bereiten Sie alles so vor wie unter Punkt 2 beschrieben, und geben Sie Schub voraus. Beachten Sie bei umgelenkten Heckleinen, dass die achterne Leine auf Höhe der Heckklampe zu einer Klampe auf dem Steg geführt wird. Sollte dadurch das Boot aber unter Schub zu weit nach vorn geraten und gegen den Steg stoßen, muss die Leine dort, wo sie mittschiffs wieder an Bord geführt wird, an einem weiter vorn gelegenen Punkt angeschlagen werden. Wieder gilt, dass bei zweimotorigen Booten mit Wellenanlagen am besten die dem Steg zugewandte Maschine eingesetzt wird, bei Booten mit Z-Antrieben kann man die Ausrichtung durch Ruderlegen kontrollieren. Um Abzulegen, kuppelt der Steuermann aus, und die Crew löst die umgelenkte Leine von der Klampe. Sobald alles frei ist, fährt der Steuermann rückwärts aus der Box.

Man kann ein Boot sowohl bei auflandigem als auch bei ablandigem Wind und Gezeitenstrom auch immer mit einer Leine mittschiffs am Steg halten. Diese kann auf Slip gelegt werden und führt von einer Heckklampe zu einer Klampe mittschiffs, dort, falls möglich, durch die Mitte der Klampe durch, dann hinunter zu einer Klampe auf dem Steg, zurück zur Klampe mittschiffs, dort um das vordere Ende der Klampe herum und zurück nach achtern zur Heckklampe, wo sie belegt wird. Um abzulegen, slippt man die Leine und fährt aus. Das kann ohne Motorschub vorbereitet werden. Motorboote haben an den Seiten oft eine gerade verlaufende Rumpfform, sodass sie weder mit dem Bug noch mit dem Heck vom Steg weg drehen können, wenn sie mittschiffs mit einem kurzen Festmacher gehalten werden.

Bei Leinen auf Slip, die aneinander reiben können oder durch enge Umlenkungen führen, sollte man Tauwerk mit möglichst glatter Oberfläche verwenden. Festes und zu slippendes Ende sollten nicht an derselben Stelle umgelenkt werden. So kann die eine Part durch die Mitte einer Klampe geführt werden und die andere Part um das vordere Ende der Klampe herum, um Reibung zu minimieren.

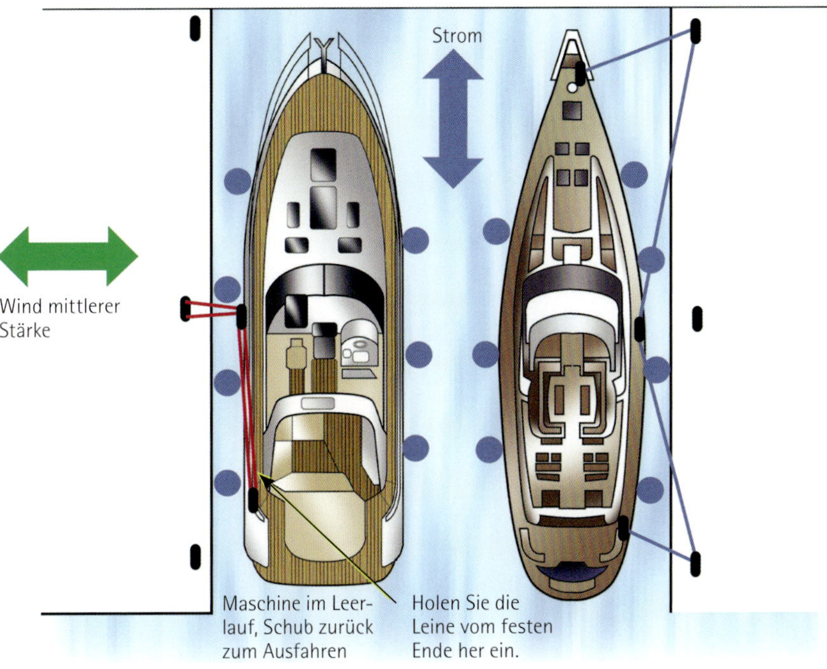

▲ *Mittschiffs festgemacht mit einer auf Slip gelegten Leine.*

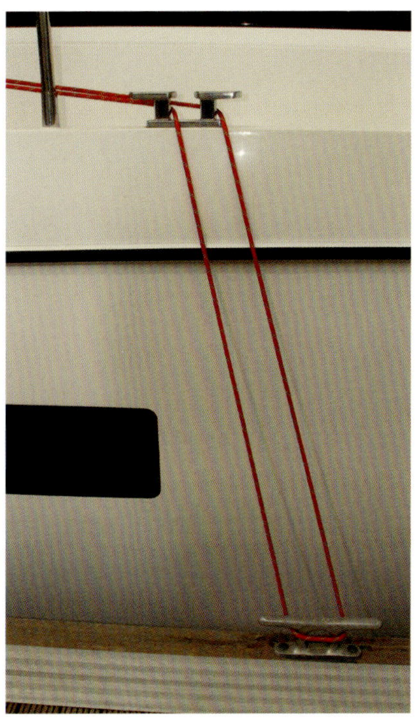

▲ *Eine auf Slip gelegte Leine mittschiffs hält das Boot nah am Steg.*

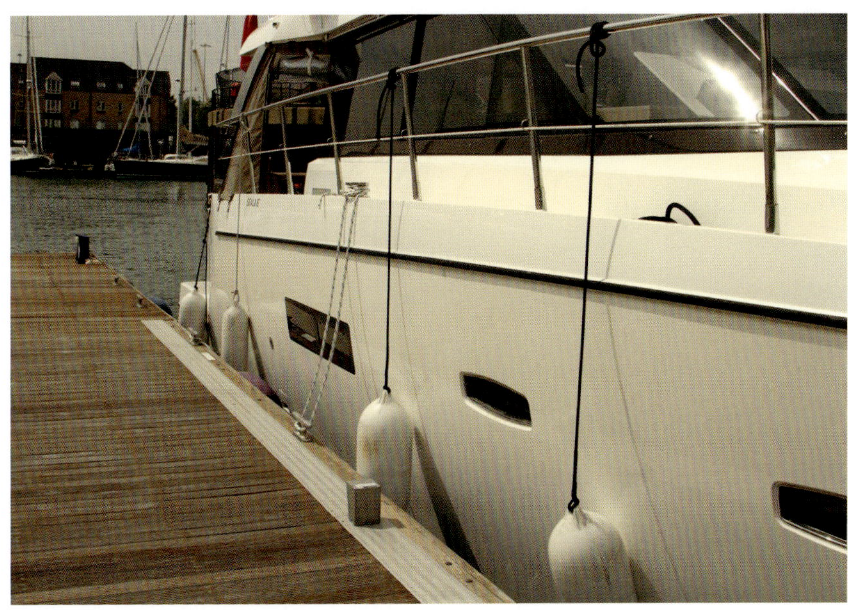

▲ *Durch die geraden Rumpfseiten können Motorboote mit einer Leine mittschiffs gut am Steg gehalten werden. Diese Leine wurde nicht ins Cockpit zurückgeführt.*

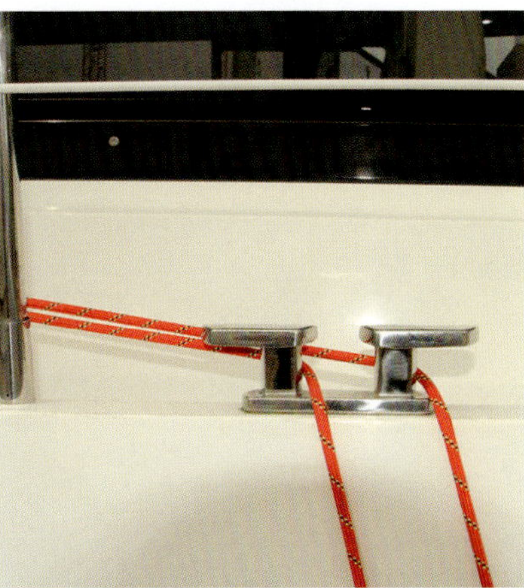

▲ *Die Leine wurde an unterschiedlichen Punkten an der Klampe umgelenkt, damit beim Slippen weniger Reibung entsteht.*

Windstärke messen

Es ist ausgesprochen wichtig, die Windstärke an Deck einer Motoryacht zu kennen. Mit ihren hohen Aufbauten bieten Motoryachten dem Wind eine große Angriffsfläche, was besonders für Boote mit Flybridge gilt. Noch dazu haben Motorboote durch ihr flaches Unterwasserschiff wenig Halt im Wasser. Selbst ein V-Spant-Rumpf hat nur wenig Tiefgang. Verdränger sind hier im Vorteil, da sie im Vergleich zu einem modernen Cruiser etwas weniger Windangriffsfläche über Wasser und etwas mehr Lateralfläche unter Wasser haben. Doch es ist nicht ungewöhnlich, wenn ein Boot mit Flybridge schon bei mittleren Windstärken stark zur Seite abtreibt. Das passiert vornehmlich beim langsamen Manövrieren, wenn man an- oder ablegt oder an einer Boje festmachen möchte. Daher ist es gut zu wissen, wo der Wind herkommt und wie stark er ungefähr ist.

Hand-Windmesser

Ein Windmesser oder Anemometer ist ein sehr genaues Messgerät, um die Windstärke zu bestimmen.

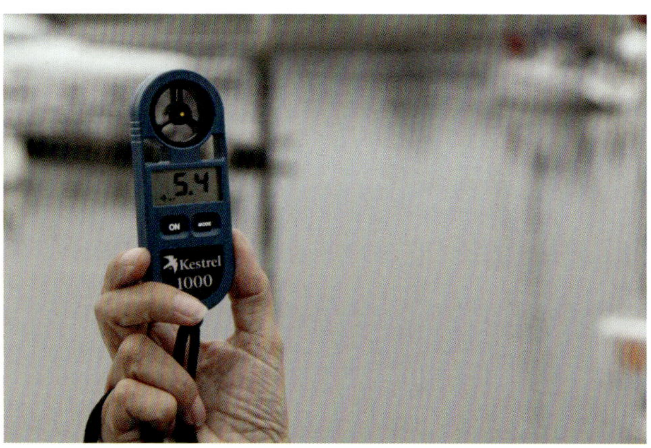

▲ *Hand-Windmesser.*

TIPP

Immer eine Flagge am Bug

Ein Flagge oder ein Wimpel am Bugkorb zeigt die Windrichtung an, wenn das Boot langsame Fahrt macht. Beim An- und Ablegen ist es praktisch, den Einfluss des Windes auf das Boot abschätzen zu können. Der Wimpel sollte aus dünnem Stoff sein, zum Beispiel aus leichtem Polyester, um auch beim leisesten Hauch bereits auszuwehen. Eine allzu steife Flagge zeigt dagegen kaum etwas an.

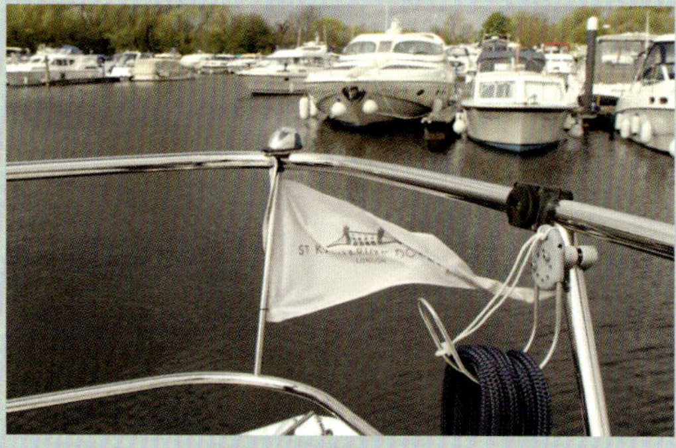

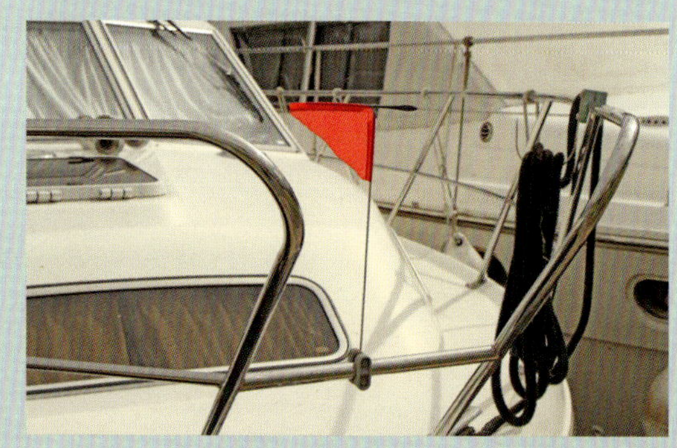

Hier wurde die Windanzeige noch weiter verbessert. Mit diesem Verklicker am Bugkorb kann man auch kleinste Winddreher erkennen.

Windex

Beobachten Sie die Windinstrumente im Topp der Masten von umliegenden Segelbooten. Die Windfahne zeigt die Richtung des Windes an.

- Drehen sich die Schaufelrädchen der Windmesser langsam, so weht kaum Wind.
- Drehen sie sich schneller, aber so, dass man sie noch einzeln erkennen kann, weht der Wind mit ungefähr 11–16 Knoten oder 4 Beaufort.
- Kann man die Schaufelrädchen nicht mehr einzeln ausmachen, weht der Wind kräftig mit 25 Knoten oder 6 Beaufort und mehr.

Flaggen sind in der Regel rechteckig. Sie können neben den Nationalflaggen und den Flaggen des Flaggenalphabets auch zu Organisationen, wie Segelclubs und Vereinen gehören.

Wimpel und Stander sind dreieckig oder haben eine längliche Trapezform. Sie können als Antwort- und Zahlenwimpel zum Flaggenalphabet gehören, aber auch für Segelclubs und andere Organisationen stehen.

Windgeschwindigkeit an Flaggen

Selbst an einer Flagge oder einem Wimpel kann man die ungefähre Windgeschwindigkeit ablesen.

- Flagge hängt nach unten: Windgeschwindigkeit unter 10 Knoten, 3 Beaufort und weniger.
- Flagge weht mit Unterbrechungen leicht aus: Windgeschwindigkeit 11–16 Knoten, 4 Beaufort.
- Flagge weht flatternd über die gesamte Länge aus: Windgeschwindigkeit 17–21 Knoten, 5 Beaufort.
- Flagge weht schnell flatternd über die gesamte Länge aus: Windgeschwindigkeit 22–27 Knoten, 6 Beaufort.
- Flagge weht voll aus, hartes Flattern: Windgeschwindigkeit 28–33 Knoten, 7 Beaufort – Besser man bleibt im Hafen!

Doch abgesehen davon steigt die Windgeschwindigkeit an Bord auf 8 Beaufort, sobald man den Hebel auf den Tisch legt, das Boot in volle Gleitfahrt übergeht und die Nadeln 35 Knoten zeigen. Diese Windgeschwindigkeit entspricht schon fast einem Sturm, aber man hat sie selbst durch die eigene Fahrt erzeugt, ganz unabhängig von dem umgebenden Wind und Wetter.

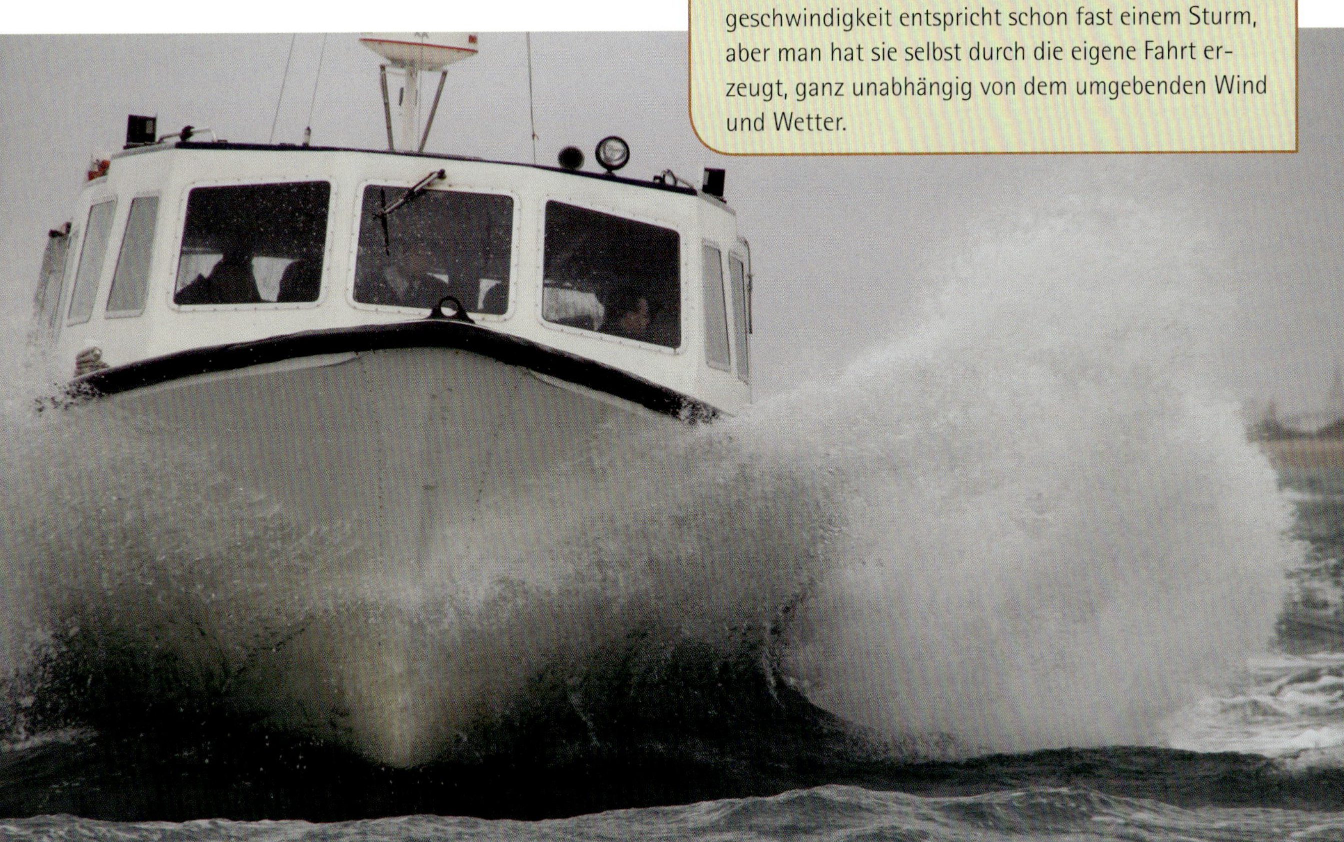

7 An einen Liegeplatz anlegen

Die unterschiedlichen Techniken zum Ablegen wurden nun gemeistert, wie aber kommt man wieder sicher an den Liegeplatz zurück und macht fest? Auch dazu gibt es verschiedene Methoden, bei denen man auf die eine oder andere Art eine Leine über eine Klampe am Steg legt und sich mit Motorschub gegen diese Leine sicher am Steg hält, bis alle Festmacher ausgebracht sind. Zuallererst muss man jedoch die Ansteuerung bedenken.

Die Ansteuerung

Die Ansteuerung erfolgt immer gegen den Strom. Egal, ob man längsseits an einem langen Steg, in einer Box, im Päckchen oder an einer Boje festmachen will – man steuert immer gegen den Strom an. Um mit dem Bug voraus anzulegen, steuert man vorwärts gegen den Strom. Um mit dem Heck voraus anzulegen, steuert man rückwärts gegen den Strom. In der Regel hat der Gezeitenstrom stärkeren Einfluss auf das Boot als der Wind, bei kräftigem Wind und Hoch- oder Niedrigwasser kann es umgekehrt sein. In jedem Fall muss man sich darüber im Klaren sein, wie das Boot in Strom und Wind reagieren wird. Mein eigener Liegeplatz ist ganz dem vorherrschenden Wind ausgesetzt, sodass der Gezeitenstrom besonders kräftig setzen muss, um stärkeren Effekt als der Wind zu haben.

Auch Wind von der Seite muss bedacht werden. Solange man Fahrt durchs Wasser macht, sollte man einen Seitenwind ausgleichen können. Dabei spielen jedoch die Form des Rumpfes und die Größe der seitlichen Windangriffsfläche eine Rolle. Viele Motorboote haben aufgrund eines flachen Unterwasserschiffs wenig Widerstand im Wasser und umso mehr Windangriffsfläche über dem Wasser durch hohe Aufbauten. Sie werden leicht seitlich abgetrieben,

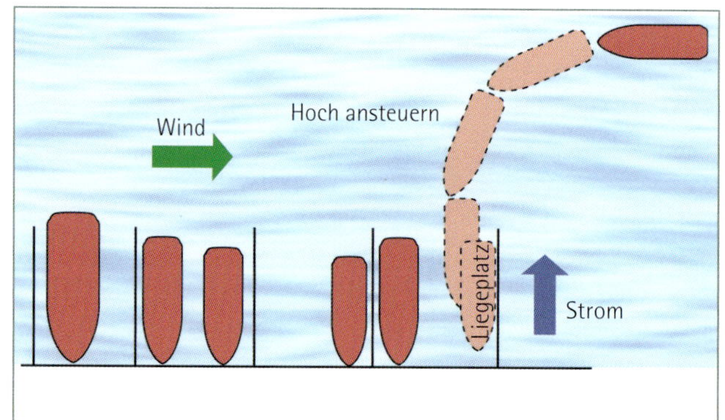

▲ *Ansteuerung 1.*

was oft beunruhigend ist. Man muss diesen Versatz kennen und einplanen.

Weht der Wind querab zum Steg hin, muss man den Liegeplatz hoch ansteuern, das heißt man dreht etwas weiter in Luv in die Box ein und lässt den Wind das Boot ganz an den Steg bringen. Hat man die seitliche Abdrift durch den Wind überschätzt, muss man nur etwas abwarten, bis das Boot ganz am Steg liegt. Wichtiger ist es, die Abdrift nicht zu unterschätzen oder gar direkt auf die Box zuzuhalten, da man sonst zu weit nach Lee abtreibt und den Liegeplatz verfehlt. In diesem Fall ist es besser, das Manöver abzubrechen und die Ansteuerung neu zu beginnen.

Bei ablandigem Wind könnte man ebenfalls etwas in Luv, in diesem Fall schon vor der Box, eindrehen und den Wind das Boot genau vor die Box bringen lassen. Dabei riskiert man allerdings, auf das Nachbarboot gedrückt zu werden oder ganz an der Box vorbei zu driften und sich dann aus dieser Lage befreien zu müssen. Besser ist es daher, an der Box vorbeizufahren, zu wenden und den Liegeplatz schräg mit vorlichem Wind anzulaufen.

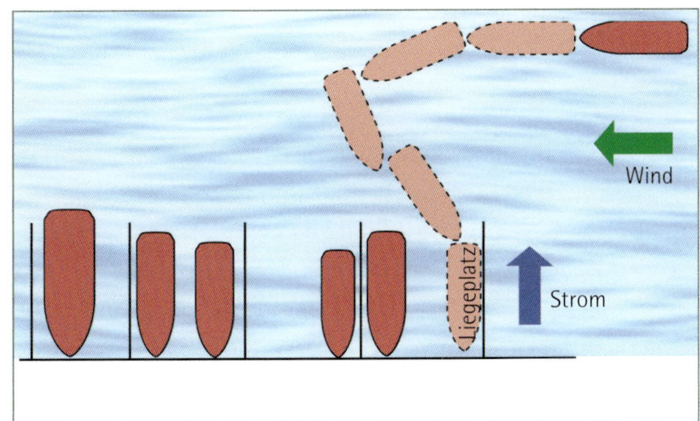

▲ *Ansteuerung 2.*

Bei Zweihand-Crews kann einer am Steuerstand bleiben und der andere die Leinenarbeit übernehmen. Dabei sollte der Steuermann niemals das Cockpit verlassen, um dem anderen zu Hilfe zu eilen, auch wenn dieser gerade Schwierigkeiten hat, eine Klampe zu erwischen oder eine Leine zum Steg zu werfen, da das Boot ansonsten führerlos ist. Der Steuermann muss dieser Versuchung widerstehen und immer am Steuerstand bleiben. Gegebenenfalls muss ein zweiter Versuch durchgeführt werden.

Alle gezeigten Techniken werden von Bord aus durchgeführt. Man steigt erst von Bord, wenn das Boot mit Motorschub gegen eine umgelenkte Leine längsseits am Steg liegt.

Dwars laufen

Beim Anlegen kann man sich den Gezeitenstrom oder eine Flussströmung auch zunutze machen, um das Boot seitlich zu versetzen. Diese Technik wird gleichermaßen auf einem großen Kreuzfahrtschiff in Gezeitengewässern wie auch in einem Kanu oder Kajak in der Flussströmung angewendet. Angenommen, dass man mit einem Knoten Fahrt gegen einen ein Knoten schnellen Strom anmotort. Dann macht man einen Knoten Geschwindigkeit durchs Wasser, steht aber dennoch auf der Stelle und kann das Boot genau im Strom halten. Bringt man jetzt den Strom durch leichten Ruderausschlag etwas seitlich an den Bug, beginnt sich das Boot dwars, also quer zum Strom zu bewegen. Je stärker der Strom ist, umso weniger Ruderauschlag ist nötig, um diese weit verbreitete Technik anzuwenden und mit dem Boot dwars zu laufen. In der Praxis muss man immer wieder ein- und auskuppeln, da die Geschwindigkeit der meisten Motorboote bei Standgas bereits größer als der vorherrschende Strom ist.

Um anzulegen, dreht man schon vor Erreichen des Liegeplatzes gegen den Strom und dosiert den Motorschub so, dass man keine Fahrt über Grund mehr macht. Dann lässt man das Boot in Richtung zum Steg oder Liegeplatz dwars laufen, richtet es dort wieder exakt gegen den Strom aus und kann perfekt längsseits gehen.

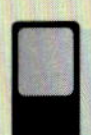

Scannen Sie diesen QR-Code, um ein Video über das Dwars-Laufen zu sehen.

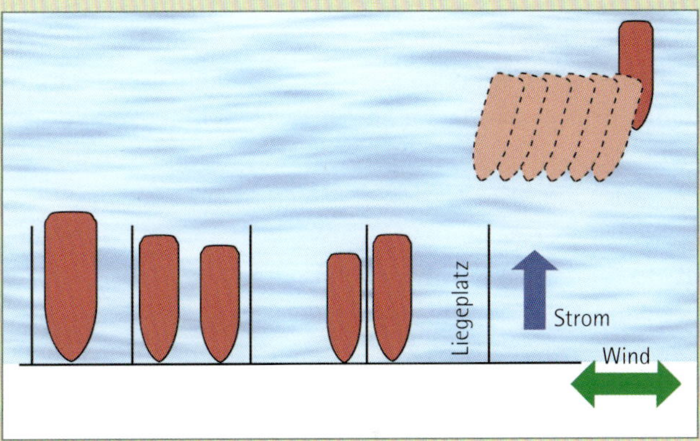

▲ *Seitlicher Versatz durch dwars laufen.*

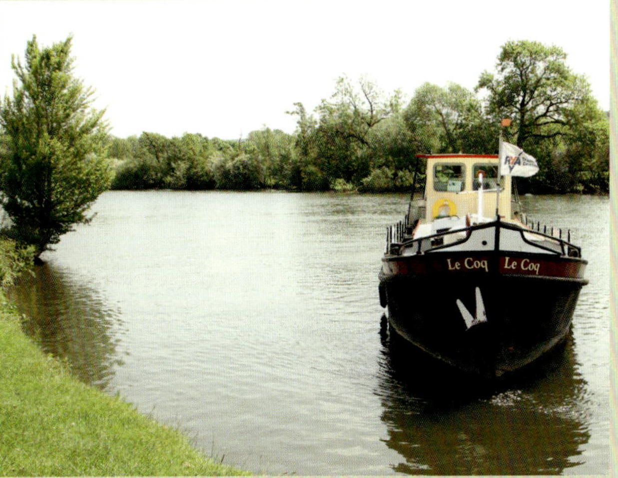

▲ *Dwars laufen mit der* LE COQ.

Dabei ist es die Aufgabe des Steuermanns, das Boot an den Steg zu manövrieren. Aufgabe der Crew ist es, eine Leinenverbindung zum Steg herzustellen, in die das Boot eindampfen kann. Die Crew ist jedoch nicht dafür zuständig, Fehler des Steuermanns wettzumachen.

Bug voraus anlegen

1. Umgelenkte Heckleine

Das ist eine hervorragende Methode, um an einem Steg anzulegen, denn selbst wenn man aufgrund vorherrschender Bedingungen nicht ganz an den Steg herankommt, sollte es möglich sein, einen Festmacher per Lasso-Technik über eine Klampe zu werfen. Hält man in jeder Hand einige Buchten der Leine, sollte man sie selbst mit wenig Kraft eineinhalb Meter weit werfen können. Das bedeutet, dass es genügt, auf einen Meter an den Steg heranzukommen, um die Klampe sicher zu erreichen – und ein Meter ist viel, zumindest beim Anlegen an einem Steg. Man sollte in der Regel noch näher am Steg sein. Voraussetzung ist natürlich etwas Übung beim Werfen der Leine.

Sobald die Leine um die Klampe liegt, dampft man mit etwas Schub voraus in sie ein, und das Boot legt sich an den Steg. Diese Methode verwende ich am liebsten, sowohl beim Anlegen mit dem Bug voraus als auch mit dem Heck, denn die umgelenkte Leine hält das Boot an zwei Stellen, mittschiffs und am Heck. Das hilft, das Boot auch bei Seitenwind am Steg zu halten, ohne die Motordrehzahl zu erhöhen.

Beachten Sie aber, dass Sie das Boot nicht durch die Heckleine aufstoppen. Man sollte erst zum Stillstand kommen, bevor die Leine über die Klampe geworfen wird.

Gehen Sie in folgenden Schritten vor:

TIPP

Einweisung der Crew

Der Steuermann verlässt auf keinen Fall den Steuerstand, egal wie frustrierend es sein mag, wenn die Crew sich nicht richtig zu helfen weiß. Er muss der Versuchung widerstehen, der Crew zu Hilfe zu eilen. Er wird am Steuerstand gebraucht. Nur von dort kann er das Boot kontrollieren und nicht vom Deck aus. Deshalb ist es wichtig, die Crew vor einem Manöver genau einzuweisen, damit jeder den Ablauf kennt. Ebenso muss die Crew alles gut vorbereiten, damit sie ihre Aufgaben bestmöglich erledigen kann.

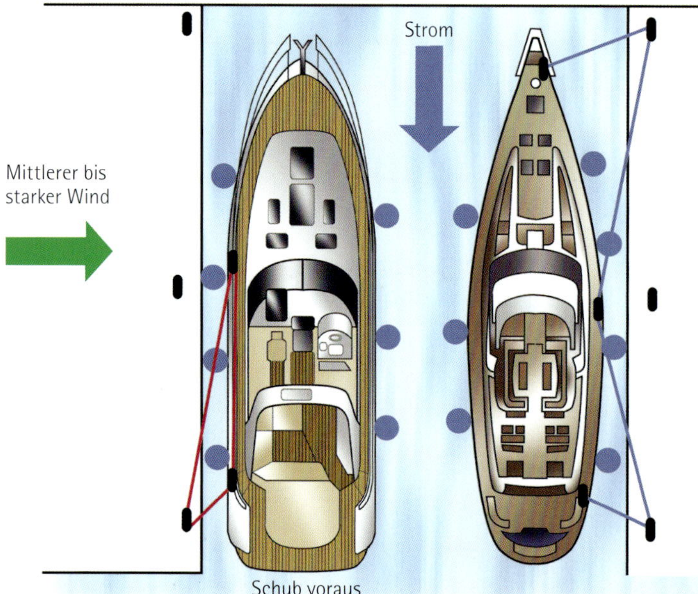

▲ *Bug voraus mit umgelenkter Heckleine anlegen.*

1. Machen Sie eine Leine an einer Mittschiffsklampe fest. Machen Sie zum Abschluss einen Kopfschlag, wenn sie die Leine mit der OXO-Methode belegen. Oder machen Sie die Leine mit einem Palstekauge fest.

2. Führen Sie die Leine außenbords nach achtern und zu einer Heckklampe. Führen Sie sie durch die Mitte der Klampe durch, falls möglich. So kann sie nicht ins Wasser fallen.

3. Ziehen Sie dann genug Leine durch die Heckklampe, um vier Buchten für das Lasso zu formen. Achten Sie darauf, dass die Part, die von Ihnen zur Mittschiffsklampe führt, nicht ins Wasser fällt.

4. Sobald der Steuermann das Boot längsseits neben der Klampe

aufgestoppt hat, wird die Leine mit einem hohen und weiten Lassowurf über die Klampe geworfen.

5. Holen Sie gleichmäßig dicht, bis die umgelenkte Leine gespannt ist. Achten Sie darauf, dass sie nicht von der Klampe oder dem Poller abrutscht.

6. Belegen Sie die umgelenkte Leine an der Heckklampe mit der OXO-Methode und einem Kopfschlag.

7. Jetzt kann der Steuermann Schub voraus geben und in die umgelenkte Leine eindampfen.

Bug voraus mit umgelenkter Heckleine

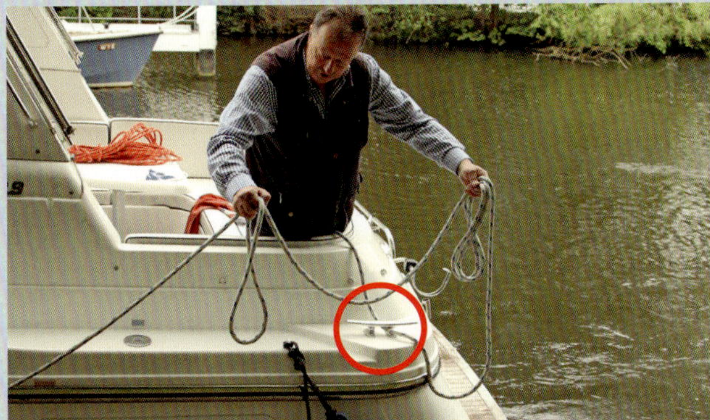

▲ *Die Leine wird zur Sicherheit durch die Klampe geführt.*

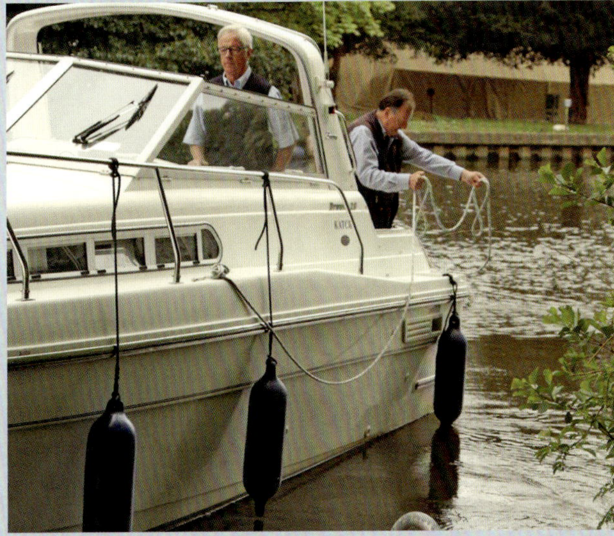

▲ *Die Leine ist mit der OXO-Methode an der Mittschiffsklampe belegt und durch die Mitte der Heckklampe geführt. Vier Buchten sind für den Lassowurf geformt.*

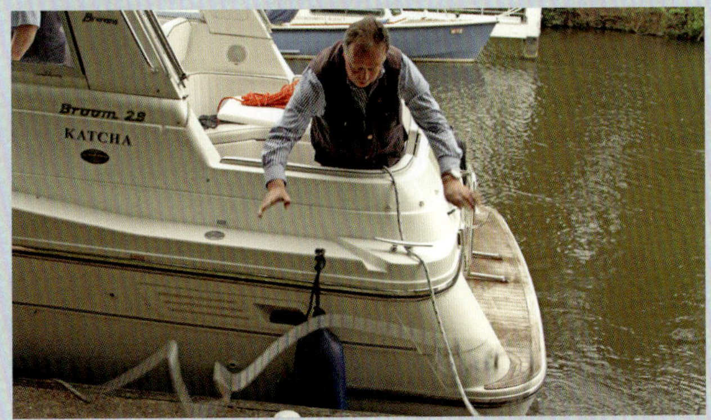

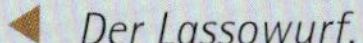

◄ *Der Lassowurf.*

▲ *Dichtholen der umgelenkten Leine.*

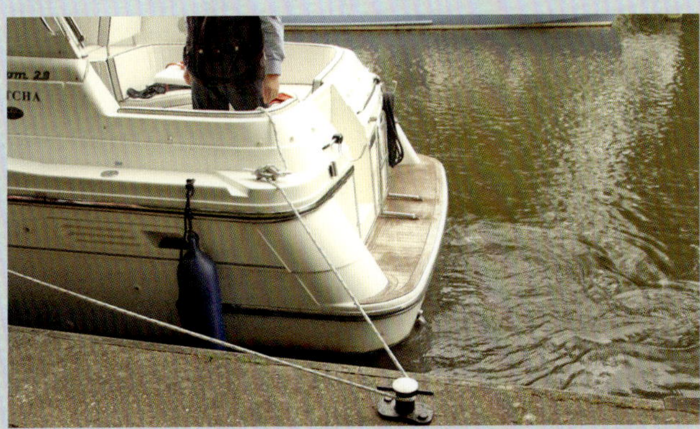

▲ *Die Heckleine ist belegt und hält das Boot am Steg.*

Beim Eindampfen in eine umgelenkte Leine ist es wichtig, die Maschine immer eingekuppelt zu lassen. Bei den Fotoaufnahmen für dieses Buch trieb das Boot manchmal ab, weil der Steuermann den Propeller zwischendurch ausgekuppelt hatte. Natürlich legte sich das Boot wieder längsseits an den Steg, sobald eingekuppelt wurde. Während das Boot mit Motorschub gegen eine umgelenkte Leine am Steg liegt, hat man zwei Möglichkeiten:

1. Man steigt auf den Steg und bringt die Bugleine und die Springleinen aus. Dann kuppelt man den Propeller aus.
2. Sofern der Bug über das Seitendeck oder durch eine geteilte Windschutzscheibe schnell erreichbar ist, kann man die Bugleine von Bord aus per Lassowurf an einer Klampe am Steg festmachen. Eigentlich muss man die Leine nur von oben über die Klampe legen. Mit der ausgebrachten Bugleine und der umgelenkten Heckleine kann ausgekuppelt werden. Man steigt auf den Steg, ersetzt die umgelenkte Heckleine durch einen regulären Festmacher und bringt die Springleinen aus.

Auf größeren Booten ziehe ich eine Technik vor, bei der alles von Bord aus gehandhabt wird, bevor man auf den Steg steigt. Selbst die Springleinen können von Bord aus festgemacht werden. Binden Sie dazu einen Palstek in das Ende einer Leine und werfen Sie es von mittschiffs an Bord über ein Klampe am Steg, ohne die Leine an Bord zu belegen. Machen Sie dann ein Palstekauge in eine zweite Leine und werfen Sie diese über die gleiche Klampe am Steg. Machen Sie die eine Leine am Bug und die andere am Heck fest, und das Boot ist mit Springleinen vertäut. Später können noch alle Leinen feinjustiert werden, aber man liegt bereits sicher festgemacht am Steg mit den von Bord aus ausgebrachten Bug- und Heckleinen sowie den zwei Spingleinen.

Bei Booten, die eine Abstützung von der Flybridge zum Achterdeck haben kann die umgelenkte Heckleine nicht so einfach ausgebracht werden. Auf der RAMOSSEAS machen wir einen Palstek in das Ende der Leine, das um die Mittschiffsklampe herumgeführt werden soll und hängen es so auf, dass es vom Seitendeck aus griffbereit ist. Die Leine auf

TIPP

Immer mit Gefühl

Ein wichtiger Punkt für gelungene Anlegemanövern mit PS-starken Booten ist, nicht zuviel Gas zu geben. Standgas genügt völlig. Nach dem Einkuppeln vergeht noch ein kurzer Moment, bis sich der Propeller dreht und das Boot in Bewegung versetzt. Oft muss man sofort wieder auskuppeln, denn ein ganz kurzer Schub genügt bereits, um Fahrt aufzunehmen.

Man kann dazu laut bis drei zählen: »eins« – einkuppeln, »zwei« – Propeller beginnt sich zu drehen, »drei« – auskuppeln. Meist vergeht weniger als eine Sekunde von dem Zeitpunkt, an dem sich der Propeller zu drehen beginnt, bis man den Propeller wieder auskuppelt. Bei Wind, Gezeitenstrom oder einer anderen Strömung kann etwas längerer Motorschub nötig sein, aber das merkt man schnell, und das ist auch von Boot zu Boot unterschiedlich. Aber man sollte daran denken, den Gashebel immer wohldosiert zu bedienen, anstatt das Boot mit quietschenden Fendern gegen den Steg zu rammen.

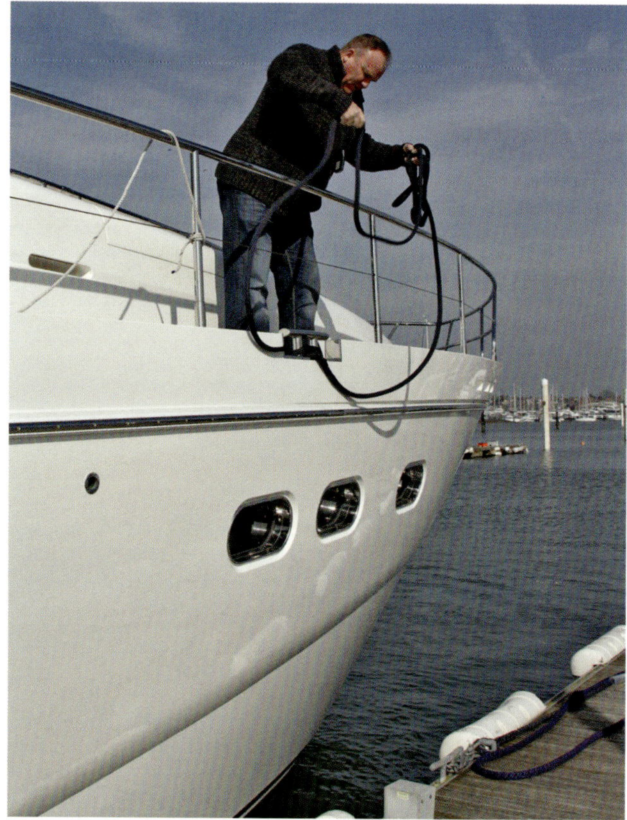

▲ *Mit einem Lassowurf legt Andy die Bugleine um eine Klampe.*

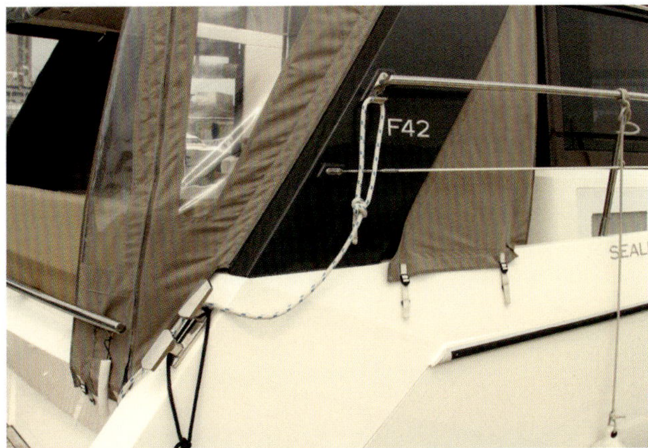

▲ *Das Palstekauge, mit dem die Leine festgemacht werden soll, ist für die Crew auf dem Seitendeck griffbereit vorbereitet.*

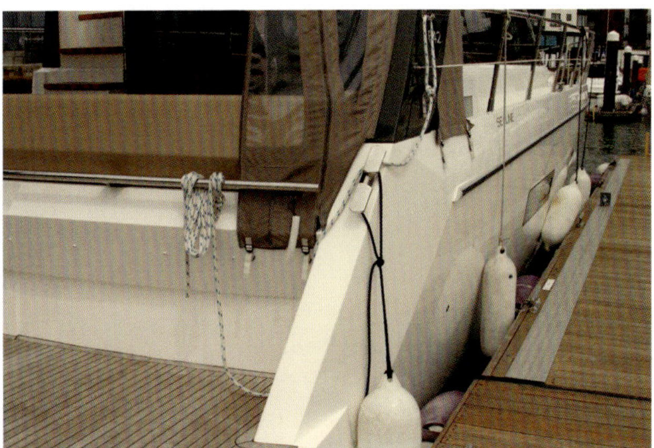

▲ *Die Leine ist einsatzbereit am Heck ausgelegt.*

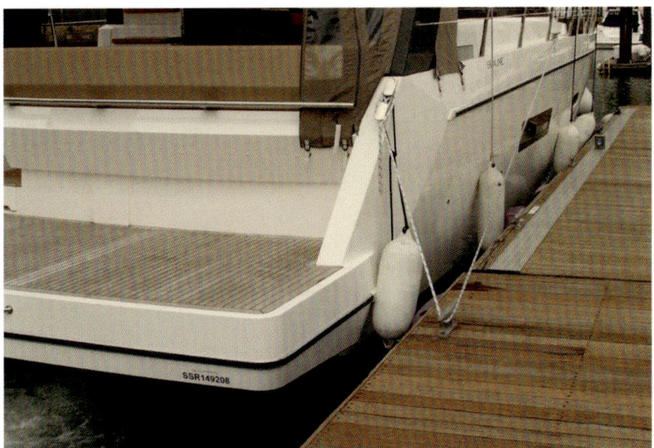

▲ *Mit einem Lassowurf ist die Leine über die Klampe gelegt und das Ende an der Heckklampe belegt. Mit Schub gegen die umgelenkte Heckleine liegt das Boot längsseits am Steg.*

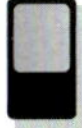

Scannen Sie diesen QR-Code, um ein Video über Achterspring, umgelenkte Heckleine und Festmacher zu sehen.

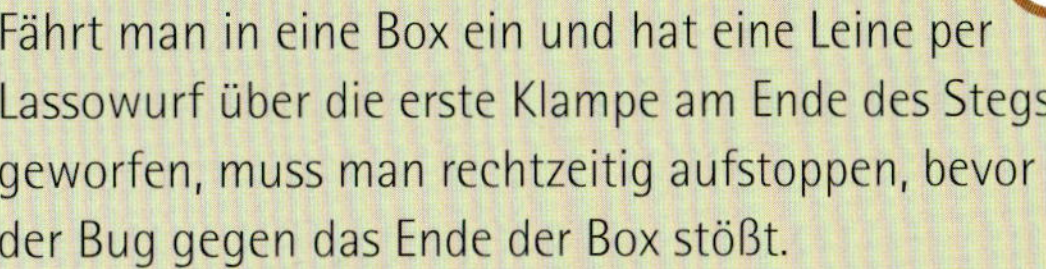

Maßarbeit

Fährt man in eine Box ein und hat eine Leine per Lassowurf über die erste Klampe am Ende des Stegs geworfen, muss man rechtzeitig aufstoppen, bevor der Bug gegen das Ende der Box stößt.
Durch die umgelenkte Heckleine kommt das Boot so zu stehen, dass die achterne Klampe, an der man die Leine belegt hat, auf gleicher Höhe ist wie die Klampe am Steg, über die man die Leine gelegt hat. Sollte dabei aber der Bug bereits gegen das Ende der Box stoßen, muss man sich etwas anderes ausdenken. Entweder benötigt man eine größere Box oder man muss die Heckleine weiter vorlich zurück an Bord führen. Motorboote haben meist keine Klampen am vorderen Ende des Cockpits, sodass man erfinderisch sein muss. Auf einem Motorboot will man nicht Unmengen an Tauwerk einsetzen und die umgelenkten Leinen, die ich zum Anlegen empfehle, genügen bereits. Möchte man aber einen stabilen Anschlagpunkt schaffen, um die Heckleine zurück an Bord zu führen, kann man eine kurze Leine verwenden, die an einem Ende einen Augspleiß hat, um sie über die Mittschiffsklampe zu legen. Am anderen Ende könnte man einen Ring einspleißen lassen, eventuell einen mit Gummiüberzug, um das Seitendeck nicht zu beschädigen.
Mit der Leine von der Mittschiffsklampe, entlang dem Seitendeck und dem Ring am Ende, der auf gleicher Höhe wie die Klampe am Steg ist, kann man das Boot aufstoppen, ohne zu weit einzufahren und gegen das Ende der Box zu stoßen. Führen Sie dazu die umgelenkte Heckleine durch den Ring zurück an Bord, und machen Sie sie an einer Heckklampe fest. Durch den Ring haben Sie den Punkt, an dem die Leine zurück an Bord führt, weiter nach vorn versetzt. Dazu könnte man auch jede beliebige Leine verwenden, ein Ende an der Klampe mittschiffs belegen und am anderen Ende genau dort einen Palstek binden, wo das Boot neben der Klampe am Steg zum Stillstand kommen soll.

der Badeplattform hängen wir aufgeklart und einsatzbereit über eine Stange am Heck.

Die umgelenkte Leine ist an der Mittschiffsklampe belegt und führt außenbords zurück zu einer Heckklampe oder zu dem Punkt, wo sie achtern wieder an Bord gebracht wird. Machen Sie nun vier Buchten für das Lasso, halten Sie je zwei in jeder Hand, sodass nur eine Part zwischen ihren Händen verläuft.

Sobald der Steuermann das Boot längsseits an den Steg manövriert und neben der Klampe aufgestoppt hat, wirft oder legt man die Leine darüber und holt dicht. Belegen Sie die Leine mit der OXO-Methode an der Klampe.

Mit der belegten Heckleine kann der Steuermann Schub voraus geben, sodass das Boot längsseits am Steg bleibt. Erst dann steigt man auf den Steg und macht erst die Bugleine fest, dann die Springleinen und die reguläre Heckleine. Ist das Boot sicher vertäut, wird der Propeller ausgekuppelt und die umgelenkte Heckleine eingeholt.

2. Heckleine

Steuert man einen Steg an, um längsseits festzumachen, stoppt der Steuermann das Boot neben einer Klampe auf. Sie können nun eine Bucht der Leine über die Klampe werfen und an Bord belegen. Der Steuermann gibt Schub voraus und das Boot, gehalten von der Heckleine, legt sich längsseits an den Steg.

Zur Vorbereitung macht man ein Ende der Leine an einer Heckklampe fest, legt vier Buchten in die Leine, hält je zwei in jeder Hand und wirft sie über die Klampe am Steg. Holen Sie am losen Ende dicht, und belegen sie auch dieses Ende an der Heckklampe. Wieder gibt der Steuermann Schub voraus, sobald die Heckleine fest ist. Das Boot dampft in die Heckleine ein und liegt sicher längsseits.

3. Festmacher mittschiffs

Bei dieser Technik verläuft die Leine von einer Klampe mittschiffs zu einer Klampe am Steg und zurück zur Mittschiffsklampe. Wieder macht man vier Buchten, hält je zwei in jeder Hand und wirft sie über die Klampe am Steg, sobald der Steuermann das Boot auf Höhe der Klampe aufgestoppt hat. Achten Sie darauf, die Leine beim Dichtholen nicht von der Klampe abzuziehen, da sie steil nach oben verläuft. Dann kann dichtgeholt und an der Mittschiffsklampe belegt werden. Das Boot ist am Steg fixiert, und man kann den Propeller auskuppeln.

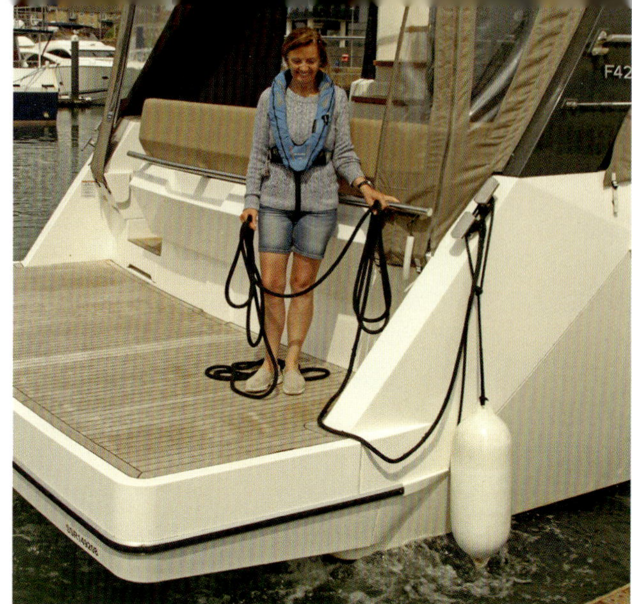

▲ *Wurfbereit werden die Buchten in der Hand gehalten.*

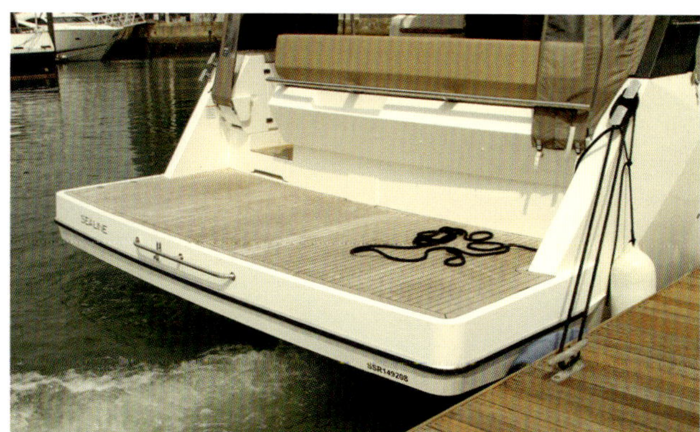

▲ *Die Leine wurde mit der OXO-Methode an Bord belegt. Das Boot dampft mit der innen liegenden Maschine in die Leine ein.*

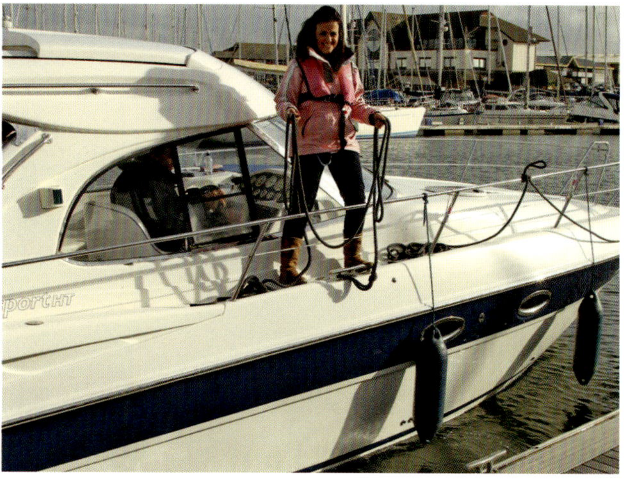

▲ *Bereit für den Lassowurf.*

Konfektionierte Heckleine

Hier wird eine große Schlaufe als Heckleine verwendet. Die Enden der Leine sind mit einem doppelten Spierenstich verbunden. So kann Rebecca die Schlaufe über die Klampe am Steg legen und dann an der Heckklampe festmachen. Daraufhin gibt Jonathan Schub voraus und das Boot liegt längsseits.

TIPP

Fender statt Finger

Halten Sie einen Fender zwischen ihr Boot und eine drohende Karambolage. Auf keinen Fall darf man versuchen, einen Aufprall mit Händen oder dem eigenen Körper abzufangen oder gegen die Reling zu drücken, da sie sich verbiegen könnte. Kleinere Boote kann man an den Relingsstützen halten oder abstoßen, aber man muss immer am Relingsfuß anfassen.

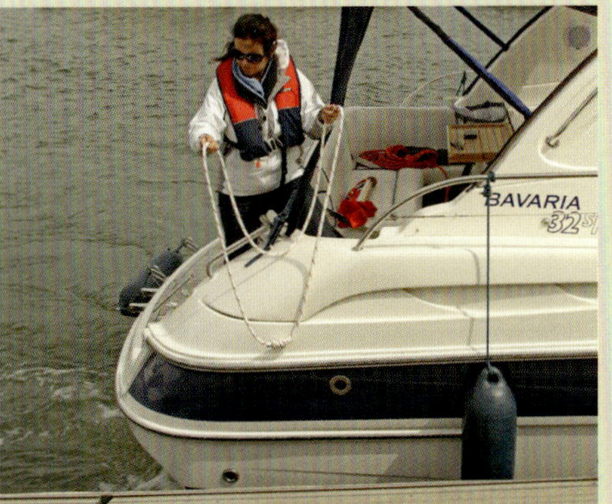

▲ *Die Schlaufe ist vorbereitet.*

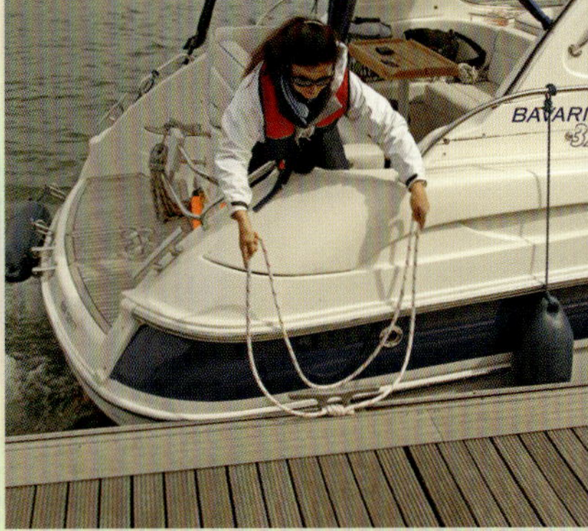

▲ *Die Schlaufe wird um die Klampe gelegt.*

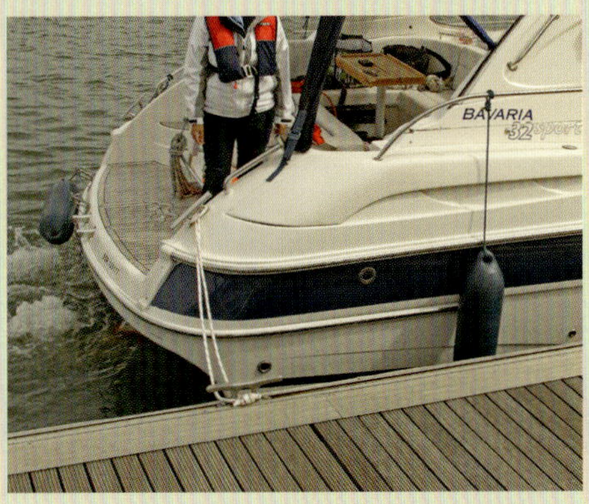

▲ *Dann wird an der Heckklampe an Bord festgemacht.*

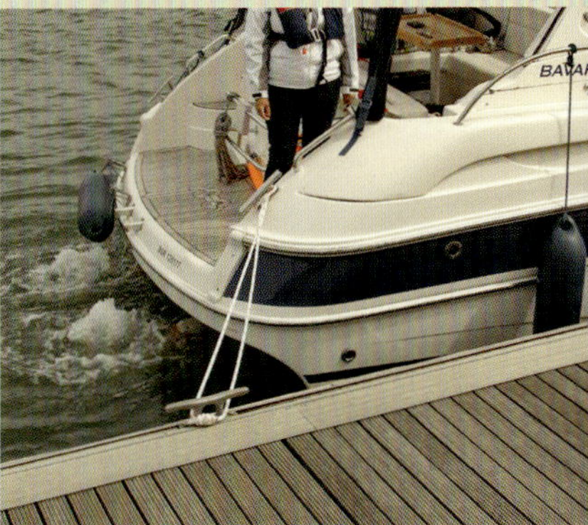

▲ *Das Boot liegt längsseits am Steg und dampft in die Heckleine ein.*

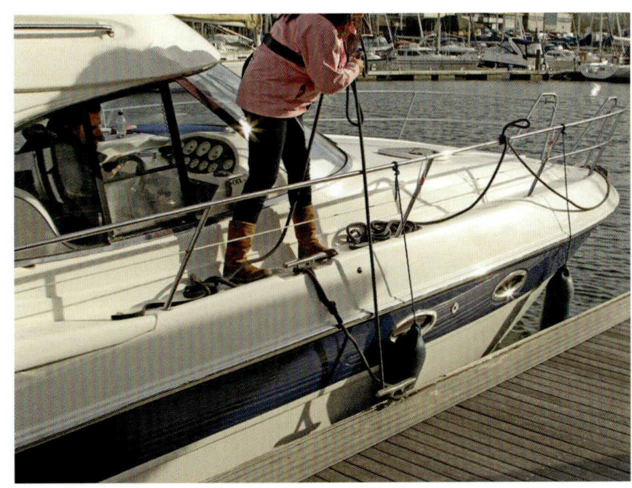

▲ *Der Festmacher mittschiffs ist um die Klampe gelegt.*

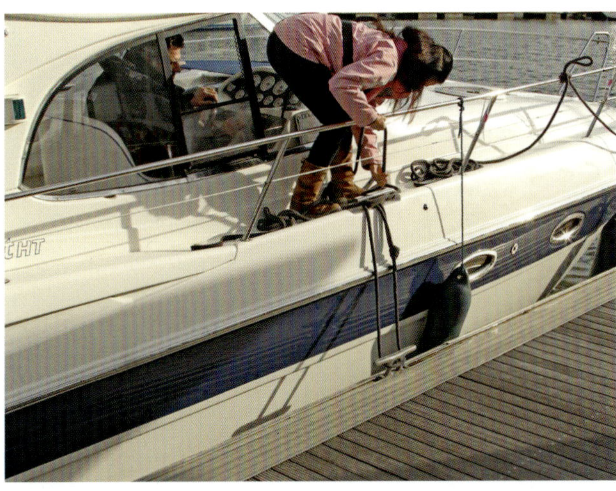

▲ *Die Leine ist dichtgeholt und belegt. Das Boot ist fixiert.*

Rückwärts in die Box

1. Heckleine

Bei dieser Technik wird eine Leine per Lassowurf über eine Klampe neben dem Heck am Steg geworfen und dann

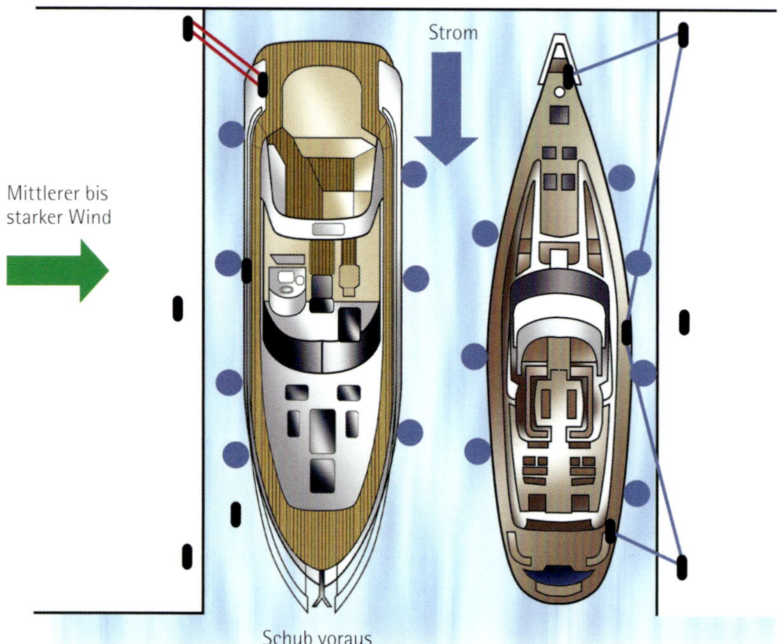

▲ *Rückwärts in die Box mit Heckleine.*

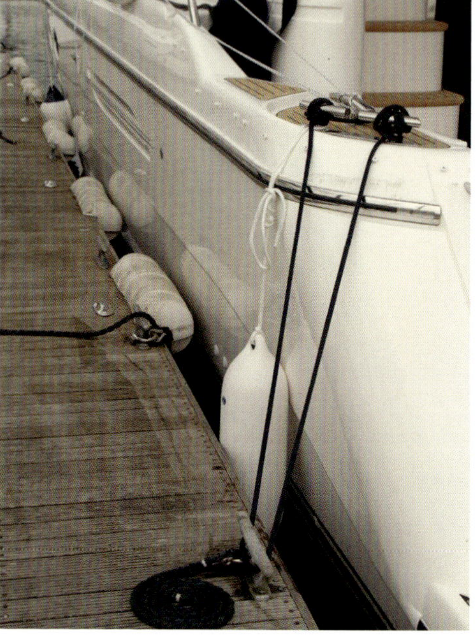

▲ *Die Heckleine ist am Steg befestigt. Mit Schub voraus liegt das Boot längsseits.*

gegen diese Leine mit Schub voraus eingedampft wie unter Punkt 2 auf Seite 84 beschrieben.

2. Umgelenkte Heckleine

Bereiten Sie eine umgelenkte Heckleine vor, und werfen Sie sie per Lasso-Technik über eine Klampe neben dem Heck am Steg. Dampfen Sie in diese Leine mit Schub voraus ein. Der Bug wird am Steg gehalten, da die umgelenkte Leine sowohl mittschiffs als auch am Heck an Bord führt. Diese Technik ist besonders geeignet, wenn starker, ablandiger Wind das Boot vom Steg weg weht.

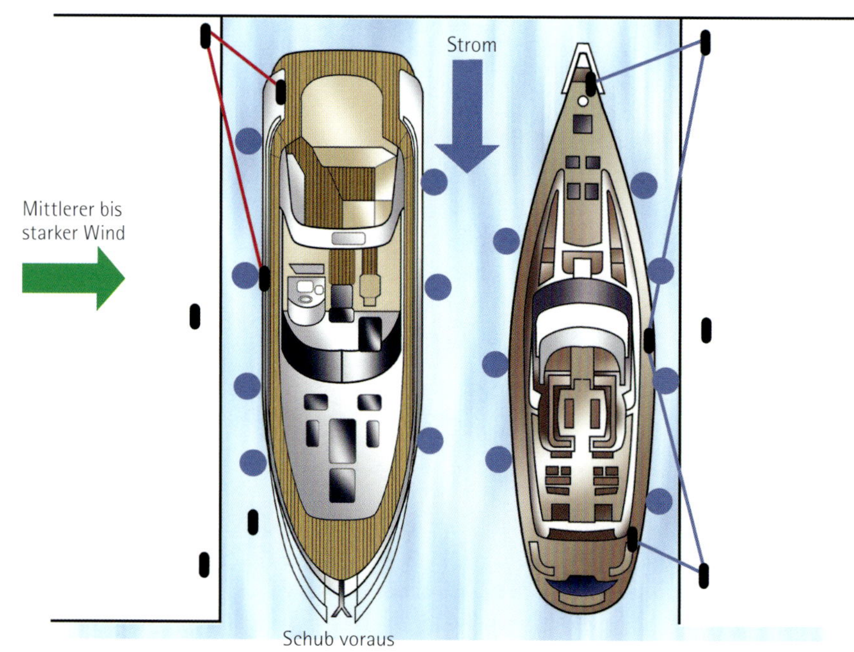

▶ *Rückwärts mit umgelenkter Heckleine.*

Ringe und Bügel statt Klampen

Wie kann man an einem geschlossenen Ring festmachen? In fremden Häfen kann das Probleme bereiten, aber am eigenen Liegeplatz lassen sich dafür Vorbereitungen treffen (siehe Kapitel 5).

Sind an einem Fingersteg nur Ringe zum Festmachen, kann man eine Leine um das Ende des gesamten Fingerstegs werfen. Das ist allerdings nur dann möglich, wenn kein Boot an der anderen Seite des Stegs festgemacht ist, da es dessen Heckleine unmöglich macht, eine Leine um den Steg zu legen. In diesem Fall kann man nur rückwärts einfahren, auf den Steg steigen, eine Leine durch den Ring führen und sie an Bord belegen.

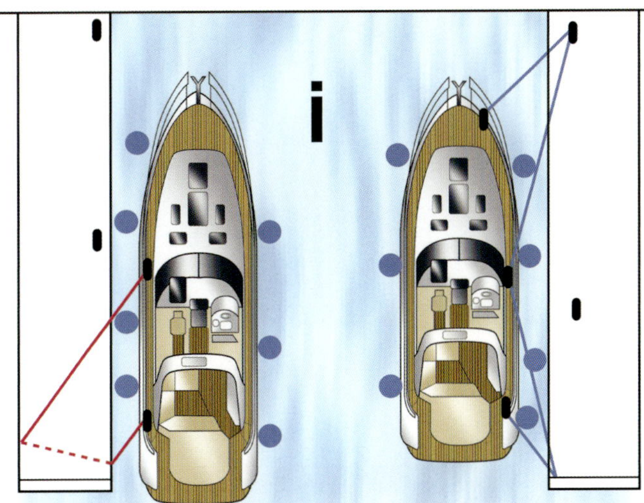

▲ *An Fingerstegen kann die Leine um das Ende des Stegs geworfen werden.*

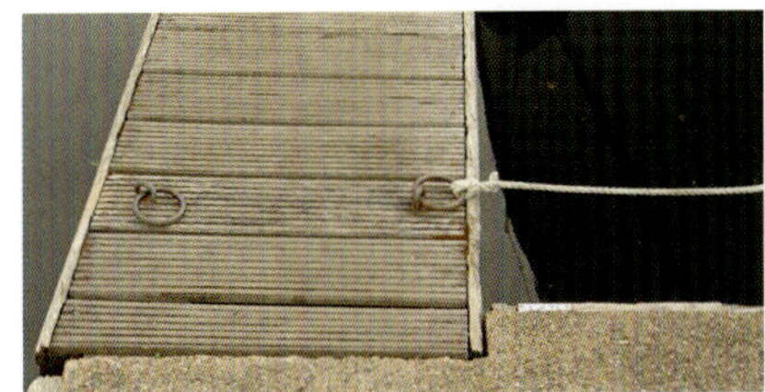

▲ *An Ringen kann nicht mit der Lasso-Technik festgemacht werden.*

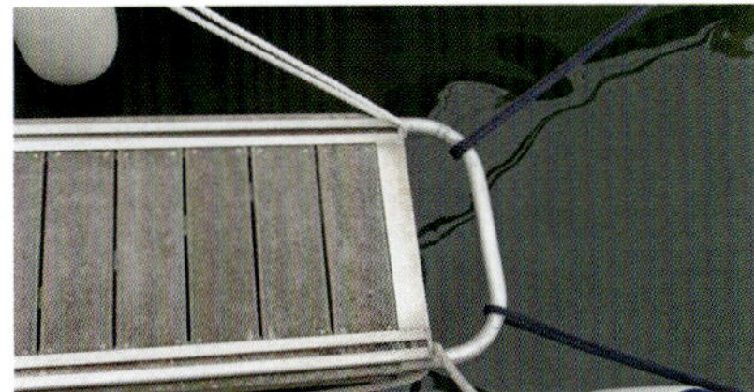

▲ *Die Festmacher eines Nachbarbootes verhindern ebenfalls die Lasso-Technik.*

Eindampfen in die Spring – offizielle Stellungnahme

Da mir die Sicherheit bei den hier gezeigten Methoden am Herzen liegt, habe ich im Januar 2014 die Küstenwache (Maritime Coastguard Agency, MCA) kontaktiert. Auf meine Frage nach deren Empfehlungen über das Eindampfen in eine Spring oder eine andere Leine beim Manövrieren erhielt ich folgende Auskunft:

»Die Sachverständigen der MCA sind Seeleute, die ihre nautische Erfahrung zur Unfallverhütung einbringen. Es existieren keine Richtlinien oder Verbote für das Eindampfen in Springs. Vielmehr gilt die Verwendung einer zweckdienlich ausgebrachten Spring zusammen mit Motorschub als geeignetes Manöver beim An- und Ablegen. Das Eindampfen in eine einzelne Spring darf jedoch nicht angewendet werden, um ein kommerziell arbeitendes Boot oder Schiff in Position zu halten, während Passagiere ein- oder aussteigen. Diese Anweisung wurde zum Schutz der Passagiere erlassen.«

Soweit die Beurteilung von Seiten der in Großbritannien zuständigen Behörde.

Oft sieht man kleine Passagierfähren, die eine zweite Leine als Reserve ausbringen, wenn sie beim Anlegen in eine Spring eindampfen. Das wird zweifellos so gemacht, um den oben genannten Vorschriften zu genügen.

Beachten Sie jedoch, das Boot erst aufzustoppen oder nahezu zum Stillstand zu bringen, bevor Sie eine Leine zum Steg ausbringen. Mit Schub gegen diese Leine bringt man das Boot zunächst längsseits, damit man von Bord gehen und die regulären Festmachern ausbringen kann. Erst danach wird der Propeller ausgekuppelt.

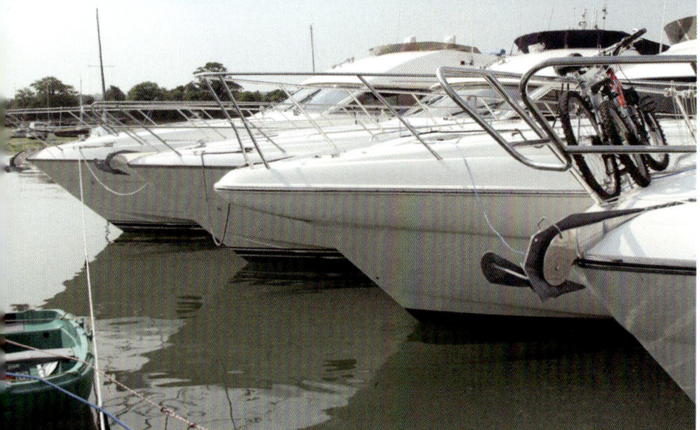

▲ *Die Skipper dieser Boote halten es offenbar für ausreichend, wenn nur das äußere Boot Landleinen ausbringt. Normalerweise sollte jedoch jedes Boot Landleinen haben.*

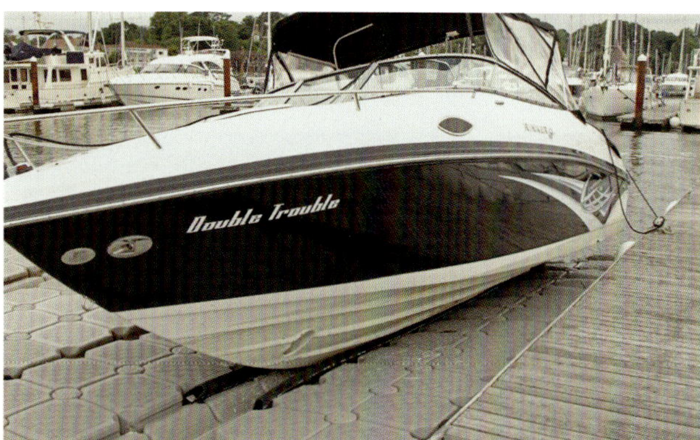

TIPP

Nie wieder schlaflose Nächte

Alte Festmacher können nervenaufreibend knarzen, wenn sie unter Spannung kommen – was besonders nachts sehr störend ist. Das ist ein Zeichen dafür, die Festmacher zu erneuern. Aber selbst neuwertige Leinen können quietschen, wenn sie an der Fußreling schamfilen. Einfache Abhilfe bietet eine Plastiktüte, die man unter die Leine klemmt. Das sieht etwas seltsam aus, funktioniert aber einwandfrei.

Summt und klappert ein Kühlschrank nervtötend in der Nacht? Schalten Sie ihn aus! Kaum hat man das erledigt und ist gerade dabei einzuschlafen, stößt der Icemaker im Cockpit krachend eine Ladung frische Eiswürfel aus. Schalten sie ihn ebenfalls ab. Wer braucht schon Eiswürfel mitten in der Nacht, wenn man doch schlafen möchte?

◀ *Mit schneller Fahrt aufs Trockene. Solche schwimmenden Rampen werden immer beliebter.*

Im Päckchen

Beim Anlegen an einem anderen Boot im Päckchen, kommt es darauf an, eine kurze Leine mittschiffs am Nachbarboot festzumachen, sobald man längsseits liegt. Mit dieser Leine verhindert man zunächst, von Wind oder Strom abgetrieben zu werden. Man steuert das Päckchen mit den Fendern auf Höhe der Deckskante gegen den Strom an. Am Nachbarboot sind eventuell auch bereits Fender ausgebracht, um anzuzeigen, dass hier noch jemand anlegen kann, aber man muss die eigenen Fender trotzdem ausbringen.
Höflich ist es jedoch, bei Annäherung an das Nachbarboot den Bootsnamen zu rufen und um Erlaubnis zu bitten,

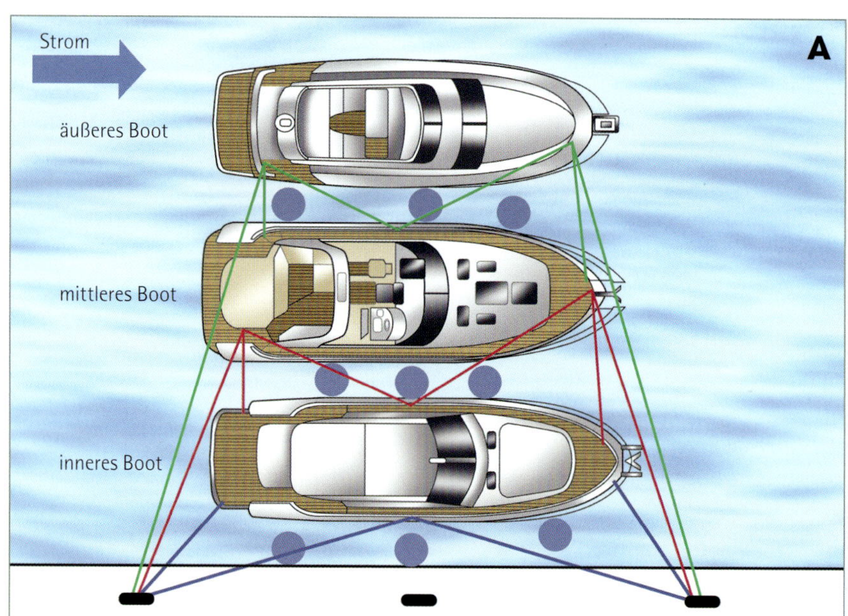

▲ *Festmacher für ein Dreier-Päckchen.*

bevor man längsseits geht. Sollte niemand an Bord sein, kann man dennoch anlegen.
Ist auf dem Nachbarboot jemand an Bord, hört man zur Begrüßung schon mal: »Wir legen um vier Uhr früh ab.« Das ist aber meistens nur ein Vorwand, damit man woanders festmacht.
Als Nächstes will man ihnen die Festmacher abnehmen. Übergeben Sie lieber keine Leinen, sondern machen Sie mit einer sehr kurzen Leine mittschiffs am Nachbarboot fest. So ist man erst einmal gesichert und kann in Ruhe die anderen Leinen ausbringen. Ich verlasse mich nur ungern darauf, dass ein Fremder meine Festmacher zuverlässig belegt. Ich will nicht kleinlich erscheinen, aber umgekehrt wäre es sicher genauso. Binden sie einen Palstek in das Ende der Leine und bitten Sie die Crew des Nachbarbootes, sie über die Klampe zu legen. So können Sie die Leine bei ihnen an Bord belegen und die Länge regulieren. Das gilt für die Bug- und Heckleine sowie für die Springleinen. Als Nächstes müssen Sie Landleinen ausbringen.

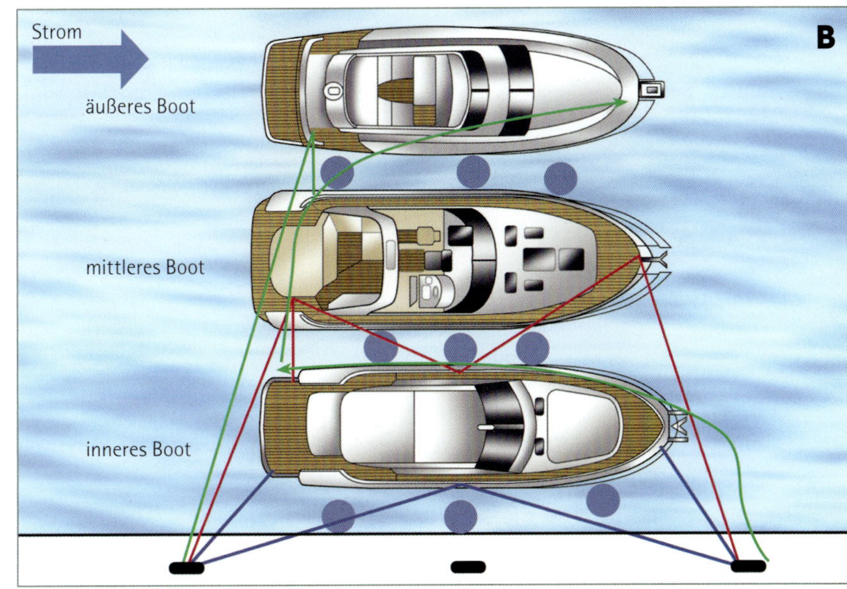

▲ *Die Festmacher sind vorbereitet, damit das mittlere Boot ausfahren kann.*

Ablegen aus der Mitte eines Päckchens

Manchmal kommt es vor, dass ein Boot aus der Mitte des Päckchens ablegen möchte. Das hat den Vorteil, dass alle mithelfen werden, denn Skipper begegnen solchen Herausforderungen gewöhnlich mit kameradschaftlicher Unterstützung.

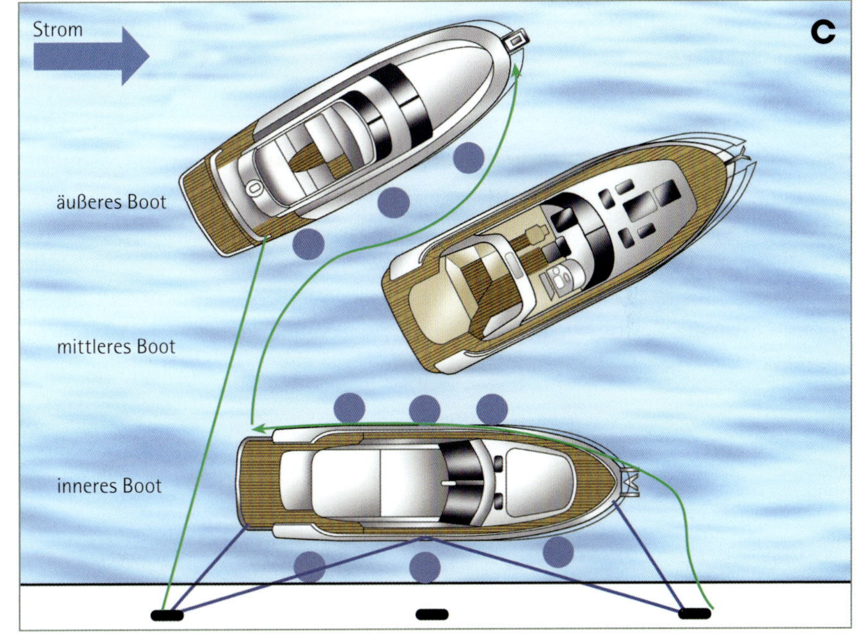

▲ *Dann wird das äußere Boot an seinen Landleinen längsseits an das innere Boot verholt.*

Eine Möglichkeit ist, dass die äußeren Boote losmachen, im Fahrwasser abwarten, bis das innere Boot abgelegt hat, und dann wieder im Päckchen anlegen. Die andere Möglichkeit ist, das Päckchen zu öffnen, doch das muss gut vorbereitet werden. Die Öffnung muss immer stromab liegen. Öffnen Sie niemals ein Päckchen gegen den Strom, das endet im Desaster. Sobald das mittlere Boot mit dem Strom ausgefahren ist, legen sich die übrigen Boote durch den Strom wieder aneinander.

8 An einer Boje an- und ablegen

Steuert man eine Boje an, um daran festzumachen, wird üblicherweise die Crew auf das Vordeck gehen, um dem Steuermann Entfernung und Richtung anzuzeigen. Auch auf kleineren Booten ist dagegen nichts einzuwenden.

Auf größeren Motorbooten verliert man die Boje beim Näherkommen außer Sicht, und der Steuermann auf der Flybridge kann nicht hören, was die Crew sagt, die sechs Meter vor ihm der Boje zugewandt auf dem Vordeck steht. Noch schlimmer ist es bei einem Innensteuerstand. Die Verständigung ist dann ein Albtraum.

Vom Vordeck kann man auch keine klaren Zeichen geben, während man den Bootshaken in der einen Hand hält und sich mit der anderen in der Schaukelei an der Reling festhalten muss. Das Vordeck eines Motorbootes ist bei Wellengang kein ruhiger Platz, und am Bugkorb kann man sich nur schlecht festhalten, denn oft ragt er schräg über den Bug hinaus. Kein Ort um sich aufzuhalten, wenn es nicht unbedingt sein muss.

Eine Boje längsseits aufnehmen

Ich ziehe es vor, wenn die Besatzung nicht an den Bug muss, sondern alle Aufgaben vom Cockpit oder zumindest von mittschiffs aus erledigen kann. Hier bieten sowohl Handläufe an den Aufbauten als auch die Reling guten Halt. Man kann auch auf dem Aufbau vor der Windschutzscheibe sitzen, bis der Steuermann längsseits an der Boje angelangt ist.

Und man kann die Boje auch mittschiffs oder auf Höhe des Cockpits aufnehmen. Gut möglich, dass der Steuermann die Boje die ganze Zeit sehen kann, selbst von der Flybridge aus, vorausgesetzt, dass er sie an der Seite des Steuerstandes ansteuert. Da der Abstand zwischen Steuermann und Besatzung gering ist, klappt es auch mit der Verständigung. Sollte der Steuermann die Boje aus dem Blick verlieren, kann die Crew die Richtung mit dem Boothaken anzeigen.

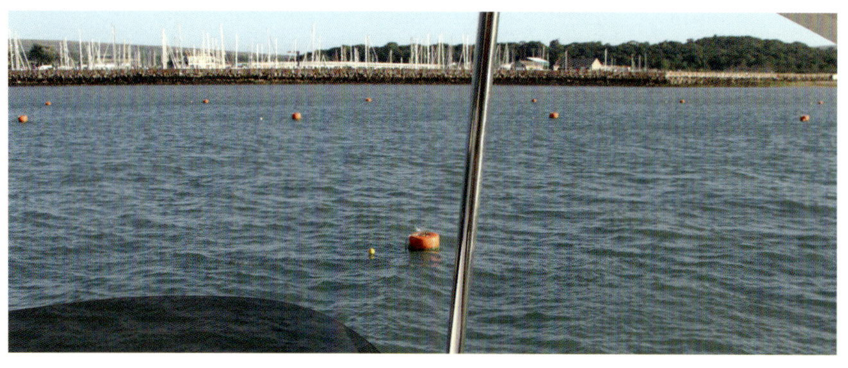

▲ *Festmach- oder Muringbojen.*

Unterschiedliche Bojen

Bei Festmach-Bojen gibt es zwei Ausführungen:

1. Bojen mit fester Belegleine mit Augspleiß und einem Schwimmer zum Aufnehmen mit dem Bootshaken.

2. Bojen ohne Belegleine haben nur einen Ring, Bügel oder Schäkel an der Oberseite und müssen per Lassowurf »eingefangen« werden.

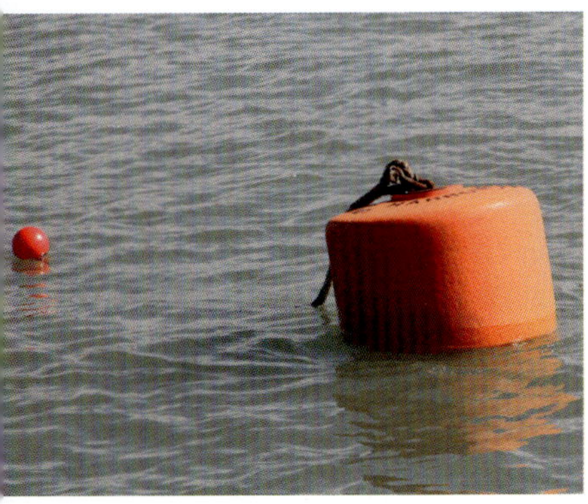

▲ *Muringboje mit Belegleine samt Augspleiß und Schwimmkörper zum Aufnehmen.*

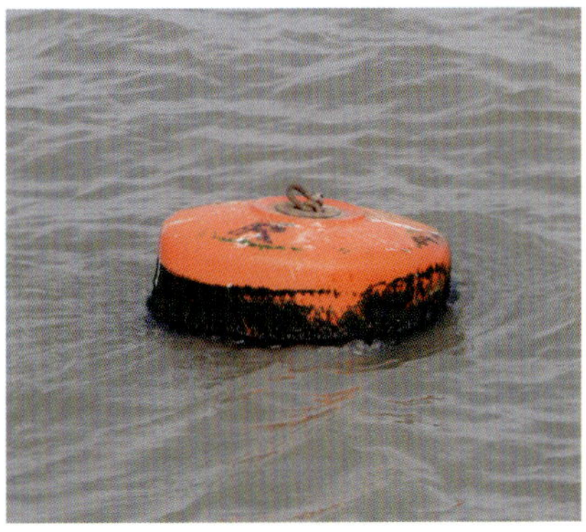

▲ *Muringboje mit Schäkel.*

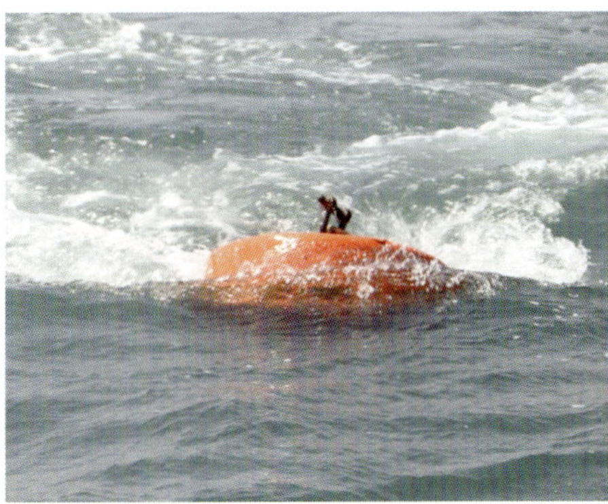

▲ *Muringboje in starkem Gezeitenstrom.*

Eigentlich gibt es noch eine weitere Art Boje, nämlich die Ausführung ohne feste Belegleine bei starkem Gezeitenstrom. Die Boje wird vom Strom fast unter Wasser gedrückt. Wirft man eine normale Leine darüber, wird sie sofort über die Boje gespült. Man benötigt eine mit Gewichten beschwerte Leine, um sie über die Boje zu bekommen.

Ansteuern und festmachen

Es soll eine Boje mit fester Belegleine mit Augspleiß und Schwimmer aufgenommen werden.

Anstatt die Belegleine aufzunehmen und mit ihr zum Bug zu gehen – was bedeuten würde, dass man selbst wie eine menschliche Klampe als einziges Verbindungsglied zwischen Boot und Boje fungiert –, sollte man für diese Aufgabe besser eine weitere Leine verwenden.

Führen Sie eine umgelenkte Leine vom Bug bis zu einer Stelle mittschiffs oder bis zum Heck, wo Sie die Belegleine vom Cockpit aus aufnehmen. Holen Sie die Belegleine auf, legen Sie den Boothaken ab, und führen Sie die umgelenkte Leine durch den Augspleiß der Belegleine. Machen Sie dann die umgelenkte Leine an einer Klampe fest, und warten Sie ab. Das Boot ist an der Boje fest und treibt langsam mit dem Strom zurück, da man eine Boje immer gegen den Strom ansteuern muss, sodass jetzt die Boje zum Bug wandert. Nun kann man nach vorn gehen und die Belegleine der Boje an einer Klampe an Bord festmachen.

Vorbereitung:

Machen Sie eine Leine an der Bugklampe gegenüber der Seite, mit der die Boje angesteuert wird, fest. Würde man sie an der Seite festmachen, mit der man die Boje ansteuert, wäre es schwer, die Leine abzunehmen, sobald man die Belegleine der Boje ebenfalls über diese Klampe gelegt hat. Deshalb macht man an der Klampe gegenüber fest und führt die Leine zuvor durch die Mitte der anderen Klampe

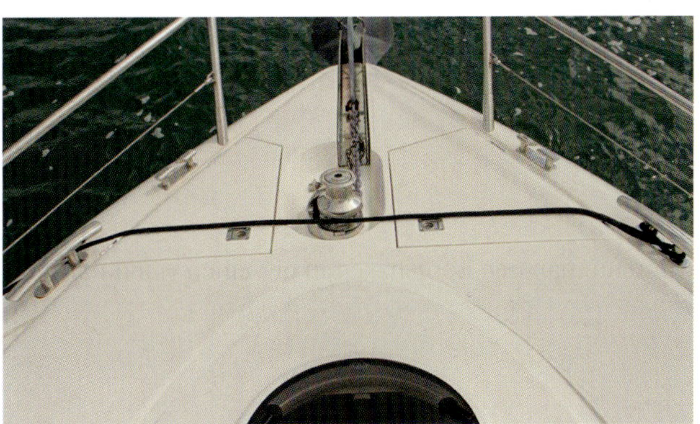

▲ *Die Bugleine ist an der Stb-Klampe angeschlagen und führt vorn um die Bb-Klampe herum. Die Boje wird an Backbord angesteuert.*

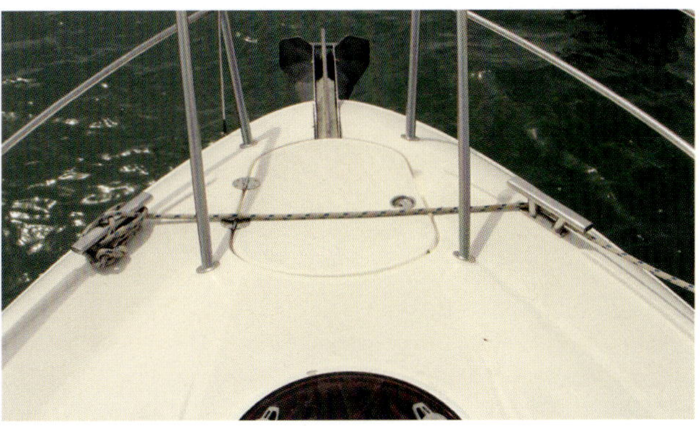

▲ *Die Bugleine ist mit der OXO-Methode an der Klampe an Backbord belegt. Es wäre unmöglich, sie zu lösen, wenn der Augspleiß der Belegleine darüber gelegt wird. Deshalb wird die Bugleine immer an der gegenüberliegenden Klampe festgemacht.*

oder um das vordere Ende herum, sodass sie leicht abgenommen werden kann.
Sichern Sie das andere Ende achtern an einer Klampe oder griffbereit an einer Relingsstütze mit einem Straßenräuberstek (siehe Kapitel 2).
Im Idealfall steuert man die Boje gegen den Strom und Wind an. Die meisten Motorboote bieten dem Wind eine große Angriffsfläche und haben ein flaches Unterwasserschiff, sodass sie schnell abtreiben können. Deshalb muss man eine Ansteuerung finden, bei der man dem Wind möglichst wenig Angriffsfläche bietet. Die einzige Lösung ist, das Heck gegen den Wind auszurichten. Mit dem Bug zum Wind wird man zur einen oder anderen Seite abtreiben. Mit dem Wind von der Seite kommt keine Kombination aus Motorschub und Querstrahlruder gegen die Abdrift an.
Versuchen Sie die Boje gegen den Strom oder zumindest von Stromlee her anzusteuern. Bei starkem Wind kann es nötig sein, die Boje von Stromluv aus anzusteuern. Achten Sie darauf, die Boje nicht zu überfahren und bedenken Sie, nicht direkt auf die Boje zuzufahren, sondern neben sie zu steuern. Sollte sich dieses Manöver nach einigen Versuchen in freiem Wasser als zu schwierig herausstellen, ist es klüger, auf eine Ansteuerung zu verzichten und sich nach einem geeigneten Ankerplatz umzusehen (siehe Kapitel 9).

1. Wind quer zum Gezeitenstrom

Siehe Abbildung 1.
Verschaffen Sie sich in einiger Entfernung ein Gefühl über den Einfluss von Strom und Wind. Steuern Sie dann von Luv auf die Boje zu, sodass das Heck zum Wind zeigt und das Boot nur wenig Windangriffsfläche hat. Der Wind lässt das Boot nicht seitlich abtreiben, sondern schiebt es etwas an. Das kann man mit leichtem Schub zurück ausgleichen, falls nötig.
Sobald man die umgelenkte Leine an der Boje fest hat, kann man sich zum Strom ausrichten. Einmotorige Boote legen Ruder hart Backbord und geben einen kurzen, kräftigen Motorschub gegen das Ruderblatt. Zweimotorige Boote geben Schub voraus an Steuerbord und Schub zurück an Backbord.

2. Wind schräg mit dem Gezeitenstrom

Siehe Abbildung 2.

3. Wind schräg gegen den Gezeitenstrom

Siehe Abbildung 3.

4. Wind und Gezeitenstrom in gleicher Richtung

Siehe Abbildung 4.

Sobald man an der Boje fest ist, muss man den Bug gegen Strom und Wind richten. Bei einmotorigen Booten gibt man Schub zurück. Der Radeffekt versetzt das Boot zur einen oder anderen Seite und Wind und Strom drehen das Boot herum. Bleiben Sie auf Rückwärtsfahrt, um nicht über die Boje zu treiben.
Bei zweimotorigen Booten gibt man mit einer der beiden Maschinen Schub zurück, aber nicht mit beiden. Der Radeffekt der Steuerbordmaschine versetzt das Boot bei Rückwärtsschub nach Backbord und umgekehrt. So versetzt in Abbildung 4 etwas Schub zurück mit der Backbordmaschine das Heck nach Steuerbord. Versuchen Sie das Herumdrehen des Bootes durch Wind und Strom mit dem Motor etwas zu kontrollieren, um das Bojengeschirr nicht zu sehr zu belasten.

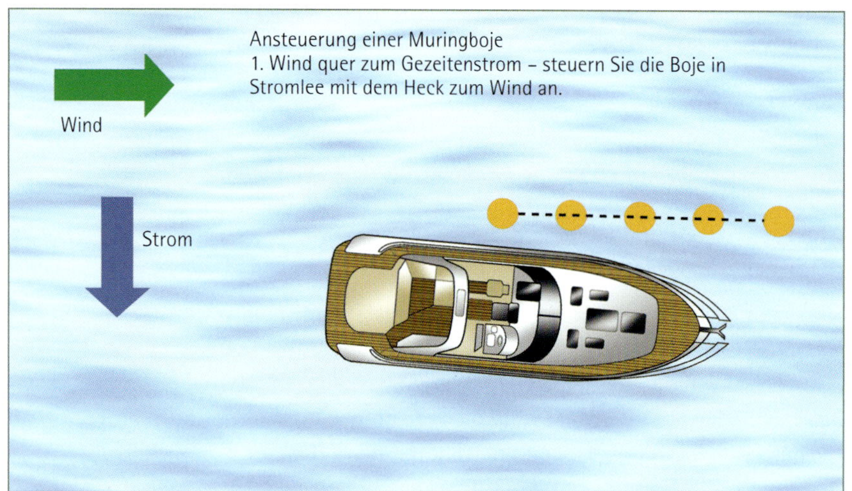

▶ *Diagramm 1.*

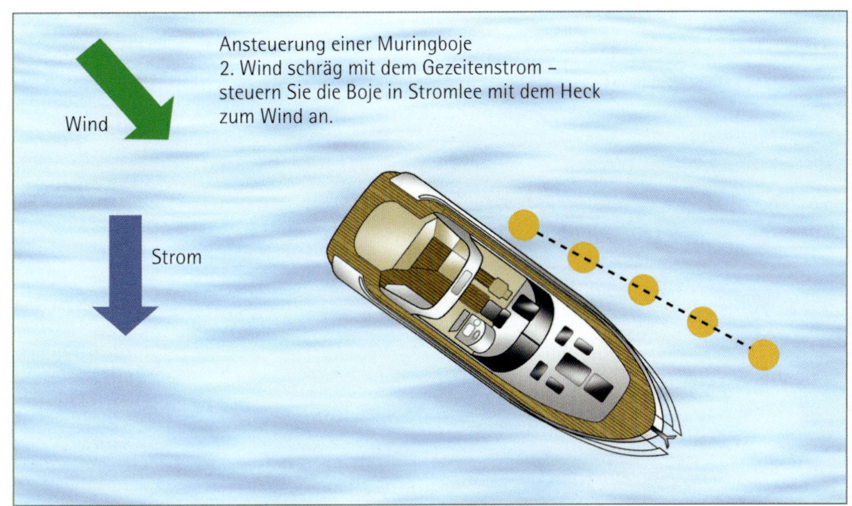

▶ *Diagramm 2.*

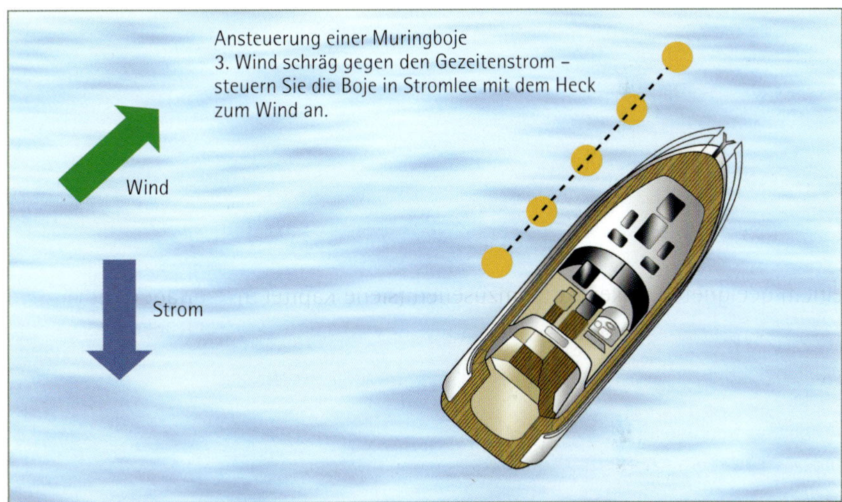

▶ *Diagramm 3.*

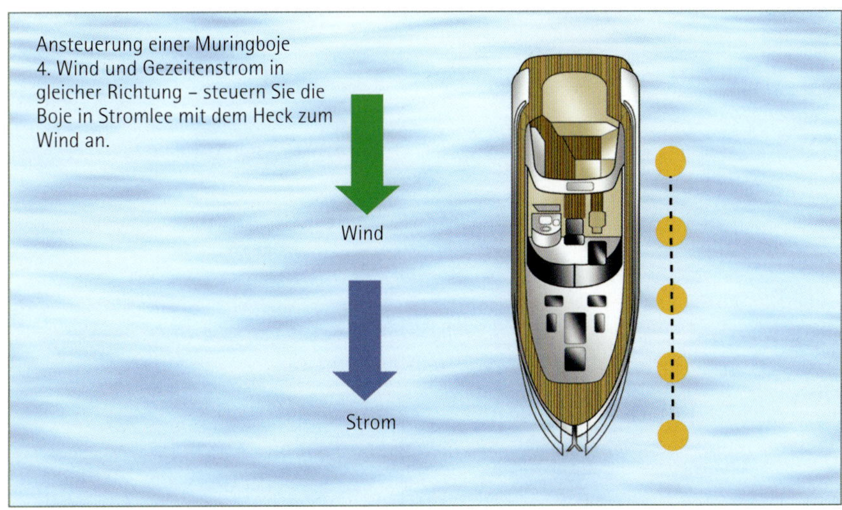

▶ *Diagramm 4.*

Mit einer 32-Fuß-Motoryacht von mittschiffs aus an einer Boje mit Belegleine und Schwimmer festmachen

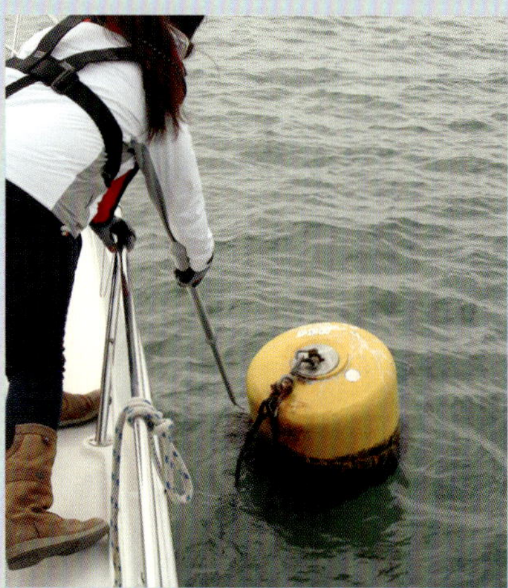

▲ Der Steuermann fährt neben die Boje. Beachten Sie, wie Rebecca das Ende der umgelenkten Leine mit einem Straßenräuberstek griffbereit an der Reling angeschlagen hat. Die umgelenkte Leine sollte nicht zu lang sein, damit sie nicht in den Propeller geraten kann.

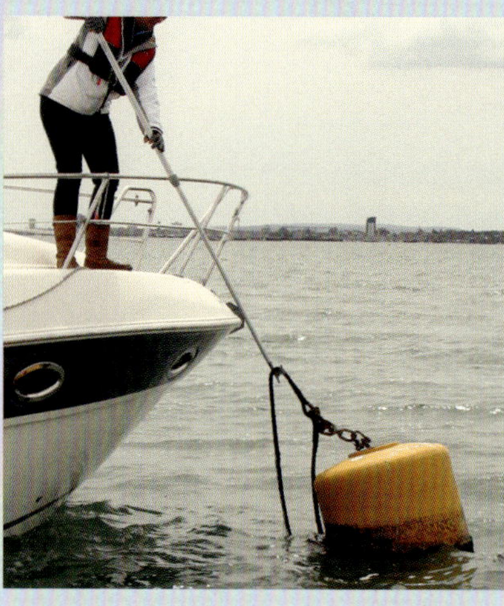

▲ Rebecca greift die Belegleine mit dem Bootshaken.

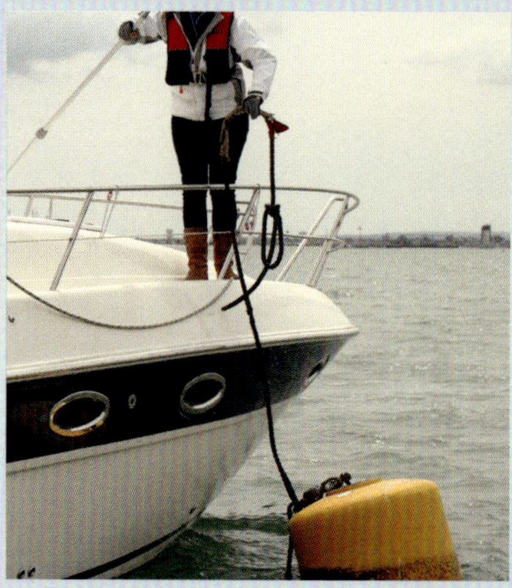

▲ Mit dem Auge der Belegleine in der Hand kann der Straßenräuberstek der umgelenkten Leine mit einem kurzen Ruck gelöst werden.

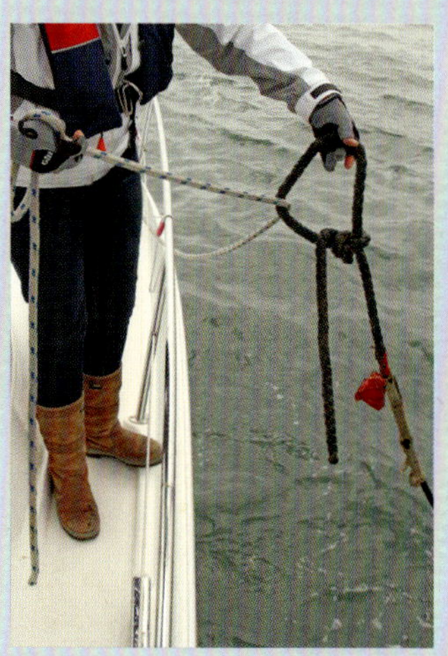

▲ Das Ende der umgelenkten Leine wird durch das Auge der Belegleine gesteckt.

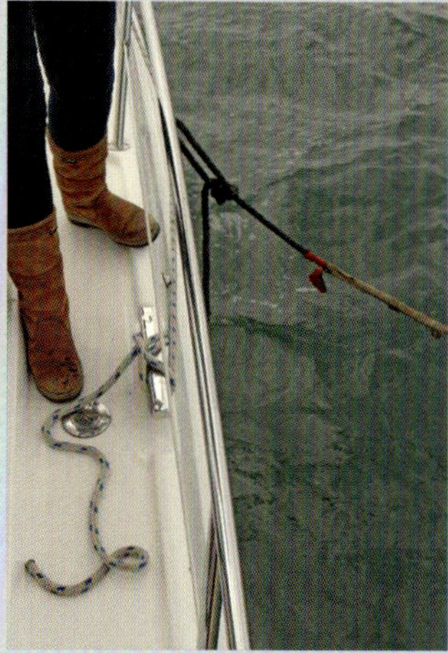

▲ Die umgelenkte Leine wird mit der OXO-Methode an der Klampe mittschiffs belegt. Die Boje kann zum Bug wandern.

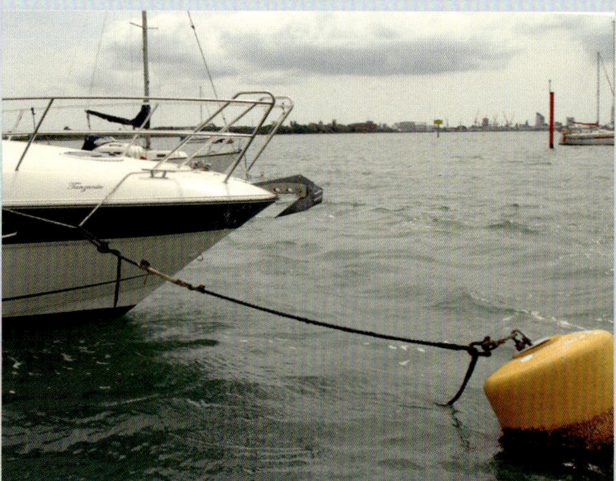

▲ Fertig!

■ *Während des gesamten Manövers können Rebecca auf dem Seitendeck und Jonathan am Steuerstand miteinander kommunizieren.*

Mit einer 50-Fuß-Flybridge-Yacht vom Cockpit aus an einer Boje mit Belegleine und Schwimmer festmachen

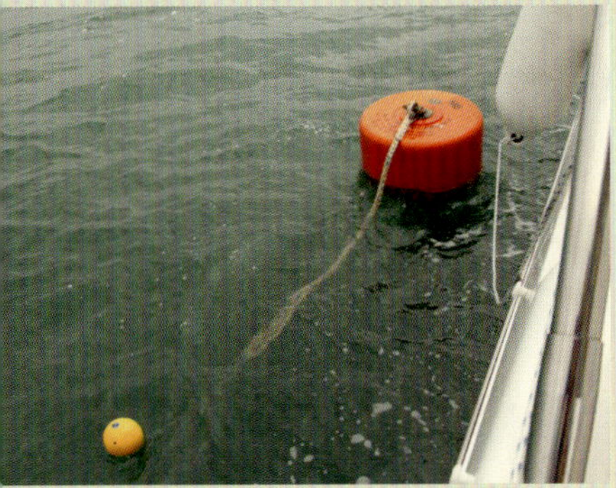

▲ Die Boje ist längsseits.

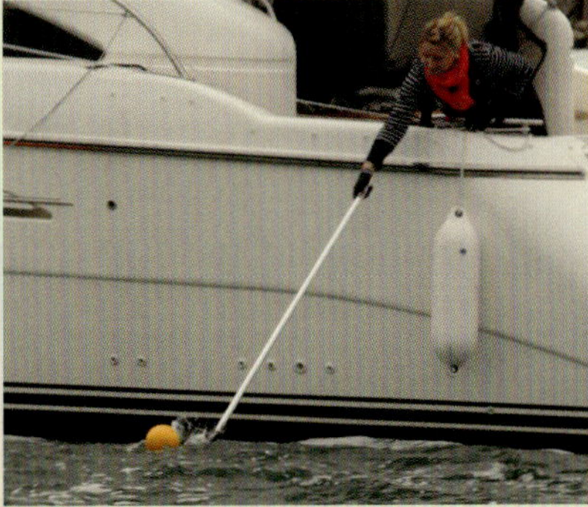

▲ Der Schwimmer wird mit dem Bootshaken aufgenommen.

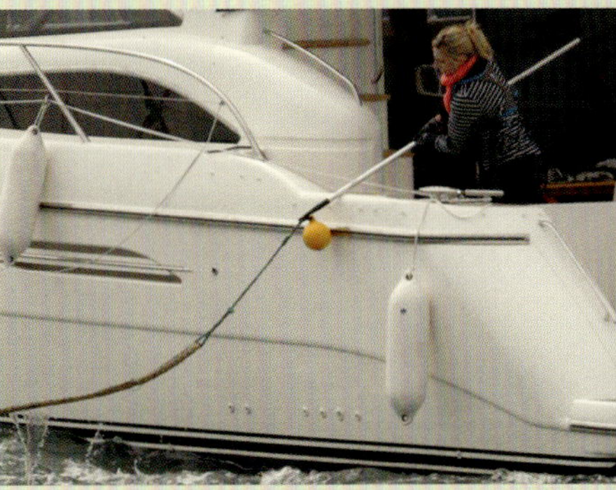

▲ Der Schwimmer wird an Bord geholt.

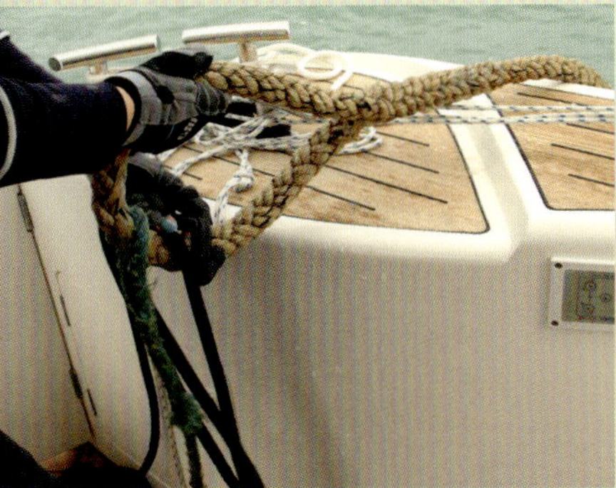

▲ Die umgelenkte Leine wird durch das Auge der Belegleine gesteckt.

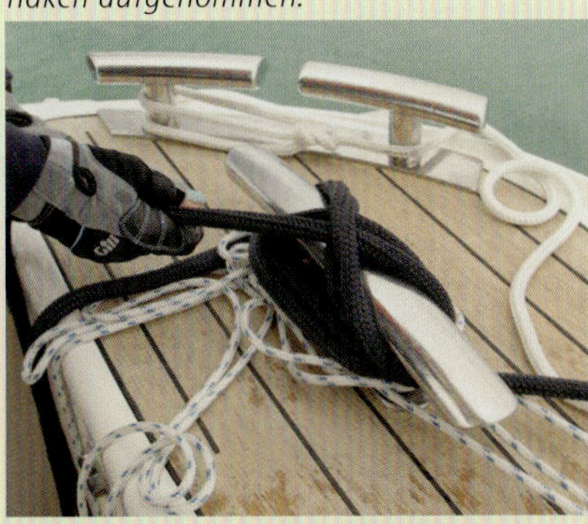

▲ Die umgelenkte Leine wird an der Heckklampe belegt.

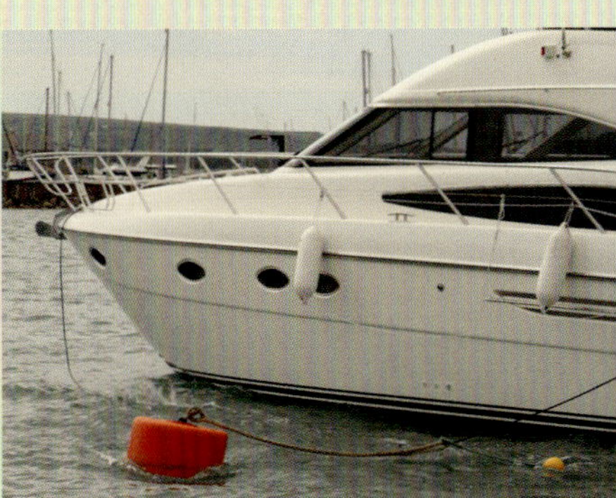

▲ Die Boje wandert zum Bug.

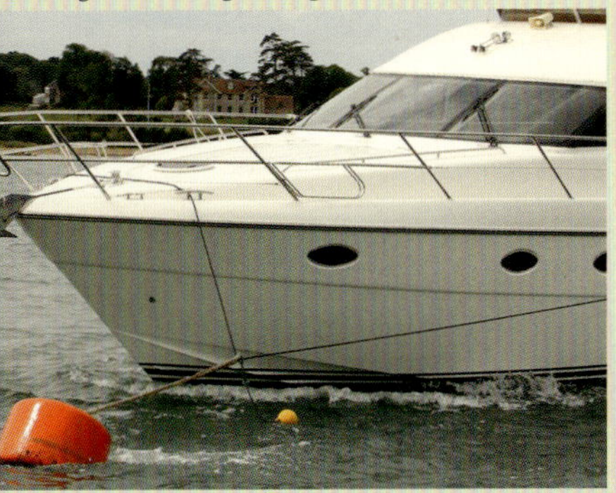

▲ Fertig!

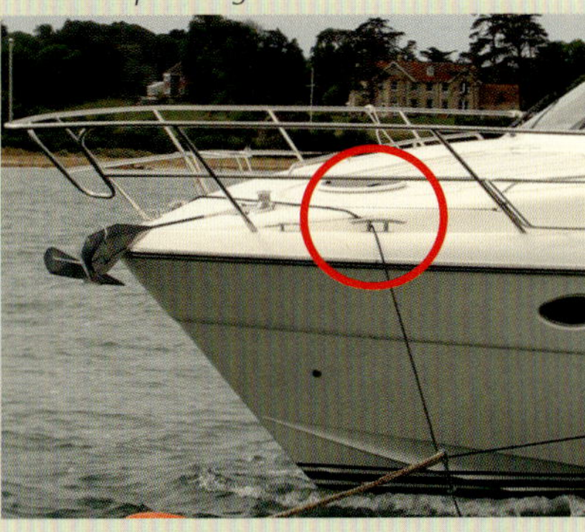

▲ Beachten Sie, dass die umgelenkte Leine durch die Mitte der Bugklampe geführt wurde, sodass sie nicht nach vorn rutschen und gegen die Relingsstützen drücken kann.

Ein weiteres Problem kann die Höhe des Decks über Wasser sein. Bei manchen Booten ist das Deck so hoch, dass man die Wasseroberfläche mit dem Bootshaken nicht erreichen kann, um eine Belegleine aufzunehmen.
Allgemein empfehle ich bei Bojen, die eine feste Belegleine mit Augspleiß und Schwimmer haben, die Leine mit dem Bootshaken an Bord zu holen und bei Bojen, die nur einen Ring oder Schäkel haben, eine Leine per Lasso-Technik über die Boje zu werfen. Wenn man aber auf einem großen Boot gar nicht bis zum Wasser hinab reichen kann, muss man an allen Arten von Bojen mit einem Lassowurf festmachen.

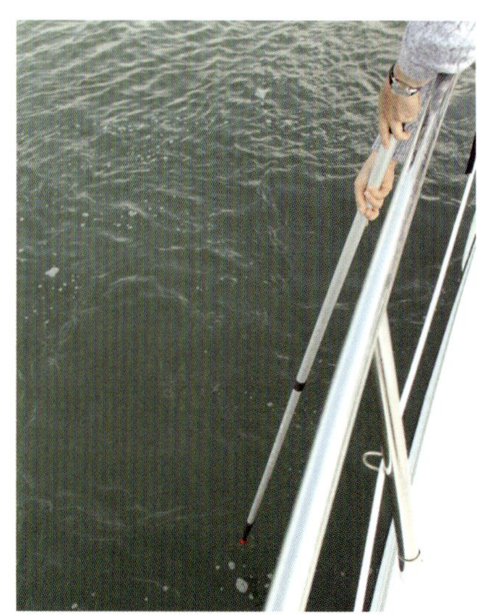

▶ *Der Bootshaken reicht nicht bis zum Wasser hinab. Um Etwas aufzuholen, müsste man sich weit über die Reling beugen und der Schwimmkörper direkt neben der Bordwand sein.*

Mit einer 42-Fuß-Flybridge-Yacht von mittschiffs aus an einer Boje mit der Lasso-Technik festmachen

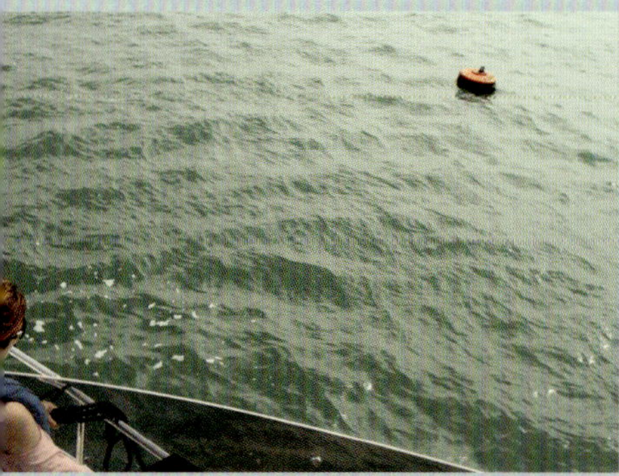

▲ *Die Boje längsseits ansteuern.*

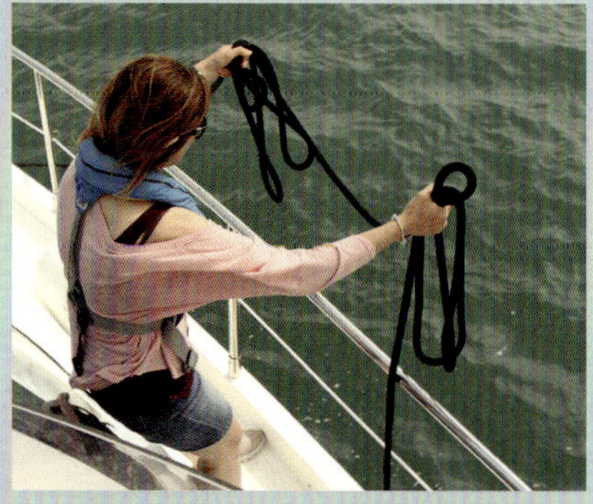

▲ *Vier Buchten bereit zum Wurf.*

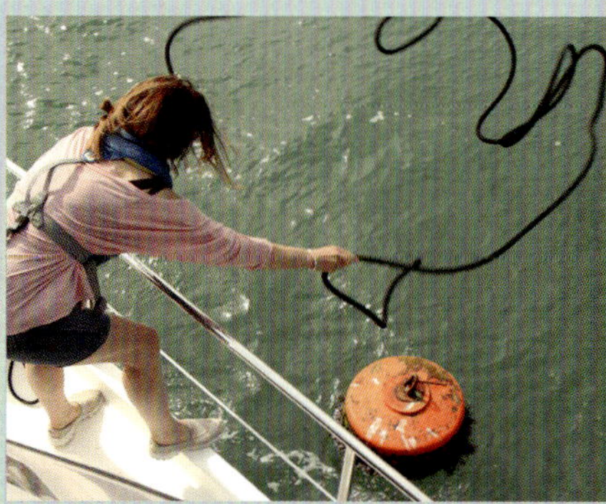

▲ *Mit der Lasso-Technik wird die Leine hoch und weit geworfen.*

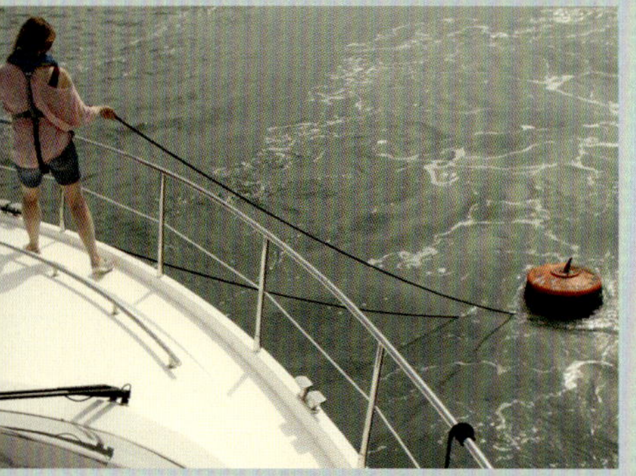

▲ *Jo-Ann geht zum Bug, während das Boot zurücktreibt.*

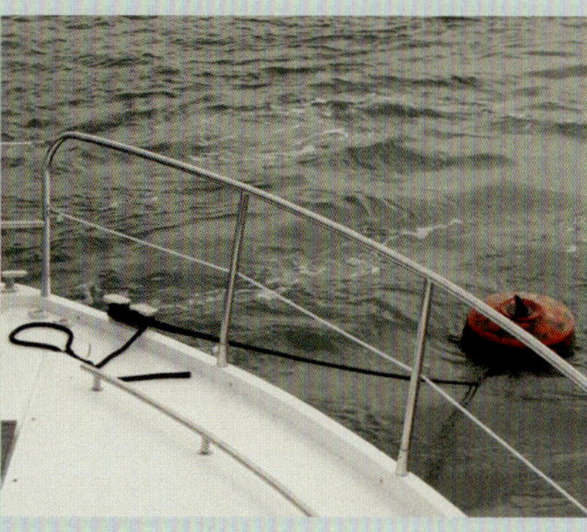

▲ *Die Leine wird an der Bugklampe belegt – fertig!*

Lassowurf mit beidseitig belegter Leine

Steuert man eine Boje längsseits an, hat man den Vorteil, genau zu wissen, dass sich die Boje an dieser Seite befindet. Steuert man sie dagegen mit dem Bug an, kann sie schnell auf die eine oder andere Seite geraten, ohne dass es der Steuermann sehen kann. Sie müssen das Boot nur kurz neben der Boje in Position halten. Nur bis die Crew die Boje mit dem Bootshaken erreichen oder eine Leine darüber werfen kann.

Auf einem kleinen Boot kann man eine Boje mit einer langen Leine mit Schnappschäkel aufnehmen.

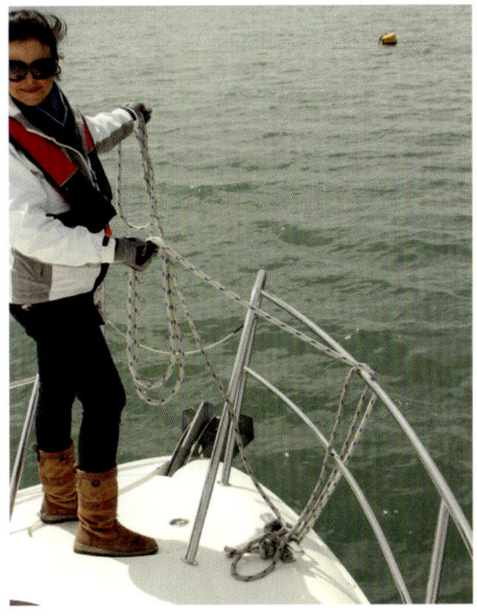

▲ *Rebecca hat drei Buchten geformt und ist bereit zu werfen. Beide Enden der Leine sind an Bord belegt.*

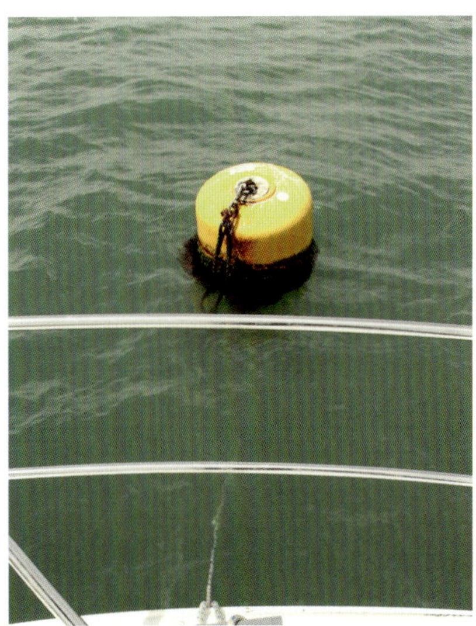

▲ *Die Leine führt wie eine große Schlaufe um die Boje herum, das Boot ist festgemacht, und man kann loslassen.*

Eine Boje mit einer langen Leine aufnehmen

▶ *Boje mit Belegleine und Schwimmer.*

▶▶ *Führen Sie die Leine durch das Auge der Belegleine, und schließen Sie den Schäkel um die stehende Part.*

▶ *Holen Sie dicht, bis Sie neben der Boje sind.*

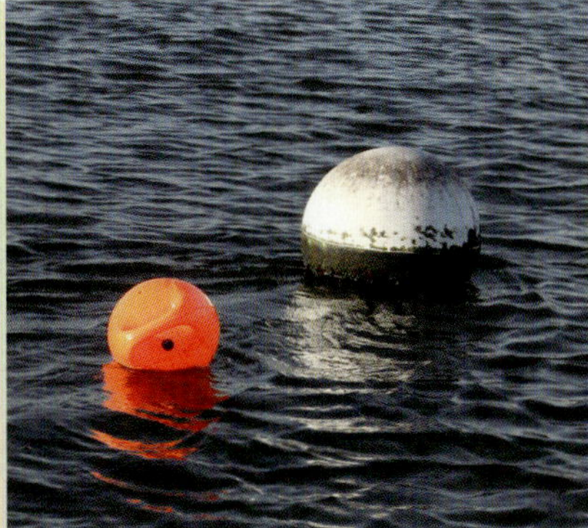

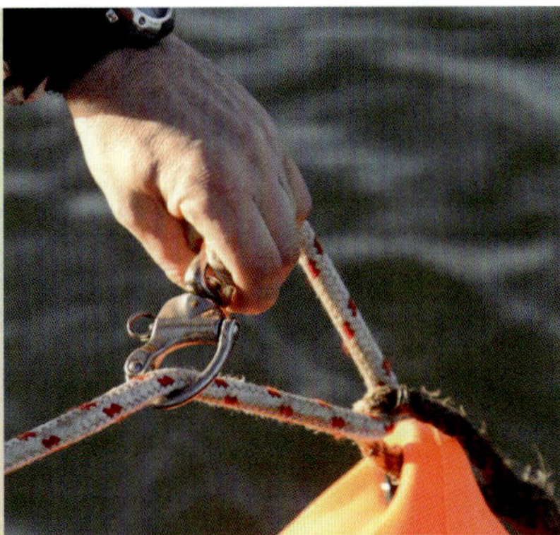

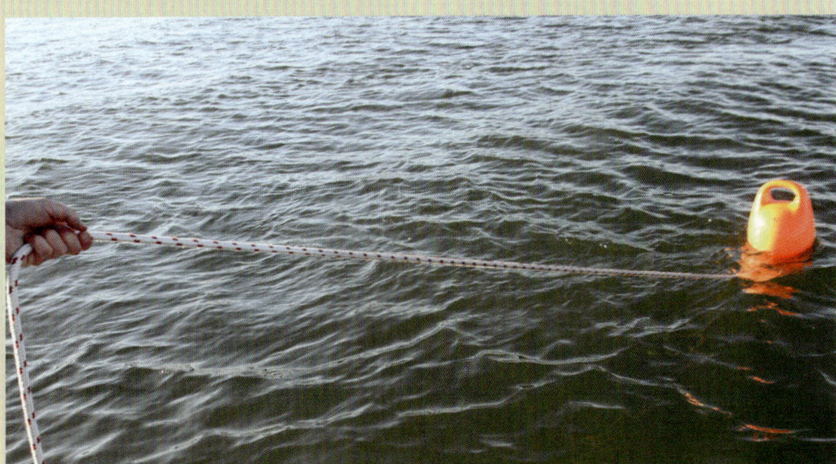

Die kontrollierte Ansteuerung

Ich habe beschrieben, was mit verschiedenen Bootstypen möglich und was unmöglich ist, aber jeder weiß am besten, wie sich das eigene Boot verhält. Man sollte mit etwas Abstand zur Boje erst beobachten, wie Strom und Wind das Boot beeinflussen, um die beste Richtung für die Ansteuerung zu bestimmen. Auch müssen Sie das Boot lang genug neben der Boje in Position halten, bis die Crew festmachen kann.

Während man an der Boje entlang fährt, um sie seitlich oder vom Cockpit aus aufzunehmen, muss man darauf achten, dass voraus noch ausreichend Platz ist. In einem Bojenfeld liegen unter Umständen andere Boote voraus, und man muss eine Boje mit rundum genügend Platz für das beabsichtigte Manöver finden.

Bootshaken können unter Zug nicht gelöst werden

Mit einem Boothaken den Handgriff einer kleinen Boje oder einen Ring zu greifen ist schön und gut. Man zieht das jeweilige Objekt zu sich und nimmt den Bootshaken ab. Wenn man aber irgendwo eingehakt hat und das Boot abtreibt, kann man den Bootshaken am ausgestreckten Arm nicht mehr lösen.

Man kann versuchen, den Bootshaken zu drehen und vielleicht löst er sich auch, aber die einzig wahre Lösung des Problems ist, dass der Steuermann das Boot wieder näher an die Boje bringt. Ansonsten können Sie nur noch loslassen, bevor ihnen der Bootshaken die Arme auskugelt.

Dann ist man nicht nur nicht festgemacht, sondern hat auch noch den Bootshaken verloren, den man zum Festmachen ja unbedingt braucht.

Deshalb bereitet ein guter Skipper einen Slipknoten vor, um den Bootshaken wieder herausfischen zu können.

Patent-Bojenhaken

Es gibt eine ganze Reihe von Patent-Bojenhaken. Modelle, die stabil und groß genug sind, um für einen Ring oder Schäkel zu passen, sind durchaus in Ordnung. Ich ziehe eine Leine vor, aber ich habe beobachtet, wie praktisch Bojenhaken im Einsatz sein können. Eine Leine und ein gekonnter Lassowurf funktionieren allerdings immer.

Die Lasso-Technik

Befindet man sich genau über anstatt ein paar Meter entfernt von der Boje, an der man per Lassowurf festmachen möchte, muss man einen Moment warten, bis die Leine tief genug abgesunken ist, bevor man sie dichtholt.

Besser ist es, wenn die Boje etwas entfernt ist. Die Leine muss sich um die Kette unter der Boje legen, denn von der Boje selbst kann sie leicht abrutschen.

Vergessen Sie nicht, für den Lassowurf vier Buchten zu formen und je zwei in jeder Hand zu halten, um dann hoch und weit werfen zu können.

▲ *Zu nah – der Zug ist zu senkrecht – die Leine droht abzurutschen.*

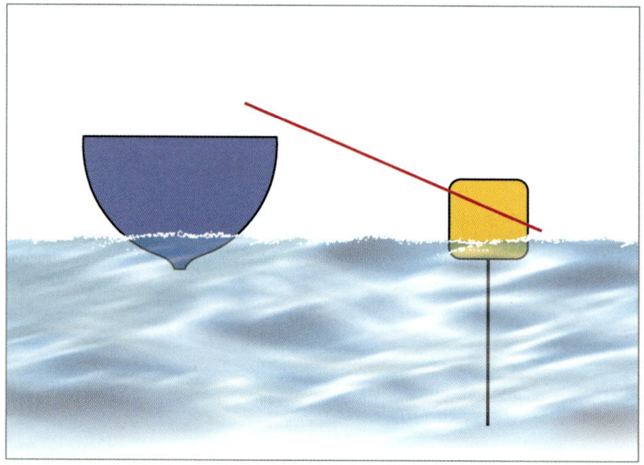

▲ *Optimale Entfernung – der Zug erfolgt seitwärts – die Leine legt sich unter die Boje.*

TIPP

Über Handy kommunizieren

Kommunikation an Bord? Bereits zwischen Flybridge und Cockpit ist es aufgrund des Motorlärms schwer zu hören, was gesagt wird. Es gibt Walkie-Talkies als Headsets, aber warum nicht das Handy verwenden? Steuermann und Crew können mit Kopfhörern im Ohr die Hände frei behalten. Bei Manövern wird man nah der Küste sein, wo es in der Regel immer ein Funknetz gibt.

Muringbojen ohne Belegleine

An diesen Bojen muss ein eigener Festmacher verwendet werden oder besser zwei, wenn man längere Zeit an der Boje liegen möchte. Macht man nur für ein Mittagessen fest, kann man auch an der einen, um die Boje geworfenen Leine liegen. Die Leine schamfilt zwar, aber wohl nicht so stark, dass sie reißen könnte. Das hängt aber auch vom Wellengang und der Bewegung des Bootes ab. Bei stärkerem Wellengang würde man jedoch kaum für ein Mittagessen an die Boje gehen!

Von einem hohen Bug aus muss man einen Bojenhaken verwenden oder das Beiboot ausbringen, um einen richtigen Festmacher an der Boje anzuschlagen.

Oder man kann den Hafenmeister um Hilfe bitten. Irgendjemand wird auf jeden Fall auftauchen, um Liegegeld zu kassieren – das ist so sicher wie das Amen in der Kirche. Um jederzeit Kontrolle von Bord aus zu haben, würde ich ein Ende der Leine belegen, das andere Ende dem Hafenmeister mit der Bitte geben, es durch den Ring an der Boje zu führen und mir an Bord zurückzugeben, wo ich es ebenfalls belegen würde. Zur Sicherheit kann man noch eine zweite Leine auf gleiche Art ausbringen.

Vorsicht

Achten Sie darauf, dass das Ende der Leine beim Lassowurf nicht ins Wasser fällt. Umgelenkte Leinen vom Bug nach achtern sollten auf Deck innerhalb der Relingsstützen verlaufen, bevor man die Leine wirft oder mit dem Ende durch das Auge einer Belegleine führt. Und machen Sie das achterne Ende an der Reling fest. Nach dem Lassowurf oder der Verbindung zur Belegleine holt man dicht und belegt das achterne Ende erneut an der Klampe. Auf diese Art gelangt keine überschüssige Leine ins Wasser. Bedenken Sie, dass Querstrahlruder eine Leine in ihren Tunnel saugen können, genauso wie sie ein Propeller um die Welle wickeln kann. Halten Sie deshalb Leinen auch von Querstrahlrudern fern.

Das beschwerte Lasso

Bei Gezeitenstrom an der Muringboje wird eine herkömmliche Leine einfach über die Boje gespült. Hier muss man die Leine beschweren. Dazu nimmt man eine Kette von ungefähr einem Meter Länge und überzieht sie mit einem starkem Gummischlauch. An den Enden der Kette kann man eine Leine anschlagen, sodass sich eine große Schlaufe ergibt. Das hat den Vorteil, dass man statt zwei Enden nur eine Leine zu halten hat.

Benötigt man dagegen ein sehr langes Lasso, macht man an den beiden Kettenenden je eine Leine fest. Damit hat man zwei Enden, die man für ein erfolgreiches Manöver unbedingt an Bord sichern muss. Machen Sie sie genauso fest wie bei der Lasso-Technik mit einer umgelenkten Leine. Ich bezeichne diese Leine als Lasso, aber sie ist viel schwerer als ein richtiges Lasso, sodass man sie nur über eine kurze Entfernung werfen kann. Sie sinkt schnell ab und legt sich um die Kette unter der Boje. Lassen Sie das Boot zurücktreiben, damit der Zug an der Kette seitlich wirkt.

Holen Sie dann die Leine dicht und die Boje vor den Bug.

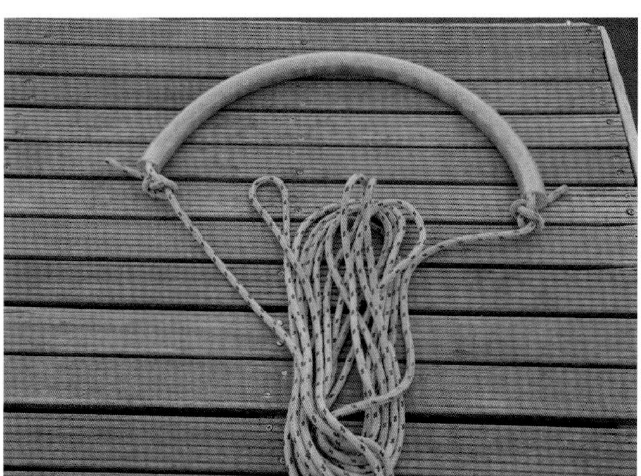

▲ *Das mit einer Kette beschwerte »Lasso«.*

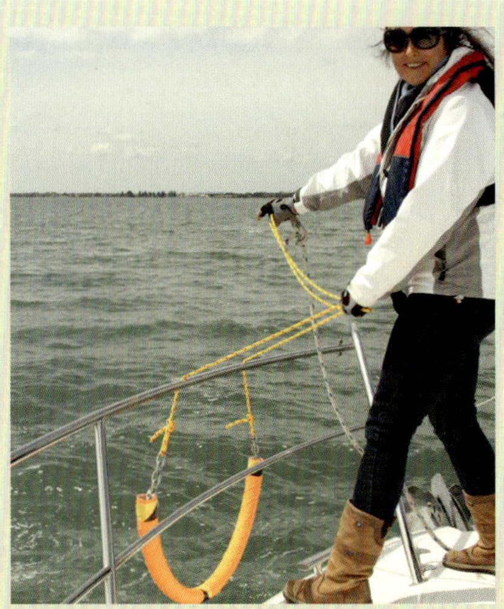

▲ *Hier verwendet Rebecca einen MOB-Heißstropp, der normalerweise dazu dient, einen Überbordgefallenen beim Bergen aus dem Wasser in einer horizontalen Position zu halten. Er eignet sich jedoch auch gut als Lasso. Die orangefarbene Schwimmleine bildet eine große Schlaufe, an der Rebecca eine weitere Leine angeschlagen hat.*

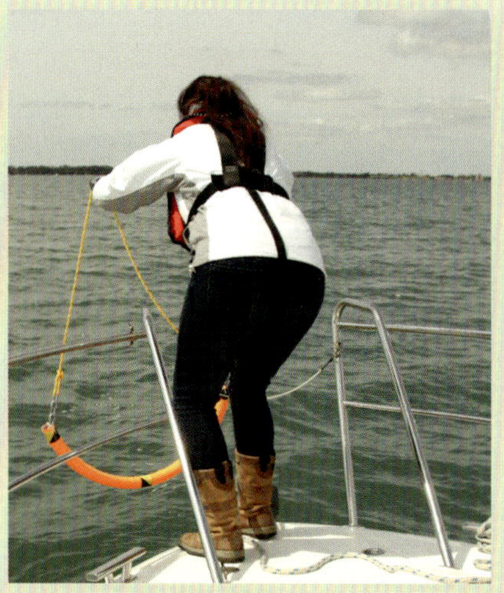

▲ *Rebecca wirft das Lasso über die Muringboje.*

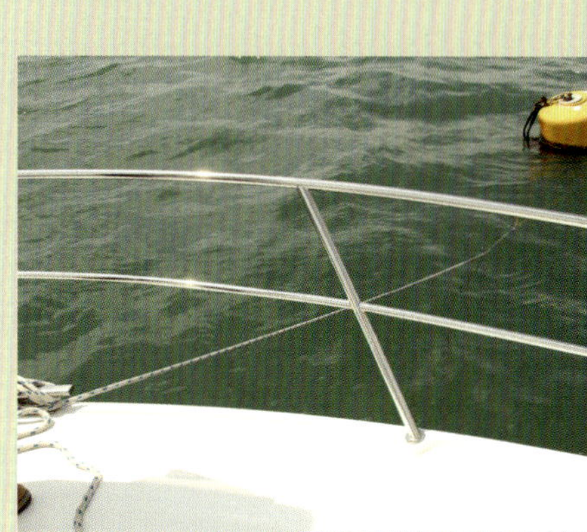

▲ *Das Boot treibt zurück, die Leine ist am Bug belegt. Jetzt kann man sich zur Boje ziehen, einen regulären Festmacher anschlagen und das Lasso abnehmen.*

Über die Boje treiben

Bei schwachem Gezeitenstrom kann ein Motorboot von kräftigem Rückenwind gegen die Muringboje getrieben werden, an der man festgemacht hat. Man kann entweder die Boje aus dem Wasser heben oder besser dem Strom maximalen Widerstand bieten. Dazu kann man vollen Ausschlag der Ruder oder Z-Antriebe geben und die Trimmklappen so weit wie möglich absenken. Ebenso können hinter dem Boot im Wasser ausgebrachte Eimer helfen.

Man kann auch einen Warpanker einsetzen (siehe Kapitel 9), wozu das Beiboot benötigt wird. Nehmen Sie den Warpanker samt Kette und Ankerleine ins Beiboot, und bringen Sie ihn ungefähr 15 Meter vom Boot entfernt aus. Zurück an Bord wird die Ankerleine dichtgeholt, bis der Bug nicht mehr gegen die Boje stößt.

Festmacher von der Boje slippen

Belegleine an der Bugklampe angeschlagen

Die Belegleine einer Boje kann man am Vordeck einfach abnehmen und über Bord fallen lassen. Sollte sie bei starkem Gezeitenstrom unter großer Spannung stehen, kann der Steuermann einen kurzen Schub geben, um die Leine zu entlasten, sodass sie leichter gelöst werden kann.

Eine Leine auf Slip verwenden

Mit einer Leine auf Slip kann man das Ablegemanöver vom Cockpit aus kontrollieren. Angenommen, dass man die Belegleine der Boje mittschiffs an Steuerbord aufgenommen und eine umgelenkte Bugleine durch das Auge geführt hat. Das Boot wurde durch den Strom zurück getrieben, sodass sich die Belegleine am Bug befindet. Führen Sie jetzt eine Leine von der Heckklampe an Steuerbord über das Sei-

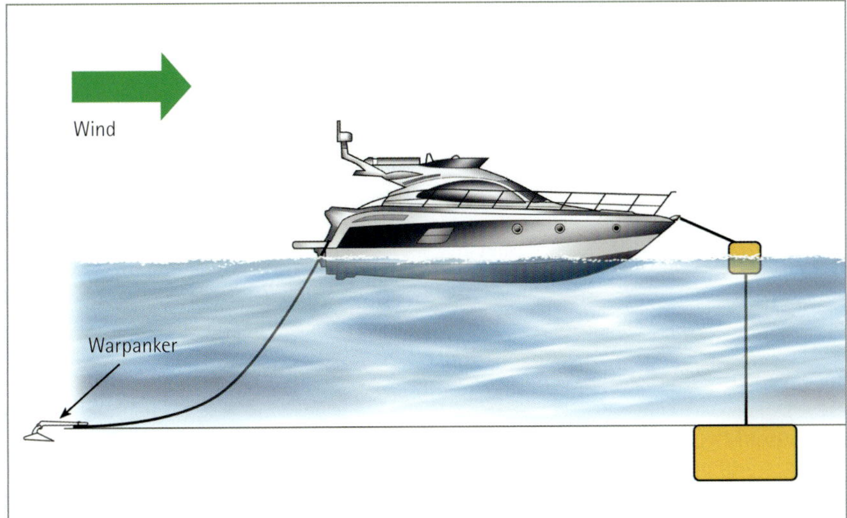

▲ *Stößt das Boot gegen die Muringboje, kann man einen Warpanker ausbringen.*

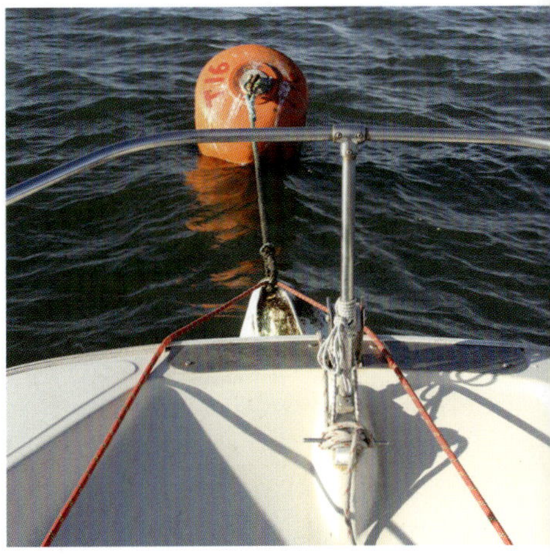

▲ *Mit einer Leine auf Slip kann man vom Cockpit aus ablegen.*

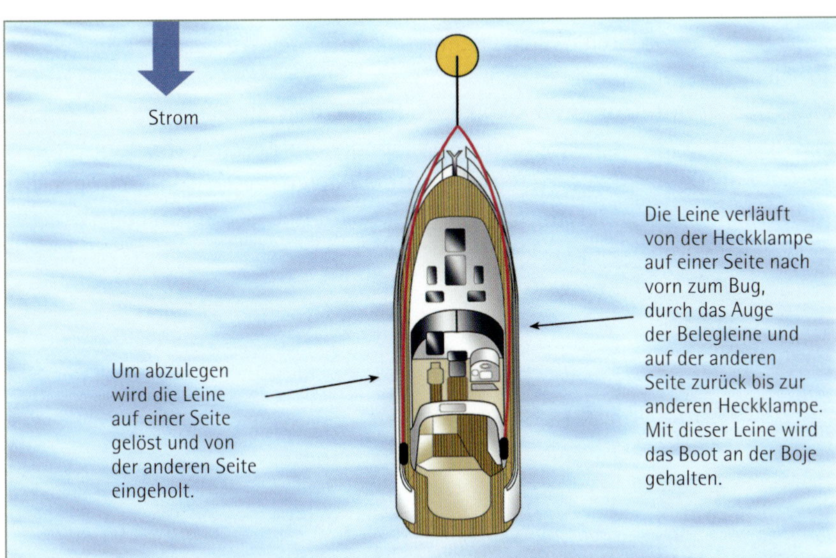

▲ *Festmacher vom Cockpit aus slippen.*

TIPP

Gelcoat schützen

Damit die grobe Belegleine nicht gegen den Bug scheuert, kann man eine Leine durch das Auge der Belegleine führen und an beiden Bugklampen an Steuerbord und Backbord festmachen. So hat der Bug etwas Abstand zur Belegleine der Boje.

tendeck nach vorn und ebenfalls durch das Auge der Belegleine. Führen Sie die Leine außen um den Bug herum und an der Backbordseite zurück bis zu einer Klampe am Heck. Lösen Sie jetzt die umgelenkte Leine, sodass das Boot an der neuen, von Heckklampe zu Heckklampe führenden Leine hängt. Um abzulegen, löst man die Leine an einer der Heckklampen und holt sie von der anderen Seite her ein. Der Steuermann kann durch kurzen Motorschub verhindern, dass das Boot durch den Strom zu weit zurücktreibt und anderen Booten im Bojenfeld zu nahe kommt. Das Gleiche gilt für Bojen mit einem Ring oder Schäkel, bei denen eine Leine auf Slip verwendet werden muss.

Scannen Sie diesen QR-Code, um ein Video über die gezeigten Techniken und das Ansteuern einer Muringboje zu sehen.

9 Ankern

Geschützt vor Anker zu liegen – sei es nur kurz zum Mittagessen oder über Nacht –, und dabei sicher zu wissen, dass der Anker hält, ist einfach wunderbar. Ankern eröffnet viele neue Möglichkeiten. Man kann jederzeit eine Pause einlegen, schöne Ankerplätze zusammen mit anderen Booten genießen oder einsame Ankerbuchten ganz allein erkunden.

Beim Ankern gibt es eigentlich nur dann Probleme, wenn nicht genug Kette oder Leine gesteckt wird. Der Grund dafür ist oft, dass die Ankerkette nicht markiert ist und man nicht weiß, wie viel Kette man abgelassen hat. Deshalb sollte als Erstes die Kette markiert werden.

Markierungen an Kette und Trosse

Man muss Markierungen anbringen, die sofort und leicht verständlich sein müssen und mit der Kette über die Ankerwinsch laufen können. Viele Skipper markieren die Kette alle zehn Meter mit roter Farbe, aber ich weiß beim besten Willen nicht mehr, wie viele rote Markierungen ich abgelassen habe, wenn ich abends aus der Kneipe zurück an Bord komme. Zudem blättert die Farbe mit der Zeit ab. Ich empfehle Markierungen im Abstand von fünf Metern. Ich ankere öfters in geringeren Tiefen von drei oder vier Metern. Was man dafür benötigt, ist ein Farbcode.

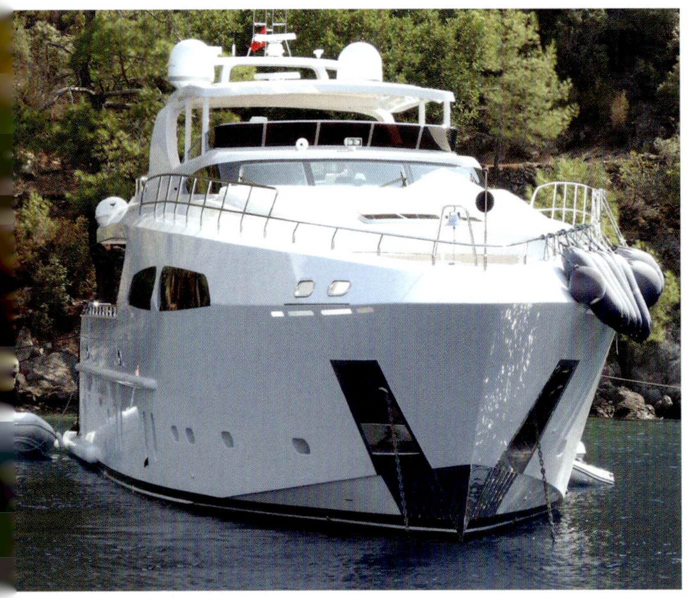

▲ *Nur selten wird auf einer Motoryacht ein Ankerball gesetzt. Hier ist eine Ausnahme zu sehen.*

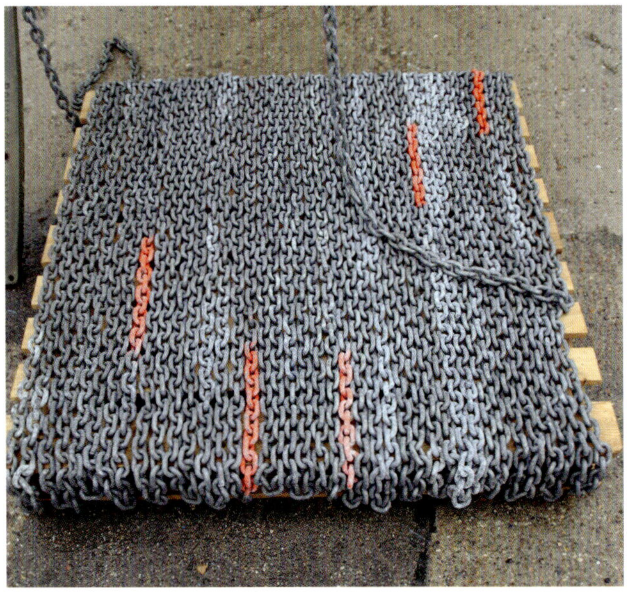

▲ *Farbmarkierungen an einer Kette. Was aber bedeuten sie?*

Snooker

Aus irgendeinem Grund kann ich mir die Reihenfolge der Snookerbälle gut merken, obwohl ich kein Snookerspieler bin. Deshalb markiere ich meine Ankerkette alle fünf Meter

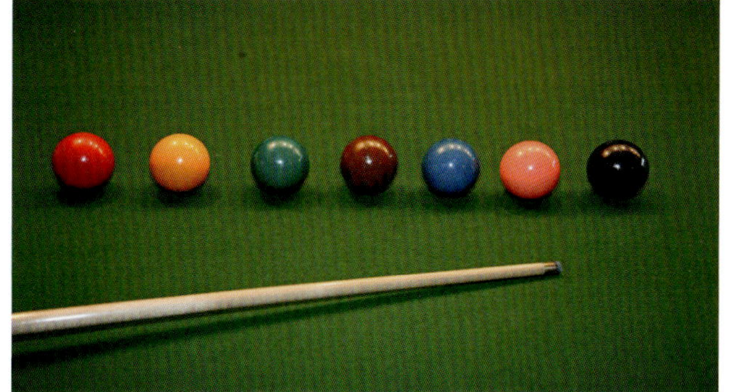

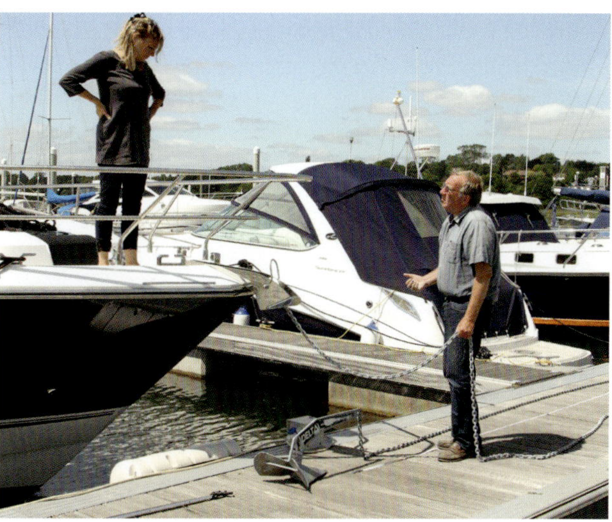

▲ *Markieren der Ankerkette.*

mit eingeknoteten Streifen aus Spinnakertuch in den entsprechenden Farben: rot, gelb, grün, braun, blau, pink, schwarz. Damit komme ich zwar nur auf 35 Meter, und meine Ankerkette ist 50 Meter lang, aber ich beginne den Farbcode wieder von vorn und bringe doppelte Markierungen an.

1 x rot	=	5 m
1 x gelb	=	10 m
1 x grün	=	15 m
1 x braun	=	20 m
1 x blau	=	25 m
1 x pink	=	30 m
1 x schwarz	=	35 m
2 x rot	=	40 m
2 x gelb	=	45 m

Legen Sie den Anker auf den Steg, und ziehen Sie die gesamte Ankerkette aus dem Ankerkasten. Messen Sie mit einem Metermaß Abstände von fünf Metern ab.

So weiß ich, dass zum Beispiel genau 25 Meter Kette abgelassen sind, wenn ich ein Stück blaues Tuch an der Kette über dem Wasser sehe.

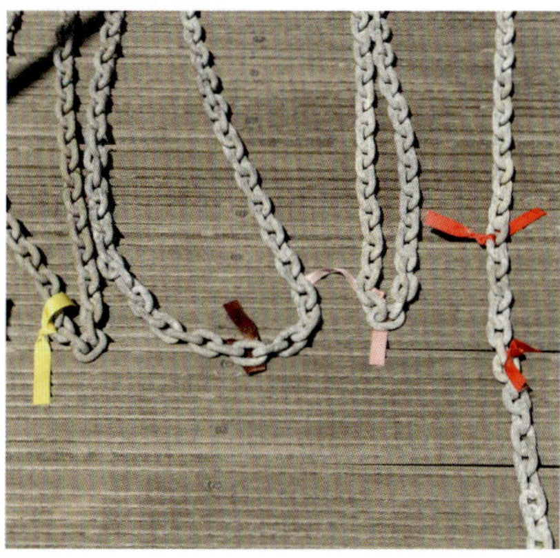

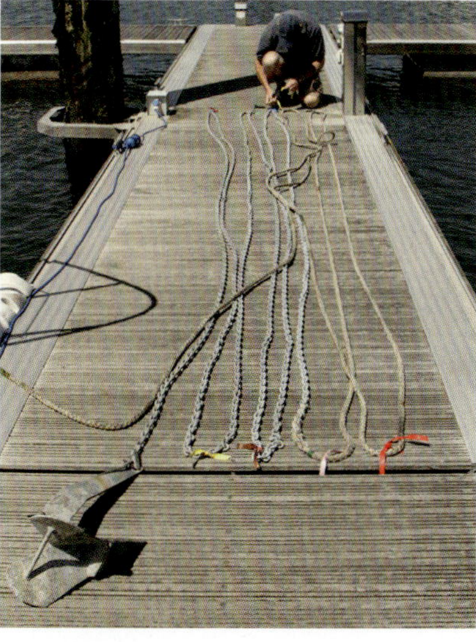

▲ *Ankerkette mit eingebundenen Markierungen aus Spinnakertuch.*
▶ *Auch in eine quadratgeflochtene Leine können Markierungen eingebunden werden.*

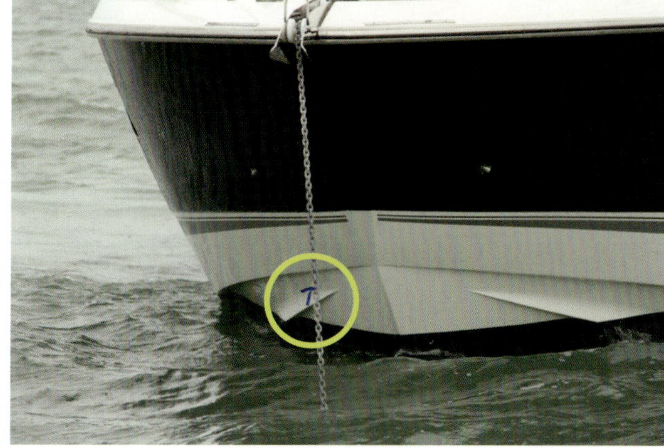

▶ *Blau: Snooker-Farbcode für 25 Meter.*

Wer mit Snooker nichts anzufangen weiß, kann die Markierungen in alphabetischer Reihenfolge anbringen.

1 x blau	=	5 m
1 x braun	=	10 m
1 x gelb	=	15 m
1 x grün	=	20 m
1 x pink	=	25 m
1 x rot	=	30 m
1 x schwarz	=	35 m
2 x blau	=	40 m
2 x braun	=	45 m

Hat man hauptsächlich Leine und nur einen kurzen Kettenvorlauf von ungefähr zehn Metern, damit sich der Anker besser eingraben kann, lassen sich die Markierungsbänder auch in die Kardeele einer dreischäftig geschlagenen oder quadratgeflochtenen Ankerleine einbinden oder alternativ farbige Taklinge an der Leine anbringen.

Wichtig ist auch, eine Erklärung des Farbcodes an der Innenseite des Ankerkastens anzubringen, sodass Neulinge an Bord die Markierungen ebenfalls verstehen können.

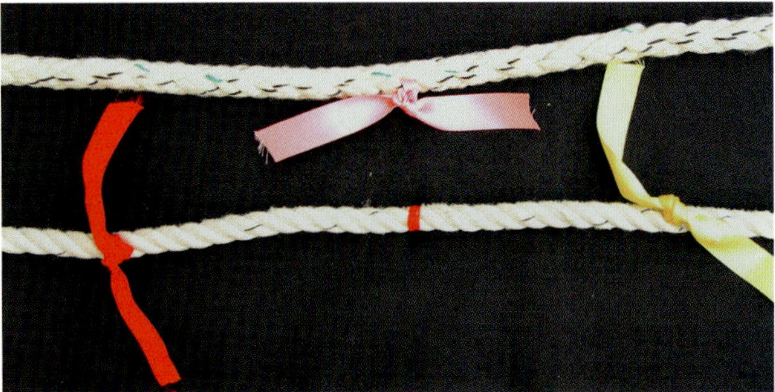

▲ *Markierungen an einer Ankerleine.*

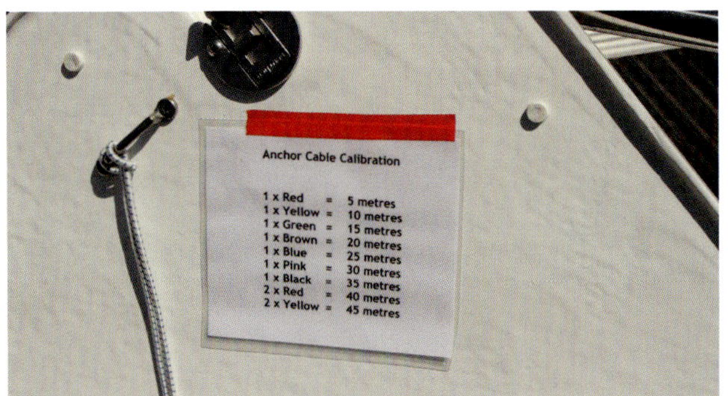

▲ *Erklärung des Farbcodes.*

Natürlich lassen sich die verschiedensten Farbcodes verwenden, ob nach dem Snooker-System oder einer anderen Kennung. Die alphabetische Reihenfolge ist sicher für jeden verständlich. Wer seine Markierungen aber international verständlich machen möchte, etwa weil öfters fremdsprachige Personen zur Crew zählen, der kann den Farbcode auf Englisch übersetzen. Die Reihenfolge der Farben ändert sich dadurch wie folgt:

1 x red	=	5 m
1 x black	=	10 m
1 x blue	=	15 m
1 x green	=	20 m
1 x brown	=	25 m
1 x yellow	=	30 m
1 x pink	=	35 m
2 x red	=	40 m
2 x black	=	45 m

Mit den Farbcodes weiß man genau, wie viel Kette abgelassen wurde. Und die richtige Kettenlänge ist der Schlüssel zu stressfreiem Ankern.

Ich nenne diese Markierungen aus Spinnakertuch »Anchor Buddies«. Sie sind bei westviewsailing.co.uk erhältlich. In der Packung sind auch nochmal die wichtigsten Punkte beim Ankern zusammengefasst. Ebenso ist eine wasserfeste Karte mit dem Farbcode enthalten, die man an die Innenseite des Ankerkastens kleben kann. Man kann zwischen dem Snooker-Code und der alphabetischen Reihenfolge wählen.

Wie lange hält das Spinnakertuch? Das Foto unten zeigt die Markierungen nach drei Jahren Ankern und Aufbewahrung im Kettenkasten.

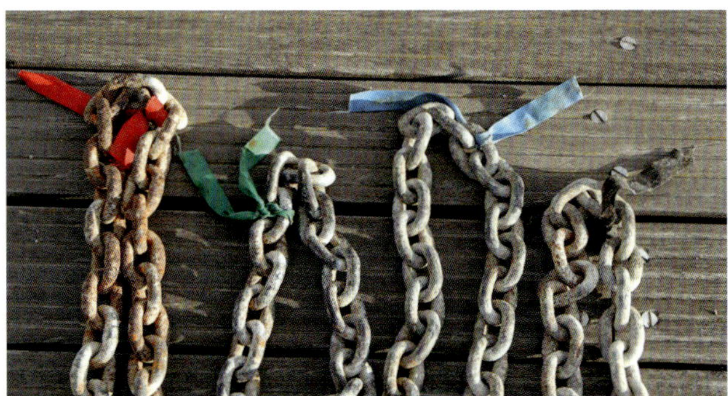

▲ *Die Markierungen nach drei Jahren intensivem Einsatz.*

Grundvoraussetzungen beim Ankern

Die Ankertrosse ist markiert, doch bevor man den Anker zum Einsatz bringt, müssen die fünf Grundregeln bedacht werden.

Ankergeschirr

Das gesamte Ankergeschirr muss korrekt dimensioniert sein. Der Anker und die Kette oder Kette kombiniert mit Trosse müssen zur Bootsgröße passen.
Bei einem Gang durch die Marina sieht man alle möglichen Ankertypen. Bei Motorbooten sind die Delta- und Bruce-Modelle am beliebtesten. Manchmal sieht man auch einen Rocna-Anker.

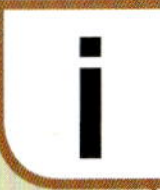

Die fünf Grundregeln beim Ankern

- **Schutz:** Nicht vor einer Leeküste oder einer Küste, die zur Leeküste werden könnte, nicht im Bereich tückischer Gezeitenströme.
- **Verbote:** Nicht in Fahrwassern, Schifffahrtsstraßen oder ausgewiesenen Ankerverbotszonen.
- **Tiefe:** Ausreichend Wasser unter dem Kiel bei Niedrigwasser und genug Ankertrosse bei Hochwasser.
- **Grund:** Kann der verwendete Ankertyp bei vorhandenem Grund gute Haltekraft entfalten? Sand und Schlick bieten in der Regel guten Halt, Fels und Kies dagegen weniger.
- **Raum zum Schwojen:** Ist genug Platz vorhanden, wenn der Wind dreht oder der Strom kentert?

Anker

Ausführung	Name	Vorteile	Nachteile	Ankergrund
Stockanker	Yacht- oder Admiralitäts-Anker	teils mit klappbaren Flunken, gut bei felsigem Grund und Seegras	geringe Haltekraft trotz hohen Gewichts	Fels, Seegras
Pflugschar-Anker	CQR-Anker	guter Allzweck-Anker, Gelenk am Schaft hilft bei wechselnden Zugrichtungen	kann beim Schwojen ausbrechen, gräbt sich in der Regel jedoch wieder ein	jeglicher Grund, bei Felsgrund Aufholleine verwenden
	Delta	große Haltekraft, gräbt sich schnell ein, kann von allein aus der Bugrolle laufen		jeglicher Grund, bei Felsgrund Aufholleine verwenden
	Kobra	große Haltekraft, gräbt sich schnell ein, kann von allein aus der Bugrolle laufen		jeglicher Grund, bei Felsgrund Aufholleine verwenden
Klauenanker	Bruce	große Haltekraft		jeglicher Grund, bei Felsgrund Aufholleine verwenden
Leicht-gewicht-Anker	Danforth (Stahl), Fortress (Aluminum), Brittany	flache Form, Winkel der Flunken passt sich unterschiedlichem Grund an	gräbt sich bei hartem Grund schwer ein, kann ausbrechen und slippen, idealer Warpanker	Lehm, Sand und Schlamm
Moderne Varianten	Spade	große Haltekraft, gräbt sich schnell ein, kann von allein aus der Bugrolle laufen		jeglicher Grund, bei Felsgrund Aufholleine verwenden
	Rocna	große Haltekraft, gräbt sich sehr schnell ein, kann von allein aus der Bugrolle laufen	auf Stahlqualität achten, bei manchen Modellen treten Materialfehler auf	jeglicher Grund, bei Felsgrund Aufholleine verwenden
	Manson Supreme	große Haltekraft, gräbt sich sehr schnell ein, clevere Aufholöse, kann von allein aus der Bugrolle laufen		jeglicher Grund, bei Felsgrund Aufholleine verwenden
	Ultra	große Haltekraft, gräbt sich sehr schnell ein, selbstaufstellend, kann von allein aus der Bugrolle laufen		jeglicher Grund, bei Felsgrund Aufholleine verwenden
Faltanker	Klappdraggen	klappbar, für leichten Einsatz	nur als Warpanker oder für Beiboote geeignet	jeglicher Grund

Ankertypen

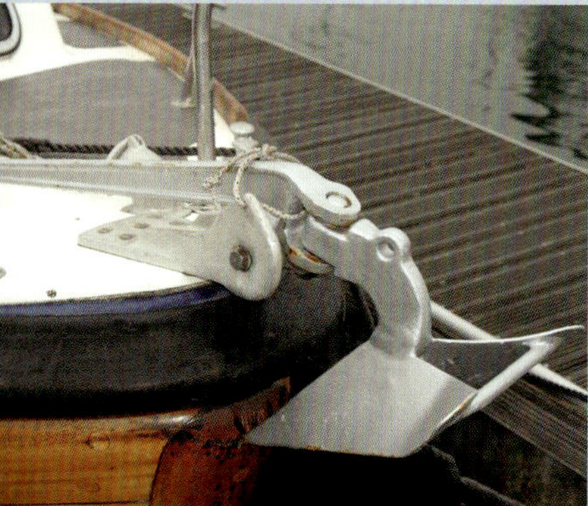

▲ *CQR- oder Pflugschar-Anker.*

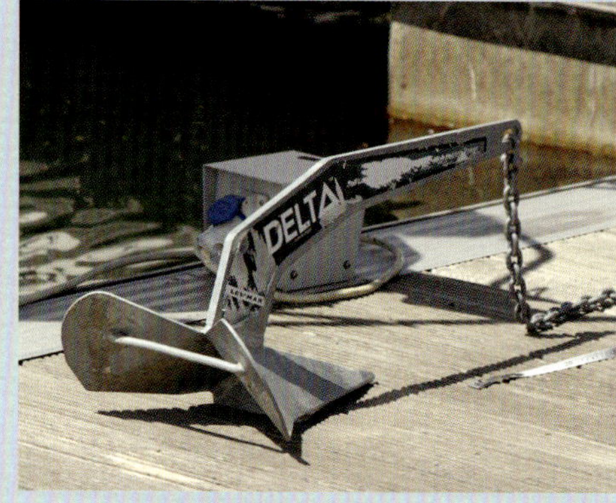

▲ *Delta-Anker.*

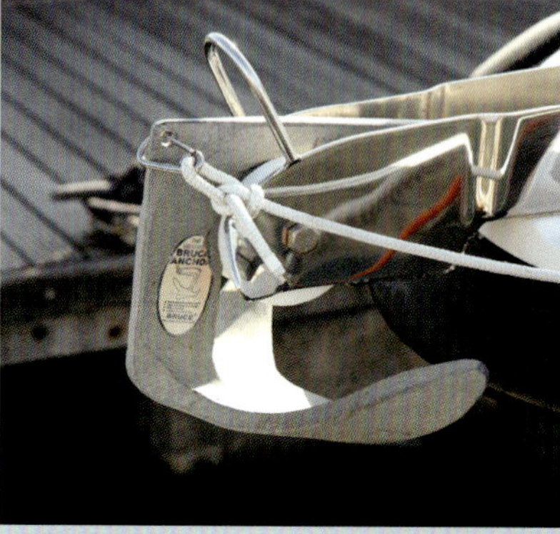

▲ *Bruce-Anker mit einem Stropp gesicher*

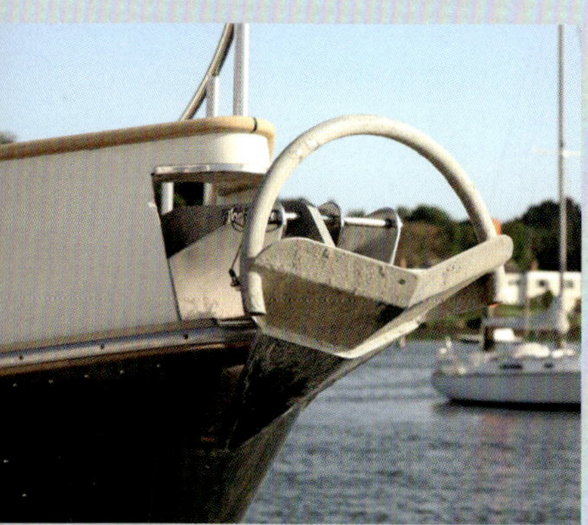

▲ *Rocna-Anker mit einem Klappnasenbolzen gesichert.*

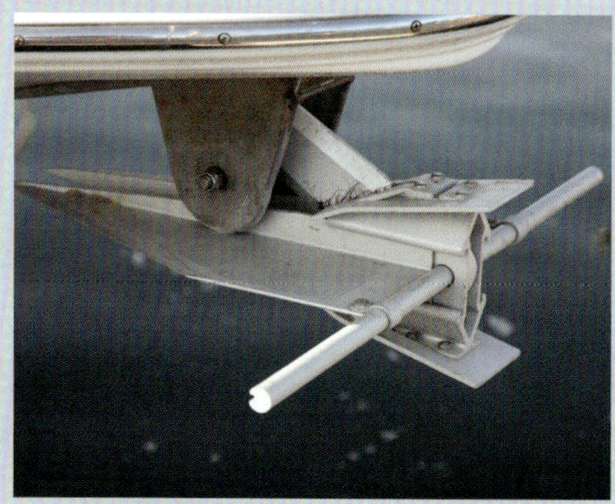

▲ *Fortress-Anker aus Aluminium (Danforth-Anker sind aus Stahl).*

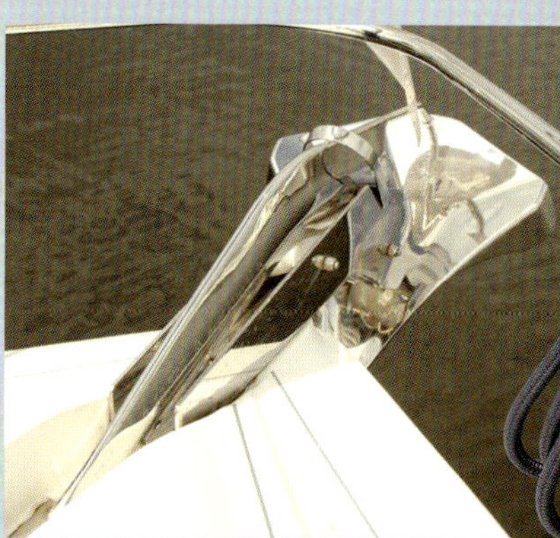

▲ *Ultra-Anker.*

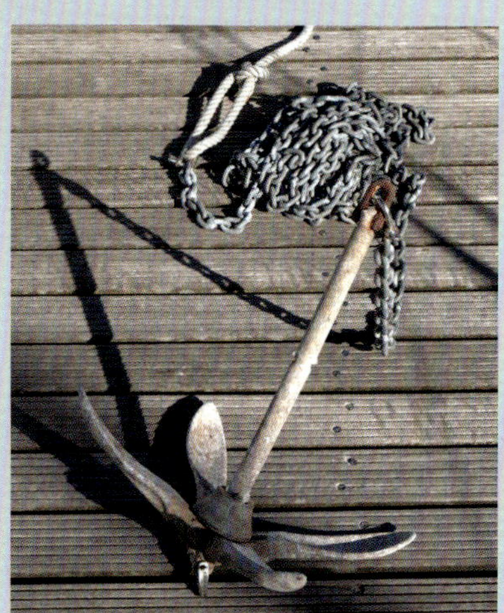

▲ *Klappdraggen mit 10 Meter Kette.*

Kette prüfen und Schäkel sichern

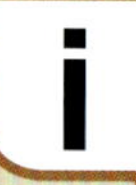

Rost kann die Ankerkette schwächen. Flugrost kann abgebürstet werden, aber man sollte hin und wieder jedes Kettenglied überprüfen. Achten Sie auch darauf, den Schäkel zwischen Kette und Anker zu sichern. Verwenden Sie dazu einen Draht und führen ihn durch die Bohrung am Ende des Schäkelbolzens. Wickeln Sie die Drahtenden um den Schäkel, sodass sich der Bolzen nicht drehen und von allein lösen kann. Man kann dazu auch Kabelbinder verwenden, die jedoch schnell verschleißen und regelmäßig überprüft werden müssen.

Wie viel Durchhang?

Angenommen, dass der Anker sich am Grund eingegraben hat und hält, ist jetzt wichtig zu wissen, wie viel Ankerkette man ablassen oder, wie der Seemann sagt, stecken soll. Als Faustregel gilt: mindestens viermal die Wassertiefe bei Kette und mindestens sechsmal die Wassertiefe bei einer Ankerleine. Dabei darf man die Höhe der Ankerrolle am Bug nicht vergessen, die von einem Meter über Wasser bei einem 6-Meter-Boot bis zu zwei Meter bei einer 20-Meter-Motoryacht reichen kann. Bei auffrischendem Wind sollte man lieber etwas mehr Kette stecken, vorausgesetzt, dass genug Schwojeraum vorhanden ist. Im Ankerkasten nutzt die Kette nicht viel, man kann sie genauso gut ablassen.

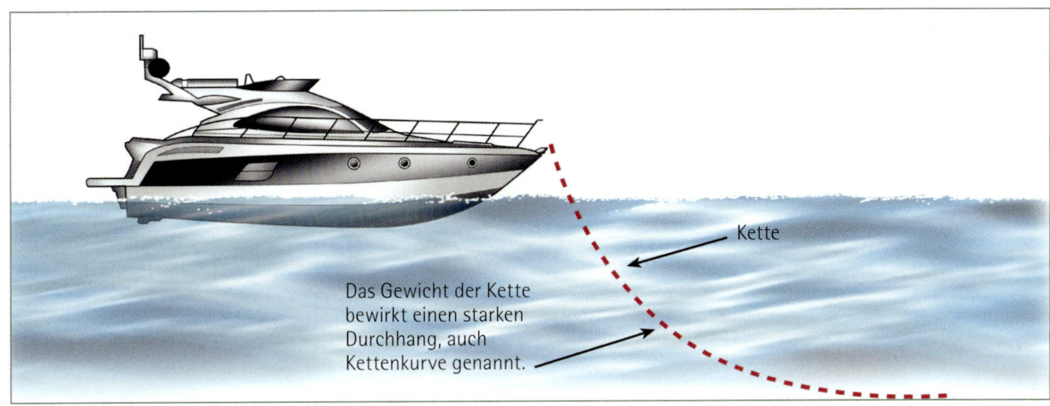

▶ *Durchhang Kette.*

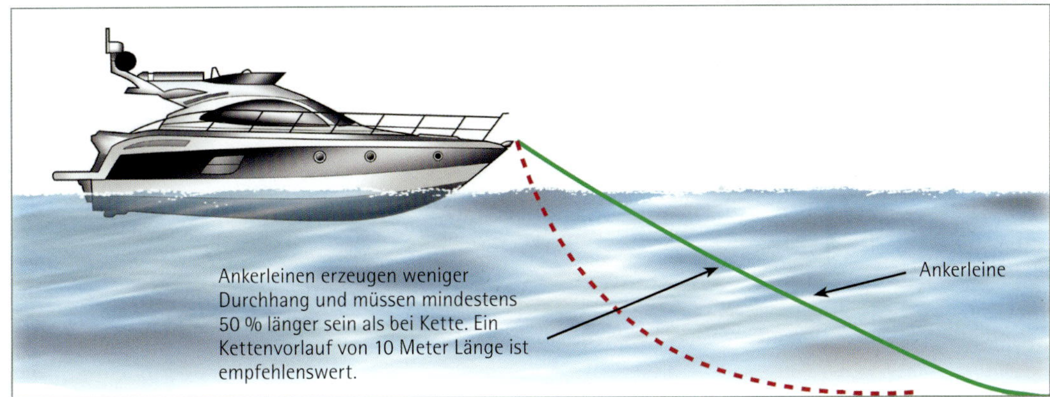

▶ *Durchhang Ankerleine.*

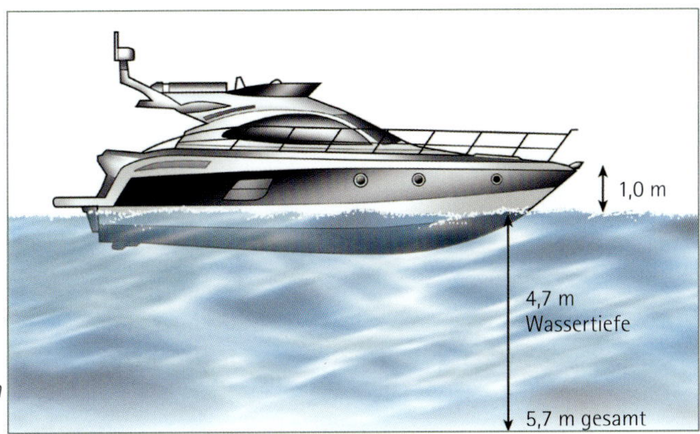

▶ *Das Freibord muss auch berücksichtigt werden.*

Echolot kalibrieren

Wie kann man feststellen, ob das Echolot korrekt anzeigt? Um das Echolot zu überprüfen, benötigt man eine Lotleine oder irgendeine Leine mit einem Gewicht am Ende und ein Metermaß. Messen Sie auf beiden Seiten des Bootes möglichst nah am Geber für das Echolot. Auf der HOLLYWOOD hatte ich ungefähr drei Meter Abstand zum Geber. Ich ziehe es vor, dass die Anzeige die Tiefe unter dem Kiel oder unter den Propellern wiedergibt. Eine Anzeige von 0,00 Meter bedeutet somit, dass man auf Grund gelaufen ist. Oft sind Echolote so eingestellt, dass sie die Wassertiefe von der Oberfläche aus angeben. Dabei muss man aber immer den eigenen Tiefgang berücksichtigen, der abhängig ist von der Beladung und dem Füllstand der Tanks. Beide Einstellungen sind in Ordnung. Wichtig ist nur, dass man selbst und jeder an Bord weiß, was die Anzeige am Echolot genau bedeutet. Machen Sie einen Vermerk neben der Anzeige.

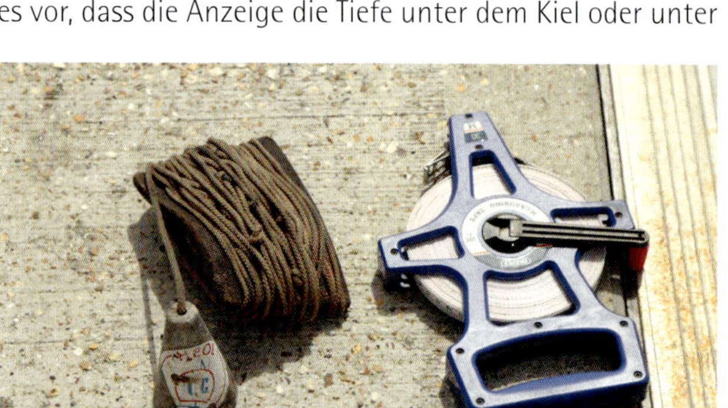

▲ *Lotleine und Metermaß.*

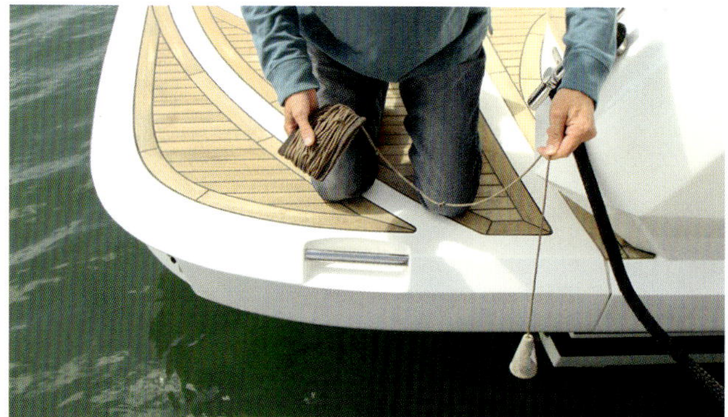

▲ *Messung an Steuerbord.*

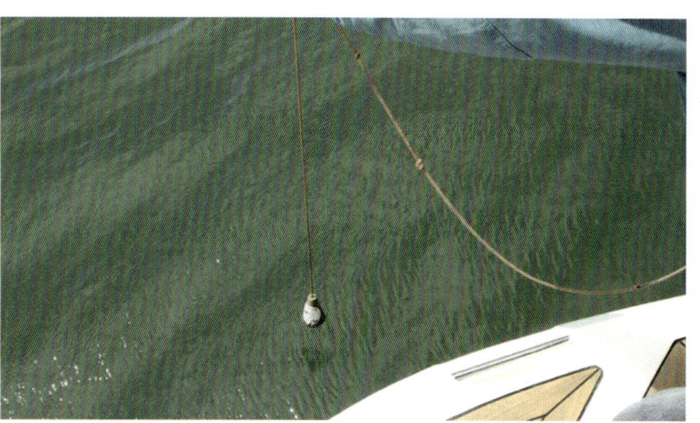

▲ *Messung an Backbord.*

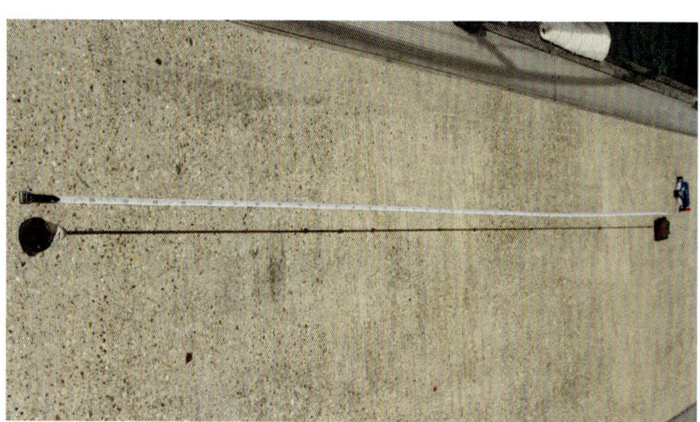

▲ *Messung an der Lotleine.*

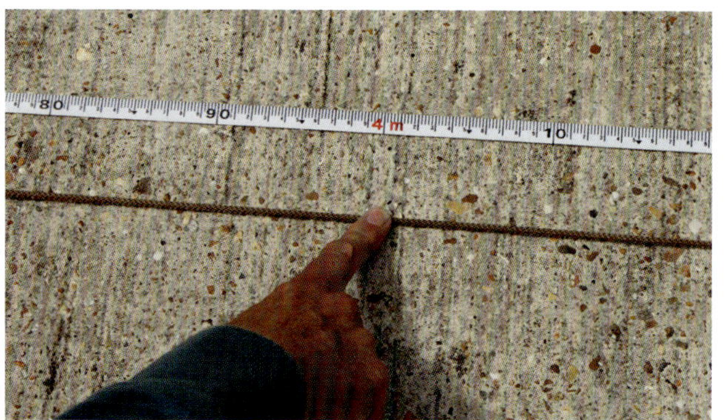

◀ *Die Tiefe beträgt 4 Meter. Stellen Sie das Echolot je nach Vorliebe so ein, dass es entweder die Tiefe von der Oberfläche aus oder die Tiefe unter dem Kiel oder den Propellern anzeigt.*

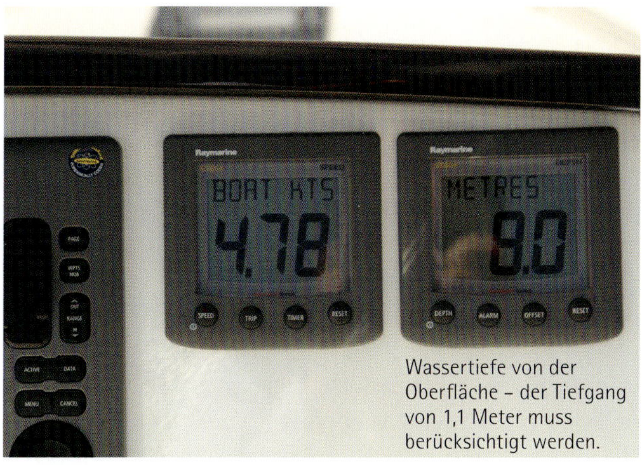

▲ *Anzeige der Wassertiefe von der Oberfläche.*

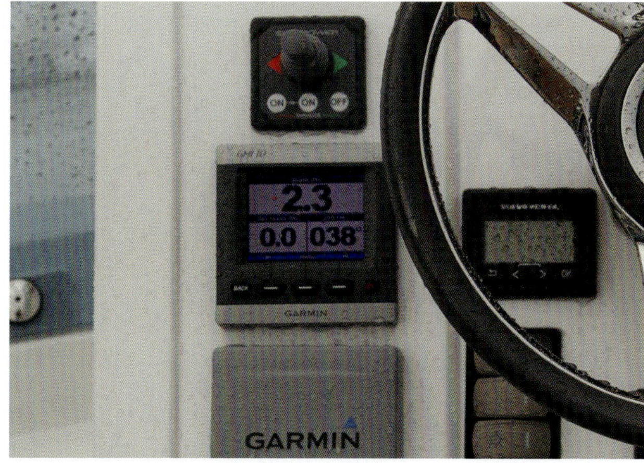

▲ *Anzeige der Tiefe unter den Propellern.*

Tipps für erfolgreiches Ankern

Den Anker ausbringen

Steuern Sie den Ankerplatz immer gegen den Strom an, es sei denn, der Wind ist stärker als der Strom.
Das Boot wird vom Strom so stark zurückgetrieben, dass sich der Anker eingräbt. Herrscht kein Gezeitenstrom, kann der Anker mit Rückwärtsschub des Motors eingegraben werden.

Einrucken vermeiden

Bei kabbeligem Wellengang kann das Boot in die Kette einrucken. Stecken Sie in diesem Fall mehr Kette oder bringen Sie einen Stropp aus Tauwerk mit einem Stopperstek (siehe Kapitel 2) an der Kette an, und belegen Sie ihn an einer Klampe an Bord. Dann fiert man etwas mehr Kette, sodass sie und auch die teure Ankerwinsch durch den Stropp vollständig entlastet werden. Die Ankerwinsch sollte grundsätzlich entlastet werden, entweder durch einen Stropp mit Kettenhaken, auch Teufelsklaue genannt, oder durch einen Kettenstopper an Deck.

Wie man feststellt, ob der Anker hält

Legen Sie die Hand vor der Bugrolle auf die Kette. Liegt die Kette ruhig in der Hand, hält der Anker. Stellt man ein leichtes Vibrieren oder Rucken fest, schleift der Anker über Grund.

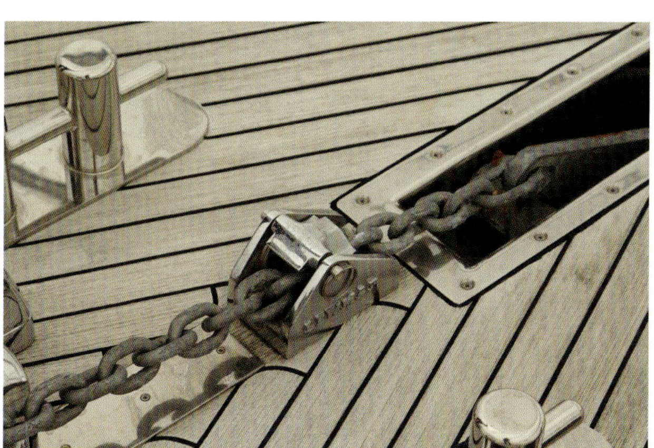

▲ *Kettenstopper an Deck.*

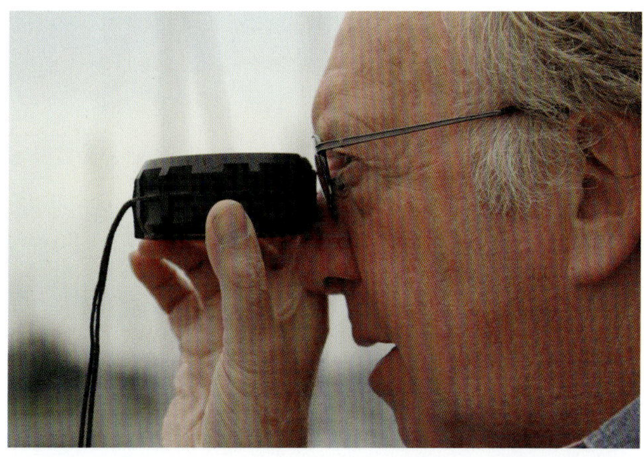

▲ *Bei einem Handpeilkompass sollte man stets darauf achten, dass er nicht durch ein Brillengestell aus Metall abgelenkt wird, auch wenn das bei einer Ankerpeilung nicht unbedingt nötig ist.*

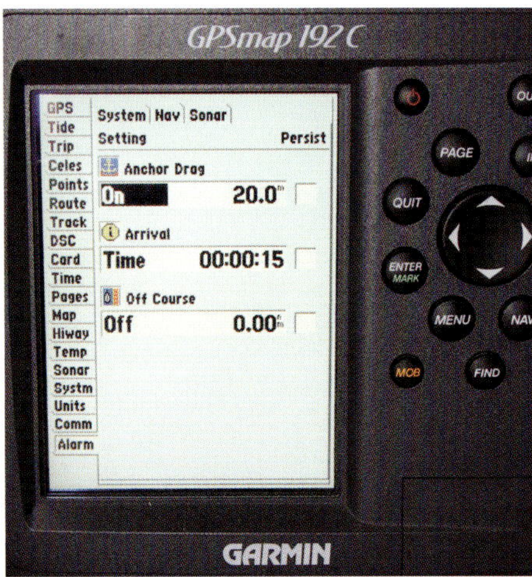

▲ *Aktivierter Ankeralarm an einem GPS-Gerät.*

Eine zweite Möglichkeit ist, querab eine Landpeilung zu nehmen oder den GPS-Ankeralarm einzuschalten.

So bleiben Kette und Trosse auf der Bugrolle

An einem unruhigen Ankerplatz kann es passieren, dass die Ankerleine oder die Kette von der Bugrolle springen, wenn kein Ankerstropp an der Kette angeschlagen ist. Ein Steckbolzen zwischen den Seitenblechen der Bugrolle oder ein Bändsel aus Tauwerk können das verhindern.

Den Anker an Bord sichern

Damit der Anker nicht aus seiner Halterung fallen und unvorhergesehen auf Grund geht, sollte man ihn am Boot festmachen. Das kann mit einem Bändsel geschehen. Oft haben Ankerbeschläge zu diesem Zweck einen Steckbolzen zwischen den Seitenblechen.

Die richtigen Signale geben

Das Tagsignal für einen Ankerlieger ist ein schwarzer Signalball, der gut sichtbar über dem Vorschiff gesetzt wird. Nachts zeigt man ein weißes Rundumlicht. Da die meisten Boote mit Navigationslichtern ausgerüstet sind, ist das kein Problem. Wer aber hat einen schwarzen Signalball an Bord? Auf den Gülets im Mittelmeer ist manchmal ein Signalball fest am Bug montiert. So stimmt das Signal zwar vor Anker, aber bei Fahrt durchs Wasser ist es absolut falsch.
Bedenken Sie: Wenn Sie tagsüber auf einem ausgewiesenem Ankergrund vor Anker liegen und ein anderes Boot rammt sie, liegt die Schuld eindeutig bei dem Anderen. Zeigen Sie dagegen keinen Signalball, könnte man argumentieren, dass Sie die Regeln zur Vermeidung von Kollisionen auf See verletzen und die Schuld bei ihnen liegt. Man kann zwar hoffen, dass der Andere so anständig ist, die Verantwortung zu übernehmen, aber sobald eine Versicherung für den Schaden aufkommen soll, muss mit allem gerechnet werden.

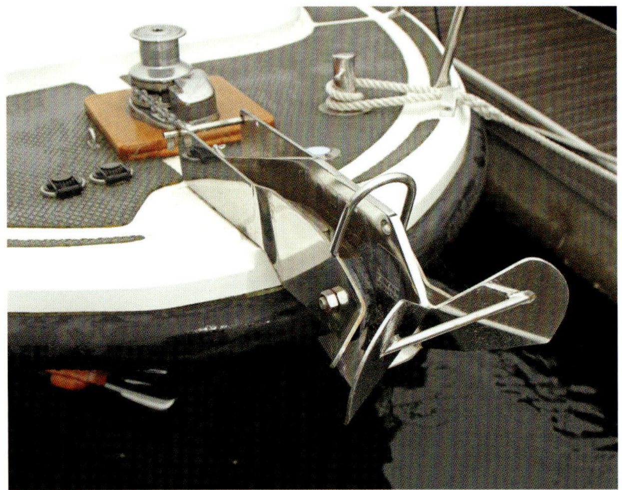

▲ *Bugrollen haben manchmal einen Bügel, damit die Kette nicht von der Rolle springen kann.*

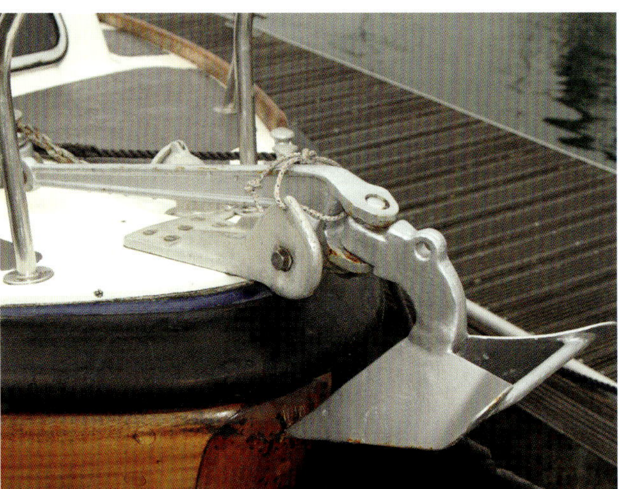

▲ *Hier wird der Anker von einem Bändsel gehalten.*

Auf allen Diagrammen ist ein Signalball zu sehen. Der Gerätebügel bietet einen guten Platz dafür.

Schwojeraum

Beobachten Sie, wie andere Boote vor Anker ausgerichtet sind,wenn sie sich einem Ankerplatz nähern. Segelyachten richten sich mehr nach dem Strom aus als nach dem Wind, Motorboote mit Flybridge und flachem Unterwasserschiff dagegen mehr nach dem Wind als dem Strom. An einem Ankerplatz mit verschiedenen Bootstypen muss man besonders auf ausreichend Platz achten. Bei Gezeitenstrom richten alle Boote den Bug mehr oder weniger gegen den Strom. Lässt der Strom nach, werden die Boote durch das Gewicht der Kette näher über den Anker gezogen. Bei Stauwasser kreisen die Boote um ihren Anker, und mit der neuen Gezeit richten sie sich zur anderen Seite wieder gegen den stärker werdenden Strom aus.

Was passiert, wenn der Strom kentert?

Anker, die sich in den Grund graben, brechen in der Regel nicht aus, wenn sich die Richtung des Gezeitenstroms umdreht. Und wenn sie ausbrechen, graben sie sich schnell wieder ein. Danforth- und Fortress-Anker finden manchmal nur schwer wieder Halt, weshalb sie besser als Warpanker geeignet sind. Moderne Ausführungen wie Rocna- und Manson-Anker graben sich sehr schnell wieder ein. Delta-, Spade- und CQR-Anker sollten auch schnell wieder Halt finden.

Fachbegriffe beim Ankern

Ankertrosse: eine starke Ankerleine mit größerem Durchmesser.

Ankergeschirr: Alle Einrichtungen, die zum Ausbringen und Einholen des Ankers dienen. Dazu zählen: Ankerleine, Kette, Ankerwinde, Kettenstopper, Bugrolle u. a.

Ankerspring: Eine Leine, die auf einem vor Anker liegendem Boot vom Heck zur Ankerkette gespannt wird, um das Boot bei widerstreitenden Einflüssen von Wind und Strom in Richtung der stärkeren Kraft zu halten.

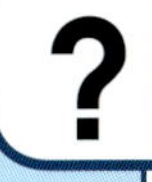

Vor Anker oder festgemacht?

- Bringt man einen Anker aus, liegt das Boot vor Anker.
- Bringt man zwei Anker aus, spricht man von einer Muring.
- Ist bereits ein Grundgeschirr vorhanden, das man zum Beispiel mit einer Boje nutzen kann, so ist das Boot an der Boje vermurt.

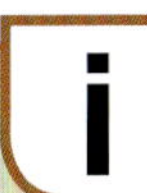

Ankerlicht an Boje?

Es ist nicht nötig, nachts ein Ankerlicht zu zeigen, wenn man an einer Boje festgemacht hat, die in der Seekarte vermerkt ist. Für mehr Sicherheit kann man das Ankerlicht zwar einschalten, aber vorgeschrieben ist es nicht.

Im Wind schwojen und über den Anker treiben

Kräftiger Rückenwind bei schwachem Gezeitenstrom kann dazu führen, über den Anker zu treiben, wie in Kapitel 8 beschrieben. Auch wenn der Wind nicht stärker als der Strom ist, ergibt es Sinn, das Boot vom Anker abzuhalten. Ansonsten wird man zu einem Spielball des Windes und schwojt von einer Seite zur anderen um den Anker.
Man muss dem Strom so viel Widerstand wie möglich bieten. Dabei helfen voll eingeschlagene Ruder oder Z-Antriebe sowie komplett abgesenkte Trimmklappen. Ebenso können hinter dem Boot Eimer im Wasser ausgebracht werden, wenngleich das eher Zeitverschwendung ist und ein ausgebrachter Warpanker die bessere Wahl darstellt.

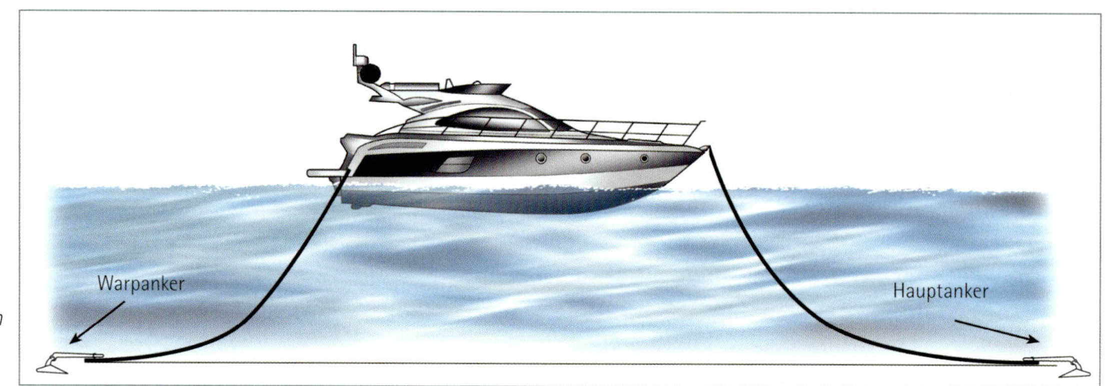

▶ *Warpanker, um nicht über den Hauptanker zu treiben.*

Warpanker

Ein Warpanker wird neben dem Hauptanker am Bug oft als Zweitanker am Heck gefahren. Warpen bedeutet, einen Anker zum Beispiel mit dem Beiboot auszubringen, um ein Boot durch Zug an der Warpleine zu verholen, etwa weil es auf eine Sandbank aufgelaufen ist. Als Warpanker kann jeder Ankertyp verwendet werden, üblich sind jedoch Danforth- und Fortress-Anker.

Um den Warpanker als Zweitanker über das Heck auszubringen, fiert man möglichst viel Ankerkette am Bug und gibt Schub zurück. Dann lässt man den Warpanker ab. Während man den Warpanker fiert, holt man die Kette des Hauptankers wieder ein. Dadurch sollte sich der Warpanker eingraben. Belegen Sie die Trosse des Warpankers an einer Heckklampe. Jetzt liegt das Boot vor zwei Anker, einer voraus, einer nach achtern. Das sollte halten.

Der Warpanker muss vor dem Kentern des Gezeitenstroms aufgeholt werden. Wenn der Strom mitten in der Nacht kentert, ist das Pech. Ich stelle mir immer den Wecker, um beim Kentern des Stroms wach zu sein und zu überprüfen, ob der Hauptanker hält.

Anker fest?

Fahren Sie mit dem Boot über den Anker, wenn er am Grund festgekommen ist und sich nicht aufholen lässt. Versuchen Sie den Anker von verschiedenen Richtungen aus aufzuholen. Lässt er sich immer noch nicht ausbrechen, wird man den Anker (mindestens 750 Euro) und die Ankerkette (nochmal mindestens 750 Euro) zurücklassen müssen. Da niemand gern 1500 Euro verliert, sollte man eine Boje oder einen Fender zur Markierung an der Kette anschlagen, die Position mit der MOB-Taste am GPS-Gerät speichern und kann dann nur hoffen, dass der örtliche Tauch-Service günstige Preise hat. Arbeitet ein solcher Betrieb gerade in der Nähe, kommt man mit 500 Euro davon, muss extra ein Boot mit Tauchmeister, Taucher und Hilfskraft an Bord ausrücken, werden es schnell 1000 Euro.

Aufholleine

Man könnte natürlich eine Aufholleine, auch Trippleine genannt, an der vorderen Öse am Anker befestigen. Dadurch lässt sich der Anker in anderer Richtung ziehen, wenn er am Grund unklar gekommen ist. Wer jedoch von

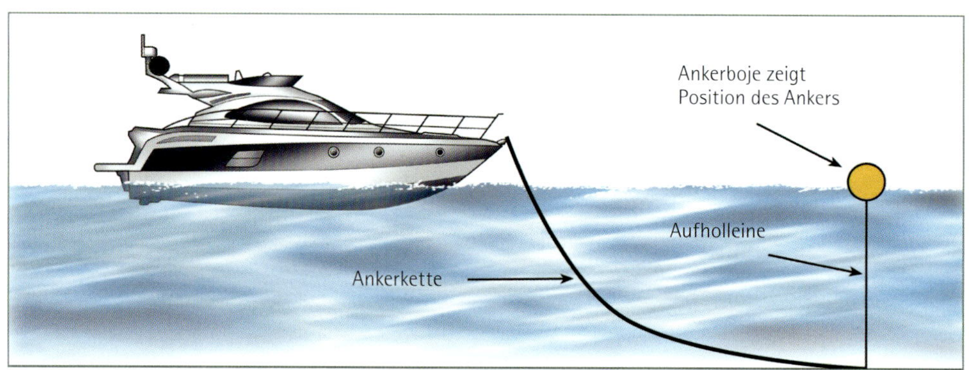

▶ *Anker mit Boje + Aufholleine.*

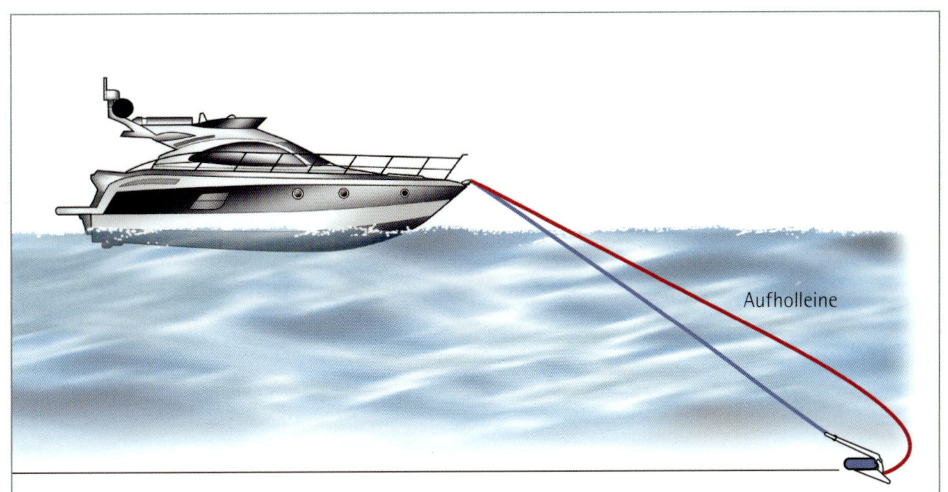

▶ *Der Anker ist unter einer Kette festgekommen.*

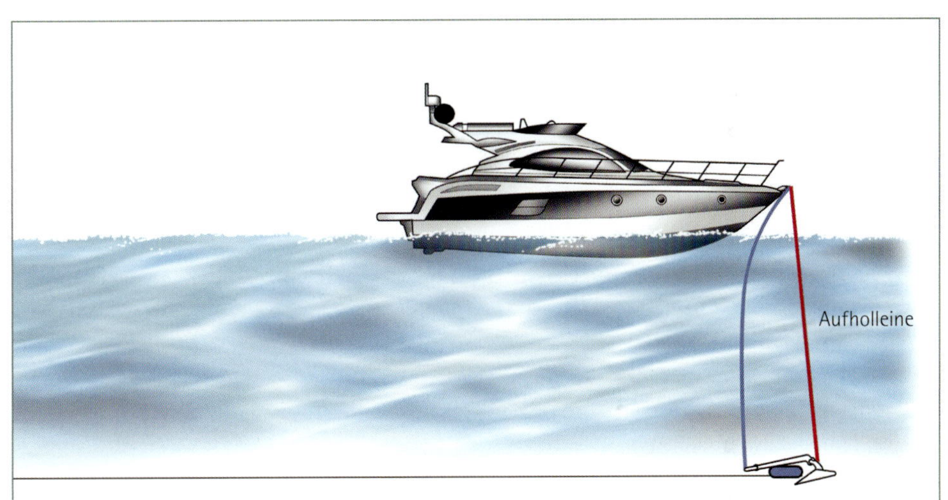

▶ *Mit der Aufholleine kann der Anker in anderer Richtung gezogen werden.*

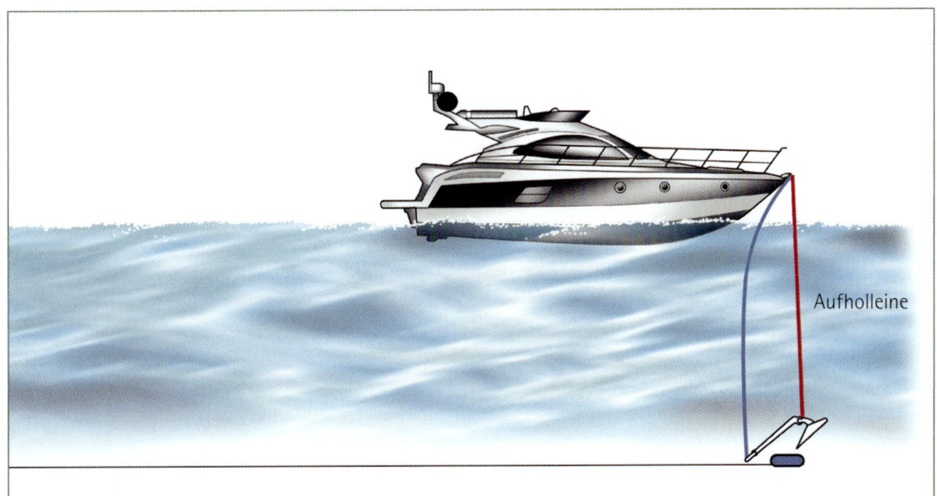

▶ *Der Anker ist wieder frei.*

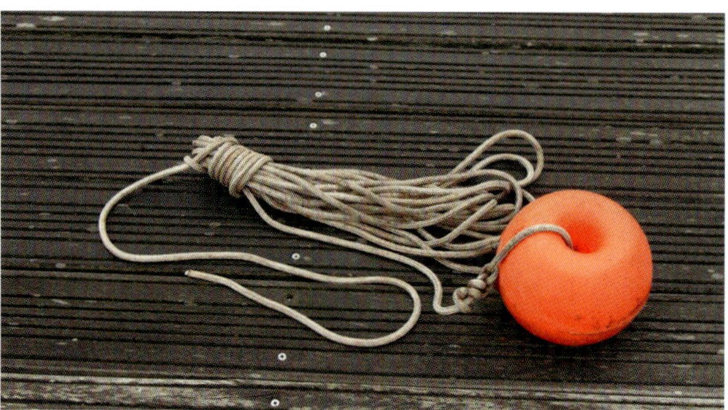

▲ *Aufholleine mit Boje.*

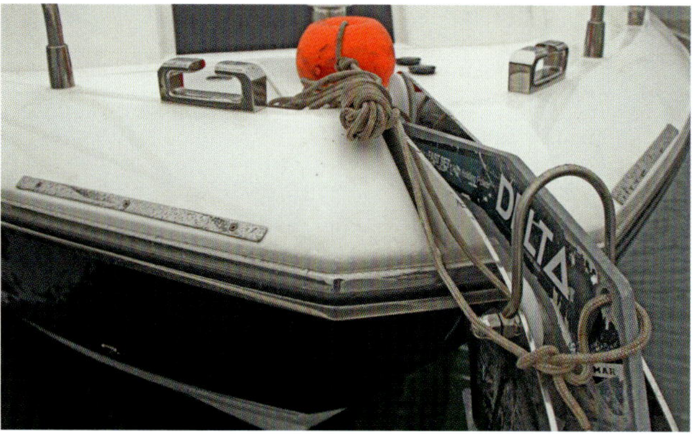

▲ *Die Aufholleine ist am Anker angeschlagen und einsatzbereit.*

vornherein eine Trippleine am Anker anbringt, misstraut dem Ankergrund. Ich würde an einem solchen Ort auf das Ankern lieber ganz verzichten.

Müsste ich im Notfall ankern, würde ich vorsorglich auch eine Trippleine anbringen, aber wer sich bereits in einer Notsituation befindet, sollte nicht noch mehr Komplikationen heraufbeschwören und einen unklaren Anker riskieren. Man kann die kleine Boje der Aufholleine entweder an Bord nehmen oder im Wasser belassen, um die Stelle über dem eigenen Anker zu markieren, damit kein anderer seinen Anker darüber ausbringt.

Eine weitere Möglichkeit, den Anker auszubrechen, ist, die Kette so weit einzuholen, dass sie senkrecht nach unten führt. Binden Sie eine Palstekschlaufe um die Kette, eventuell zusammen mit einem Gewicht, sodass die Schlaufe an der Kette entlang absinkt und sich mit etwas Glück über den Ankerschaft legt. Auf diese Weise kann man den Anker an der Leine rückwärts herausziehen.

Manche Fischer schäkeln die Kette an der Aufholöse am Anker an und befestigen sie entlang des Ankerschafts mit

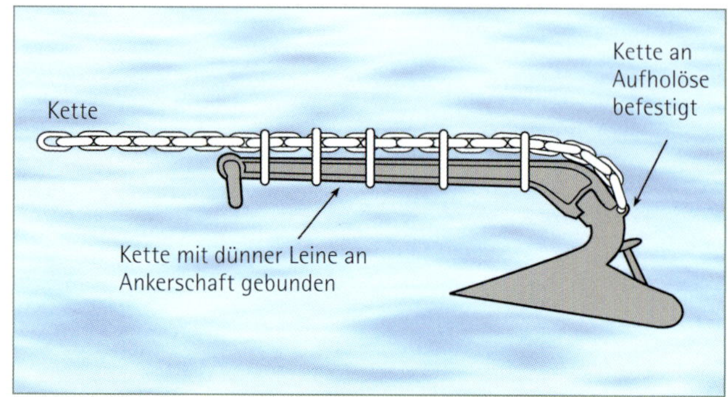

▲ *Ankerbefestigung nach der Fischer-Methode.*

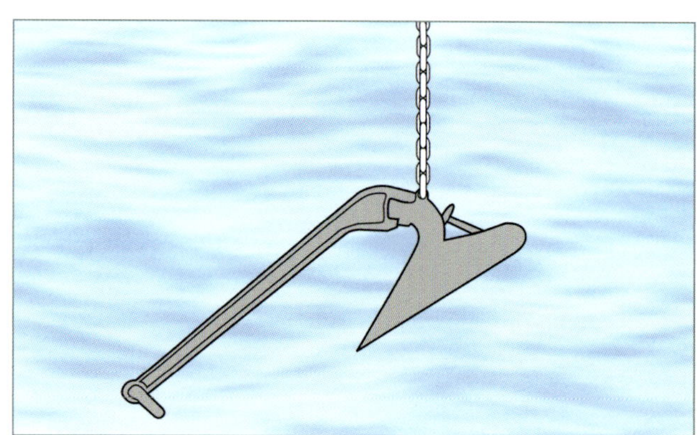

▲ *Ausbrechen des Ankers nach der Fischer-Methode.*

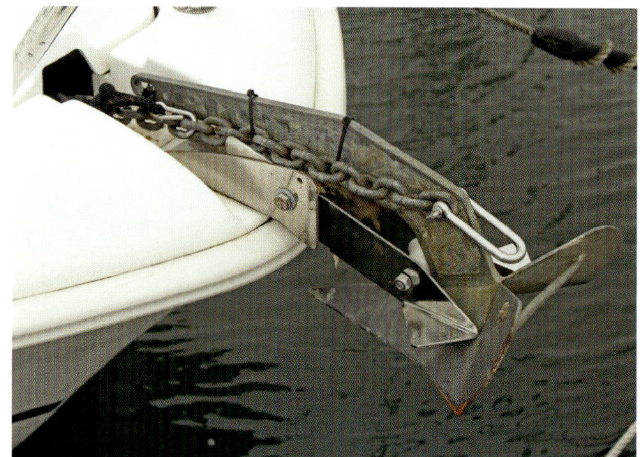

▲ *Das muss ein Fischer sein.*

einer dünnen Leine oder Kabelbindern. Kommt der Anker am Grund unklar, fährt man einfach über den Anker, sodass die Verbindung zum Ankerschaft aufbricht und der Anker an der vorderen Öse aufgeholt werden kann. Für Fischer, die während des Ankerns wach und bei der Arbeit sind, mag

das in Ordnung sein, aber um nachts vor Anker ruhig schlafen zu können, würde ich es nicht empfehlen.
Oft haben mir Freunde erzählt, dass sie beim Ankern jedes Mal Schwierigkeiten haben und der Anker nie hält, obwohl sie die beste Ausrüstung haben. Wir haben dann immer zusammen die Ankerkette markiert, damit sie wissen, wie viel Kette sie ablassen und das Echolot kalibriert. Sie haben versprochen, von nun an immer die korrekte Länge Kette je nach Wassertiefe zu fieren und hatten von diesem Zeitpunkt an nie wieder Probleme mit ihrem Anker.

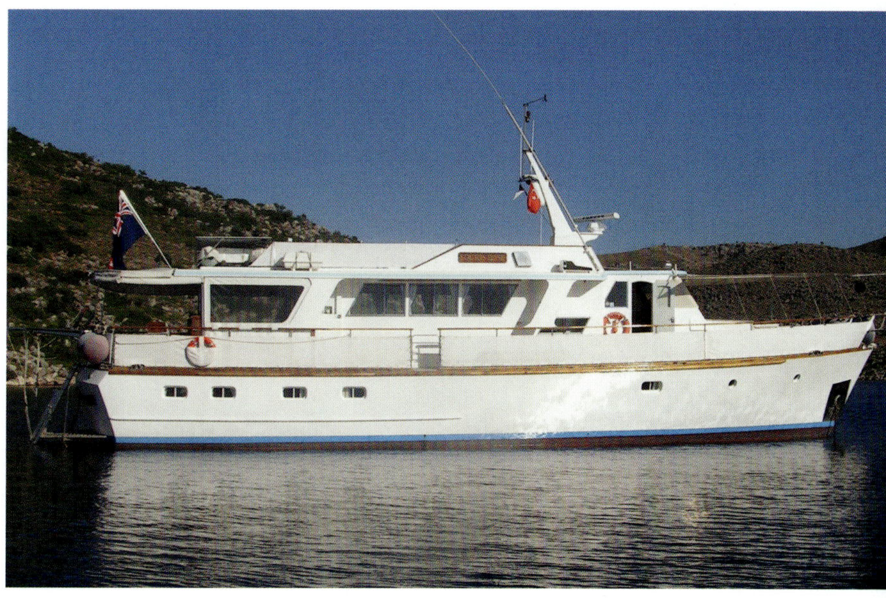

▶ *Eine Motoryacht an einem ruhigen Ankerplatz. Gut sichtbar ist ein Ankerball über dem Bug gesetzt.*

FACHBEGRIFFE

Ankerstropp Kurze Leine, die mit einem Haken, zum Beispiel einer Teufelsklaue, oder einem Knoten an der Ankerkette angeschlagen und am Bug belegt wird. Durch einen Ankerstropp wird der Zug der Kette von der Ankerwinsch genommen und die Ankerwinsch entlastet.

Ankerwinsch Manuell, elektrisch oder hydraulisch angetriebene Winde zum Aufholen und Fieren der Ankerkette und Ankerleine. Die Achse einer Ankerwinsch kann horizontal oder vertikal ausgerichtet sein.

Fieren Ablassen oder herunterlassen – allgemein: einer Last an einer Leine oder Kette nachgeben, Gegenteil von dichtholen.

Kettenkurve Durchhang der Ankerkette zwischen dem Anker auf Grund und dem Boot. Das Gewicht der Kette verhindert starkes Einrucken.

Kettennuss Laufrad an der Ankerwinsch mit passenden Ausnehmungen für die Kette.

Kettenstopper Decksbeschlag, an dem die abgelassene Ankerkette blockiert werden kann, um die Ankerwinsch zu entlasten.

Leeküste Eine Küste, die vom Boot aus in Lee liegt, d. h. der Wind weht auf die Küste zu.

Luvküste Eine Küste, die vom Boot aus in Luv liegt, d. h. von der der Wind zum Boot weht.

Teufelsklaue Offener Haken an einem Tauwerkstropp, der sich über ein Kettenglied in die Kette einhaken lässt. Zur Verwendung zum Beispiel als Ankerstropp.

10 Flüsse und Kanäle

Strömung

Flüsse fließen von der Quelle Richtung Meer. Die Strömung entsteht durch das Gefälle und kann durch Regenfälle sehr stark zunehmen. In einem Kanal herrscht eigentlich keine Strömung, aber durch das Öffnen und Schließen der Schleusen können Strömungen in den einzelnen Abschnitten zwischen den Schleusen entstehen. Weiß brechendes Wasser wie bei Stromschnellen zeigt stärkere Strömung an. In einer Flussbiegung ist die Strömung an der Außenseite stärker als an der Innenseite. An starken Biegungen kann die Strömung von der Außenseite zur Innenseite reflektiert werden und dort zu einem leichten, gegengerichteten Rückstrom führen. In seichtem Wasser an Flussrändern ist die Strömung schwächer.

Auch die Tiefe ist an der Außenseite einer Biegung größer. Man sollte also einen Fluss nicht so befahren, als wäre es eine Rennstrecke und als gelte es, die Ideallinie zu finden. Kurvenschneiden endet schnell in einem Desaster.

Ufer-Effekt

Fährt man nah an einem steilen Ufer oder einer Einfassung entlang, kann man beobachten, dass der Wasserspiegel zwischen Boot und Ufer absinkt und das Boot zum Ufer hingezogen wird. Im ersten Moment möchte man mehr Gas geben und vom Ufer weglenken, aber das würde den Effekt nur verstärken. Die Lösung ist, den Propeller auszukuppeln und vom Ufer wegzusteuern. Nur so gewinnt man wieder Abstand zum Ufer.

Dieser Effekt entsteht auch, wenn zwei Boote nah nebeneinander fahren, sei es bei einer Begegnung mit entgegengesetztem Kurs oder bei

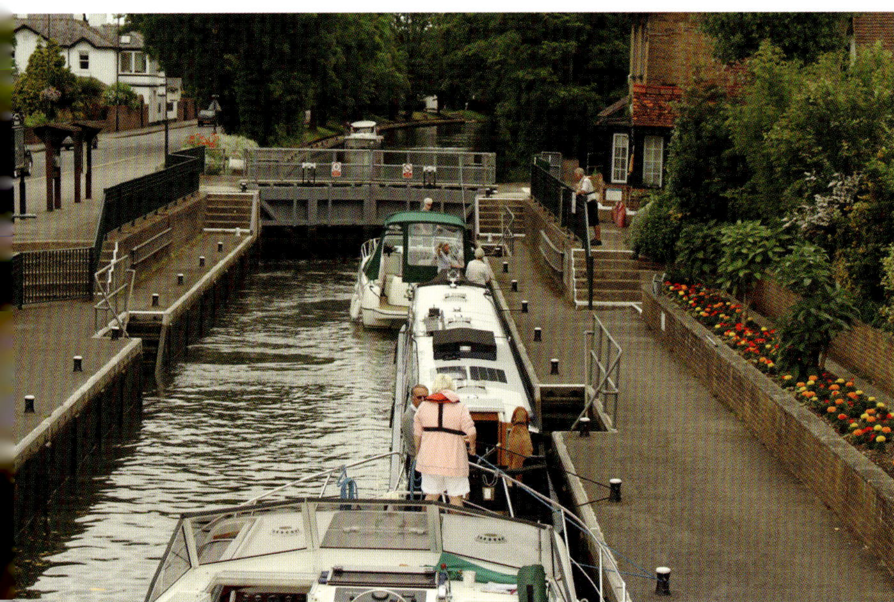

Wer muss ausweichen?

Das stromab fahrende Boot, Talfahrer genannt, hat Vorfahrt.

Das stromauf fahrende Boot, Bergfahrer genannt, muss ausweichen.

einem Überholmanöver. Deshalb sollte man immer etwas Abstand zueinander halten, weil man sonst an das andere Boot gesaugt wird.

Kuppeln Sie den Propeller aus, um an dem anderen Boot vorbeizutreiben und den Effekt zu vermindern.

Der Ufer-Effekt kann dann zum Vorteil gereichen, wenn man vom Ufer oder einem Steg ablegen möchte und gleichzeitig ein anderes Boot vorbeifährt. Durch das verdrängte Wasser des anderen Bootes wird man vom Ufer weggezogen.

Binnenschiffe

Zu den speziellen Sportschiffen für Binnengewässern zählen Hausboote, die französischen Pénichettes und die in England weit verbreiteten, besonders schmalen Narrowboats.

An- und Ablegen

Auch in Flüssen gilt es, immer gegen die Strömung anlegen. Nur so hat man Ruderwirkung und kann aufstoppen.

Einhandmanöver auf einem Binnenschiff

Auf einem Binnenschiff wie der LE COQ kommen die Grundsätze von Springleinen, dem Radeffekt, dem Eindampfen in eine Leine ganz ohne Hast und in bester Seemannschaft zum Einsatz. Diese Prinzipien gelten für alle Bootstypen, von einmotorigen Cruisern und Hausbooten bis hin zu zweimotorigen schnellen Gleitern.

Das 56 Fuß lange Binnenschiff LE COQ liegt festgemacht an einer Bug- und einer Heckleine. Roy möchte den Bug in die Strömung drücken und bringt dazu eine Achterspring auf Slip aus. Er nimmt die Bug- und Heckleine ab, gibt Schub zurück, und der Bug dreht vom Steg weg in die Strömung. Roy kuppelt aus und nimmt die Achterspring ab. Dann schaltet Roy auf Vorwärtsfahrt und steuert in den Fluss hinaus.

Als Nächstes dreht Roy das Boot herum. Bei Rückwärtsschub versetzt der Radeffekt die LE COQ nach Steuerbord, deshalb dreht sie besser über Backbord. Ruder hart Backbord, Schub voraus, um die Drehung einzuleiten, dann Schub zurück. So dreht das Boot innerhalb seiner eigenen Länge.

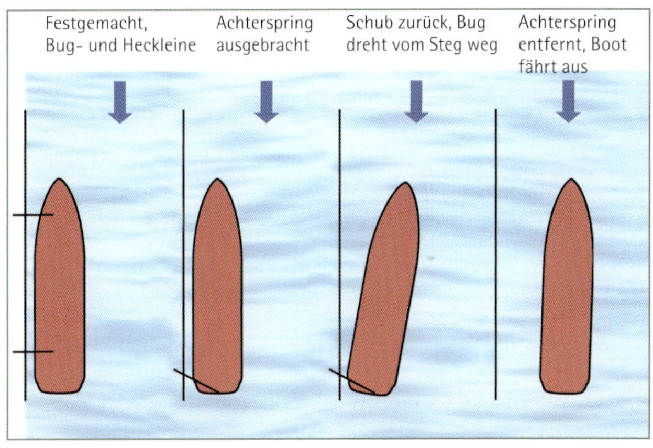

▲ *Mit einer Achterspring den Bug abdrücken.*

▼ *Das Binnenschiff LE COQ.*

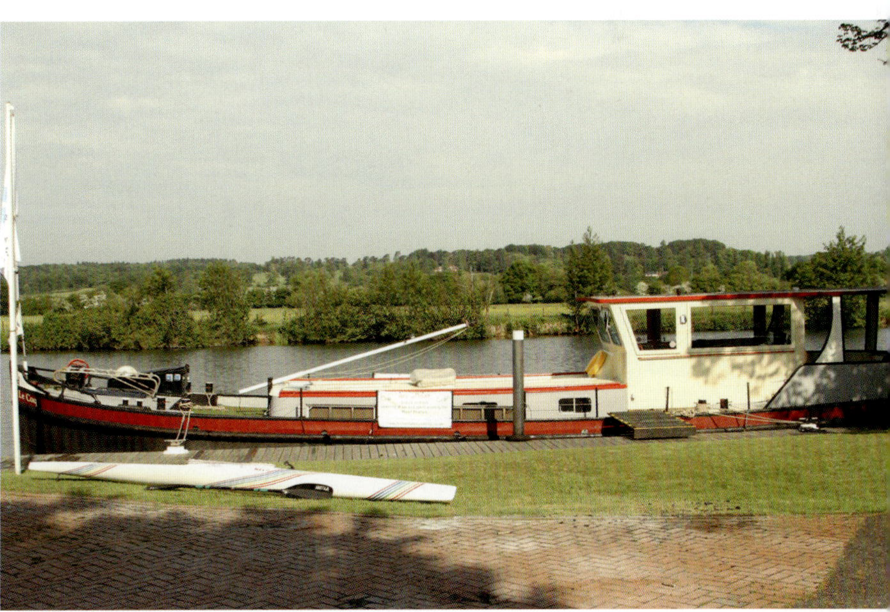

Festmachen

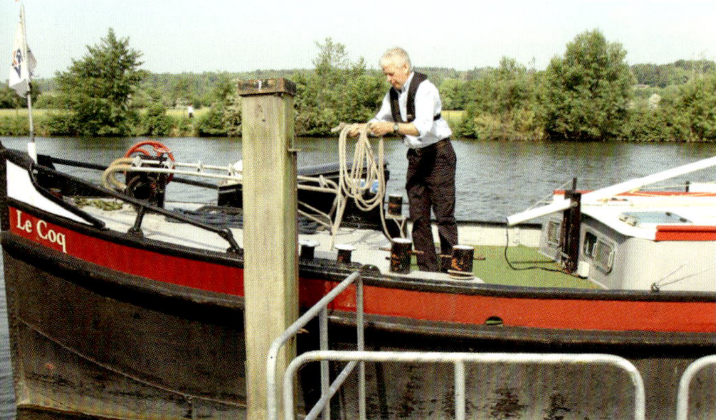

▲ *Roy stoppt langsam auf, geht vom Steuerstand nach vorn und wirft eine Leine über den Dalben.*

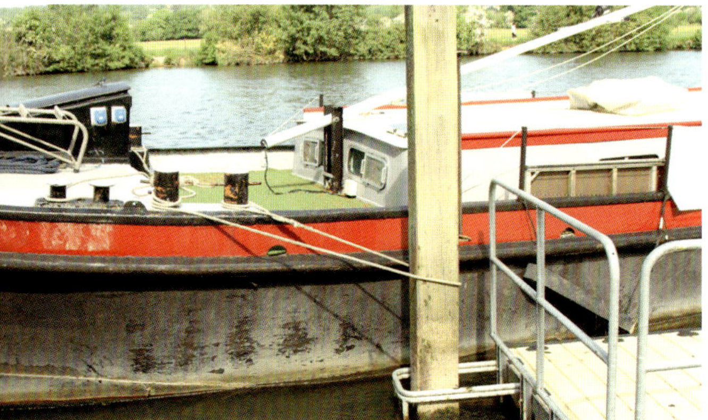

▲ *Dann geht er nach achtern, gibt Schub voraus und legt das Ruder leicht Steuerbord. Dadurch dampft das Boot in die Bugleine ein und legt sich mit dem Heck an den Steg.*

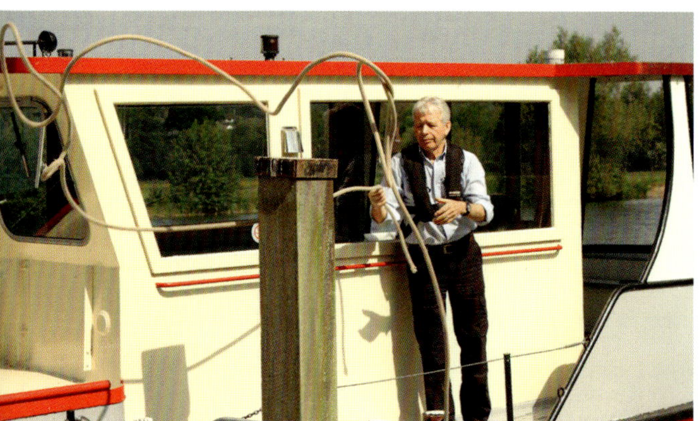

▲ *Mit dem Heck am Steg kann Roy eine Leine achtern um einen Dalben werfen.*

TIPP

Eine Leine verkürzen

Möchte man das Boot beim Ablegen mit einem langen Festmacher kurz von Hand halten, führt man nur eine Bucht durch den Ring am Steg oder um einen Pfahl herum. Um den Festmacher zu slippen, lässt man die Bucht los und holt an der stehenden Part ein.

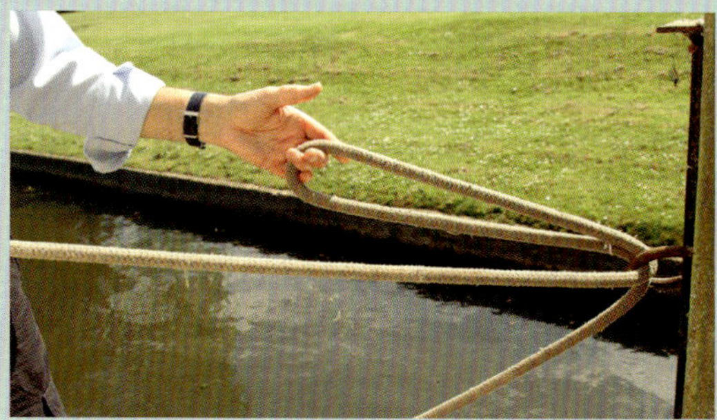

Bucht durch einen Ring oder um einen Pfahl.

i

Wie tief ist es am Ufer?

Seichtes Ufer:

- Schilf am Ufer
- Kühe trinken
- Badebetrieb
- flach abfallendes Gelände

Tiefes Ufer:

- steile Böschung, hohe Einfassung

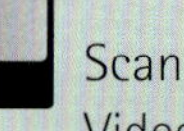

Scannen Sie diesen QR-Code, um ein Video über das An- und Ablegen mit Springleinen sowie das Drehen auf dem Teller zu sehen.

Eine Leine an einem Kreuzpoller belegen

Bei einem Kreuzpoller oder einem Poller mit Steg wird die Leine seitlich belegt.

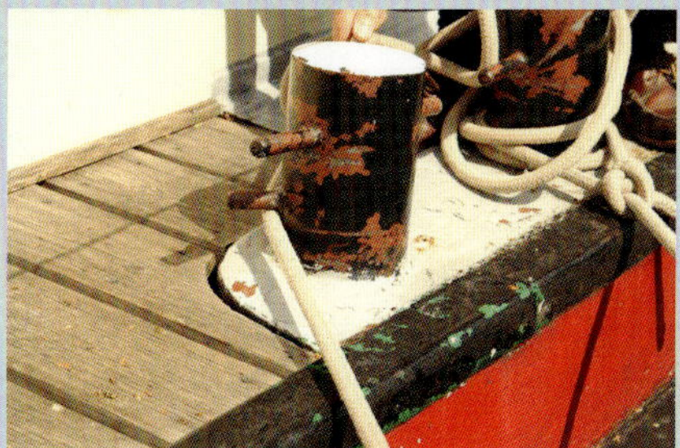

▲ *O wie bei der OXO-Methode.*

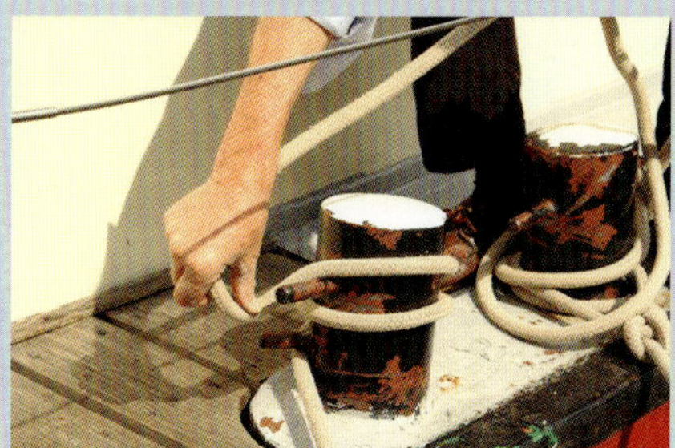

▲ *Um den Steg herum.*

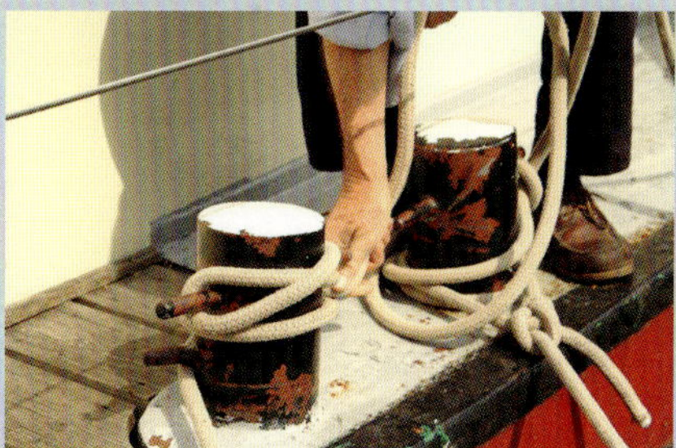

▲ *Der erste Teil des X.*

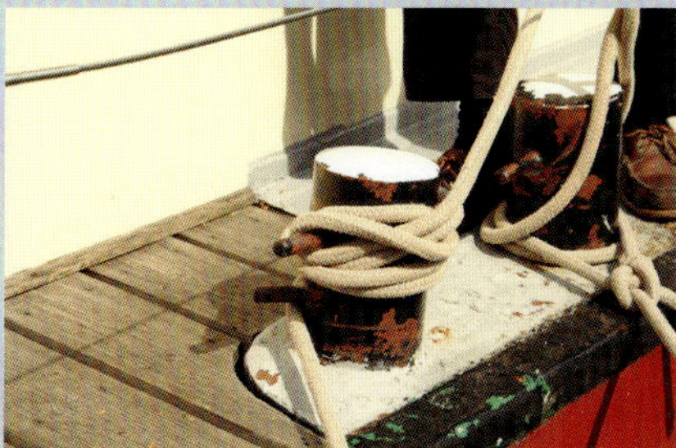

▲ *Der zweite Teil des X und ein Kopfschlag.*

TIPP

Leinen los

Der Steuermann kann nicht immer sehen, was die Crew am Bug macht. Beim Ablegen sollte die Crew deshalb das lose Ende des Festmachers hochhalten und so dem Steuermann anzeigen, dass das Boot frei ist. Das gilt für alle Boote und vereinfacht die Kommunikation.

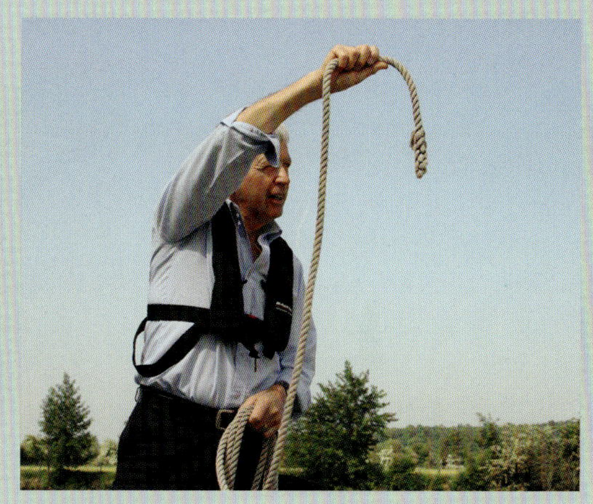

i

Wer an einem Warteplatz vor einer Schleuse festmacht, die Schleuse aber momentan gar nicht passieren möchte, kann dies dem Schleusenwart durch gekreuzte Arme anzeigen.

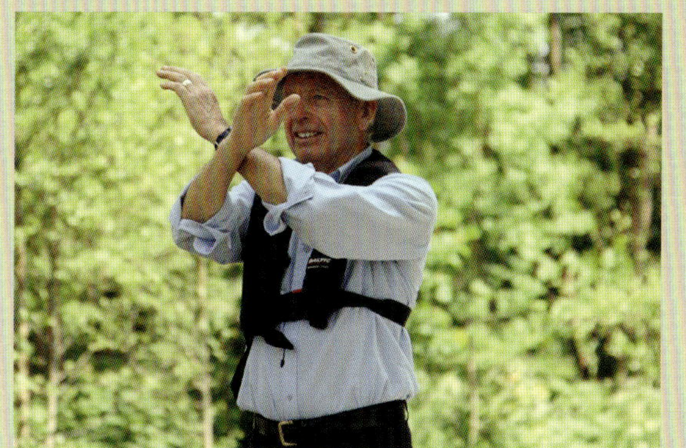

Zeichen, dass man eine Schleuse nicht passieren möchte.

Schleusen

Roy macht mit Backbord am Wartesteg vor einer Schleuse fest. Dazu kuppelt er den Propeller aus, geht zum Bug und wirft eine Leine über den Poller. Dann gibt er Schub voraus und Ruder Steuerbord, sodass sich das Heck an den Steg legt, und er auch achtern eine Leine über einen nahen Poller werfen kann.

Da nah vorbeifahrende Schiffe durch den Ufer-Effekt eine Sogwirkung ausüben, löst Roy in dem Moment die Bugleine, in dem die Schiffe aus der Schleuse ausfahren. So dreht der Bug vom Steg weg. Roy löst die Achterleine und nimmt Fahrt voraus auf.

In der Schleuse stoppt Roy auf, legt achtern eine Leine über den Poller an der Schleusenwand und geht mit dem Ende der Leine in der Hand nach vorn, um auch eine Bugleine über einen Poller zu legen. Er hält die Enden der Leinen in der Hand und unterhält sich mit dem Schleusenwart, während sich die Schleusenkammer leert.

Beachten Sie, dass alles von Bord aus mit Lasso-Technik und Leinen auf Slip gemacht wurde.

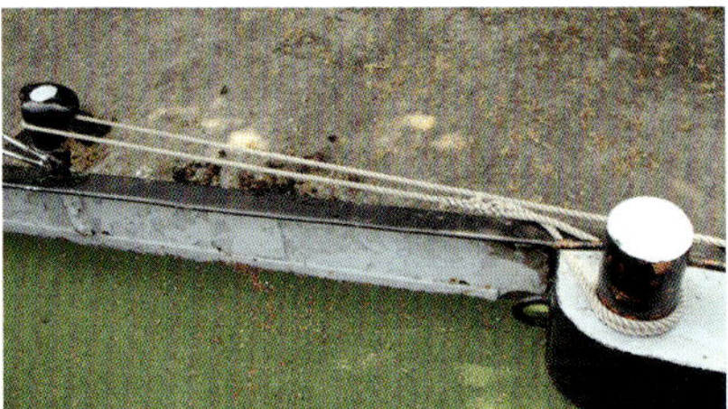

▲ *Eindampfen in eine Bugleine.*

▶ *Roy wirft eine Leine um den Pfahl, um das Heck an den Steg zu ziehen.*

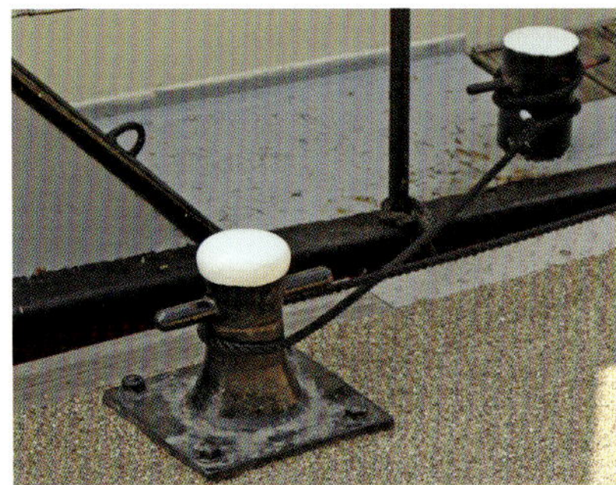

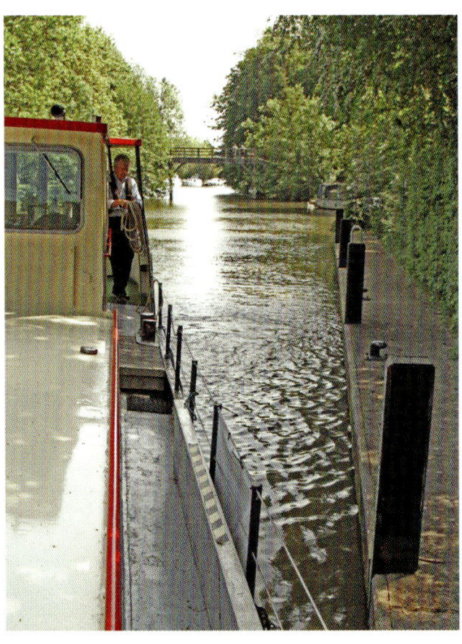

◀ *Heckleine zu einem Poller in der Schleuse.*

▼ *Roy hält das Boot in der Schleuse an den Bug- und Heckleinen.*

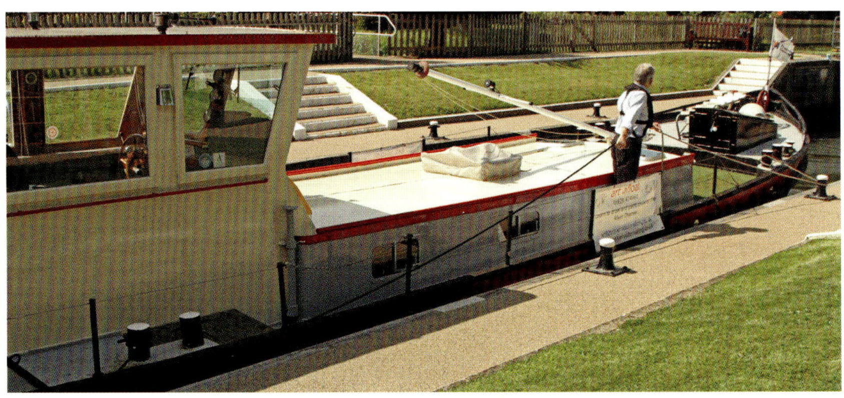

Einhand an einem Ufer anlegen

Sobald eine geeignete Stelle gefunden ist, lässt Roy das Boot von der Flussmitte bis ans Ufer dwars laufen. Er hat dabei stets ein Auge auf Wind und Strom.

Tatsächlich lässt er das 17 Tonnen schwere und 20 Meter lange Boot kurz gegen die Uferböschung laufen, bis er Erdnägel zum Festmachen am Ufer eingeschlagen hat.

Um abzulegen, zieht Roy die Erdnägel am Heck aus dem Boden, gibt sie zusammen mit der Leine an Bord, zieht dann die Erdnägel am Bug heraus und steigt mit der Bugleine in der Hand an Bord. Vom Ruderhaus aus gibt er etwas Schub voraus und legt das Ruder leicht Backbord, sodass der Bug in die Strömung dreht und er wieder Fahrt aufnehmen kann.

Das ist eine anerkannte und für alle Bootstypen geeignete Methode, wenngleich man bei Booten, die keinen Rumpf aus Stahl haben, besser einen Bugfender verwenden sollte. Die Technik besteht darin, leichten Motorschub mit nicht mehr als Standgas zum Manövrieren einzusetzen.

Scannen Sie diesen QR-Code, um ein Video über das Anlegen einhand an einem Ufer zu sehen.

Einhand an einem Flussufer anlegen

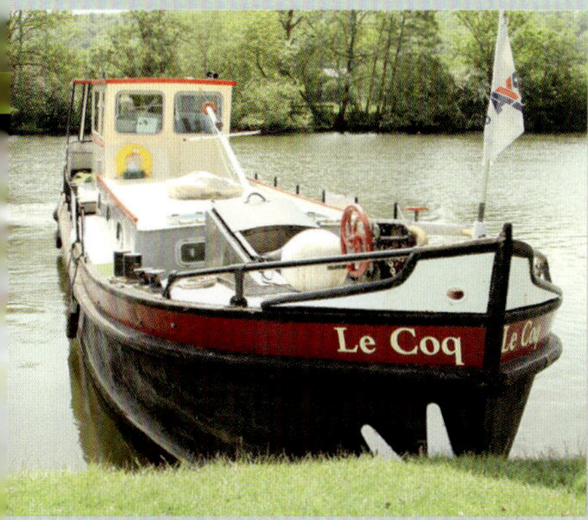

▲ Roy lässt das Boot gegen das Ufer schieben und richtet es dabei gegen Wind und Strom aus.

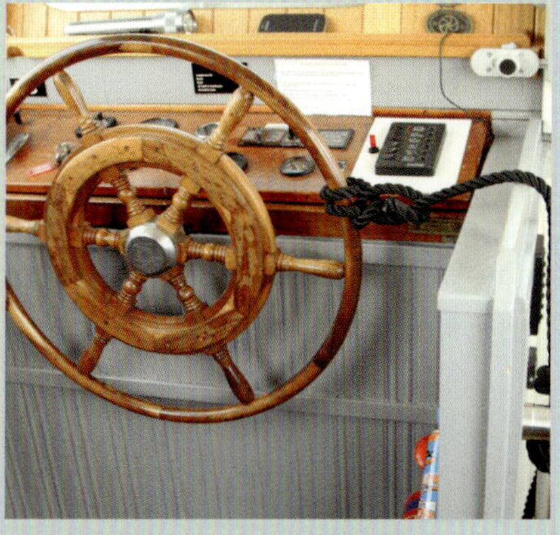

▲ Er lascht das Steuerrad mit einer Leine fest. Eine kürzere Leine wäre dafür etwas praktischer, aber mit dieser geht es auch.

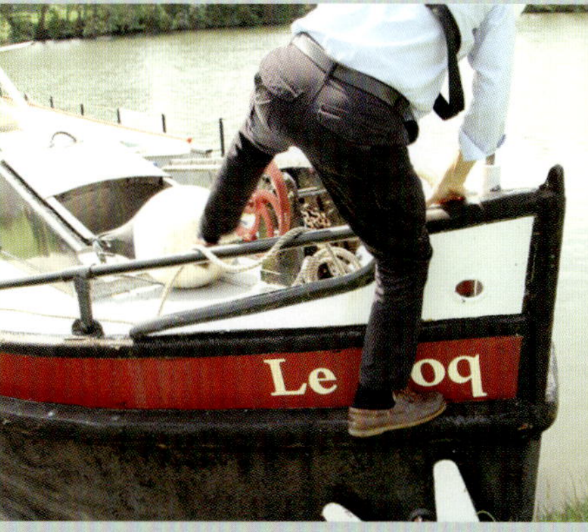

▲ Roy steigt ans Ufer, um einen Erdnagel zum Festmachen einzuschlagen.

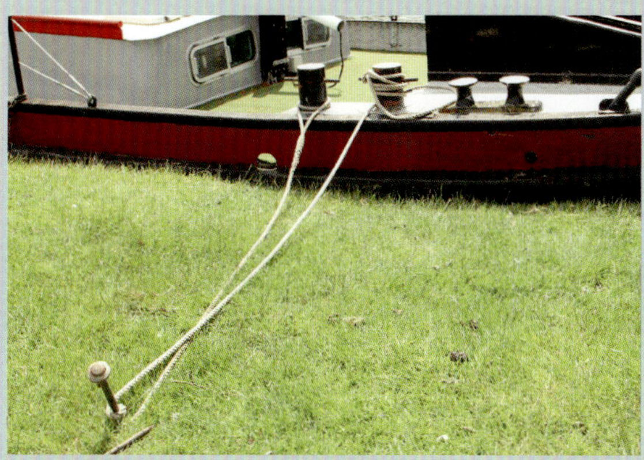

▲ Abnahme der Leine vom Steuerrad, um mit Backbord-Ruder das Heck längsseits an das Ufer zu bringen.

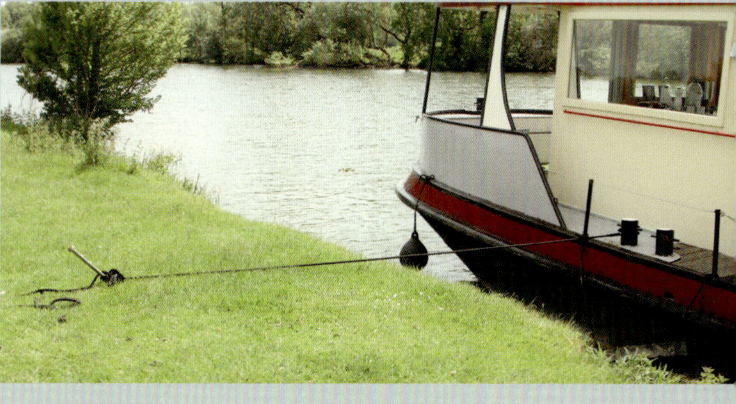

▲ Dann kann auch ein Erdnagel für die Heckleine eingeschlagen werden.

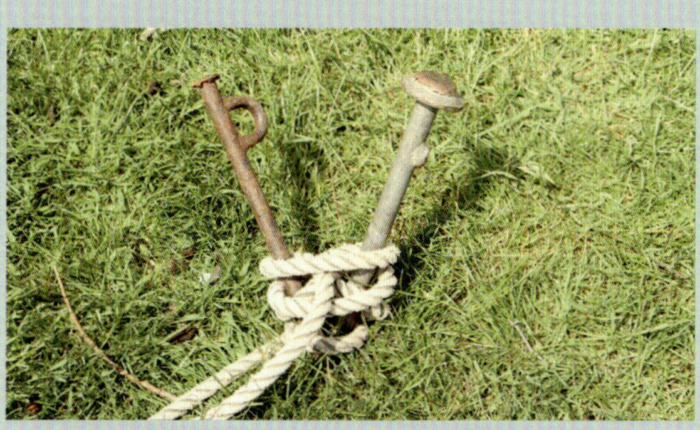

▲ Ein zweiter, schräg eingeschlagener Erdnagel am Bug verstärkt die Haltekraft. An den V-förmig eingeschlagenen Erdnägeln kann die Leine mit der OXO-Methode belegt werden.

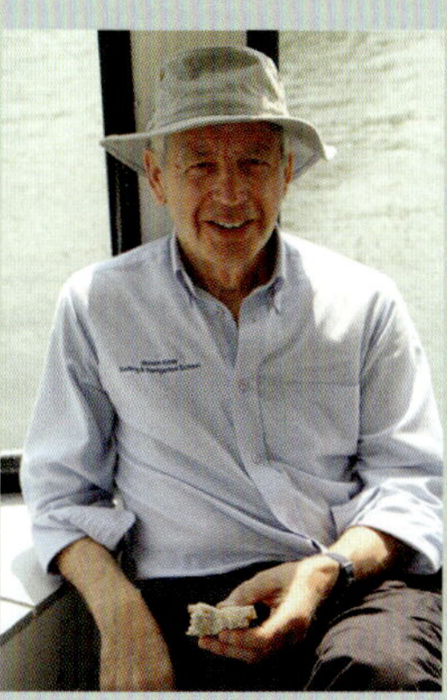

▲ Zeit für eine Pause am Fluss, während …

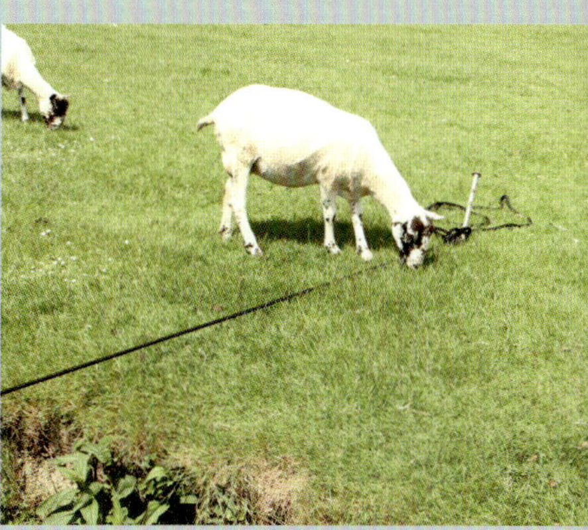

▲ … blökende Schafe die ungewohnten Leinen im Gras untersuchen.

Manöver anzeigen

Signalkörper

Der einzig benötigte Signalkörper ist ein Ankerball. Da Ankern in einem Fluss eher ungewöhnlich ist, sollte man dies durch einen Ankerball auf dem Vorschiff unmissverständlich anzeigen. Falls am Bug keine Befestigungsmöglichkeit für einen Signalkörper besteht, kann er auch an einer anderen gut sichtbaren Stelle an Bord gesetzt werden, zum Beispiel am Geräteträger.

Schallsignale

Ich würde Schallsignale nur bei Manövern geben, die für andere unerwartet und nicht klar erkennbar sind. Möchte man zum Beispiel mit einem größeren Binnenschiff in einem Fluss umdrehen, sollte man andere Boote mit folgenden Signalen warnen:

- Ein kurzer Ton bei Kursänderung nach Steuerbord
- Zwei kurze Töne bei Kursänderung nach Backbord

Hört man in einem Fluss in Meernähe ein großes Schiff mehr als fünf kurze, sehr laute Töne abgeben, so möchte es wahrscheinlich wissen, was man vorhat. Besser, man macht Platz.
Auf den Binnenrevieren gilt die Binnenschifffahrtsstraßen-Ordnung (BinSchStrO), die europaweit unter der Abkürzung CEVNI (Code Europeen des Voies de Navigation Interieure) Regeln und Vorschriften behandelt. Auf den Binnenrevieren der meisten europäischen Länder ist ein Befähigungsnachweis zum Führen von Sportbooten vorgeschrieben.

Schallsignale

Ein kurzer Ton: Ich ändere meinen Kurs nach Steuerbord.

Zwei kurze Töne: Ich ändere meinen Kurs nach Backbord.

Drei kurze Töne: Meine Maschine geht rückwärts.

Passt es unter der Brücke?

Eine biegsame, senkrechte Stange am Bug, die den höchsten Punkt an Bord bildet, kann anzeigen, ob die Durchfahrtshöhe unter einer Brücke ausreichend ist. Beachten Sie, dass die Durchfahrtshöhe gebogener Brücken zu den Seiten hin abnimmt.

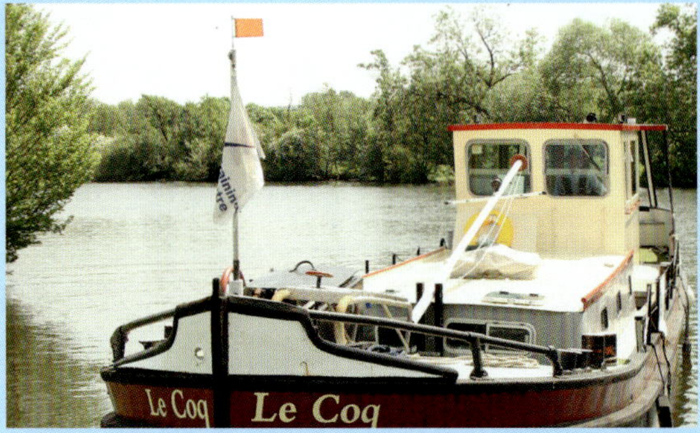

Der Verklicker ist zehn Zentimeter höher als das Ruderhaus.

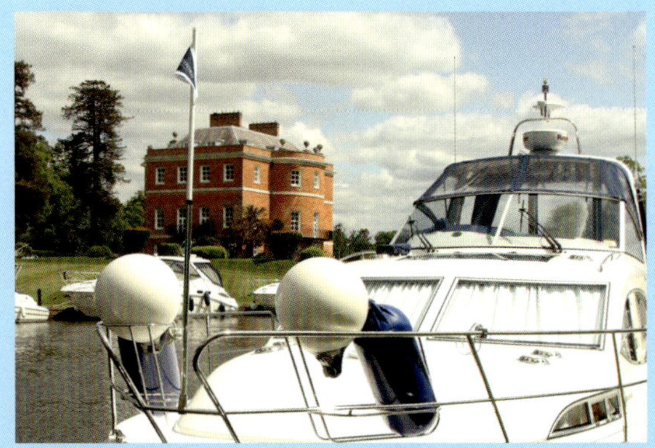

Die Stange am Bug ist etwas höher als der Aufbau bei abgesenkter Flybridge und kann bei Berührung nachgeben.

TIPP

Ruderlagenanzeiger

Damit kann man sofort erkennen, wie das Ruderblatt ausgerichtet ist. Hier dient dazu ein Hahn mit einem roten und einem grünem Auge.

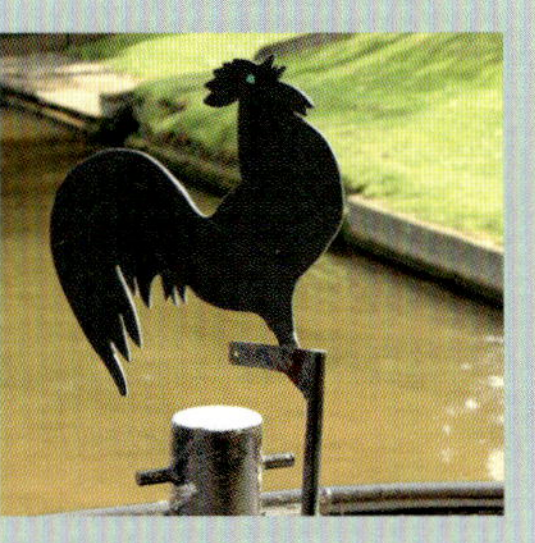

Das andere Auge an Backbord ist rot.

Kollisionsverhütung auf Binnengewässern

Die Internationalen Regeln zur Verhütung von Zusammenstößen auf See gelten gleichermaßen auf Binnenrevieren. Auf vielen Flüssen wie dem Rhein und der Donau gelten jedoch zusätzliche Vorschriften und Führerscheinpflichten. Normalerweise muss ein Motorboot einem Ruderboot ausweichen, welches wiederum einem Segelboot ausweichen muss. Ist das Motorboot jedoch durch seinen Tiefgang nur eingeschränkt manövrierfähig, muss das Ruderboot ausweichen. Sollte ein Ruder-Achter ein Motorboot überholen, so gilt auch hier, dass sich das überholende Boot freihalten muss.

TIPP

Sicherheit am Ufer

Hat man über Nacht an einem Naturufer festgemacht, sollte man die Erdnägel ganz in den Boden einschlagen. Schlägt man sie schräg nebeneinander ein, sodass sie unter der Erde ein auf dem Kopf stehendes V bilden, kann man sie mit einem Vorhängeschloss an den Ösen vor unbefugtem Herausziehen sichern. Markieren Sie die Erdnägel nachts, zum Beispiel mit einem gelben Tennisball, damit Spaziergänger nicht darüber stolpern können.

Verhalten in der Schleuse

1. Folgen Sie den Anweisungen des Schleusenwarts.
2. Achten Sie darauf, dass sich das Boot bei der Talfahrt nicht über dem sogenannten Drempel, dem Sockel des Schleusentors, befindet. Markierungen zeigen die Nutzlänge der Schleuse an.
3. Machen Sie in der Schleuse niemals fest. Da Sie sich auf oder ab bewegen, müssen alle Leinen auf Slip gehalten werden.
4. Führen sie die Leinen über oder unter der Reling durch, je nachdem ob Sie sich auf Berg- oder Talfahrt befinden.
5. Der Schleusenwart sieht es in der Regel nicht gern, wenn nur eine Leine mittschiffs ausgebracht wird.
6. Vorsicht vor Quetschungen zwischen Boot und Schleusenwand. Achten Sie auf ihre Finger!

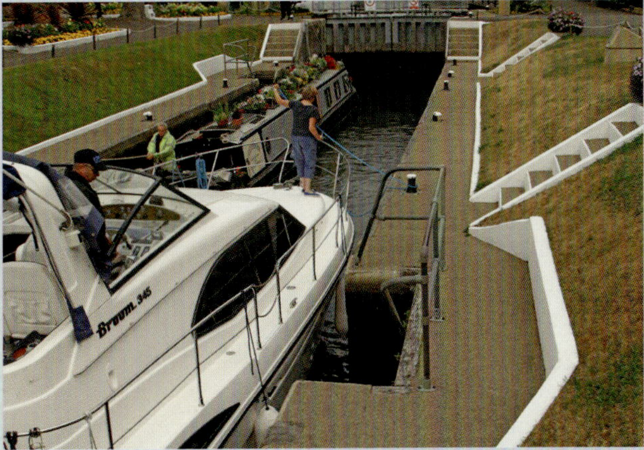

▲ *In einer Schleuse wie dieser sollten Motorboote mit ausreichend vielen Fendern geschützt sein.*

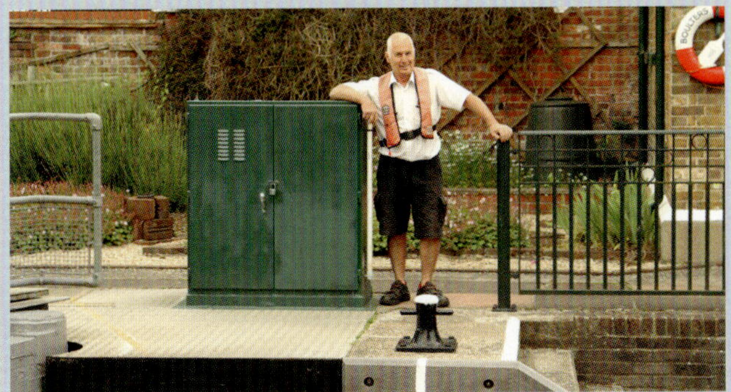

▲ *Der Schleusenwart des Boulter's Lock an der Themse.*

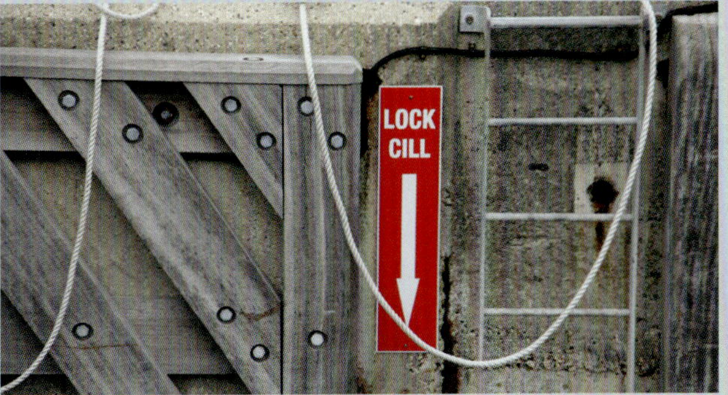

▲ *Diese Markierung zeigt den Drempel an.*

11 Wetterkunde

Das Wetter ist für jeden auf See wichtig: Segler brauchen Wind, aber nicht zu viel davon, Motorbootfahrer hätten am liebsten gar keinen Wind. Das Wetter kann so extrem sein, dass der Spaß aufhört. Ganz egal, ob Wetterkunde für Sie ein Buch mit sieben Siegeln ist oder ob Sie Hobby-Meteorologe sind: Im Folgenden wird alles erklärt, was man wissen sollte und bereits vorhandenes Wissen aufgefrischt. Dabei ist es gar nicht so schwierig, für ein vergleichsweise kleines Gebiet, in dem man sich auf See befindet, eine Prognose zu treffen.

Befindet sich zum Beispiel ein Tiefdruckgebiet nördlich der eigenen Position, kann man von stärkerem Wind aus Süd oder Südwest ausgehen. Der Himmel wird bewölkt, die Luft warm und Regen im Anmarsch sein. Bei einem entsprechenden Hoch kommt der Wind dagegen aus Nord, der Himmel wird klarer und heller, die Luft kälter sein, und wahrscheinlich wird es nicht regnen.

So kann man mit Kenntnis der allgemeinen Wetterlage, Hoch- oder Tiefdruck, bereits erste Vorhersagen treffen. Natürlich benötigt man mehr Informationen für eine konkrete Prognose. Hoch- und Tiefdruckgebiete sind allerdings auf der ganzen Welt mit bestimmten Wetterphänomenen verbunden.

Unterschiedlicher Luftdruck steht im Zusammenhang mit Temperatur und diese wiederum mit Sonnenschein. Die Sonne erwärmt die Erdoberfläche, und die Luft über dem Boden steigt in die Höhe. Mit der Erwärmung dehnt sich die Luft aus, und der Luftdruck – das Gewicht der Luft über der Erdoberfläche – sinkt. Ab einer gewissen Höhe kühlt die aufsteigende Luft ab und kann deshalb weniger Feuchtigkeit halten, sodass sich Wolken durch Kondensation bilden. Bei weiterer Abkühlung können auch die winzigen, kondensierten Wassertröpfchen nicht länger in den Wolken

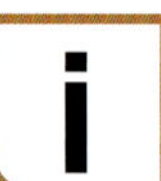

Allgemeine Wetterregeln

- Warme Luft steigt auf.
- Warme Luft dehnt sich aus, sodass sie weniger Dichte hat und damit der Luftdruck fällt.
- Kalte Luft sinkt ab.
- Kalte Luft hat eine höhere Dichte und führt somit zu höherem Luftdruck.
- Warme Luft kann mehr Feuchtigkeit aufnehmen als kalte Luft.
- Warme, aufsteigende Luft kühlt ab.
- Durch Abkühlung unter die sogenannte Taupunkttemperatur kondensiert die Feuchtigkeit in Form von Wolken.
- Bei weiterer Abkühlung fällt das kondensierte Wasser als Regen oder Hagel zur Erde.
- Kalte Luft bewegt sich schneller als warme Luft.
- Der Wind weht von einem Hochdruckgebiet zu einem Tiefdruckgebiet, wird aber durch die Corioliskraft und die Reibung an der Erdoberfläche zur Seite abgelenkt, sodass die Windrichtung nahezu parallel zu den Isobaren verläuft. Isobaren sind Linien, die Orte gleichen Luftdrucks verbinden; wie Höhenlinien Orte gleicher Höhe. Der durch Luftdruckunterschiede hervorgerufene Wind wird Gradientwind genannt.
- Wind wird immer mit der Richtung angegeben, aus der er kommt. Bei Nordwind weht der Wind also aus Nord.

gehalten werden und fallen als Regen zu Boden.

Das Wetter bildet sich somit aufgrund von Temperaturunterschieden der Luft. Warme Luftmassen steigen auf, der Luftdruck sinkt; kalte Luftmassen sinken ab, der Luftdruck steigt. Deshalb wird eine Wetterlage durch Angabe des Luftdrucks ausgedrückt.

▶ *Durchzug eines Tiefdruckgebiets.*

▼ *Die Buchstaben A bis F zeigen die Wetterphänomene während des Durchzugs eines Tiefdruckgebiets an, wie sie im Diagramm rechts beschrieben sind.*

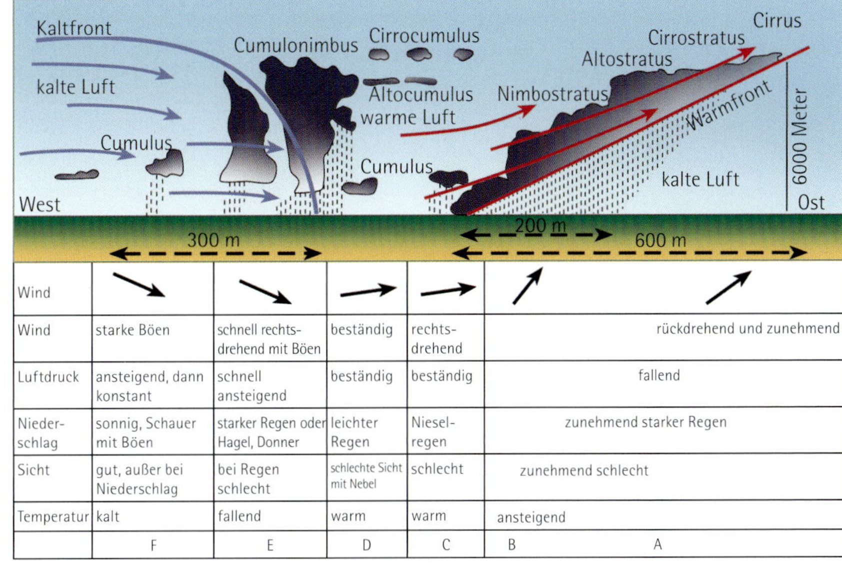

Wind						
Wind	starke Böen	schnell rechtsdrehend mit Böen	beständig	rechtsdrehend	rückdrehend und zunehmend	
Luftdruck	ansteigend, dann konstant	schnell ansteigend	beständig	beständig	fallend	
Niederschlag	sonnig, Schauer mit Böen	starker Regen oder Hagel, Donner	leichter Regen	Nieselregen	zunehmend starker Regen	
Sicht	gut, außer bei Niederschlag	bei Regen schlecht	schlechte Sicht mit Nebel	schlecht	zunehmend schlecht	
Temperatur	kalt	fallend	warm	warm	ansteigend	
	F	E	D	C	B	A

Wetterphänomene

Sonnig

Ein sonniger Tag ist das Ergebnis von kalter, absinkender Luft – Hochdruck. Dabei ist der Himmel klar, und die Sonne kann den Boden erwärmen. Das Ergebnis ist ein warmer, sonniger Tag. Nachts kühlt es allerdings schnell ab, und man spürt die Kälte der absinkenden Luftmassen.

Bewölkt, regnerisch

Ein wolkiger, regnerischer Tag ist das Ergebnis von warmer und feuchter aufsteigender Luft – Tiefdruck. Warme, feuchte Luft steigt auf und kühlt ab. Die Feuchtigkeit kon-

▲ *Sonniger Tag – absinkende, kalte Luftmassen*

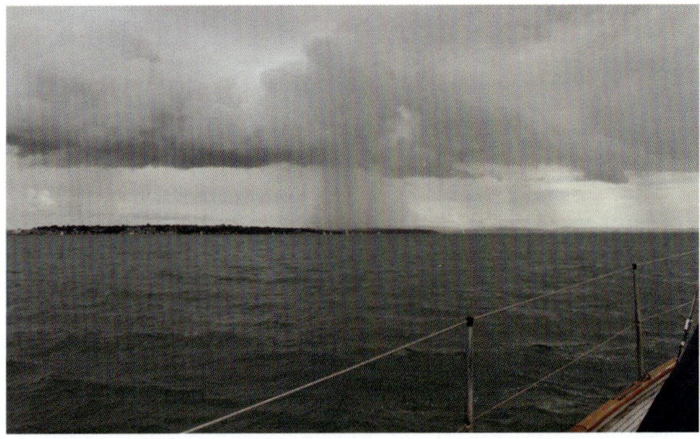

▲ *Warme, aufsteigende Luft kondensiert zu Wolken und Regen.*

densiert zu Wolken. Kühlt die Luft weiter ab und unterschreitet den Taupunkt, bilden sich Regentropfen oder sogar Eiskristalle. Bei bedecktem Himmel wird die warme, aufsteigende Luft gehalten, und die Nacht ist nicht so kalt.

Bewölkt und sonnig

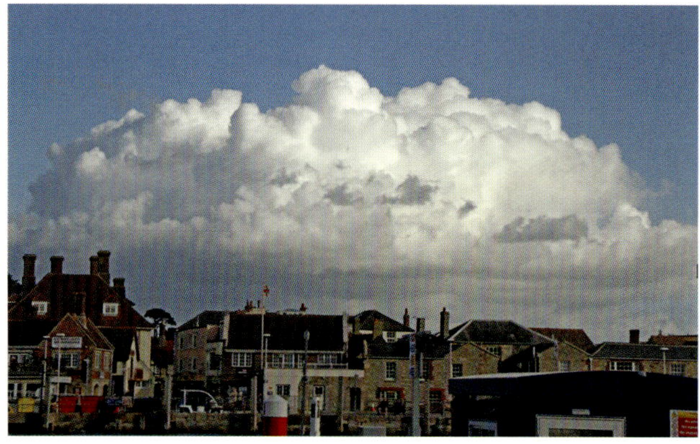

Bei Wolken an einem sonnigen Tag hat die Sonne den Boden erwärmt, warme Luft ist aufgestiegen, hat sich dann abgekühlt und ist zu einer Wolke kondensiert.

Wolken und ihre Bedeutung

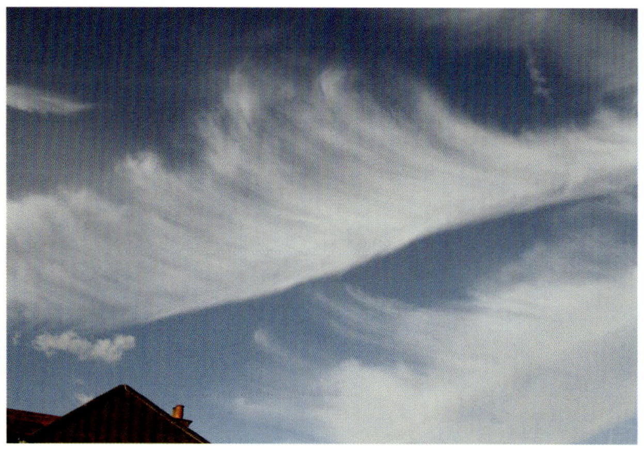

Cirrus

Cirruswolken sind die höchsten Wolken. Die ausgefransten Ränder werden durch Eiskristalle hervorgerufen, die von starken Winden verweht werden. Cirren, auch Federwolken genannt, sind sehr hoch, wo es auch sehr kalt ist und kündigen stets ein nahendes Tiefdruckgebiet an.

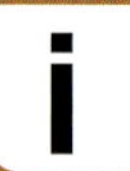

Ein Hof um Sonne oder Mond?

Dieses Phänomen entsteht durch die Eiskristalle in hohen Cirruswolken, an denen das Licht gebrochen wird. Es mag schönes Wetter herrschen, aber ein Tief ist im Anmarsch.

Cumulus

Das ist die klassische Schäfchenwolke oder Quellwolke. Sie wird durch warme, von der Sonne erhitzte, aufsteigende Luft gebildet, die in größerer Höhe abkühlt und zu einer Wolke kondensiert. Cumuluswolken bilden sich bei Hochdrucklagen, wenn genügend kalte Luft auf der Erdoberfläche liegt, die durch die Sonneneinstrahlung erwärmt wird, aufsteigt und zu Cumuluswolken kondensiert.

Stratus

Das ist eine Schichtwolke, die im Gegensatz zu Cirren oder Cumuluswolken nicht abgegrenzt ist, sondern als ausgedehnter Hochnebel alles bedeckt.

Nimbus

Nimbus bedeutet Regen. Steht man unter einer tiefen Schicht Regenwolken, Nimbostratus genannt, wird man einen Regenschirm benötigen. Sie stehen im Zusammenhang mit einem Tiefdruckgebiet, wenn warme, aufsteigende Luft mit Erreichen des Taupunkts zu Wolken und Regen kondensiert.

Cumulonimbus

Das sind die Sturmwolken vor einer Kaltfront, die ein geschlossenes System bilden mit warmer, aufsteigender Luft im Inneren und kalter, absinkender Luft an den Rändern. Flugzeuge meiden Cumulonimbuswolken aufgrund der heftigen Auf- und Abwinde. Cumulonimbus-Wolken bringen Gewitter mit Blitz und Donner.

Temperaturgradient

Der adiabatische Temperaturgradient bezeichnet die Abkühlung aufsteigender Luft. Trockene Luft kühlt alle 1000 Meter um 10 °C ab, feuchte oder gesättigte Luft kühlt dagegen nach 1000 Meter Höhe nur um 5,5 °C ab.

Trockene Luft hält Feuchtigkeit so, dass sie nicht sichtbar ist.

Gesättigte Luft gibt kondensierte Feuchtigkeit in Form von Wolken, Nebel oder Regen ab.

Warum weht der Wind …

auf der Nordhalbkugel gegen den Uhrzeigersinn um ein Tiefdruckgebiet und auf der Südhalbkugel anders herum? Der Grund ist die Corioliskraft.

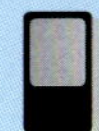

Scannen Sie diesen QR-Code, um ein Video über die Wirkungsweise der Corioliskraft zu sehen.

Warm- und Kaltfront

In einem Tiefdruckgebiet, auch Depression oder Zyklone genannt, steigt warme Luft auf, Winde füllen das Tief und strömen zusammen. In einem Hoch, auch Antizyklone genannt, sinkt kalte Luft ab und fließt seitlich ab, man sagt sie divergiert. Der Schlüssel zur Wettervorhersage ist, die Informationen aus den Wetterkarten mit den eigenen Beobachtungen am Himmel und dem fortwährend gemessenen Luftdruck in Einklang zu bringen.

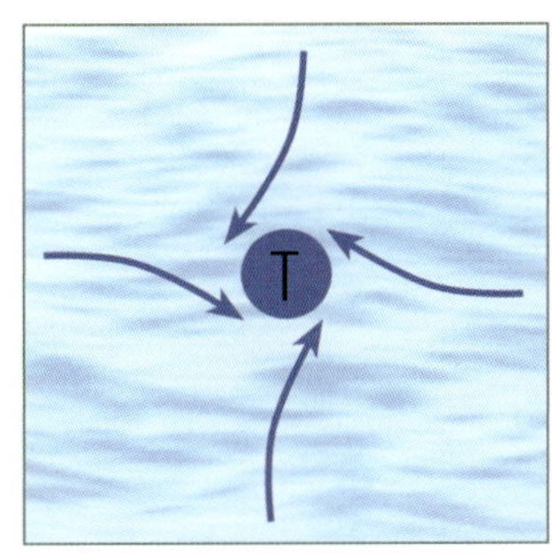

▲ *Tief: warme Luft steigt auf, Wind konvergiert.*

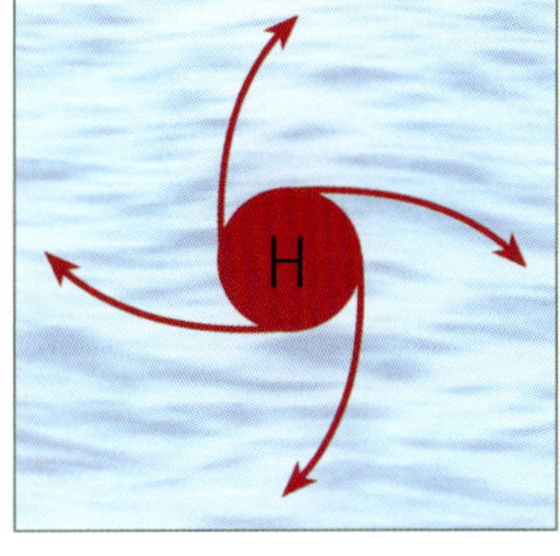

▲ *Hoch: kalte Luft sinkt ab, Wind divergiert.*

Isobaren

- Enge Isobaren: starker Wind und Regen.
- Größerer Abstand zwischen den Isobaren: sonniges Wetter, schwächerer Wind.

Selbst beim Durchzug eines Tiefs kann sich die Sonne zeigen, nämlich dort, wo die Isobaren größeren Abstand haben.

Das Wetter zu verstehen, gewährt mir persönlich einen ganz anderen Blickwinkel. Während ein Freund sagt: »Verflixt, jetzt regnet es auch noch!«, erwidere ich: »Genau wie ich es mir gedacht habe, meine Vorhersage war richtig.« Mit etwas Verständnis der Abläufe vergeht selbst der Ärger über schlechtes Wetter.

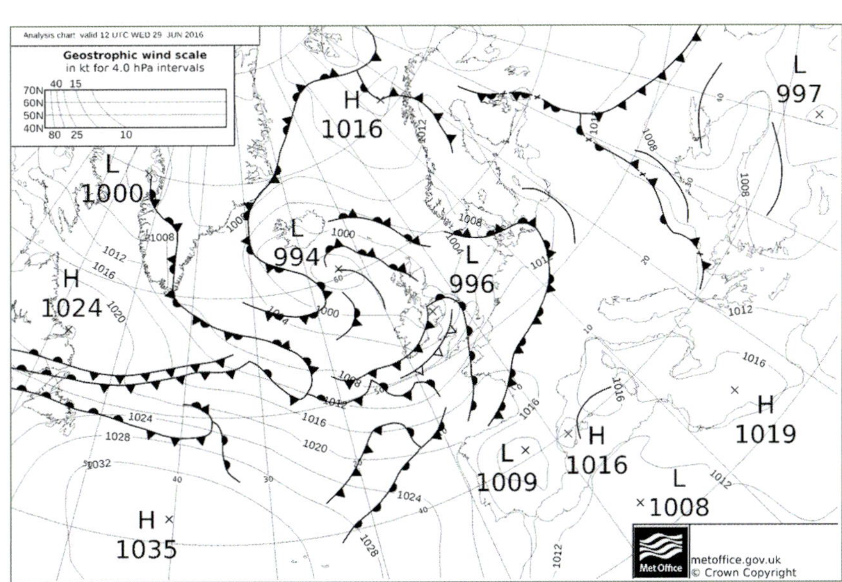

▲ *Wetterkarte mit Hoch- und Tiefdruckgebieten sowie Isobaren. (Karte mit freundlicher Genehmigung des Met Office)*

Regeln und Auswirkungen

Die Buys-Ballot-Regel

Das Barische Windgesetz, auch Buys-Ballot-Regel genannt, besagt, dass man mit dem Wind im Rücken das Tief auf seiner linken und das Hoch auf seiner rechten Seite hat. Das gilt für die nördliche Hemisphäre, auf der Südhalbkugel ist es genau umgekehrt.

Windrichtung und Frontsysteme der nördlichen Hemisphäre

- **Warmfront:** Der Wind dreht vor dem Durchzug der Front nach links. Beim Durchzug der Front dreht er zurück nach rechts und nimmt an Stärke zu.
- **Zwischen Warm- und Kaltfront:** gleichbleibende Windrichtung.
- **Kaltfront:** Beim Durchzug der Front dreht der Wind abrupt nach rechts.
- **Okklusion:** Wind dreht nach rechts.

Wind, Land und See

- Der Wind an der Oberfläche dreht 15° nach links aufgrund der Reibung über See (Nordhalbkugel).
- Der Wind an der Oberfläche dreht 30° nach links aufgrund der Reibung über Land (Nordhalbkugel).

▲ *Konvergierende und divergierende Küstenwinde.*

Konvergenz und Divergenz an der Küste

Weht der Wind parallel zur Küste und liegt das Land auf der rechten Seite, erhöht sich die Windgeschwindigkeit durch Konvergenz. Der Wind über dem Land wird stärker (30°) nach links abgelenkt als über dem Meer (15°).
Dadurch fließen der Wind über dem Land und der Wind über dem Meer zusammen, sie konvergieren. Bei Wind parallel zur Küste mit dem Land auf der linken Seite ist es genau umgekehrt, der Wind wird durch Divergenz abgeschwächt. Das kann bei einer Überquerung des Ärmelkanals eine Rolle spielen. So ist bei Südwestwind mit höheren Windgeschwindigkeiten vor der französischen Küste zu rechnen, als es der Gradientwind aus der Wetterkarte vermuten ließe. Im Gegensatz dazu ist der Wind vor der englischen Küste dann schwächer.

Seewind

Das Land erhitzt sich schneller und kühlt auch schneller ab als das Meer. Scheint die Sonne an einer Küste, erwärmt sich das Land, nicht aber das Wasser. Dieser Temperaturunterschied bewirkt den Seewind. Das Land erwärmt die Luft über der Erde. Die Luft steigt auf und dehnt sich aus. Diese aufsteigende Luft führt durch eine Art senkrechten Luftstau zu höherem Luftdruck in einigen Hundert Meter Höhe im Vergleich zum Luftdruck in gleicher Höhe über dem Meer.

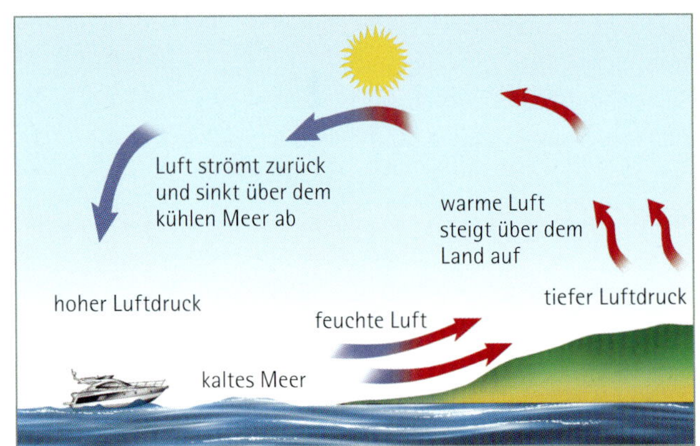

▲ *Seewind: Die Sonne erwärmt das Land, die Luft über dem Land steigt auf. In größerer Höhe kühlt die Luft ab, und die Feuchtigkeit kondensiert zu Wolken.*

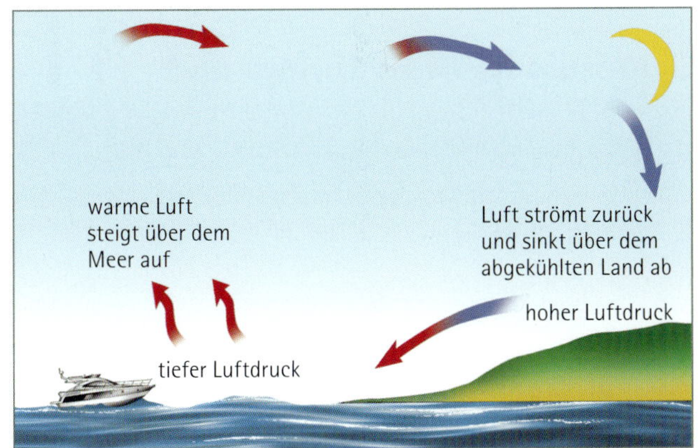

▲ *Nächtlicher Landwind.*

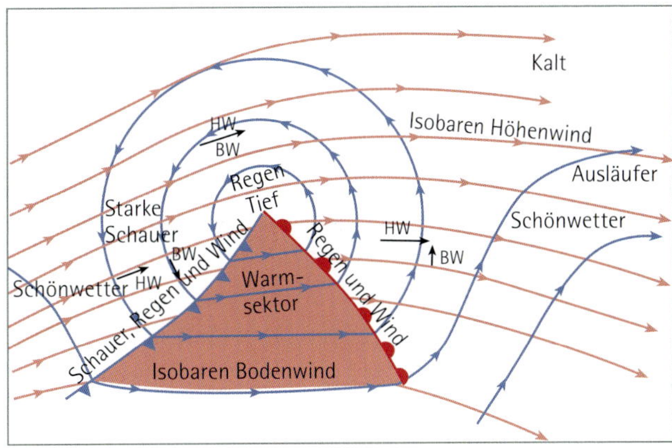

▲ *Querwindregel mit Bodenwinden (BW) und Höhenwinden (HW).*

So beginnt der Luftstrom in der Höhe vom Land auf das Meer zu wehen. Die Luft an der Oberfläche über Land zieht ab, sodass dort der Luftdruck sinkt. An der Oberfläche über dem Meer ist der Luftdruck höher. Da der Wind von hohem Druck zu niederem Druck weht, setzt nun an der Oberfläche ein auflandiger Wind ein, der Seewind. Dieser Kreislauf endet erst, wenn die Wärmequelle versiegt, sprich, wenn die Sonne untergeht.

Landwind

Mit dem Sonnenuntergang beginnt das Land schnell abzukühlen, bis das Wasser wärmer als das Land ist und der Kreislauf in umgekehrter Richtung erneut einsetzt. Die vom Wasser erwärmte Luft steigt auf, dehnt sich aus, strömt in der Höhe Richtung Land, und an der Oberfläche weht der Wind von hohem Luftdruck über Land zu niedrigem Luftdruck über dem Wasser. Das ist der nächtliche Landwind.

Querwindregel

Stellt man sich mit dem Rücken zum Bodenwind und ziehen die Wolken von links nach rechts, befindet man sich vor einem Tief, und das Wetter wird sich verschlechtern.
Ziehen die Wolken dagegen von rechts nach links, wird sich das Wetter verbessern. Man befindet sich bereits hinter dem Tief.
Gut zu wissen: Die Querwindregel kann man mit dem vorherrschenden Luftdruck, der Windstärke und dem aktuellen Wetter in Zusammenhang bringen:
Vor einer Warmfront, wenn die Wolken von links nach rechts ziehen, wird der Luftdruck fallen. Es regnet, und der Wind legt an Stärke zu.
An der Kaltfront, wenn die Wolken von rechts nach links ziehen, steigt der Luftdruck. Es kommt zu Schauern mit böigem Wind, aber zwischen den Wolken beginnt die Sonne durchzuscheinen, und das Wetter beginnt sich zu bessern.
Auf der Südhalbkugel kann die Querwindregel umgekehrt werden, indem man sich mit dem Gesicht zum Wind stellt, da dort der Wind im Uhrzeigersinn um ein Tief weht und auch das Barische Windgesetz umgekehrt ist.
Bei Fahrten auf dem Wasser muss man zudem die Auswirkungen von Wind und Gezeitenstrom bedenken.

Wind auf See

Die Luftströmung des Windes schiebt das Wasser erst zu kleinen, dann zu größeren Wellen, abhängig von der Wind-

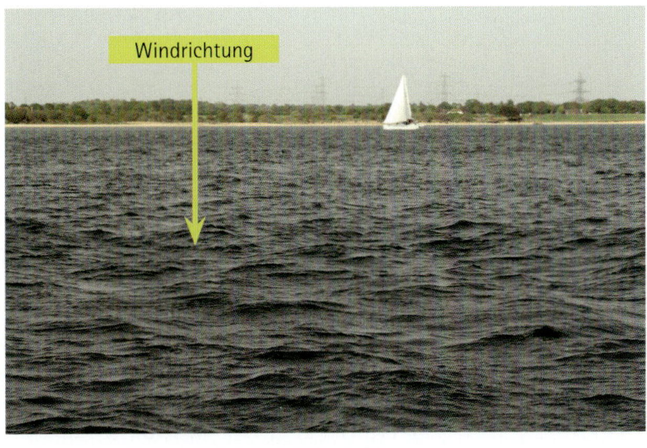

▲ *Die Richtung des Windes ist am Wellenbild erkennbar.*

wirkstrecke (Fetch), also der Distanz, die der Wind auf das Wasser einwirken kann. Zu hoher Wellenbildung trägt auch stark ansteigender Meeresgrund bei, der zusammen mit starkem Wind zu brechenden Seen wie an einem Strand führen kann. Ein Beispiel dafür ist die Biskaya, wo eine tausend Meilen lange Windwirkstrecke und ansteigender Meeresgrund zu besonders hohen Wellen führen können.
An ruhigen Tagen kann man Windfelder auf dem Wasser an der dunkleren Färbung durch die kleinen Wellen erkennen. Die Windrichtung ist immer rechtwinklig zu den Wellenkämmen.

Wind und Gezeitenstrom

Weht der Wind gegen den Strom, beispielsweise Wind aus Nord gegen einen nach Norden setzenden Strom, so entstehen hohe und steile Wellen. Die Fahrt bei solchen Wellen ist stets ungemütlich, egal ob mit oder gegen oder quer zu den Wellen. Man bezeichnet diese Konstellation als Wind gegen Strom.
Weht der Wind dagegen in gleicher Richtung zum Strom, bleiben die Wellen flach, und die Bootsbewegungen sind angenehm, ebenfalls unabhängig von der Fahrtrichtung zu den Wellen. Da kann man sogar einen gegen die Fahrtrichtung setzenden Gezeitenstrom von zwei Knoten in Kauf nehmen, auch wenn er die Bootsgeschwindigkeit über Grund von 35 auf 33 Knoten reduziert, da die Bootsbewegungen komfortabel bleiben.

Windgeschwindigkeit

Wahrer Wind

Das ist der Wind, den man spürt, wenn man sich nicht bewegt, sondern stillsteht.

Scheinbarer Wind

Sobald man sich fortbewegt, spürt man den scheinbaren Wind. Motort man bei Windstille und Stauwasser mit 10 Knoten nach Norden, herrschen 10 Knoten scheinbarer Wind aus Nord an Deck.
Weht dagegen bereits ein wahrer Wind von 10 Knoten aus Nord und man motort mit 10 Knoten nach Norden, so herrschen 20 Knoten scheinbarer Wind aus Nord an Deck. 10 Knoten wahrer Wind und 10 Knoten Fahrtwind addieren sich zu 20 Knoten scheinbarem Wind.

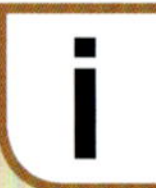

Warum heißt es Spring- und Nipptide?

Diese Begriffe scheinen angelsächsischen Ursprung zu haben. »Springan« heißt anschwellen und »nep« bedeutet absenken bzw. vermindern.

Fährt man nach Süden mit 10 Knoten Bootsgeschwindigkeit, während der Wind weiterhin mit 10 Knoten aus Norden weht, spürt man eine scheinbare Windstille an Deck, da sich wahrer und scheinbarer Wind gegenseitig aufheben. Der scheinbare Wind beträgt in diesem Fall 0 Knoten, und eine Windrichtung kann nicht angegeben werden.
Auf einem schnellen Motorboot ist der Unterschied zwischen wahrem und scheinbarem Wind nicht so bedeutend, da man in schneller Gleitfahrt mit 30 Knoten einen starken scheinbaren Wind von ebenfalls 30 Knoten oder 7 Beaufort erzeugt. Bei 35 Knoten Fahrt wird es allein mit dem Fahrtwind von 8 Beaufort bereits stürmisch.

Mondphasen

Es ist sehr praktisch, wenn man mit einem Blick zum Mond auf die Tide schließen kann. Hat der Halbmond die Form eines »D«, ist der Mond zunehmend, das heißt er entwickelt sich von einem Neumond mit Springtide zu einem Vollmond mit Springtide. Bei Halbmond herrscht Nipptide. Hat der Halbmond die Form eines »C«, ist der Mond abnehmend. Fast überall auf der Welt tritt Springhochwasser immer zur gleichen Zeit auf, plus/minus eine Stunde. Nipphochwasser tritt ungefähr sechs Stunden versetzt auf, ebenfalls plus/minus eine Stunde. In Southampton tritt Springhochwasser immer gegen 12:00 Uhr und 00:00 Uhr auf. Nipphochwasser dementsprechend immer gegen 06:00 Uhr und 18:00 Uhr. In Plymouth dagegen ist immer gegen 07:00 Uhr und 19:00 Uhr Springhochwasser und Nipphochwasser gegen 01:00 Uhr und 13:00 Uhr.
Das liegt daran, dass sich die Gezeit innerhalb von 24 Stunden nicht genau wiederholt, sondern pro Tag um ungefähr 50 Minuten hinterherhinkt. Ist heute Morgen um 11:00 Uhr Hochwasser, ist am Morgen des nächsten Tages um unge-

fähr 11:50 wieder Hochwasser. Nun muss ich nicht auf den Tidenkalender schauen, ich sehe einen Vollmond, also ist Hochwasser in Southampton gegen 12:00 Uhr, weil es Springhochwasser ist.
Drei Tage später wird Hochwasser gegen 14:30 Uhr sein (3 x 50 = 150 Minuten, das sind 2 Stunden und 30 Minuten nach 12:00). Sieben Tage später wird sich Hochwasser, dann natürlich Nipphochwasser, um sechs Stunden zum Springhochwasser verschoben haben, also minus sechs Stunden zu 00:00 Uhr ist 18:00 Uhr für Southampton.
Sehe ich von zu Hause einen vollen Mond am Himmel stehen, weiß ich gleichzeitig, wann Hochwasser in meiner Marina ist. Genauso kenne ich die Zeit des Hochwassers, wenn Halbmond und damit Nipptide ist. Alles, was dazwischen liegt, lässt sich ungefähr abschätzen. Aber ich überprüfe den Stand der Tide natürlich immer mithilfe des Almanachs.
Auch kann man bei einem Blick in den Himmel auf den Luftdruck schließen. Ein klarer Himmel deutet auf höheren Luftdruck hin und somit auf nördlicheren Wind. Ist der Himmel bei Tiefdruck bedeckt, ist mit südlicheren Winden zu rechnen. So verfüge ich bereits über viele Informationen, noch bevor ich das Haus verlasse.
Wer im Solent segelt, kann davon ausgehen, dass der Strom eine Stunde vor Hochwasser Portsmouth kentert.

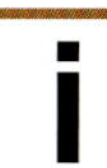

Sterne und Planeten

Sterne funkeln, Planeten funkeln nicht. Ganz so eindeutig ist der Unterschied zwar nicht, aber im Großen und Ganzen stimmt es. Sterne sowie Planeten, sogar die Sonne und der Mond, funkeln zu einem gewissen Grad. Ihr Licht erreicht die Erde durch die Luftschichten der Atmosphäre, die immer in Bewegung sind. Dadurch kommt es zu unterschiedlicher Brechung des Lichts, und so entsteht ein Flimmern oder, wie es in der Astronomie heißt, eine Szintillation. Je weiter ein Himmelskörper entfernt ist, desto stärker ist das Flimmern. Die Sterne sind viel, viel, viel weiter entfernt als unsere Planeten, die Sonne oder der Mond, weshalb sie stärker funkeln oder szintillieren.

Das bedeutet, dass ein Tagestörn gegen den Strom bei Springzeit nach Osten wesentlich teurer wird als mit dem ablaufenden Strom nach Westen. Man könnte nach Westen bis Yarmouth fahren, sich ein ausgiebiges Mittagessen bei Salty's gönnen, dann Tee am Nachmittag und ab 17:00 Uhr die Rückfahrt mit der auflaufenden Tide antreten.

12 Navigation

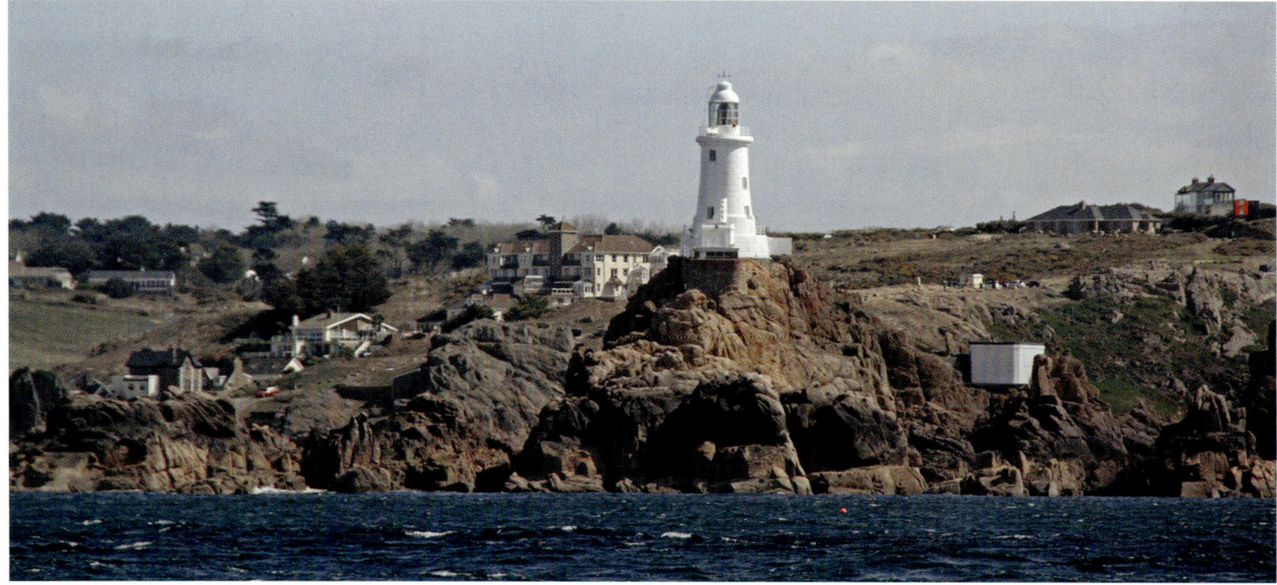

▲ *Zum Leuchtturm von Corbiére auf Jersey hält man besser eine Meile Abstand.*

Geschwindigkeit

In Häfen, Marinas, Ankerplätzen und Schutzgebieten gibt es Geschwindigkeitsbegrenzungen, um die Ufer vor starkem Wellenschlag zu schützen, der sich auch für andere Boote und Wassersportler unangenehm auswirken würde. Erzeugt das eigene Boot bei vier Knoten Fahrt noch beträchtlichen Wellenschlag, sollte man die Geschwindigkeit weiter reduzieren, selbst wenn die maximal erlaubte Geschwindigkeit sechs Knoten beträgt. Das ist gar nicht so einfach, wenn man zwei 1000-PS-Motoren unter sich hat. Nur eine Maschine im Standgas liefert bereits über sechs Knoten Fahrt.

Fährt man mit sechs Knoten über Grund in gleicher Richtung wie ein zwei Knoten schneller Strom, so macht man nur vier Knoten Fahrt durchs Wasser, denn zwei Knoten gehen zu Lasten des Gezeitenstroms oder der Strömung. Bei sechs Knoten Fahrt über Grund in entgegengesetzter Richtung zum Strom macht man dagegen acht Knoten Fahrt durchs Wasser, was einen zu starken Wellenschlag erzeugen würde.

Die Rumpfform hat großen Einfluss auf die Wellenbildung. Es gibt Motorboote, die bei sechs Knoten Fahrt kaum Wellenschlag produzieren. Für Lady Asor wurde einst ein Boot

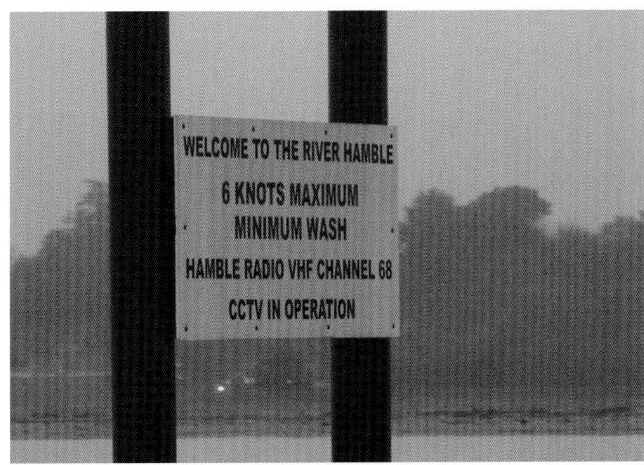

▲ *Ausgeschilderte Höchstgeschwindigkeit im River Hamble.*

gebaut, das aufgrund seiner flach abfallenden Heckform einem Pantoffel (englisch Slipper) glich und bei Marschfahrt so gut wie keinen Wellenschlag verursachte. Daraus entwickelte sich der »Slipper Launch«, ein damals auf der Themse weit verbreiteter Bootstyp.

Dennoch darf man die maximal erlaubte Geschwindigkeit von sechs Knoten nicht überschreiten, auch wenn das Boot kaum Wellen verursacht. Geschwindigkeitsbegrenzungen werden nicht nur zum Schutz der Umwelt erlassen, sie sind auch dem Verkehrsaufkommen angepasst. Acht oder neun Knoten sind in einem engen Fluss einfach zu schnell und würden andere Boote beeinträchtigen. Achten Sie daher immer darauf, wie sich ihre eigene Wellenbildung auswirkt und halten Sie sie möglichst gering.

Besonders Ruderboote sind von den Wellen vorbeifahrender Motorboote betroffen. Auf der Themse bei Richmond sieht man Ruderer wild gestikulieren und schimpfen, sobald sie nur ein nahendes Motorboot sehen. Sie sind es schon gewohnt, im Wellenschlag der Motorboote vollzulaufen. Der Freibord eines Ruderskiffs beträgt nur wenige Zentimeter. Dabei ist es doch unnötig, schnell und rücksichtslos zu fahren. Viel besser ist es doch, die Fahrt zu drosseln, bis man kaum noch Wellen erzeugt, und einen frohen, wenn auch zögerlichen Gruß der Ruderer zu bekommen. Kapitel 10 gibt Auskunft darüber, wer wem in einem Fluss ausweichen muss.

Es lohnt sich, den Impeller des Loggebers zu säubern und die Anzeige zu kalibrieren, um die exakte Geschwindigkeit durchs Wasser zu erhalten. Die meisten werden aber wohl auch weiterhin die Geschwindigkeit ausschließlich am GPS ablesen. Achten Sie stets auf die Strömung und vermeiden Sie starken Wellenschlag in engen Fahrwassern soweit möglich, um allen Vorschriften zu genügen.

GPS und Papier-Seekarten

GPS ist die beste Erfindung aller Zeiten. Man hat rund um die Uhr und an jedem Tag im Jahr die eigene Position auf bis zu zwei Meter genau – wer würde GPS nicht verwenden? Aber man darf sich nicht ausschließlich darauf verlassen, denn das Gerät kann auch mal nicht funktionieren. Quittiert das Navi im Auto den Dienst, weiß man zwar nicht mehr, wie man an sein Ziel kommt, aber das ist wesentlich harmloser als ein Ausfall des GPS auf See. Wenn man im Auto eine Straßenkarte in Reserve dabei hat, mag das löblich sein, auf einem Boot ist es jedoch unerlässlich, Seekarten mitzuführen. Nur so kann man sich orientieren.

Machen Sie es sich zur Angewohnheit, bei jeder Ausfahrt auch auf die Karte zu schauen. Belegen Sie einen Sportbootführerschein-Kurs. Sie werden sehen, wie man die Position nicht nur mit dem bordeigenen GPS finden kann.

- Auf Sicht: Befinden Sie sich in der Nähe zu einem bekannten Punkt, zum Beispiel einem Seezeichen, das Sie auf der Karte identifizieren können?
- Das DSC-Funkgerät kann die Position in Länge und Breite anzeigen, wenn es über einen eigenen GPS-Empfänger verfügt.
- Handys können mithilfe einer App die Position durch Peilung zu den Funkmasten des Mobilfunknetzes anzeigen.
- Handys mit GPS-Empfang können die Position über Satellit anzeigen.

Bei einem Ausfall des GPS-Signals kann natürlich auch kein anderes GPS-Gerät Positionsdaten empfangen. Befindet man sich aber innerhalb des Mobilfunknetzes, kann das Handy die ungefähre Position anzeigen. Andernfalls müssen traditionelle Methoden zur Positionsbestimmung herangezogen werden: Dreistrichpeilung, Kreuzpeilung und einfache Peilung und Tiefe.

Nebel

Wer in dichten Nebel gerät – und das kann schneller passieren, als man meint –, sollte flaches Wasser aufsuchen. Versagt in diesem Moment das GPS-Gerät, muss man sich anhand der Karte orientieren. Mit der kalibrierten Anzeige des Echolots, die entweder die Tiefe von der Wasseroberfläche oder die Tiefe unter dem Kiel anzeigt, und Kenntnis der Höhe der Gezeit, kann man entlang einer Tiefenlinie zum nächsten sicheren Hafen gelangen. Die Wassertiefe setzt sich aus dem Kartennull und der Höhe der Gezeit zusammen. Üben Sie einer Tiefenlinie zu folgen, um für diesen Fall vorbereitet zu sein.
Eine andere Möglichkeit bei Nebel wäre es, zu ankern und abzuwarten. Vergewissern Sie sich aber in jedem Fall, dass ihr Echolot kalibriert ist (siehe Kapitel 9).

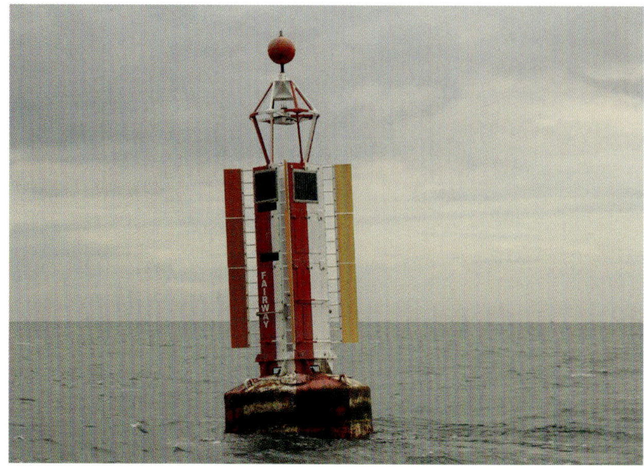

▲ *Mitte-Fahrwasser-Zeichen.*

Seezeichen

Man kann leicht in einem betonnten Fahrwasser die Orientierung verlieren. Übersieht man eine Tonne und nimmt versehentlich eine Abkürzung, kann man schnell auf Grund laufen. Daher muss man sich mit dem nötigen Kurs anhand der Karte vertraut machen. Rote Tonnen müssen an Backbord und grüne Tonnen an Steuerbord gelassen werden, wenn man in einen Hafen einläuft. Beim Auslaufen ist es genau umgekehrt. Besteht auch nur der geringste Zweifel, an welchem Seezeichen man sich befindet, sollte man stoppen und erst weiterfahren, wenn die eigene Position und der weitere Kurs wieder klar sind.
Eine rot-weiße Mitte-Fahrwasser-Tonne hat tiefes Wasser auf beiden Seiten, aber man lässt sie besser immer an Backbord. Dadurch bleibt man auf der rechten Seite des Fahrwassers.

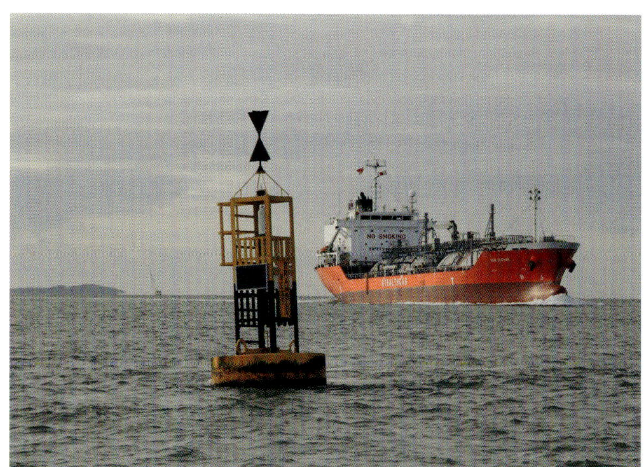

▲ *Westliche Kardinaltonne, die westlich umfahren werden muss.*

Kardinalzeichen

Lernen Sie die Bedeutung der Seezeichen. Kardinalzeichen zeigen an, wo eine Gefahrenstelle liegt und wo das Wasser sicher ist.
Manche Kardinalzeichen sind als Radarantwortbake ausgeführt und senden eine Kennung aus, mit der sie am eigenen Radarbild eindeutig identifiziert werden können. Das ist besonders bei Nebel sehr praktisch.

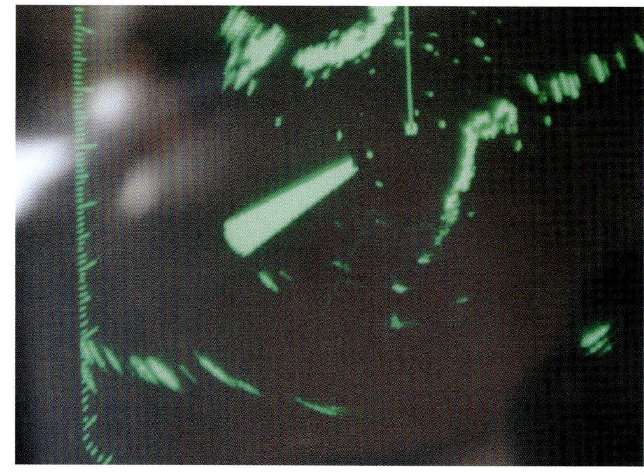

▲ *Kennung einer Radarantwortbake als Morsezeichen »T« nach links unten auf dem Radarschirm angezeigt.*

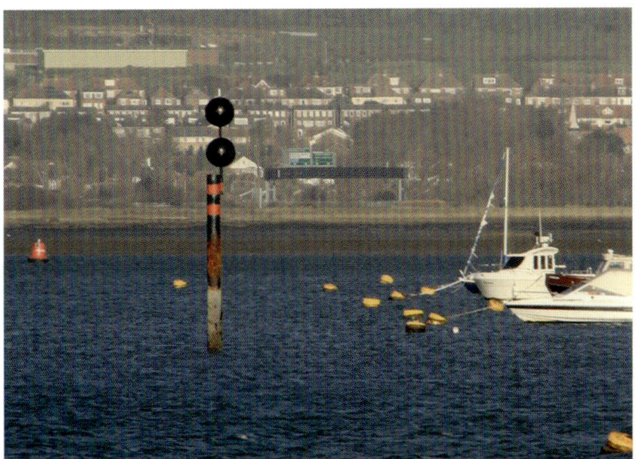

▲ *Einzelgefahrzeichen.*

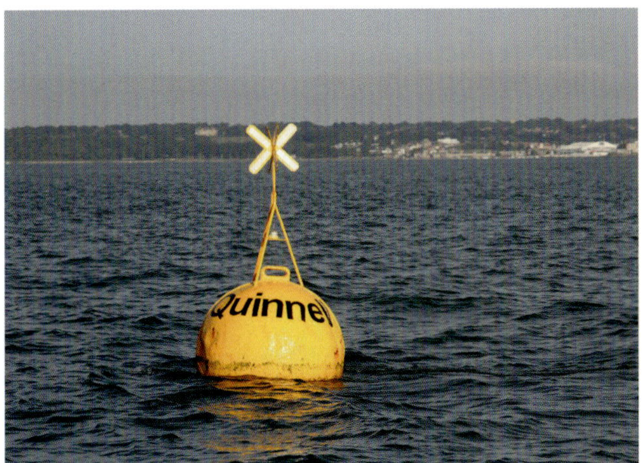

▲ *Gelbe Kugeltonne mit einem »X« für spezielle Markierungen.*

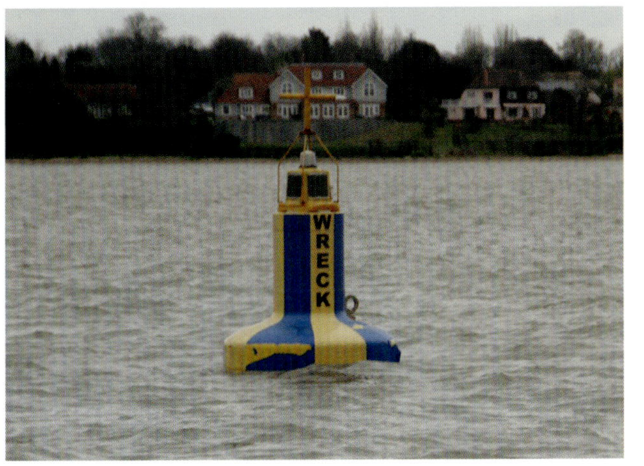

▲ *Seezeichen zur Markierung eines Wracks unter Wasser.*

Einzelgefahrzeichen

Diese Seezeichen sind schwarz mit einem oder mehreren roten Streifen und haben zwei schwarze Bälle als Toppzeichen. Die Befeuerung sind zwei weiße Blitze mit einer Wiederkehr von meist fünf oder zehn Sekunden. Einzelgefahrzeichen stehen direkt auf einer Gefahrenstelle, sodass man sich von ihnen freihalten sollte.

Weitere Seezeichen

Spezielle Seezeichen zum Markieren von Sperrgebieten und anderen Gefahrenstellen sind gelb mit einem »X« als Toppzeichen.

TIPP

Fangkörbe und Reusen

Vermeiden Sie es, nachts in die oft unbeleuchteten Bojen der Fangkörbe und Reusen der Fischer zu fahren. Bleiben Sie deshalb innerhalb eines betonnten Fahrwassers, wo keine Fangkörbe ausgebracht sind.
Achten Sie auf den Schiffsverkehr im Fahrwasser, und weichen Sie zur Außenseite hin aus.

Leuchtfeuer

Die auf einer Seekarte vermerkten Leuchtfeuer sind stets weiß, sofern keine Farbkennung angegeben ist. Früher waren alle Leuchtfeuer magentafarben dargestellt, heute sind sie in der Farbe eingezeichnet, in der sie leuchten. Nur weiße Leuchtfeuer sind genauso wie gelbe Lichter in Gelb eingezeichnet. Die Farbe ist zudem mit einem Buchstaben in englisch oder deutscher Abkürzung angegeben: r, g, y, w oder r, gn, g, w für rot, grün, gelb und weiß.
Man muss ebenso die Bedeutung von Blitz-, Gleichtakt- und unterbrochenem Feuer kennen.

Steuerkurs

Muss der zu steuernde Kurs für Stromversatz berichtigt werden? Die Antwort ist: Das hängt stark von der eigenen Geschwindigkeit ab. Je geringer die Bootgeschwindigkeit, desto größer ist der Einfluss des Gezeitenstroms.

Bei einer Bootsgeschwindigkeit von 7 Knoten macht ein mit 2 Knoten quer zur Fahrtrichtung setzender Strom 29 % der eigenen Geschwindigkeit aus. Bei 30 Knoten Bootsgeschwindigkeit sind es nur 7 %. Fakt ist jedoch, dass man nach einer Stunde Fahrt, egal ob mit 7 oder 30 Knoten, 2 Meilen vom Kurs abgewichen ist.

Tagsüber in einem engen Fahrwasser kann man sich an Seezeichen und Landmarken orientieren und muss sich nicht groß um seitlichen Stromversatz kümmern. Anders ist es weiter draußen auf See, zum Beispiel bei einer Querung des Ärmelkanals, wenn kein Land in Sicht ist. Hier muss ein Steuerkurs ermittelt werden.

Man kann einen Wegepunkt am Kartenplotter eingeben und der Navigation am Display folgen, indem man den Kurs am Steuerrad oder am Autopilot so lange justiert, bis der Kurs über Grund direkt zum Wegepunkt führt. So erhält man ohne Berechnungen den zu steuernden Kurs.

Fällt das GPS jedoch aus, sollte man in der Lage sein, den Steuerkurs auch im Kopf zu ermitteln.

Scannen Sie diesen QR-Code, um ein kurzweiliges Video über die Ermittlung des Steuerkurses zu sehen.

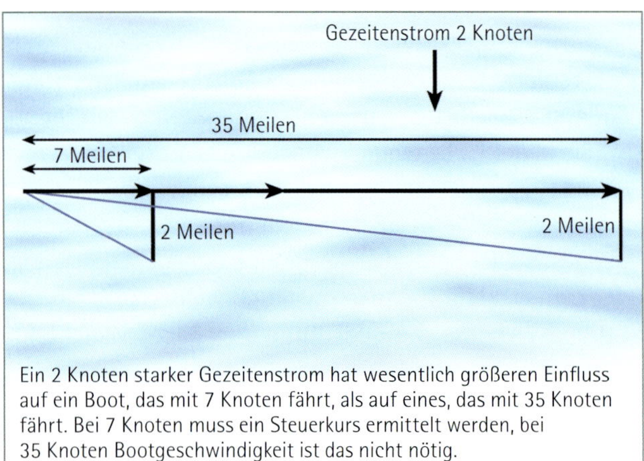

Ein 2 Knoten starker Gezeitenstrom hat wesentlich größeren Einfluss auf ein Boot, das mit 7 Knoten fährt, als auf eines, das mit 35 Knoten fährt. Bei 7 Knoten muss ein Steuerkurs ermittelt werden, bei 35 Knoten Bootgeschwindigkeit ist das nicht nötig.

▲ *Steuerkurs.*

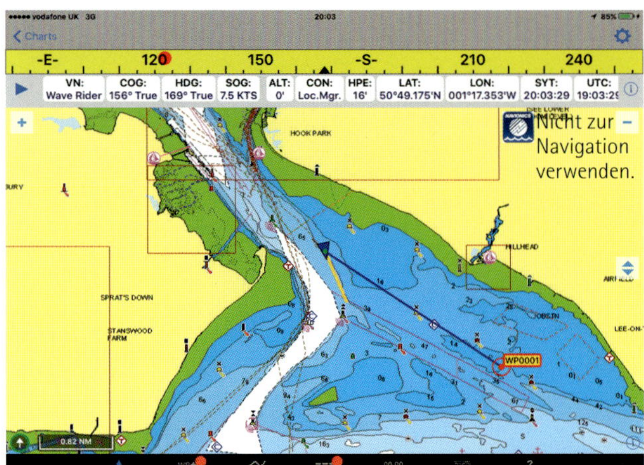

▲ *Die blaue Linie zeigt den Kurs zum Wegepunkt, die gelbe die Fahrt über Grund. Das Boot weicht vom Kurs zum Wegepunkt ab.*

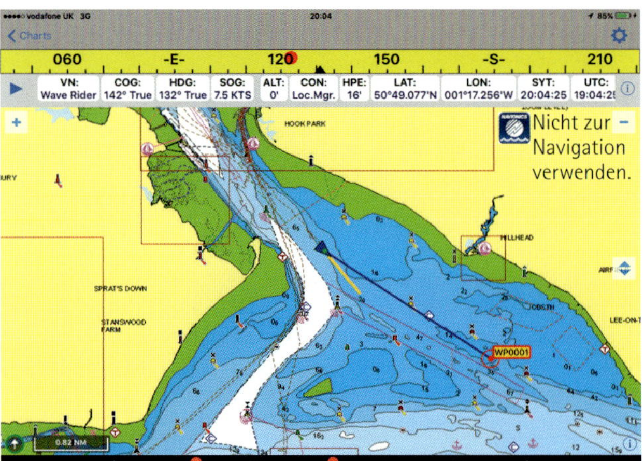

▲ *Durch Ruder Backbord kann man die gelbe Linie …*

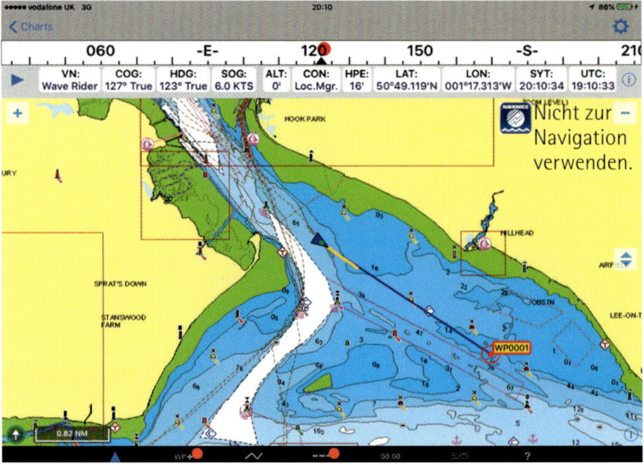

▲ *… über die blaue Linie ausrichten. Jetzt ist das Boot auf Kurs.*

Als Erstes muss Richtung und Geschwindigkeit des Gezeitenstroms für die Zeit, in der man ein Seegebiet durchfährt, ermittelt werden. Für die Berechnung der Gezeit ist es hilfreich, einen entsprechenden Kurs, zum Beispiel zum Erwerb des Sportküstenschifferscheins, zu belegen. Man muss Alter und Höhe der Gezeit für einen bestimmten Ort zu einem bestimmten Zeitpunkt berechnen, mit einem Stromatlas umgehen und Kursberichtigungen durchführen können, und man muss wissen, wie man die nötigen Informationen dazu erhält.

Sind dann Richtung und Stärke des Stroms ermittelt, kann ein Steuerkurs im Kopf berechnet werden.

Beispiel für die Berechnung eines Steuerkurses

Angenommen, das Ziel liegt genau im Osten, in 90° Peilung. Die Bootsgeschwindigkeit durch das Wasser beträgt 12 Knoten.

Der Strom setzt mit 2 Knoten nach Süden, also 180°, sodass er genau quer zu Fahrtrichtung das Boot nach Süden ablenkt. Das bedeutet, dass man nach 2 Stunden Fahrt 2 Meilen nach Süden vom Kurs abgewichen wäre, wenn man einfach nach Osten, 90° steuert.

▶ Siehe Diagramm 1.

Um den Strom auszugleichen und direkt auf das Ziel zuzulaufen, kann man diese einfache Formel verwenden.

60 x Geschwindigkeit des Stroms in Knoten ÷ Bootsgeschwindigkeit in Knoten = die Gradzahl, um die der Kurs berichtigt werden muss, um das Ziel direkt anzusteuern.

In diesem Beispiel bedeutet das:

60 x 2 Knoten ÷ 12 Knoten = 10°

Man muss also 10° gegen den Strom vorhalten, um genau 90° nach Osten zu laufen.

Der Steuerkurs beträgt somit 090° - 010° = 080°

Das Boot fährt 090° über Grund, steuert aber 080°.

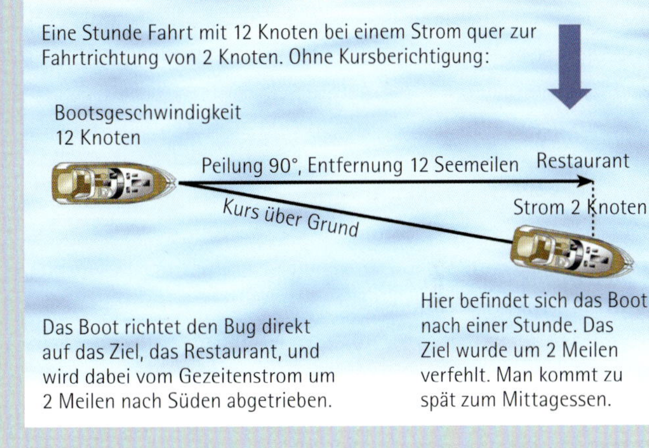

▲ *Diagramm 1.*

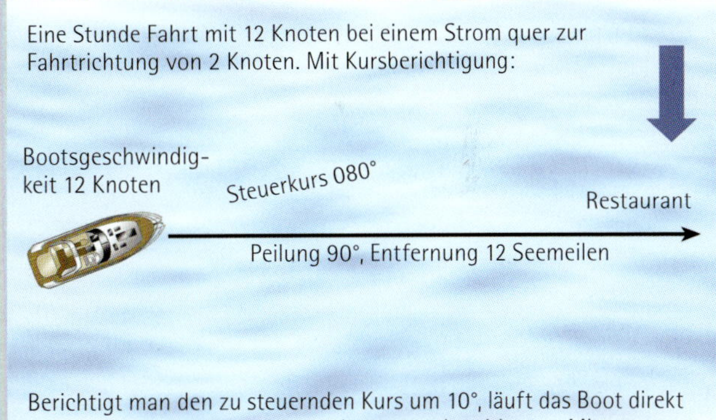

▲ *Diagramm 2.*

▶ Siehe Diagramm 2.

Setzt der Gezeitenstrom nicht genau rechtwinklig zur Fahrtrichtung, müsste man nur einen Anteil von beispielsweise 70 % der ermittelten Gradzahl vorhalten.

Bei einem Ergebnis von 10°, um das der Kurs bei rechtwinkligem Strom berichtigt werden muss, würde man also nur um 70 % berichtigen, also um 7°. Der Steuerkurs wäre somit 090° - 007° = 083°, um das Ziel direkt anzusteuern.

Ich habe dargestellt, wie man mit einem anteiligen Wert von 70 % den Kurs möglichst genau berichtigen kann, wenn der Strom nicht rechtwinklig zur Fahrtrichtung verläuft. In der Praxis würde ich jedoch immer den vollen Wert verwenden. Es macht nichts, etwas zu viel vorzuhalten und dadurch leicht in Stromluv anzukommen.

Vorfahrt und Rücksichtnahme

Achten Sie stets darauf, wie sich ihre eigenen Fahrtwellen auf andere auswirken. Kreuzen Sie den Kurs eines anderen Bootes immer am Heck oder halten Sie besser genügend Abstand, um andere nicht durch Wellenschlag in Bedrängnis zu bringen.

In dichtem Verkehr kann es nötig sein, die eigene Geschwindigkeit zu drosseln, um nicht zu starken Wellenschlag zu produzieren. Halten Sie reichlich Abstand zu kleinen Fischerbooten, besonders wenn sie die Alpha-Flagge zeigen, die bedeutet, dass ein oder mehrere Taucher im Wasser sind und man sich gut freihalten soll.

Machen Sie sich mit den internationalen Regeln zur Verhütung von Zusammenstößen auf See oder kürzer den Kollisionsverhütungsregeln (KVR) vertraut.

Beachten Sie, dass auch Ruderboote zu den maschinengetriebenen Fahrzeugen zählen. Die Maschine oder besser der Antrieb eines Ruderbootes sind die Riemen und Dollen. Bei einem Motorboot könnte man Getriebe und Propeller als Antrieb bezeichnen. Im Fall des Ruderbootes arbeitet der Antrieb mit Muskelkraft, im Fall des Motorbootes arbeitet er mit Motorkraft. Das ist wichtig, denn in den Kollisionsverhütungsregeln heißt es allgemein, dass ein Maschinenfahrzeug einem Segelfahrzeug ausweichen muss. Maschinenfahrzeuge werden aber in zwei Kategorien aufgeteilt. Hier ist eine Liste, wer wem ausweichen muss:

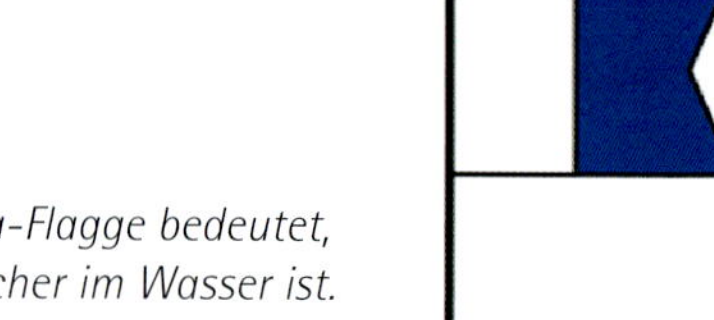

▶ *Die Alpha-Flagge bedeutet, dass ein Taucher im Wasser ist.*

Ein Maschinenfahrzeug in Fahrt muss einem Ruderboot ausweichen.
Ein Ruderboot in Fahrt muss einem Segelfahrzeug ausweichen.
Ein Segelfahrzeug in Fahrt muss einem fischenden Fahrzeug ausweichen.
Ein fischendes Fahrzeug in Fahrt muss, so weit möglich,
einem **manövrierunfähigen**, **manövrierbehinderten** und **tiefgangbehinderten Fahrzeug** ausweichen.
Jedes Fahrzeug muss beim Überholen dem anderen ausweichen.

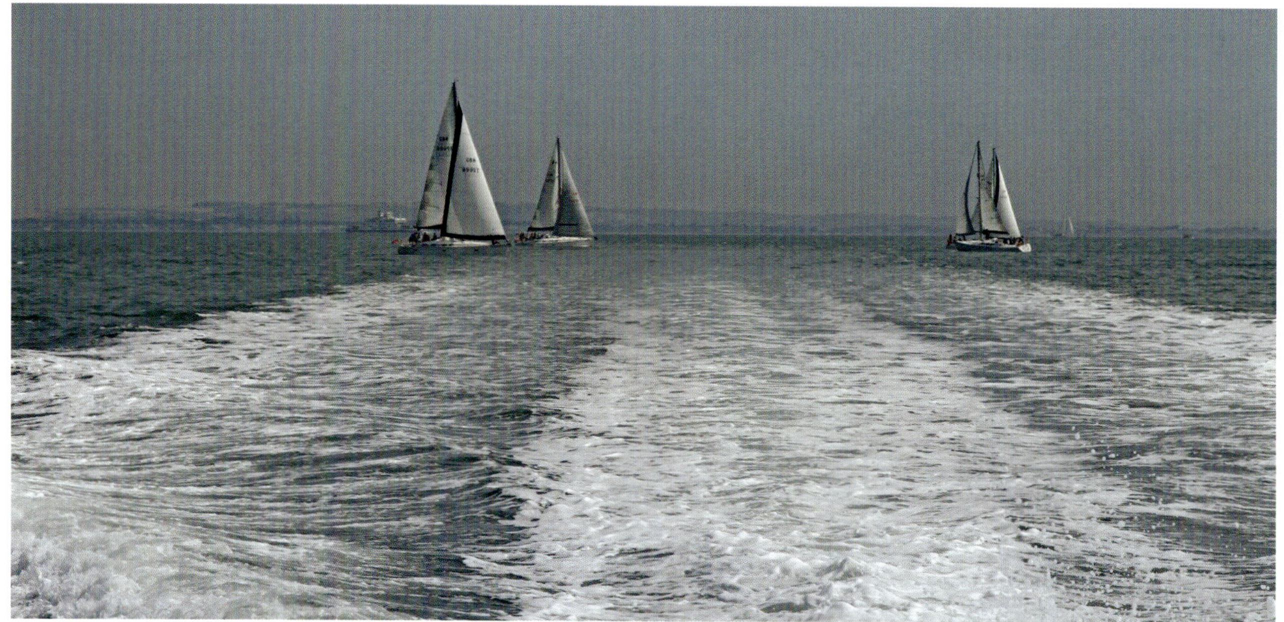

▲ *Der Steuermann dieser Sunseeker Camargue 50 hat sich nicht verschätzt: Obwohl er den Kurs von vier Segelyachten vor deren Bug kreuzt, sind die Fahrtwellen abgeklungen, bevor sie die Segelyachten erreichen.*

TIPP

Kollisionskurs oder nicht?

Bei kreuzenden Kursen kann man mit einer einfachen Methode abschätzen, ob man vor dem Bug oder hinter dem Heck passieren wird. Achten Sie auf das Land hinter einem Boot, das Sie anpeilen. Solange sich das angepeilte Boot zum Land im Hintergrund verschiebt, besteht kein Kollisionskurs. Verschlingt der Bug des Bootes das Land im Hintergrund, das dann an seinem Heck wieder auftaucht, wird das Boot vor dem eigenen Bug passieren. Erscheint immer mehr vom Land vor dem Bug des anderen Bootes, und sein Heck verschlingt das Land im Hintergrund, wird man selbst vor dem Bug des anderen Bootes kreuzen. Bleibt das andere Boot vor dem gleichen Flecken Land im Hintergrund stehen und verringert sich dabei die Distanz zwischen beiden Booten, läuft man auf Kollisionskurs.

Navigationslicht fürs Beiboot

?

Boote unter 7 Meter Länge, die nicht schneller als 7 Knoten fahren, können ein weißes Rundumlicht als Navigationslicht zeigen. In der Praxis muss dazu oft die Taschenlampe herhalten, aber hier ist ein anderer Vorschlag: ein Kopflicht.

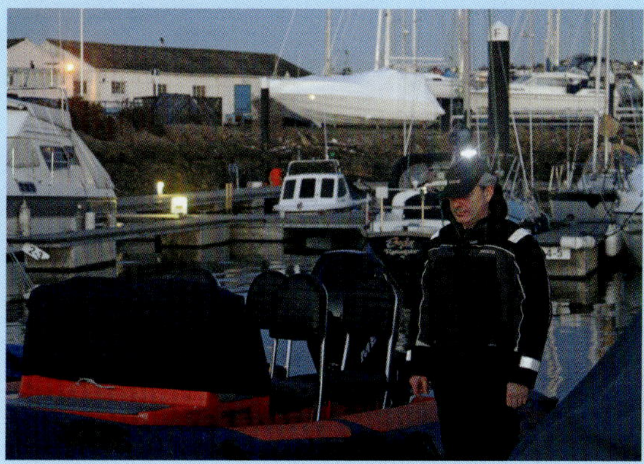

13 Sicherheit und Mensch-über-Bord-Manöver

»Sicherheitsausrüstung kann nur dann Leben retten, wenn sie in einwandfreiem Zustand, gewartet und einsatzklar an Bord mitgeführt oder am Körper getragen wird.«

Welche Sicherheitsausrüstung ist nötig? Das hängt zum Teil vom Fahrtgebiet ab. Man kann Ausrüstungsempfehlungen des Bundesamtes für Seeschifffahrt und Hydrographie (BSH) zu Rate ziehen oder Empfehlungen in den Sicherheitsrichtlinien der Kreuzer-Abteilung des DSV oder der Sportbootabteilung des ADAC finden.

Rettungswesten

Soll man eine Rettungsweste tragen? Entscheiden Sie selbst. Ich für meinen Teil habe festgestellt, dass ich unter Wasser nicht atmen kann. Mein Alter ist soweit fortgeschritten und mein bisheriges Leben so erfüllend verlaufen, dass mein Körper jederzeit in Streik treten könnte. Falle ich dann hilflos aufgrund eines Schlaganfall oder einer Herzattacke über Bord, hält mich die Rettungsweste wenigsten über Wasser – nicht mehr und nicht weniger.

Wichtige Sicherheitsausrüstung

Meine Empfehlungen für Sicherheit an Bord:

Rettungswesten: Helfen nur, wenn man sie trägt.

Rettungsleine: Fällt jemand über Bord, ist das Erste, ihm eine schwimmfähige Leine zuzuwerfen. Kann der MOB die Leine greifen, kann er zurück zum Boot gezogen werden.

Rettungsring oder -kragen: Wird ebenfalls einer über Bord gefallenen Person zugeworfen.

Rettungslicht: Rettungsringe oder -kragen müssen mit einer Lichtquelle ausgerüstet sein, damit die Person nachts oder bei schlechter Sicht besser gesehen werden kann.

Lifesavers: Tauwerkstropp an der Rettungsweste zum Bergen einer bewegungsunfähigen Person aus dem Wasser. Auch das Bergen einer nicht-bewegungsunfähigen Person fällt mit Lifesavers viel leichter.

MOB-Bergesystem: Man benötigt eine Vorrichtung, um eine bewegungsunfähige Person zurück an Bord zu holen.

DSC-Funkgerät: Um Hilfe mit einem Mayday-Ruf anzufordern, wenn sich eine Person oder ein Boot in unmittelbarer und ernster Gefahr befindet und mit einem Pan-Pan-Ruf, wenn das Boot oder Personen konkret, aber nicht akut gefährdet sind.

EPIRB: für eine Notfallmeldung auf See.

PLB: am Körper zu tragender Personen-Notsender.

AIS/DSC-Notsender: am Körper zu tragender Notsender, der mittels AIS (automatisches Identifikations-System) und DSC-Funk sowohl auf dem eigenen Boot als auch auf anderen Booten im Empfangsbereich den Notfall und die Position des MOB anzeigt.

Damit ich gerettet werden kann, muss meine Rettungsweste so ausgerüstet sein, dass ich zurück an Bord gezogen werden kann. Ich benötige Lifesavers. Zudem muss jemand an Bord sein, der das Ansteuern eines MOB und dessen Bergung geübt hat und über die nötige Ausrüstung verfügt. Nur so kann ich gerettet werden.
Auf jeden Fall sollte man eine Rettungsweste tragen. Alle professionellen Seeleute, die ich kenne, tragen eine Rettungsweste, auch um sich nur kurz mit einer Lifeline einpicken zu können und ganz unabhängig davon, ob sie auf See, auf einem Fluss oder einem Kanal unterwegs sind – und sei es auch nur mit einem Dingi. Doch die Entscheidung, eine Rettungsweste zu tragen, muss jeder selbst treffen.
Eine automatische Rettungsweste muss eine gültige Wartung haben, um ordnungsgemäß auszulösen und die dauerhafte Dichtigkeit des Auftriebskörpers zu garantieren.
Die automatische Auslösung kann mit wenigen Schritten überprüft werden:

1. Öffnen Sie die Rettungsweste am Klett- oder Reißverschluss.

2. Überprüfen Sie den Zustand des aufblasbaren Auftriebskörpers. Braune Flecken können Schwachstellen anzeigen, an denen sich ein Loch bilden kann.

3. Sind die reflektierenden Leuchtstreifen fest angebracht?

4. Ist die Gasdruckpatrone sauber oder korrodiert? Korrodierte Patronen sollten ausgetauscht werden. Hat die Korrosion zu braunen Flecken am Auftriebskörper geführt?

5. Ist die Patrone fest aufgeschraubt? Falls nicht, könnte Gas bei der Auslösung seitlich entweichen, ohne den Auftriebskörper aufzublasen.

6. Ist die Patrone sauber, hat kein Loch an ihrem Ende und wiegt so viel, wie auf dem seitlichen Aufdruck angegeben, dann ist sie voll und kann weiter verwendet werden. Wartungsbetriebe wechseln die Patronen routinemäßig alle fünf Jahre, aber das ist nicht nötig, wenn die Patrone sauber ist und das angegebene Gewicht hat.

7. Überprüfen Sie den Auslöser.

8. Überprüfen Sie den Netzstoff und die Schrittgurte auf Abnutzung.

9. Mit der Gasdruckpatrone voll CO_2 und der Auslöseautomatik mit gültiger Inspektion kann die Weste nun aufgeblasen werden. Man kann sich darüber streiten, ob man die Weste mit dem Mund oder mit einer Pumpe aufblasen sollte. Ich bevorzuge eine Pumpe, damit keine Feuchtigkeit durch Atemluft in den Schwimmkörper gelangen kann. Ein namhafter Hersteller von Rettungswesten hat mir jedoch versichert, dass etwas Feuchtigkeit kein Problem darstellen würde. Man war eher besorgt, dass durch eine Pumpe mit zu starkem Druck aufgepumpt wird. Aber ich denke, dass niemand, der sich die Mühe macht, seine Rettungsweste selbst zu überprüfen, sie wie ein Verrückter aufpumpen wird. Es genügt, wenn der Schwimmkörper fest und prall ist. Dann wartet man 24 Stunden, ob die Weste aufgepumpt bleibt und keinen Druck verliert.

10. Um die Weste wieder zu verschließen, lässt man die gesamte Luft aus dem Schwimmkörper ab. Pressen Sie dazu das Ventil im Schlauchstück zusammen. Achten Sie darauf, das die Zugleine für manuelle Auslösung richtig liegt, damit die Weste problemlos auslösen kann. Legen Sie die Weste an den Faltlinien wieder so zusammen, wie sie auch vom Hersteller gefaltet war. Im Zweifel kann man sich an Videos im Internet für die jeweilige Ausführung der Rettungsweste orientieren. Oder man übergibt sie einem Fachbetrieb für die Wartung von Rettungswesten.

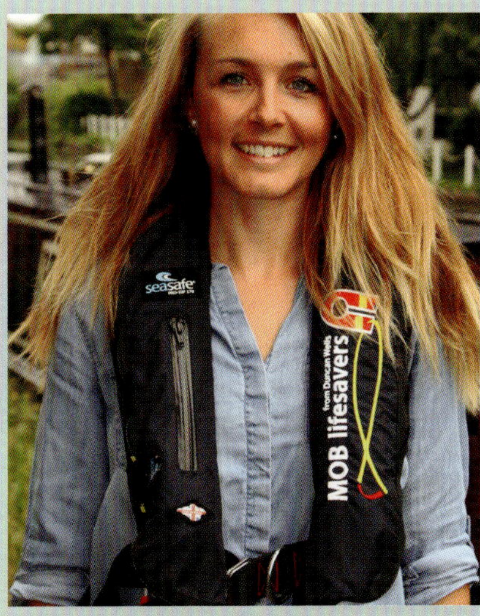

▲ *Seasafe MOB Lifesavers-Weste, getragen von Amy Neilson (Sailing Holidays).*

In Deutschland muss die Wartung von Rettungswesten entweder vom Hersteller oder durch eine von ihm autorisierte Fachfirma durchgeführt werden. Die erfolgte Wartung wird durch die FSR-Service-Plakette dokumentiert. Das Wartungsintervall für Rettungswesten, die in der Sportschifffahrt eingesetzt werden, beträgt 2 Jahre.

Auslöseautomatik

Die meisten Ausführungen arbeiten mit einer wasserlöslichen Tablette, die bei Wasserkontakt einen Federmechanismus auslöst, der die Gasdruckpatrone an ihrem Ende mit einem Stift durchschlägt, die sich dann in den Schwimmkörper entleert.

Die verbreitetsten Auslösevorrichtungen in unbestimmter Reihenfolge sind:

UML (United Moulders Ltd.) Dieser Auslöser verwendet eine Kartusche mit einer Zellstofftablette. Das Ablaufdatum ist an der Kartusche aufgedruckt.

Halkey Roberts verwendet eine ringförmige Fassung, Bobbin genannt, für die Zellstofftablette. Aufgedruckt ist das Herstellungsdatum. Die Haltbarkeit beträgt bis zu 6 Jahre, 3 Jahre Lagerzeit und 3 Jahre in der Rettungsweste. Abgelaufene Bobbins müssen ersetzt werden.

Hammar Dieser Auslöser verwendet ein hydrostatisches Ventil, das durch Druckunterschied aktiviert wird. Wird der Auslöser 10 Zentimeter tief unter Wasser getaucht, öffnet das Ventil, sodass Wasser an die Zellstofftablette gelangt, die wiederum den Federmechanismus auslöst, der die Patrone durchschlägt. Der Vorteil besteht darin, dass es nur zur Auslösung kommt, wenn sich der Auslöser tatsächlich unter Wasser befindet. Eine Auslösung durch Regen, Gischt oder überkommendes Wasser ist ausgeschlossen. Das Ablaufdatum ist aufgedruckt. Zusätzlich hat die Automatik einen rot/grün-Indikator. Ein grüner Indikator und ein überschrittenes Ablaufdatum bedeuten, dass der Auslöser ersetzt werden muss. Ein roter Indikator bedeutet, dass die Automatik ausgelöst hat und ebenfalls ersetzt werden muss. Bei der Hammar-Automatik befindet sich die Gasdruckpatrone im Schwimmkörper. Sie darf nicht korrodiert und muss fest eingeschraubt sein. Manche Wartungsbetriebe kleben die Patrone fest, damit sie sich nicht lösen kann. Die innenliegende Patrone ist schwerer zugänglich als eine außen liegende.

Andere Hersteller wie Secumar oder Lalizas haben eigenen Auslösetabletten.

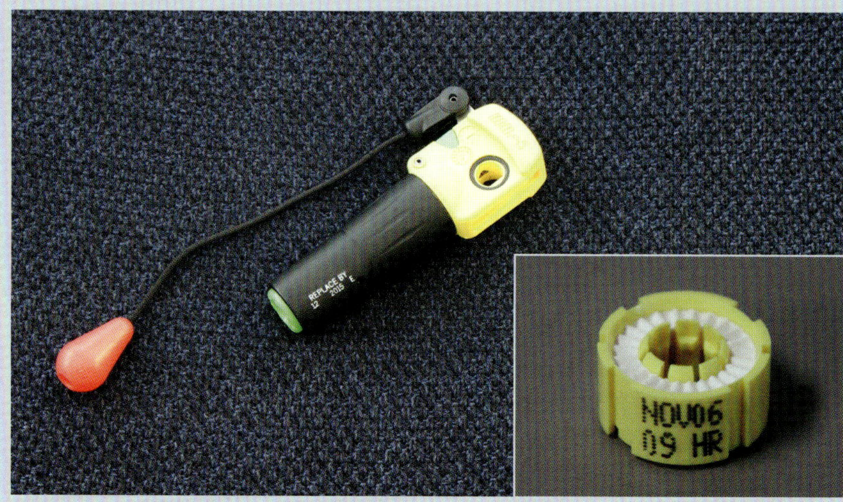

▲ *UML-Auslöser, abgelaufen im Dezember 2015. Kleines Bild: Halkey Roberts-Bobbin, hergestellt am 6. November 2009, abgelaufen am 5. November 2015.*

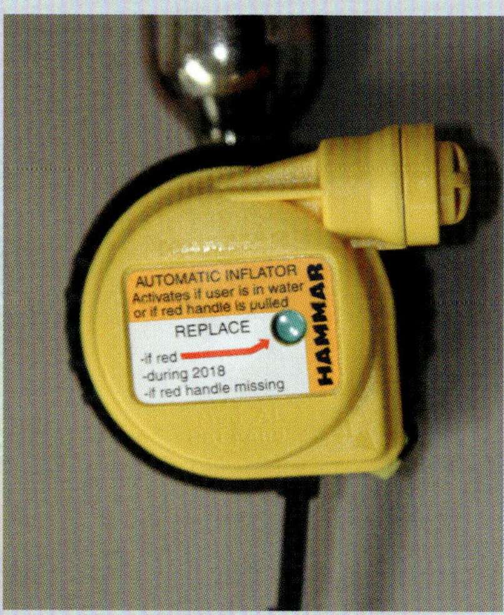

▲ *Hammar-Automatik, grüner Indikator, läuft 2018 ab.*

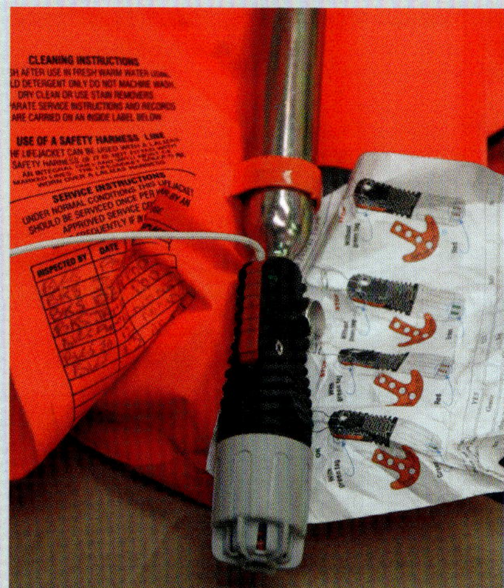

▲ *Lalizas-Auslöser mit Tablette.*

Hersteller von Rettungswesten und die verwendete Auslöseautomatik

Baltic: UML

Besto: UML

Crewsaver: Hammar und UML

ISP: ULM

Lalizas: proprietäres System mit Hammar und Bobbins

Mullion: UML

Mustang: Hammar und Bobbin

Ocean Safety: Hammar und UML

Seasafe: UML

Secumar: Secumatic mit Auslösetablette

Spinlock: Hammar und UML

Typhoon: Halkey Roberts Bobbin

Ich verlasse mich nur ungern auf andere Personen, wenn es um meine Rettungsweste geht. Es ist wie beim Fallschirmspringen: Jeder packt seinen Schirm selbst. Wartungsbetriebe sind bestimmt sehr kompetent, aber ich habe auch schon Horrorgeschichten gehört und selbst erlebt. Auf einer Bootsmesse wurden mir zwei brandneue Rettungswesten übergeben, in die ich Lifesaver einsetzen sollte. Die eine hatte eine Halkey Roberts-Automatik, die bereits ausgelöst hatte. Bei der anderen wurde die Automatik noch nicht ausgelöst, und das aufgedruckte Datum war nicht abgelaufen, aber die Patrone hatte ein Loch und war leer. Keine dieser Westen hätte im Ernstfall ausgelöst. Wer immer dafür verantwortlich war, sollte zur Rechenschaft gezogen werden. Gasdruckpatronen und Auslöser können bei Bootsmessen oder in Geschäften ausgetauscht worden sein. Überprüfen Sie deshalb beim Kauf einer Rettungsweste an Ort und Stelle, ob alles in Ordnung ist oder lassen Sie sich die Auslösevorrichtung vom Verkaufspersonal zeigen.

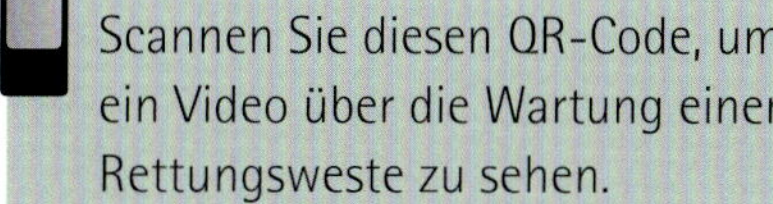

Scannen Sie diesen QR-Code, um ein Video über die Wartung einer Rettungsweste zu sehen.

Was zeigen Rettungswesten mit Fenster und Indikator an?

Manche Rettungswesten haben ein Sichtfenster mit einem Indikator, der den Zustand der Auslöseautomatik anzeigt. Manche Modelle zeigen mit zwei grünen Symbolen an, dass alles in Ordnung ist, andere Modelle mit einem einzigen grünen Symbol. Ein rotes Symbol zeigt ein Problem an. Grüne Symbole bedeuten aber nicht, dass alle Komponenten in Ordnung sind. Das Ablaufdatum, der Zustand des Schwimmkörpers und Korrosion an der Patrone müssen nach wie vor durch Öffnen der Weste überprüft werden, grüner Indikator hin oder her.

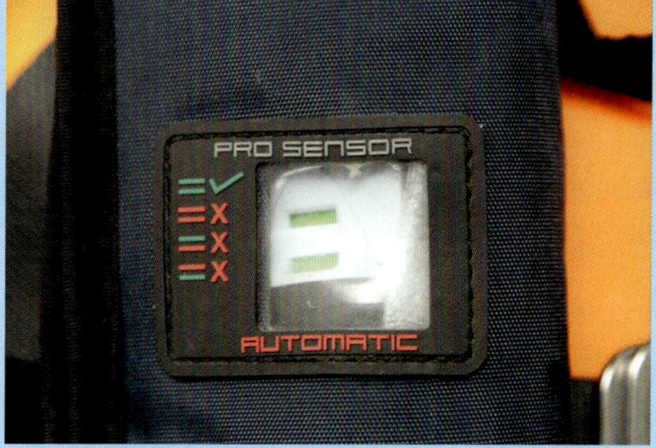

Zwei grüne Symbole bedeuten, dass die Gasdruckpatrone eingeschraubt und dicht ist, sowie dass die Rettungsweste weder automatisch noch manuell ausgelöst wurde.

Schrittgurte

Rettungswesten haben Schrittgurte, die zwischen den Beinen durchgeführt werden. Diese Gurte sind wichtig und verhindern, dass die Weste über den Kopf rutschen oder bei der Bergung einer Person ganz über den Kopf abgezogen werden kann, speziell wenn die Weste aus Bequemlichkeit etwas locker getragen wird.

Manchmal bleibe ich mit dem Schrittgurt irgendwo hängen. Vor kurzem passierte es mir, als ich aufstehen wollte und sich der Schrittgurt am Feststellrad der Ankerwinsch verfangen hatte. Ich geriet ins Stolpern. Einem Freund erging es ähnlich, nur dass er dabei fast über Bord gefallen wäre. Wie bei Allem gibt es ein Für und Wider. Man könnte die Rettungsweste ganz eng tragen und auf die Schrittgurte verzichten oder die Weste etwas lockerer und dadurch bequemer einstellen und die Schrittgurte so eng festziehen, wie es gerade noch erträglich ist, um nirgends hängenzubleiben.

Mensch über Bord

Die größte Sorge ist, dass eine Person über Bord fällt. Was würde dann passieren? Wie könnte man diese Person wieder an Bord bekommen? Bei allen Methoden geht man davon aus, dass die Person im Wasser mithelfen kann. Was aber, wenn sie das nicht kann? Was macht man dann?

Zurück zum MOB

Als Erstes muss man zum MOB (Mensch über Bord) zurückfahren. Es gibt unterschiedliche Wendemanöver, die man je nach Bootstyp auf See machen kann, aber das geeignetste für Sportboote ist die Williamson-Wende.

Williamson-Wende

Sofort nachdem jemand über Bord gefallen ist, merkt man sich den Steuerkurs und legt bei unveränderter Geschwindigkeit hart Ruder, bis man 60° vom Steuerkurs abgewichen ist. Das kann gleichermaßen nach Backbord oder Steuerbord erfolgen. Sobald man 60° Abweichung hat, legt man das Ruder hart zur anderen Seite, bis man auf Gegenkurs zum ursprünglichen Steuerkurs läuft. Nun fährt man praktisch im eigenen Kielwasser zurück auf den MOB zu.

Bei einem Motorboot in voller Gleitfahrt mit 25 Knoten ist der Ablauf wie folgt: Mensch über Bord, Steuerkurs merken, Ruder Backbord bis 60° Abweichung erreicht sind, bis 5 zählen (1...2...3...4...5), dann Ruder hart Steuerbord, bis man auf Gegenkurs 180° gegen den ursprünglichen Steuerkurs fährt. Jetzt sollte das Boot im eigenen Kielwasser zurückfahren.

Man sollte sich dem MOB immer in Luv nähern. Achten Sie besonders darauf, dass die Propeller ausgekuppelt sind,

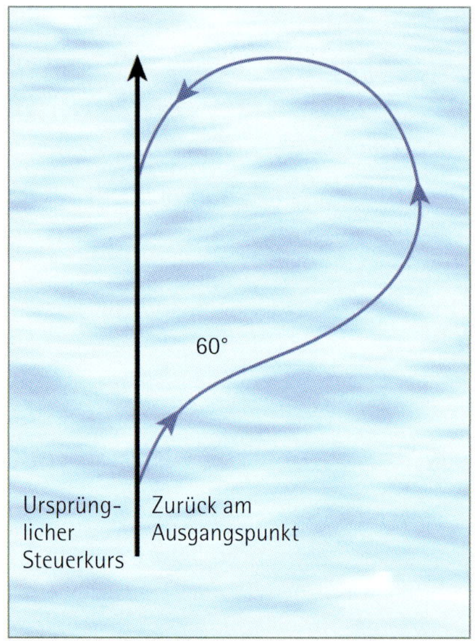

▶ *Williamson-Wende.*

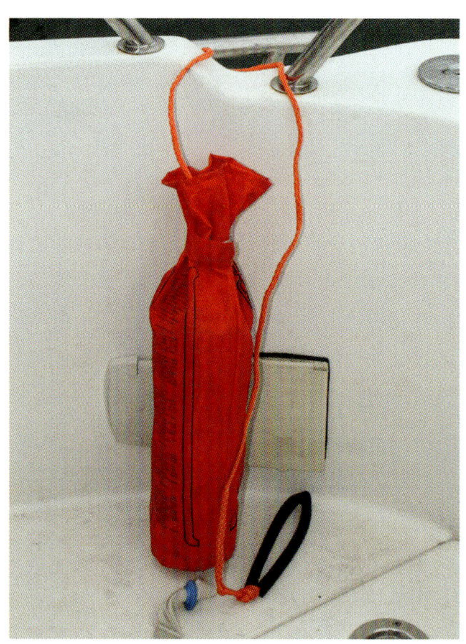

▶ *Wurfbereite Rettungsleine.*

wenn sich der MOB längsseits oder achtern neben dem Boot befindet.

Werfen Sie dem MOB eine schwimmfähige Rettungsleine zu. Wenn er sie greifen kann, können Sie ihn zum Boot ziehen, wo er unter Umständen über die Badeplattform selbst an Bord klettern kann, falls das Boot eine Badeplattform hat.

Was aber, wenn der MOB die Leine nicht greifen kann, weil er bewusstlos, in Schock oder stark unterkühlt ist? Und was, wenn Sie ganz allein an Bord sind? Die Bergung des MOB wird nicht einfach sein.

MOB Lifesavers

Eine Bergung ist möglich, wenn der MOB eine Rettungsweste mit Lifesavers trägt und man die entsprechende Ausrüstung an Bord vorbereitet und die Bergung einer Person aus dem Wasser bereits zuvor geübt hat.

Ich habe viel Zeit investiert, um herauszufinden, wie man eine Person, die nicht mithelfen kann, zurück an Bord bekommt und bin zu dem Schluss gekommen, dass der MOB eine Möglichkeit an ihm festzumachen bei sich tragen muss. Es ist kaum möglich, von Bord aus an einem MOB im Wasser eine Leine festzumachen, auch nicht von der Badeplattform aus. Deshalb biete ich die MOB Lifesaver an (www.moblifesavers.com).

Dabei handelt es sich um eine drei Meter lange, unglaublich starke, schwimmfähige Leine, die zu einer großen Schlaufe gespleißt ist. An einem Ende ist ein Auge getakelt, und mit dem anderen Ende wird der Lifesaver am Bergegurt der Rettungsweste befestigt.

Man könnte meinen, der Lifesaver sollte am D-Ring der Weste befestigt werden, aber das darf nur gemacht werden, wenn der D-Ring auch dafür vorgesehen ist. Im Zweifel wird er am Bergegurt befestigt. Der Lifesaver ist unglaublich stark. Man könnte sogar einen Kleinwagen damit bergen.

Der Lifesaver wird in der geöffneten Rettungsweste auf den Schwimmkörper gelegt, und die Rettungsweste anschließend geschlossen. Löst die Rettungsweste aus, schwimmt der Lifesaver auf und kann mit dem Boothaken vom Boot aus aufgenommen und an Bord belegt werden. So hat man eine feste Verbindung zum MOB. Das ist der erste Schritt. Der MOB ist jetzt fest mit dem Boot verbunden.

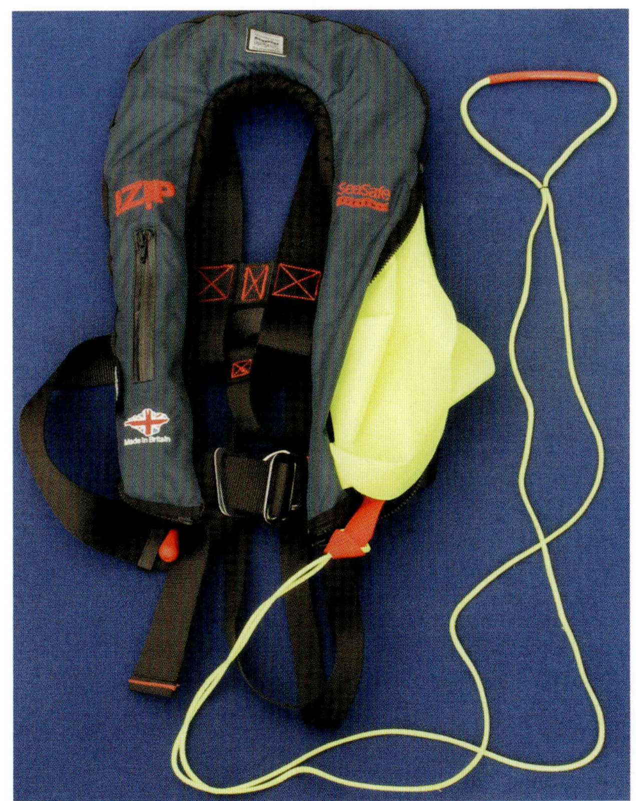

▲ *Ein Livesaver ist eine 3 Meter lange HMPE-Leine, die zu einer Schlaufe gespleißt ist. An einem Ende ist ein Auge getakelt.*

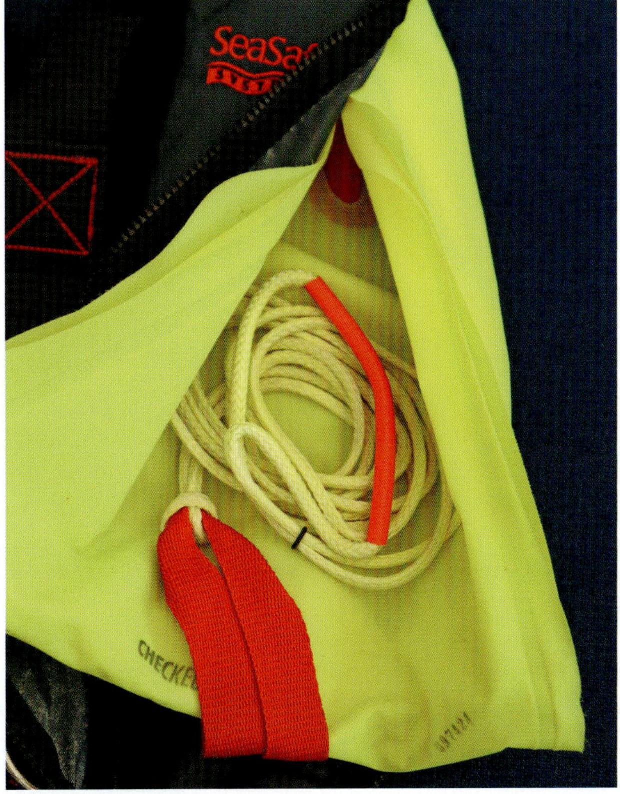

▲ *Das andere Ende ist am Bergegurt der Rettungsweste angeschlagen und liegt aufgeschossen auf dem Schwimmkörper.*

MOB Lifesaver

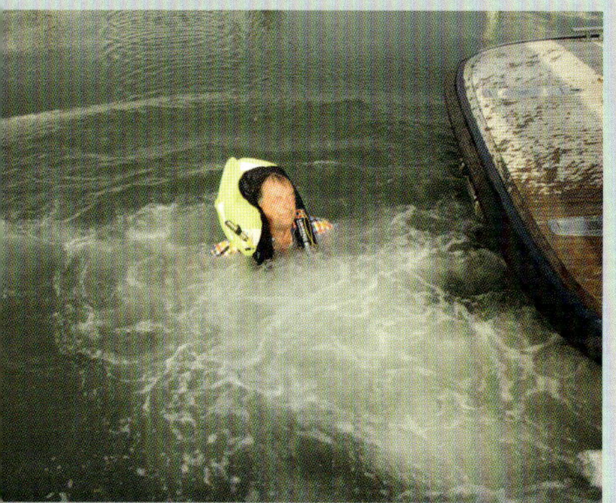

▲ Der MOB ist im Wasser, die Rettungsweste hat ausgelöst.

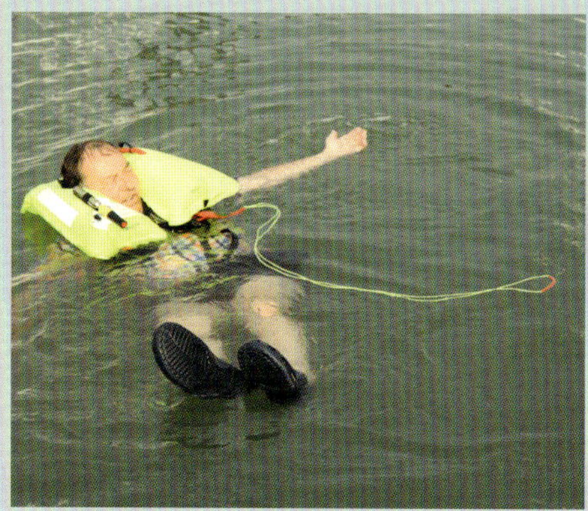

▲ Der Lifesaver schwimmt auf der Wasseroberfläche.

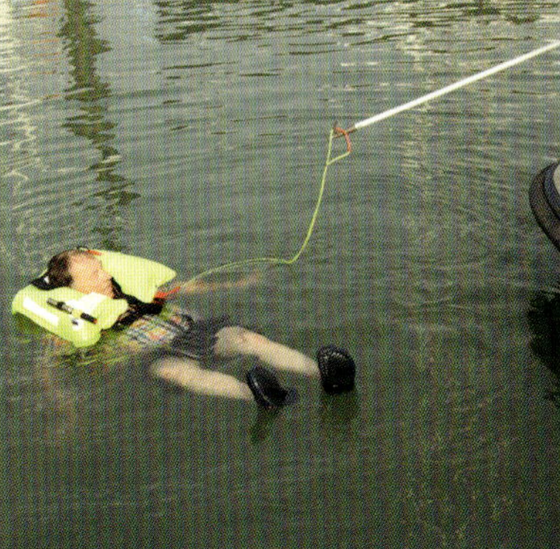

▲ Der Lifesaver wird mit dem Bootshake aufgenommen …

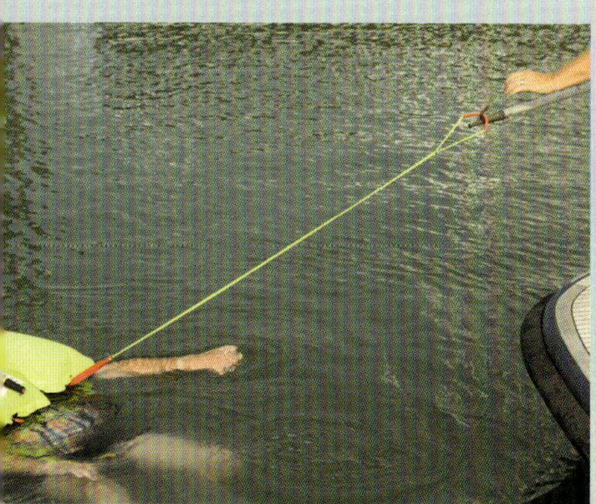

▲ … und …

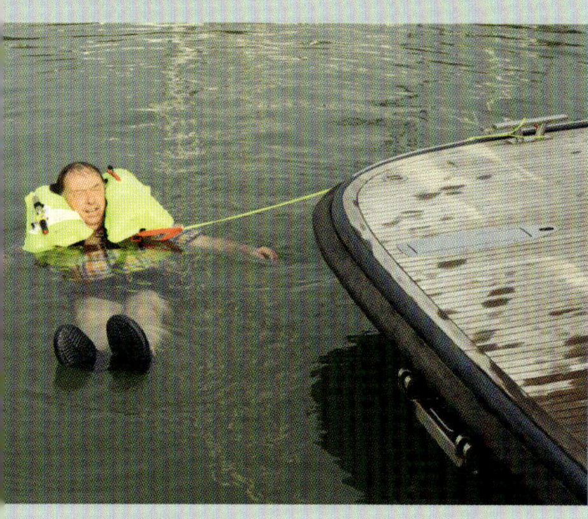

▲ … der MOB ist fest mit dem Boot verbunden.

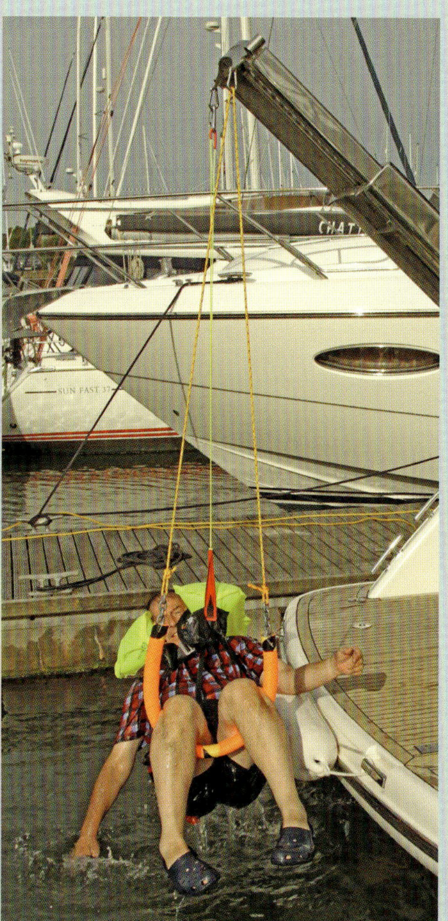

◀ Hier wurde die hydraulische Gangway verwendet, um den MOB anzuheben. Ein zusätzlicher Stropp ist um die Beine gelegt, um den MOB horizontal zu halten. Das ist auch viel bequemer für den MOB.

▲ »Nigel« ruht sich aus.

Bergung

Der zweite Teil besteht in der Bergung des MOB zurück an Bord. Dabei kommt es auf den Bootstyp an. Motorboote haben anders als Segelboote wenig Höhe und keine Fallen, um etwas aufzuheißen.

Größere Motoryachten haben hydraulische Ladekräne oder Gangways, die alle verwendet werden können, um einen MOB aus dem Wasser zu heben. Davits sind nicht so gut geeignet, da sie in der Regel außenbords und nicht hoch genug sind und man den MOB, wenn er angehoben ist, kaum über Deck ziehen kann. Es kommt immer darauf an, was man an Bord zur Verfügung hat und wie man es erfolgreich einsetzen kann.

Bedenken Sie, dass auch eine kleinere, körperlich schwächere Person eine große, schwere Person aus dem Wasser bergen können muss. Mit den Methoden, die ich empfehle, kann man eine so starke Untersetzung erreichen, dass ein 50 Kilogramm leichtes Mädchen einen 100-Kilo-Mann aus dem Wasser zurück an Bord ziehen kann.

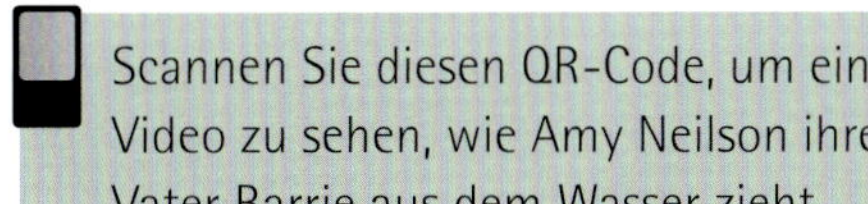

Scannen Sie diesen QR-Code, um ein Video zu sehen, wie Amy Neilson ihren Vater Barrie aus dem Wasser zieht.

Einen bewusstlosen MOB aus dem Wasser zurück an Bord holen

Ich habe das mit verschiedensten Bootstypen ausprobiert. Dabei verwendete ich einen lebensgroßen Dummy, den wir »Nigel« nannten. Bewusstloser als Nigel kann man nicht sein. Wir haben ihm eine Rettungsweste mit Lifesavers angezogen.

Man muss jetzt entscheiden, wie man einen MOB an Bord bekommen kann.

Motorboote liegen aufgrund des hohen Motorengewichts achtern vergleichsweise ruhig mit dem Heck im Wasser. Segelyachten machen dagegen bei Wellengang gefährliche Auf- und Ab-Bewegungen mit dem Heck, und es ist besser, einen MOB mittschiffs aufzunehmen.

Was auf einem Motorboot oft fehlt, ist ein Anschlagpunkt, der hoch genug ist, um daran einen MOB hochzuziehen. Manche Boote haben Ladekräne für Beiboote oder Jetskis, andere haben hydraulische Gangways, die man wie einen Kranausleger einsetzen kann. Manche Boote haben absenkbare Badeplattformen oder eine hohe Flybridge oder eine Überdachung achtern, an der man eine Talje befestigen kann. Bei ausreichender Höhe macht man die Talje am Lifesaver, andernfalls direkt am Bergegurt der Rettungsweste fest.

Verwendet man eine Talje oder Flaschenzug, sollte man auf leichtgängige Ratschenblöcke und eine dünne Leine

Beispiel für ein MOB-Bergesystem

Hier hat sich Simon ein System ausgedacht, um einen MOB aus dem Wasser und auf die Badeplattform seiner Doral Boca Grande zu bekommen. Er hat sich einen Stropp und ein Spannschloss gekauft und diese Vorrichtung zwischen zwei Heckklampen befestigt.

▶ *Da kein hoher Anschlagpunkt verfügbar ist, verwendet Simon ein Spannschloss, das am Heck befestigt ist und es ermöglicht, einen MOB auf die Badeplattform zu ziehen. Beachten Sie, dass Simon mit einer Lifeline gesichert ist.*

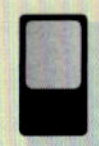

Scannen Sie diesen QR-Code, um ein Video über die Bergung einer Person zurück an Bord zu sehen.

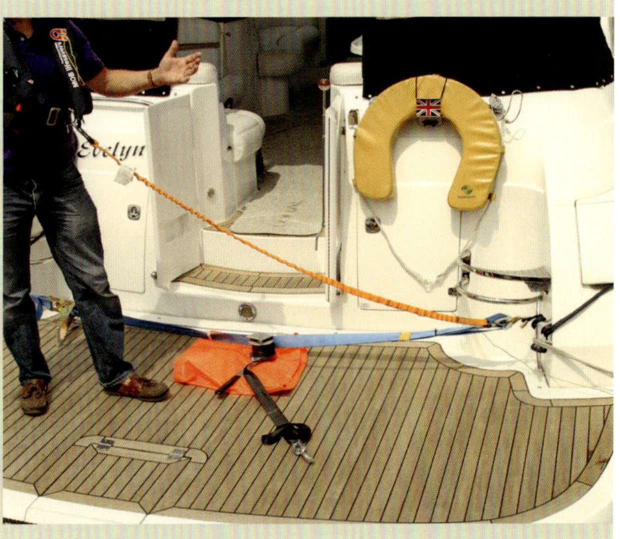

Einen MOB von einem RIB oder über einen Seitenwulst bergen

Ein MOB kann mit dem Außenbordmotor aufgeholt werden, wenn er sich auf die Kavitationsplatte stellen kann.

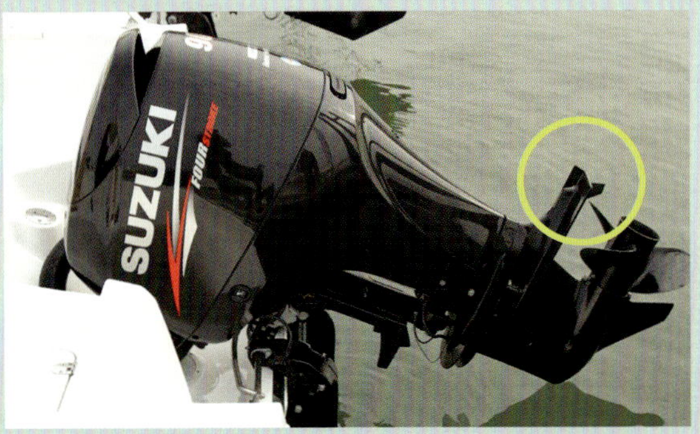

▲ *Die Kavitationsplatte ist im Bild eingekreist. Holen Sie den ausgeschalteten Motor zusammen mit dem MOB auf.*

Um einen bewegungsunfähigen MOB über einen Seitenwulst zu bergen, benötigt man idealerweise zwei Bergegurte. Oder zwei Personen packen an je einem Arm an.

achten, um die Reibung so gering wie möglich zu halten. Ich kann dazu eine sechsfach geschorene Talje mit Harken-Blöcken empfehlen. Damit kann auch eine zierliche Person einen schweren Mann aus dem Wasser ziehen. Eine sechsfach geschorene Talje reduziert ein Gewicht von 80 Kilo auf nur wenige Kilo. Mit einer solchen Talje kann ich mich selbst in die Höhe ziehen, und ich wiege einiges mehr als 80 Kilo.
Worauf es ankommt, ist, dass man sich Gedanken macht, was auf dem eigenen Boot funktionieren könnte und entsprechende Vorbereitungen trifft. Das Wichtigste aber bleibt der Lifesaver. Ohne einen Lifesaver an der Rettungsweste kann keine der genannten Methoden funktionieren. Solche Vorrichtungen mit Flaschenzügen und Taljen sind zwar nicht sehr ansehnlich, aber bei einem Notfall kommt es nur auf eines an: Es muss funktionieren.

Möglichkeiten zur Bergung eines bewusstlosen MOB

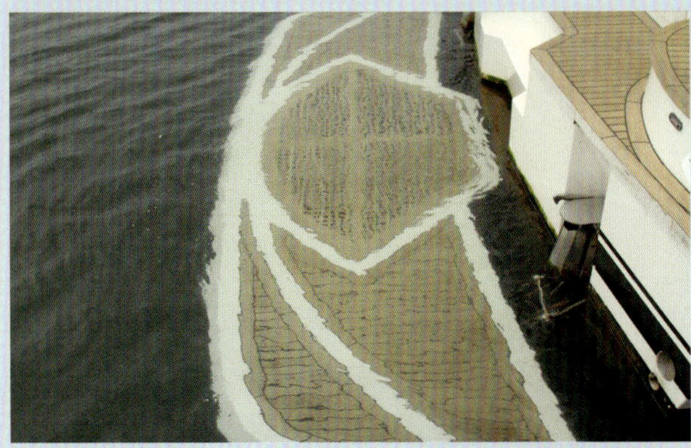

▲ *Diese Badeplattform kann unter den MOB abgesenkt …*

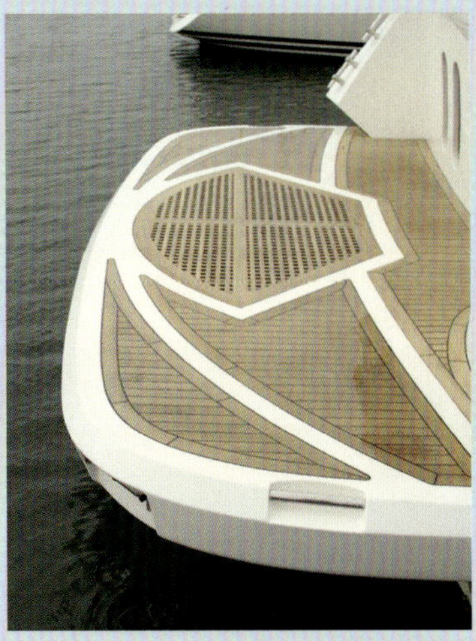

▶ *… und mit dem MOB wieder angehoben werden.*

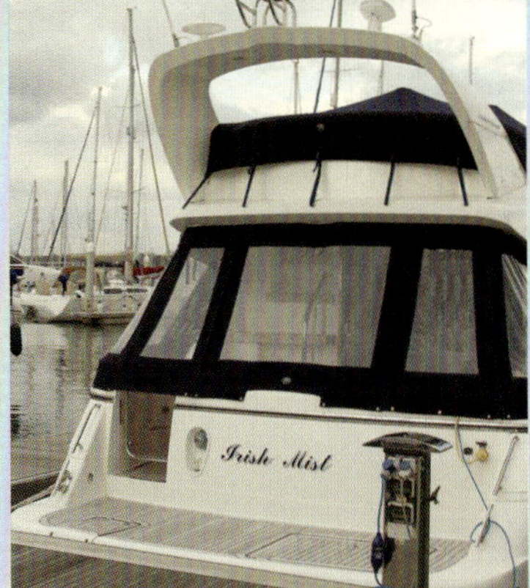

▶ *Dieser Geräteträger ist hoch genug, um daran eine Talje anzuschlagen.*

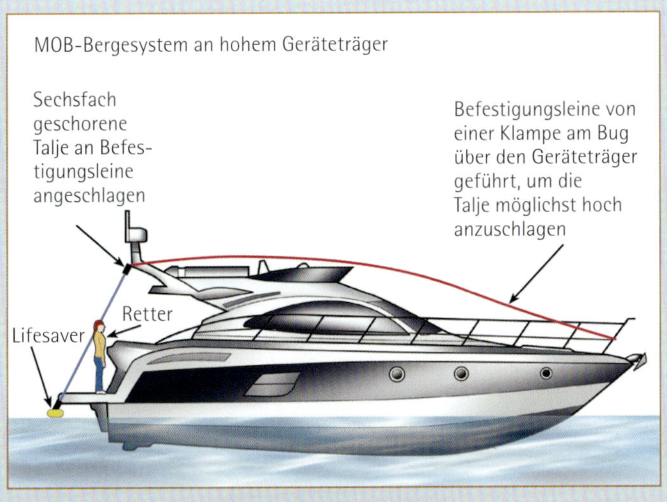

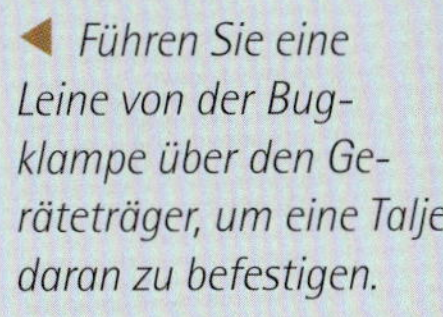

◀ Führen Sie eine Leine von der Bugklampe über den Geräteträger, um eine Talje daran zu befestigen.

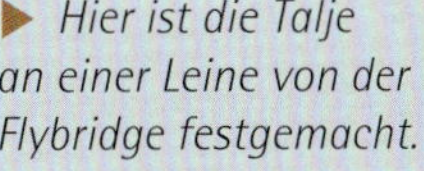

▶ Hier ist die Talje an einer Leine von der Flybridge festgemacht.

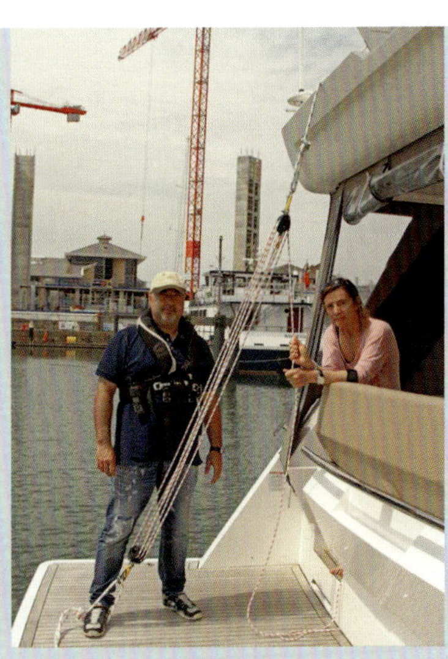

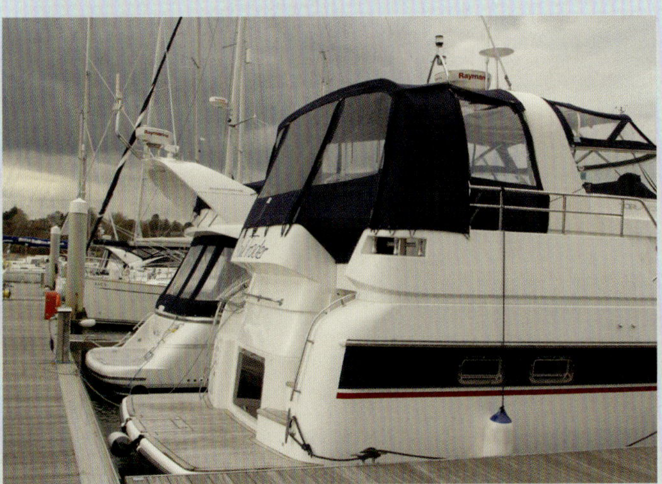

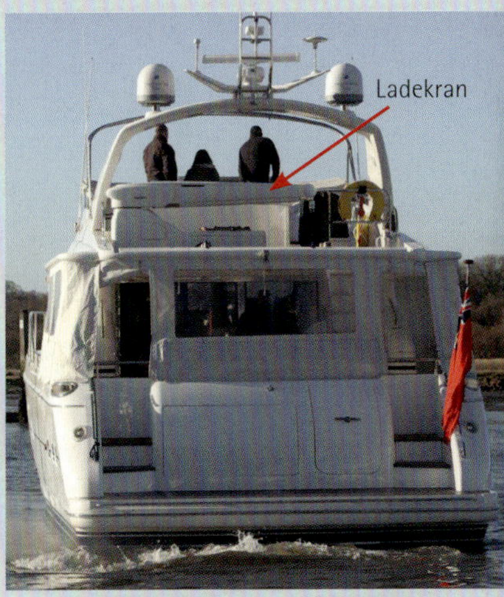

◀ Diese Motoryacht ist hoch genug, um eine sechsfach geschorene Talje anzubringen.

▶ Diese Yacht hat einen Ladekran zum Herausheben des MOB.

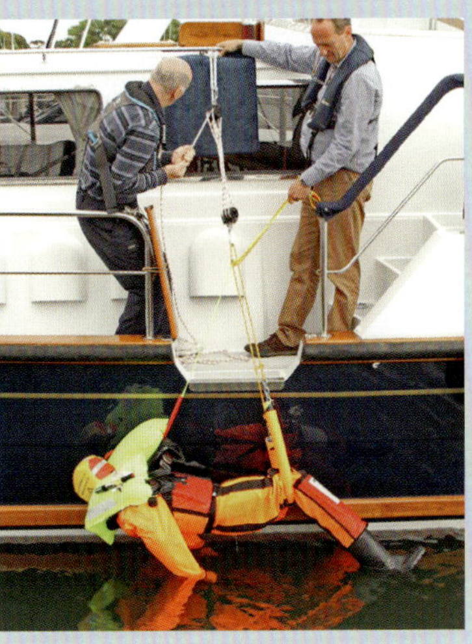

▶ Sechsfach-Talje an einer über den Aufbau gelegten Leine befestigt. »Nigel« wird von einem Stropp unter den Beinen waagrecht gehalten.

▶▶ Die Talje wurde an einer vom Bug über den Aufbau geführten Leine befestigt.

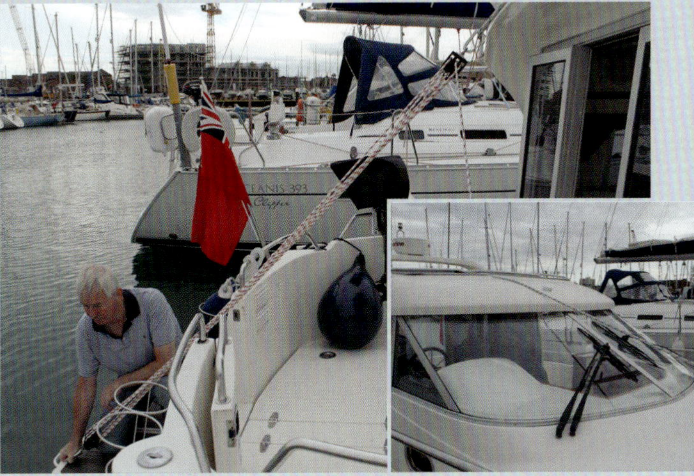

MOB-Bergesystem auf einem Binnenschiff

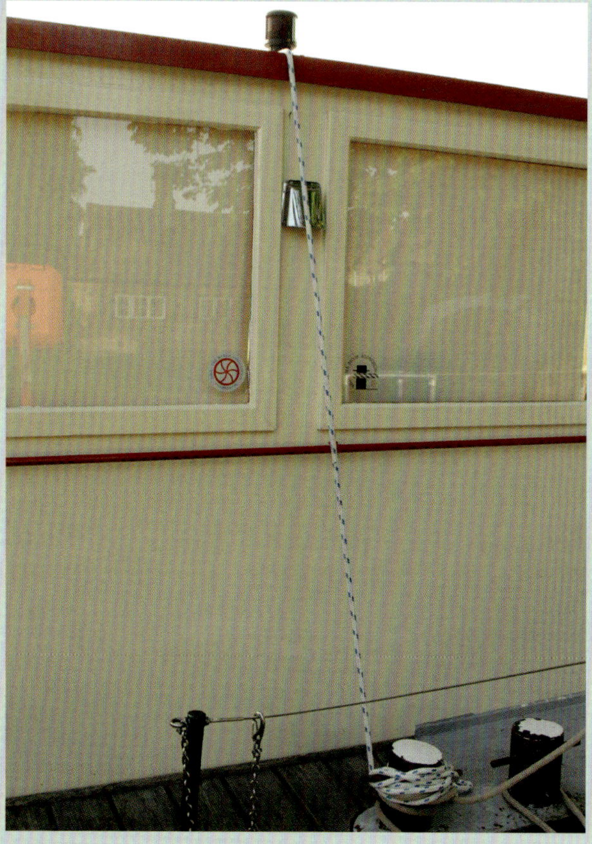

▲ Führen Sie eine Leine von einer Seite des Ruderhauses ...

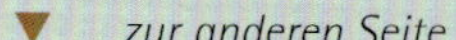

▼ ... zur anderen Seite.

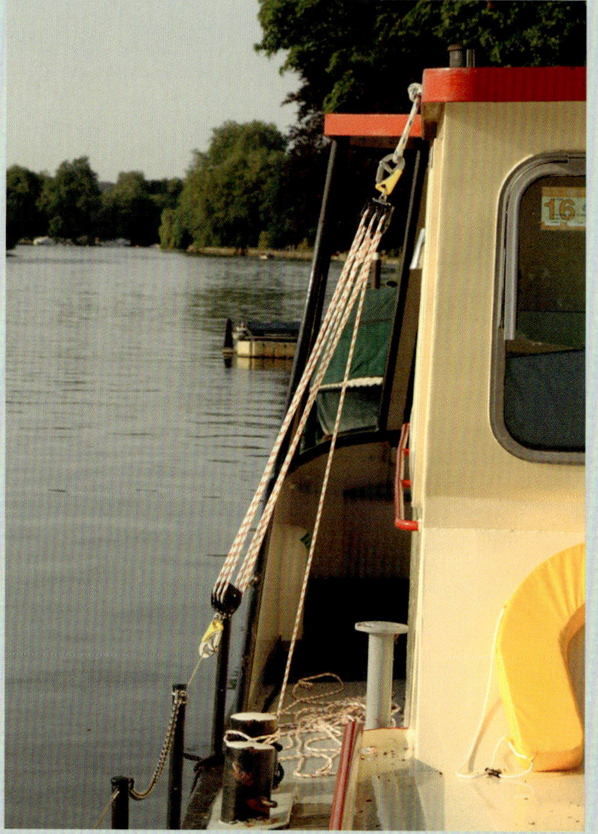

▲ Machen Sie die sechsfach geschorene Talje an der Leine fest.

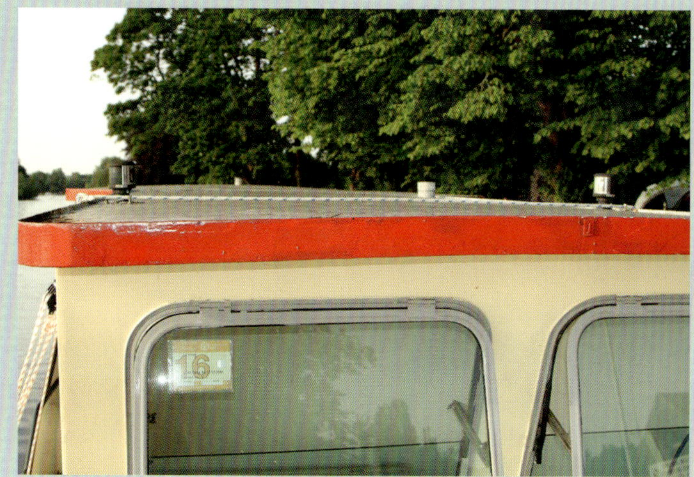

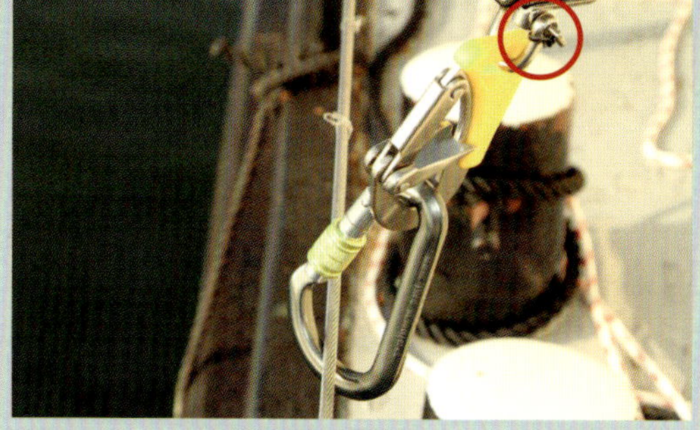

▲ Verwenden Sie Karabiner, die leicht zu öffnen und zu schließen sind. Hier wurde zusätzlich ein Schraubkarabiner angeschlagen, der sich ebenso wenig unbeabsichtigt öffnen lässt wie der Karabiner darüber. Beachten Sie die Sicherung des Bolzens.

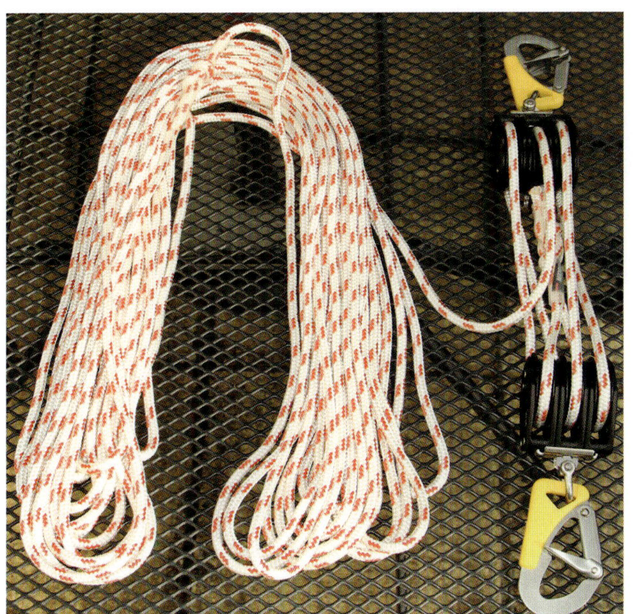

▲ *Eine sechsfach geschorene Talje.*

Warum zittert man bei Kälte?

Man zittert, wenn die Haut unterkühlt ist. Das Gehirn sendet daraufhin Impulse an die Muskeln, sich schnell anzuspannen und wieder zu entspannen. Diese schnellen Muskelkontraktionen produzieren Körperwärme, um die äußeren Körperschichten aufzuwärmen.

Horizontale oder vertikale Bergung

Man muss immer den Zustand des MOB bedenken. Unterkühlung kann dazu führen, dass man die Finger nicht mehr bewegen und sich nicht selbst an Bord helfen kann.
Sinkt die Körpertemperatur, hält der Körper das warme Blut an den lebenswichtigen Organen, die Durchblutung der Gliedmaßen wird reduziert. Das führt dazu, dass man Finger und Zehen nicht mehr richtig bewegen kann. Zu der kalten Wassertemperatur kommt noch der Wasserdruck hinzu, der das warme Blut zur Körpermitte drückt. Wird der MOB aufrecht aus dem Wasser geborgen, kann das Blut, sobald kein Wasserdruck mehr auf den Körper wirkt, plötzlich vom Herz in die Beine absinken, was zu einem massiven Herzinfarkt führen kann.
Bei einer Bergung in horizontaler Lage besteht diese Gefahr nicht. Verwenden Sie einen Leinenstropp unter den Beinen des MOB, und hängen Sie den Stropp zusammen mit dem Lifesaver am Karabiner der Bergetalje ein. Aus der Erfahrung meiner eigenen Versuche kann ich berichten, dass die horizontale Bergeposition auch viel angenehmer für den MOB ist. Wird man nur am Bergegurt mit dem Lifesaver senkrecht hochgezogen, kann man durch den Schrittgurt untenrum etwas eingeengt werden. Aber es ist gut zu wissen, dass es funktioniert.

Unterkühlung

Die Tabelle zeigt die Auswirkung unterschiedlicher Temperaturen auf den menschlichen Körper. Interessant zu wissen ist auch, dass Flüsse oft kälter sind als das Meer, da in manchen Gegenden eine wärmere Meeresströmung die Wassertemperatur leicht ansteigen lässt.

Wasser- und Körpertemperatur	
Normale Körpertemperatur	37 °C
Unterkühlung setzt ein	35 °C
Klares Denken unmöglich	34 °C
Bewusstlosigkeit	30 °C
Tod	27 °C
Kaltes Wasser, Definition	< 25 °C
Minimale Wassertemperatur Nordsee (Februar)	5 °C

14 Seekrankheit

Seekrankheit oder »Mal de mer« ist ebenso unangenehm wie kräftezehrend. Es kann jeden treffen, unabhängig von körperlicher Konstitution oder Fitness. Selbst Nelson, der berühmte britische Admiral, war nicht vor Seekrankheit gefeit, und irgendwann ist jeder von uns betroffen. Das kann von leichtem Unwohlsein bis hin zu völliger Erschöpfung reichen. Seekrankheit kann einen Menschen so weit bringen, alles aufgeben zu wollen, nur um sich wieder gesund zu fühlen.

Die einzige sichere Heilung ist, an Land zu gehen. Aber selbst bei festem Boden unter den Füßen lässt die Seekrankheit nicht sofort nach. Ich kenne Personen, die nach wenigen Stunden auf völlig ruhiger See wegen starker Seekrankheit an Land zurückkehren mussten und sich dort noch zwei Tage später wie gelähmt und körperlich krank fühlten. Bei manchen klingt die Seekrankheit nach einigen Tagen auf See ab, andere leiden ohne jede Besserung so lange, wie sie sich auf einem Boot befinden.

Was ist Seekrankheit?

Seekrankheit ist eine Bewegungskrankheit, eine Form der Reisekrankheit, wie sie auch in Autos, Flugzeugen, Zügen oder einer Achterbahn auftreten kann. Sie kann sogar durch schnell bewegte Computerspiele oder Filme mit schnellen Kameraschnitten hervorgerufen werden. Ursächlich ist eine Diskrepanz zwischen der Wahrnehmung im Gehirn und dem Vestibularapparat, dem Gleichgewichtsorgan im Innenohr.

Auf einem stampfenden Boot melden die Augen dem Gehirn, dass alles stillsteht, da sich die Sichtlinie der Augen mit dem Boot mitbewegt. Der Vestibularapparat meldet dem Gehirn dagegen die heftigen Stampfbewegungen. Das ist unter Deck noch verstärkt, wo die Augen keinen Horizont als Referenz zur Orientierung haben. Die Wahrnehmungen widersprechen sich und verwirren das Gehirn, wodurch Übelkeit und Brechreiz hervorgerufen werden. Anzeichen für aufkommende Bewegungskrankheit sind: kalter Schweiß, Blässe, Schwindel, vermehrter Speichelfluss und eventuell Erbrechen. Zusätzlich können sich auch noch Kurzatmigkeit, Kopfschmerzen und starke Müdigkeit einstellen.

Besonders anfällig sind Schwangere und Menschen, die unter Migräne leiden. Kinder können gleichermaßen seekrank werden, erholen sich aber oft nach kurzer Zeit.

Weitere Faktoren, die Seekrankheit begünstigen, sind Angstzustände, besonders auf einem Boot, schlechte Belüftung und geschlossene Räume ohne Sicht auf den Horizont zur Orientierung.

Vorbeugende Maßnahmen

Was kann man tun, um Seekrankheit zu vermeiden oder zu lindern?

Praktische Maßnahmen

1. Versuchen sie ruhig zu bleiben.

2. Versuchen Sie sich zu entspannen. Musikhören mit Kopfhörern kann helfen.

3. Gehen Sie an Deck und an die frische Luft. Freie Sicht auf den Horizont kann ebenfalls helfen. Wenn Sie sich

bereits seekrank fühlen, müssen Sie sich warm einpacken. Bei Seekrankheit möchte man sich nicht bewegen und muss sich vor Kälte schützen. Sie müssen eine Rettungsweste tragen und sich einpicken. Seekrankheit führt dazu, dass man an nichts mehr denken kann, außer wie schlecht es einem geht. Man könnte sogar plötzlich lieber im kalten Wasser schwimmen, als noch länger auf dem elendig schaukelnden Boot zu bleiben. Eine Lifeline als feste Verbindung zum Boot ist daher unverzichtbar.

4. Vermeiden Sie es, Abgase oder Dieselgeruch einzuatmen.

5. Vermeiden Sie üppige und fettige Nahrungsmittel vor und während des Törns.

Medizinische Maßnahmen

Es gibt Medikamente, die man vor dem Ablegen einnimmt, und die man in zwei Kategorien einteilen kann. Ich nenne hier nur eine kleine Auswahl der Mittel, unter dem Namen, wie sie im Handel angeboten werden.

1. Antihistaminika

Tabletten: Stugeron ist eine bekannte Marke. Man nimmt 1 Tablette 2 Stunden vor Reiseantritt und dann 1 Tablette alle 8 Stunden für einen Erwachsenen. Lesen Sie den Beipackzettel.

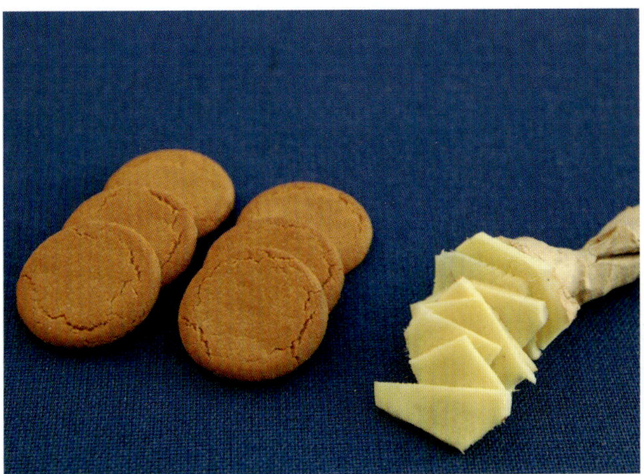

▲ *Ingwerkekse und geschnittene Ingwerwurzel.*

2. Hyoscin

Tabletten: Kwells ist eine bekannte Marke. Man nimmt 1 Tablette 30 Minuten vor Reiseantritt und dann 1 Tablette alle 6 Stunden, aber nicht mehr als 3 Tabletten in 24 Stunden. Lesen Sie den Beipackzettel.

Transdermales Pflaster: Scopoderm ist eine bekannte Marke. Man klebt 1 Pflaster 5 bis 6 Stunden vor Reiseantritt hinter ein Ohr. 1 Pflaster wirkt bis zu 3 Tage oder 72 Stunden lang. Lesen Sie den Beipackzettel.

Beachten Sie, das alle Antihistaminika und Hyoscin-Medikamente Müdigkeit verursachen können.

Ergänzende Maßnahmen

Ingwer

Kekse oder Tee mit Ingwer sowie roher oder kandierter Ingwer können helfen, Seekrankheit zu vermeiden. Das ist zwar wissenschaftlich nicht bewiesen, aber der Glaube versetzt bekanntlich Berge, und Ingwer gilt seit Langem bei Seeleuten als probates Mittel. Ich habe immer Ingwerkekse an Bord, in erster Linie weil sie mir so gut schmecken, aber man kann nie wissen. Meiner Crew serviere ich immer Tee mit Ingwerkeksen, und es kam nur selten zu Seekrankheit. Alles nur Zufall?

Pâté Hénaff

Monsieur Hénaff, ein Bretone, hatte vor über 100 Jahren die Idee, eine Fleischkonserve aus allen Bestandteilen vom Schwein für die arme Bevölkerung herzustellen. Das ist nicht nur günstig und nahrhaft, der Pâté werden bis heute auch magische Wirkungen nachgesagt. So soll sie Seekrankheit verhindern. Französische Seeleute und Fischer schwören darauf. Und die Pâté ist überraschend schmackhaft.

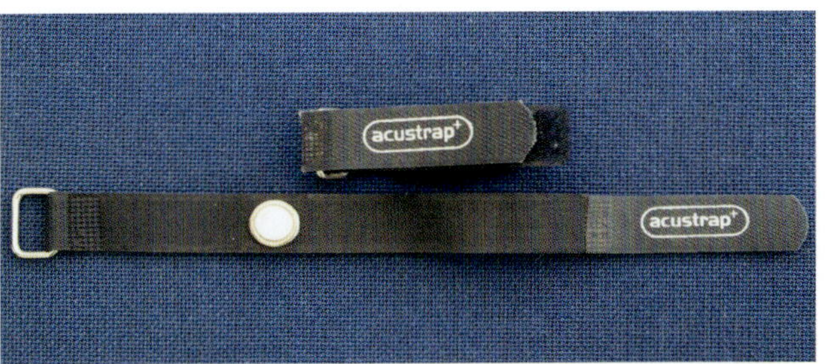

▲ *Akupressurband.*

Akupressurbänder

Dabei handelt es sich um elastische Armbänder mit einem festen, rundlichen Knopf, der auf einen Druckpunkt an der Innenseite des Handgelenks presst. Für die Wirkung gibt es keinen oder nur einen spärlichen wissenschaftlichen Beweis, aber viele Anwender sind von der Wirksamkeit überzeugt.

Ringbrille gegen Seekrankheit

Dabei handelt es sich um eine Brille, die dem Auge nach vorn und zur Seite einen waagrechten Horizont bietet. Dazu sind die vier Ringe an ihrer Außenseite zur Hälfte mit einer farbigen Flüssigkeit gefüllt. Angeblich verhindert die Brille Seekrankheit. In der Werbung heißt es, dass die Brille mit einer 95 prozentigen Erfolgsrate von der französischen Marine getestet wurde. Doch viel mehr ist noch nicht bekannt. Man setzt die Brille erst auf, wenn man sich seekrank fühlt. Ein Freund hat sie ausprobiert und keine Besserung festgestellt. Aber ich habe auch von einer Frau gehört, die stark unter Seekrankheit litt, aber mit der Brille unter Deck kochen und Einträge ins Logbuch vornehmen konnte, was zuvor ohne Brille für sie unmöglich war.

Die Herangehensweise ist genau richtig. Ohne sichtbaren Horizont kommt es zu der widersprüchlichen Wahrnehmung der Augen und des Vestibularapparats im Innenohr. Durch die Brille können sich die Augen an einem künstlichen Horizont orientieren, sodass die Informationen von Augen und Innenohr an das Gehirn wieder einheitlich sind.

Auch die Nahrung vor und während der Reise kann Auswirkungen haben. Vermeiden Sie üppige und fette Speisen. Doch auf See zu sein, ist auch körperlich anstrengend. Ständig muss man sich gegen die Bootsbewegungen abstützen und wird deshalb schnell hungrig. Reichhaltige Nahrung ist also auch wichtig. Zu viel Alkohol am Abend vor Reiseantritt ist dagegen nicht hilfreich.

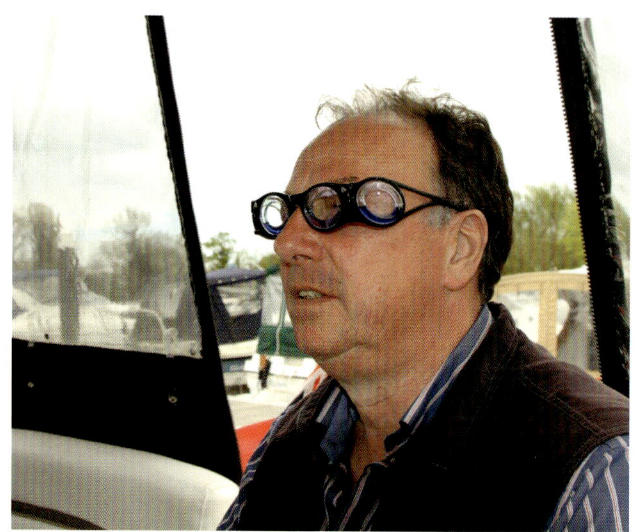

▲ *Sieht nicht gerade vorteilhaft aus, aber wenn's nützt, wen kümmert's? Die Brille muss nur für kurze Zeit getragen werden, wenn man sich seekrank fühlt.*

Nehmen Sie aktiv an der Navigation und an den Entscheidungen an Bord teil. Nichts ist frustrierender, als wie ein Häufchen Elend in der Ecke zu sitzen, ohne zu wissen, wann man den nächsten Hafen erreichen wird, weil der Skipper die Crew nicht informiert hat. Aktive Teilhabe am Geschehen ringsum kann helfen, das Aufkommen von Seekrankheit zu verhindern.

Zudem kann der Kurs geändert werden, um die Bootsbewegungen angenehmer zu machen. Statt gegen die Wellen anzubolzen, kann man mit der See ablaufen, was viel angenehmer ist. All das muss bei der Törnplanung bedacht werden, um der Crew eine möglichst angenehme Zeit an Bord zu bieten.

Mein letzter Punkt zum Thema Seekrankheit ist, dass man reichlich Wasser trinken sollte, da der Körper durch Seekrankheit viel Flüssigkeit verliert.

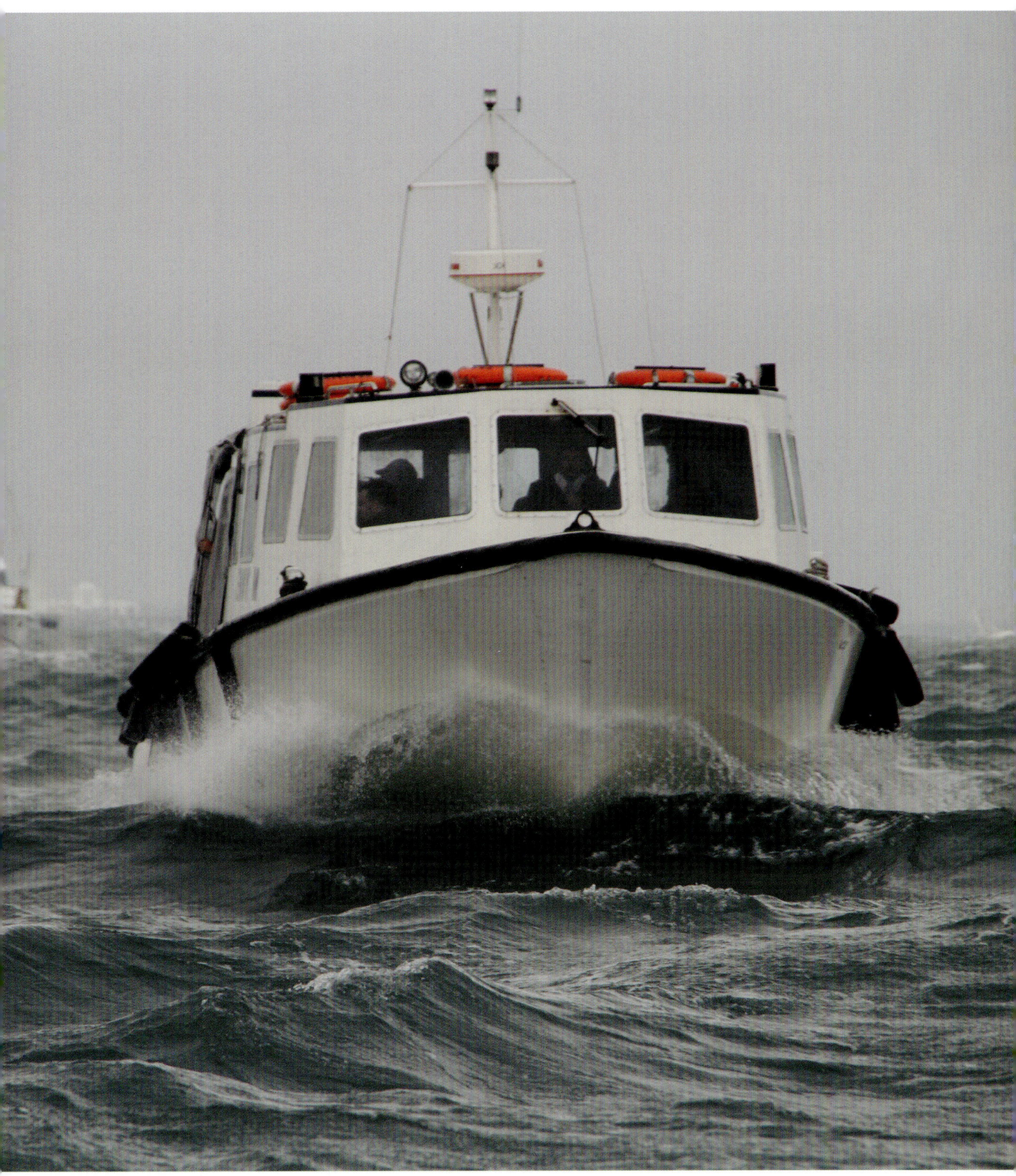

15 Epilog

Ich betone es immer wieder: Gute Vorbereitung ist der Schlüssel zum Erfolg. Das gilt für alles hier Gezeigte. Man muss sich bereits im Vorfeld Gedanken machen, wie ein Manöver ablaufen soll, und alle benötigte Ausrüstung sowie Leinen in der richtigen Länge müssen an Ort und Stelle bereit sein, damit es reibungslos klappt.

Ohne Übung geht es nicht. Ich weiß, dass Freizeit kostbar ist. Aber es ist wichtig, die einzelnen Manöver zu üben. Mindestens ebenso wichtig ist es, sich Gedanken zu machen, wie man eine Person aus dem Wasser holen kann, die über Bord gefallen ist. Rüsten Sie sich mit einem Bergesystem aus, und üben Sie den Ablauf. Sollte jemals ein derartiger Notfall eintreten, sind Sie vorbereitet.

Ein Boot bietet so viel Freude und Vergnügen, egal wo man unterwegs ist. Ich hoffe, dass Sie diesem Buch einige nützliche Techniken und Tipps entnehmen konnten, die zu stressfreiem Motorbootfahren beitragen, damit sich jeder an Bord wohlfühlen und die Zeit auf dem Wasser genießen kann.

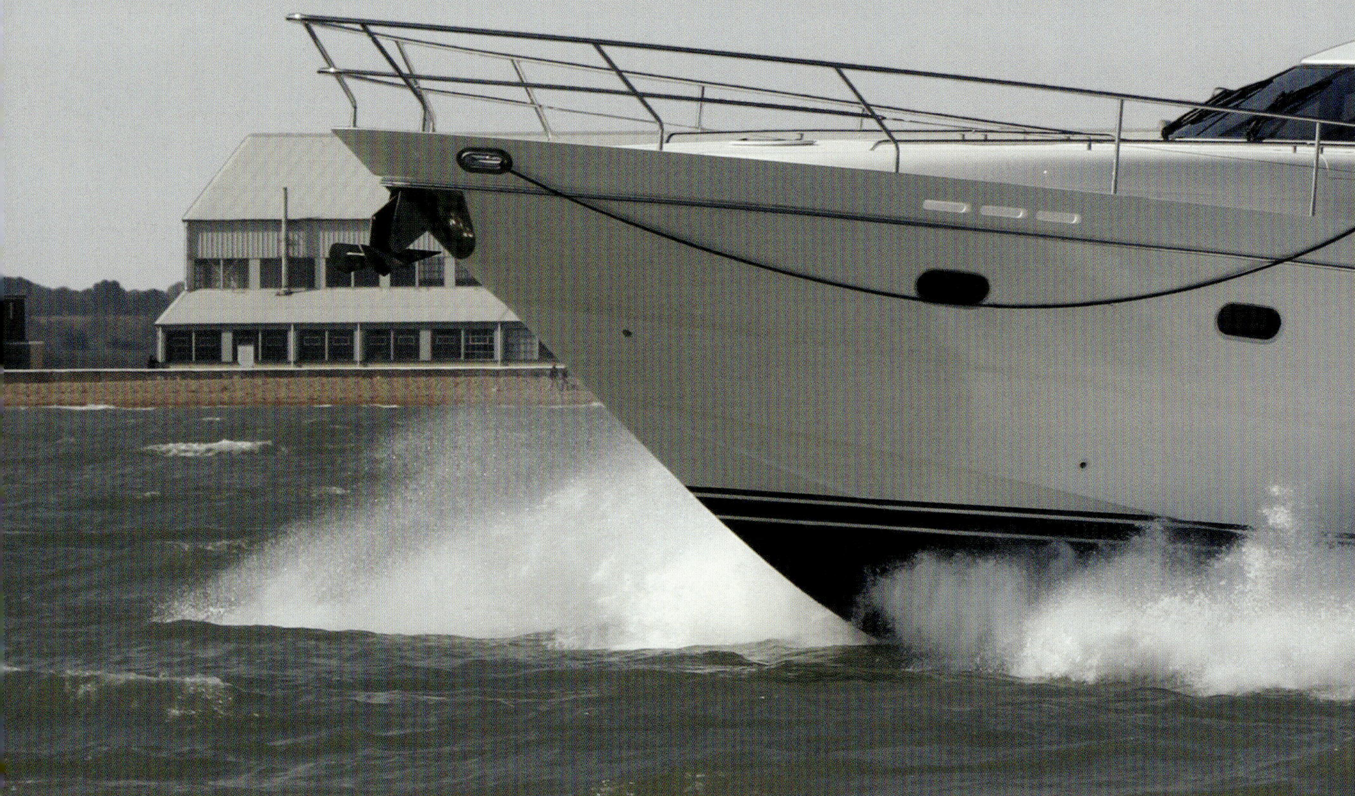

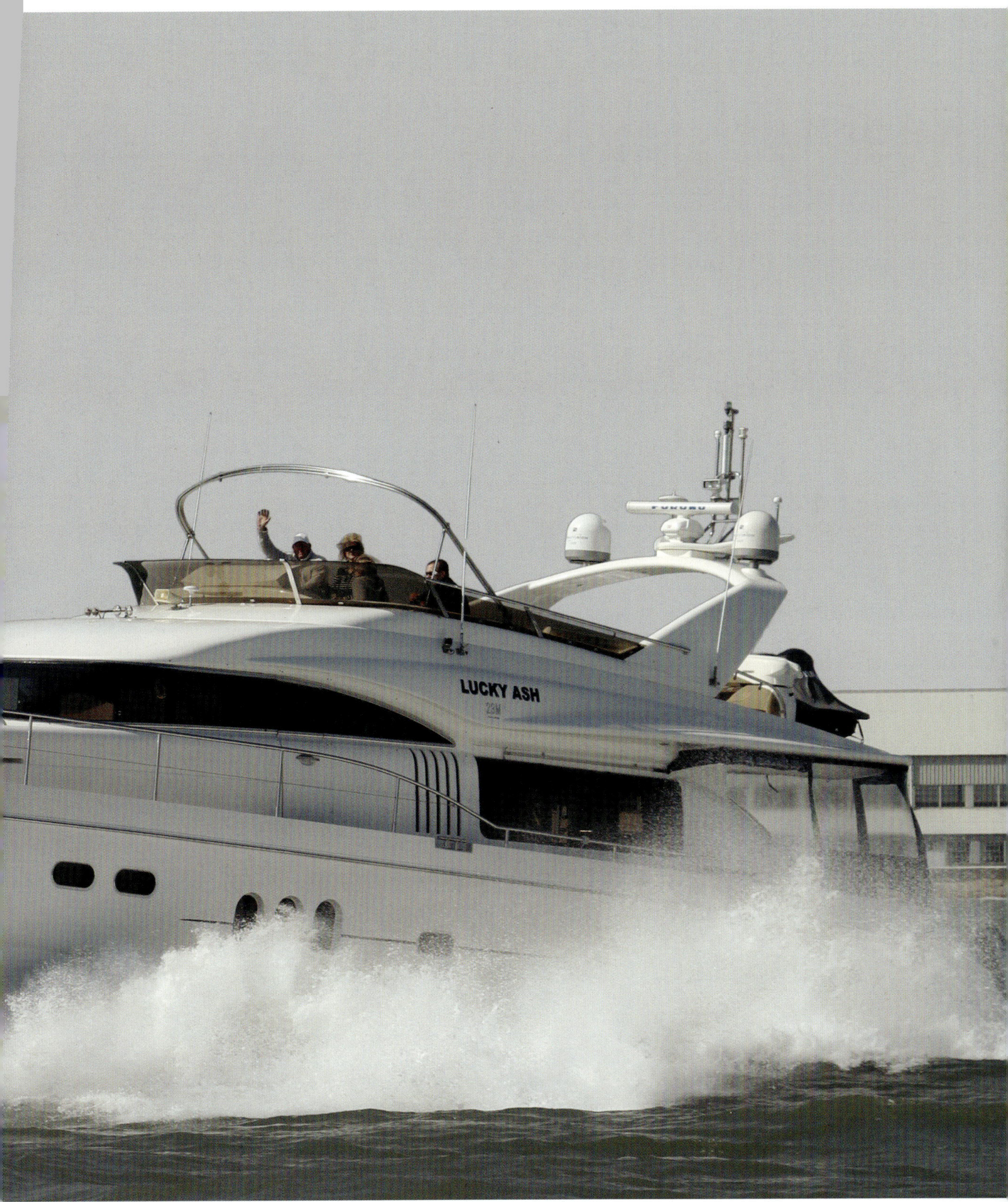
LUCKY ASH

Register